丝路经济研究系列丛书暨新疆大学建校100周年系列丛书

U0570012

新疆上市公司竞争力
发展报告
（2011~2020年）

孙　慧　王芝炜◎著

DEVELOPMENT REPORT ON COMPETITIVENESS OF
LISTED COMPANIES IN XINJIANG,CHINA（2011~2020）

经济管理出版社
ECONOMY & MANAGEMENT PUBLISHING HOUSE

图书在版编目（CIP）数据

新疆上市公司竞争力发展报告：2011~2020年/孙慧，王芝炜著. —北京：经济管理出版社，2023.7

ISBN 978-7-5096-9144-1

Ⅰ. ①新…　Ⅱ. ①孙…　②王…　Ⅲ. ①上市公司—竞争力—研究报告—新疆—2011-2020

Ⅳ. ①F279.246

中国国家版本馆 CIP 数据核字（2023）第 136334 号

组稿编辑：丁慧敏

责任编辑：丁慧敏

责任印制：许　艳

责任校对：蔡晓臻

出版发行：经济管理出版社

　　　　　（北京市海淀区北蜂窝 8 号中雅大厦 A 座 11 层　100038）

网　　址：www. E-mp. com. cn

电　　话：（010）51915602

印　　刷：唐山昊达印刷有限公司

经　　销：新华书店

开　　本：880mm×1230mm/16

印　　张：21.25

字　　数：558 千字

版　　次：2023 年 12 月第 1 版　2023 年 12 月第 1 次印刷

书　　号：ISBN 978-7-5096-9144-1

定　　价：198.00 元

《新疆上市公司竞争力发展报告（2011~2020 年）》研究组

组　长：

孙　慧　新疆大学经济与管理学院　教授　博士生导师

新疆维吾尔自治区普通高等学校人文社科重点研究基地"新疆创新管理研究中心"主任

成　员：

新疆大学经济与管理学院 2022 级博士研究生　王芝炜

新疆大学经济与管理学院 2020 级硕士研究生　豆勇芳

新疆大学经济与管理学院 2021 级硕士研究生　张贤峰

新疆大学经济与管理学院 2021 级硕士研究生　祝树森

新疆大学经济与管理学院 2019 级硕士研究生　李腾腾

新疆大学经济与管理学院 2019 级硕士研究生　张　策

目 录

第一篇 总论篇

第二篇　年度篇

第一篇

总论篇

第 1 章
绪 论

1.1 研究背景与研究意义

1.1.1 研究背景

随着全球经济一体化的深入，任何国家或企业都无法避免激烈的市场竞争，只有不断加强自身竞争力、突出竞争优势才能在这场竞争中脱颖而出。产业竞争力是构筑国家竞争力的主要基石，最终通过产业内部的企业竞争力表现出来。上市公司作为我国经济发展的重要力量，同时也是我国在国际市场中竞争的重要主体。上市公司的竞争力影响着国家竞争力，因此世界各国政府、学术界及产业界积极关注上市公司竞争力的发展。

中国自改革开放以来，经济发展取得了巨大成就。2011~2020 年间中国 GDP 呈逐年增长趋势，平均增长率为 9.51%。2020 年受新冠疫情冲击，增长率明显下降，但仍为正向增长。2011~2020 年间新疆 GDP 稳步增长，平均增长率为 10.12%。2020 年新疆 GDP 为 13797.58 亿元，占全国 GDP 的 1.36%；人均 GDP 为 53593.24 元，相当于全国平均值的 74.44%，在全国 31 个省市区中排名第 22 位，不到上海、江苏、浙江等东部地区的 60%。新疆是中国陆地面积最大的省级行政区，占中国国土总面积的 1/6，同时地处亚欧大陆腹地，陆地边境线 5600 多千米，与俄罗斯、哈萨克斯坦、巴基斯坦、塔吉克斯坦、吉尔吉斯斯坦、阿富汗、蒙古国、印度八国接壤。在 2015 年 3 月，国家发展改革委发布的《推动共建丝绸之路经济带和 21 世纪海上丝绸之路的愿景与行动》指出，推进"一带一路"建设，中国将发挥国内各地区比较优势，其中对新疆的定位为"发挥新疆独特的区位优势和向西开放的重要窗口作用，形成丝绸之路经济带上重要的交通枢纽、商贸物流和文化科教中心，打造丝绸之路经济带核心区"，可见新疆的战略位置十分重要。

新疆上市公司是新疆地区带动整体经济发展的主要力量，对新疆上市公司的研究可以为新疆整体经济发展提供实质性参考。随着"一带一路"倡议的实施，新疆企业的生存和发展环境发生了很大的变化，企业一方面面临前所未有的竞争和挑战，另一方面也获得巨大的发展机会。在严峻的国际形势和新冠疫情的冲击下，企业市场开拓受到一定限制，投资的不确定性增加，企业需要了解自身发展中存在的问题及竞争优势。通过分析新疆上市公司竞争力及其时序变动情况，有利于挖掘企业竞争力变动的深层次原因并提出相应对策，对于新疆上市公司更好更快成长以及经济高质量发展有着重要意义。

1.1.2　研究意义

（1）构建竞争力评价体系，丰富竞争力理论成果。企业竞争力已经受到持续的关注，国际上也形成了较有代表性的竞争力评价系统，如由世界经济论坛以及瑞士洛桑国际管理开发学院开发的竞争力评价系统等。国外竞争力评价内容多样化且相对成熟，但国内企业竞争形势不同于国外，国外的企业竞争力评价体系可能在我国并不适用。国内学者也开展了对上市公司竞争力的评价，但往往仅采用传统的财务指标，而忽略了决定上市公司长期竞争优势的关键因素。本书回顾以往对于上市公司竞争力评价的研究，梳理上市公司竞争力的相关理论、驱动因素及评价方法，并分别从资源和能力两个维度构建了较为全面的竞争力评价体系。再通过静态和动态结合的方式分别对新疆上市公司竞争力进行横向和纵向的对比，拓展了竞争力评价的范围；从新疆上市公司整体的视角考察近十年竞争力各个维度的发展变化，并进一步分析 2011~2020 年新疆上市公司竞争力排名及时序变化趋势，继续深化竞争力的评价与比较，丰富了企业竞争力的理论应用与实践研究，有利于服务企业发展战略的制定，为区域、国家竞争力的研究提供支持。

（2）强化企业自身竞争力，应对严峻国内外环境挑战。近年来，面对错综复杂的国际形势和艰巨繁重的改革发展任务，我国各类企业正经历着前所未有的竞争压力。如用工成本居高不下，原材料价格变动幅度较大，既影响上下游产业链，也影响公司第三方物流及供应链业务，迫使企业加速业务与管理转型，聚焦客户价值创造，持续开拓创新，不断提升公司整体竞争力。企业作为市场竞争主体的重要性日渐凸显，随着市场竞争环境复杂程度加剧，企业竞争力是影响企业可持续发展能力的关键因素之一，因此对于企业竞争力的研究有重要的理论和实践意义。在充分考虑管理、财务以及创新等因素的基础上，建立系统、科学的企业竞争力评价体系，选用恰当的方法进行测算和比较，由此分析企业的竞争优势以及制约企业发展的关键因素，为企业发展决策的建立提供参考，对于在恶劣环境下强化企业自身竞争力有重要价值和现实意义。

（3）提升新疆经济竞争力，促进社会和谐稳定。国家竞争力、区域竞争力、产业竞争力、企业竞争力是彼此作用、相互影响的整体，区域竞争力取决于该区域的产业竞争力平均水平，产业竞争力取决于产业中的企业竞争力的平均水平，各个环节紧密相关，环环相扣，因此对上市公司竞争力进行有针对性的、全面的、深入的分析在一定程度上能够探索整体经济发展的走向。本书分别从经济、税收和就业三个角度体现新疆上市公司对新疆经济和社会发展的重要作用，考察新疆上市公司对地区经济社会发展贡献的时序变化。新疆上市公司是新疆地区保持对国民经济的影响力、控制力和带动力的中坚力量。通过对新疆上市公司竞争力水平的分析，可以部分了解到新疆经济发展的竞争优势及制约因素，从而可以有针对性地提出改进建议，有利于推动新疆经济平稳健康发展，加强地区经济竞争力。

1.2 文献综述

1.2.1 企业竞争力理论相关研究

竞争力有丰富的内涵，它的概念最早是由美国著名管理学家 C. K. Prahalad 和 Gary Hamel（1990）[①] 提出，他们认为竞争力是"在一个组织内部经过整合的知识和技能"。在竞争力的概念衍生中，企业竞争力经常被提到，然而关于企业竞争力的定义尚未形成统一的认识。学者从不同角度对其进行了定义，表 1-1 从能力论、生命论、功能论、状态论、机制论和素质论六个维度梳理了企业竞争力的概念内涵。

表 1-1 企业竞争力概念内涵梳理

竞争力内涵	主要观点
能力论	企业竞争力是一种能力，是指一国企业在国际市场上可以贸易的能力，或企业具有比竞争对手更强的获取、创造、应用知识的能力等
生命论	企业是一个有机的生命系统，这个系统如果在输入、转换、输出、反馈几个过程中实现良性循环，企业这个整体就表现出竞争力
功能论	从企业的基本功能出发，认为企业如能连续不断地生产满足社会需求的高数量、高质量的产品，企业就能充满竞争力
状态论	企业竞争力是自身素质和能力与外部环境相互作用的动态平衡状态的结果
机制论	企业竞争力就是保证企业获得和保持较高经济效益的企业机制
素质论	企业具有好的素质就具有竞争力，如在竞争性市场中一个企业所具有的能够持续地比其他企业更有效地向市场消费者，包括生产性消费者提供产品和服务，并获得盈利和自身发展的综合素质

早在 1776 年，古典经济学之父亚当·斯密在劳动分工理论中就提出了竞争力的思想[②]。随着研究的深入，涌现了企业竞争优势理论、企业资源理论、企业能力理论与超越竞争理论等，不断完善竞争力理论的发展，表 1-2 介绍了这些理论及其观点。

表 1-2 企业竞争力相关理论梳理

企业竞争力理论	主要观点	代表人物及代表作
企业竞争优势理论	企业要长时间维持优于平均水平的经营业绩，其根本基础是持久性竞争优势，低成本优势和差异化优势是企业基本的竞争优势	Michael E. Porter；《竞争战略》《竞争优势》《国家竞争优势》

---

① C. K. Prahalad, Gary Hamel. The Core Competence of the Corporation［J］. Harvard Business Review, 1990（May-June）: 79-93.

② 亚当·斯密. 国富论［M］. 南京：江苏人民出版社，2011.

企业竞争力理论	主要观点	代表人物及代表作
企业资源理论	在资源差异能够产生收益的假定下，企业内部的有形资源、无形资源以及累积的知识在企业间存在差异，资源优势会产生企业竞争优势，企业具有的有价值的、稀缺的、不可复制的资源以及以低于价值的价格获取资源的能力是企业获得持续竞争优势和成功的关键，企业竞争力就是那些特殊的资源	David J. Collis、Cynthin A. Montgomery、Wernerfelt B. Barney；《企业资源与持续竞争优势》
企业能力理论	与企业外部条件相比，企业内部条件对于企业占据市场竞争优势具有决定性作用，企业内部能力、资源和知识的积累是解释企业获得超额收益和保持企业竞争优势的关键性因素	Penrose《企业成长理论》（1959）、Prahalad《企业的核心能力》（1990）、R. N. Langlois、Philip Evans、G. Pisano
超越竞争理论	超越竞争理论从价值创造和创造性思维角度进行分析，企业生态系统演化理论从企业生态系统均衡的演化角度进行分析，超级竞争模型从竞争创新角度进行分析等	博诺、莫尔、达韦尼

1.2.2 企业竞争力驱动因素相关研究

企业竞争力是由多种相互联系的因素共同作用形成的。关于这些因素，学者进行了大量研究，梳理总结后发现主要集中于文化、管理、治理与技术四种因素。技术是学者早期关注的焦点，随着对企业文化作用的重视程度增加，文化因素也成为影响企业竞争力的关键因素之一。管理和治理的作用在企业发展中日益突出，使得其被认为是企业能否实现可持续发展的决定要素。

除此之外，竞争环境、顾客以及变革等因素也被广泛纳入评价范围。1994年，Feurer R.等在企业竞争力的影响因素中纳入竞争环境、适应性、股东评价与顾客评价，并重点关注竞争环境。WEF（1997）[1] 提出，工业结构、变革、环境、企业自信心是影响企业持续发展能力的因素。国内学者在此基础上进一步丰富了企业竞争力的影响因素。柴小青（2002）[2] 认为，企业现在的生存能力、对竞争环境的适应能力以及未来发展能力三个方面决定了企业竞争力。张晓文等（2003）[3] 提出企业竞争力的系统结构，从资源、制度与机制、状态三个视角构建函数关系式。金碚（2003）[4] 则侧重考虑将企业核心能力、文化、环境与资源作为影响企业持续发展的决定性要素。赵金楼和邓忆瑞（2007）[5] 进一步延续了竞争力影响因素的研究，用全息雷达图将社会与环境适应能力考虑进竞争力评价体系。因此综合来看，企业财务、治理、人力、创新等能力被视作竞争力评价的主要因素。

1.2.3 企业竞争力评价方法相关研究

世界经济论坛对企业竞争力进行过广泛的讨论，随后国内外学者根据竞争力的驱动因素，从不同角度构建出多种竞争力评价指标体系，形成了多样化的企业竞争力评价方法，主

---

① World Economic Forum（WEF）. The World Competitiveness Report［R］. 1997.
② 柴小青. 竞争战略选择的影响因素分析［J］. 商业研究，2002（10）：20-22.
③ 张晓文，于武，胡运权. 企业竞争力的定量评价方法［J］. 管理评论，2003（1）：32-37.
④ 金碚. 企业竞争力测评的理论与方法［J］. 中国工业经济，2003（3）：5-13.
⑤ 赵金楼，邓忆瑞. 我国船舶制造企业核心竞争力评价模型研究［J］. 科技管理研究，2007（9）：205-207.

要包括综合指数评价法、主成分分析及因子分析、数据包络分析法、层次分析法、模糊综合评价法、灰色综合评价法等，各种方法的具体说明、优势与不足及代表人物如表1-3所示。

表 1-3　企业竞争力评价方法梳理

竞争力评价方法	评价方法的说明	优势与不足	代表人物或机构
综合指数评价法	构建测算、衡量企业竞争力的系统指标体系，基于指标体系对企业竞争力测评	不同的指标体系会产生不同的评价结果，具有较大的主观性	WEF与IMD（1986）、《财富》杂志（2003）
主成分分析及因子分析	根据原指标间的相关性，通过降维的技术把原来的多个指标约化为几个综合指标	具有全面性、可比性、客观合理性，但因子负荷符号交替使得函数意义不明确	尹子民等（2002）、师萍等（2004）、李强等（2006）
数据包络分析法	采用数学规划的思维，评价单个企业的生产有效性，分析企业投入规模的有效性，最后通过投入产出效率来评价企业的竞争力	客观性很强，但只能够得出不同单元之间的相对竞争力优势，而不能体现出实际的竞争力水平	孟令杰和丁竹（2005）、胡同泽和黄利军（2007）
层次分析法	建立一个层次结构，把一个比较复杂的事情分成一些合理的有序层，通过有序层将系统的功能或特征表达出来，明确每层中各元素的相对重要性，确定总排序权重	体现了思维的层次化、数量化，过程中采用数学统计分析方法，很好地将定性分析和定量分析结合在一起	邵一明等（2003）、侯渡舟等（2007）
模糊综合评价法	在模糊数学的基础上建立的综合评价方法。运用模糊数学综合评价方法，要明确因素集并确定各因素的权重；进而建立模糊评价矩阵；最后进行模糊综合评价分析	能够解决不可测变量、不能量化、具有模糊性的问题。但隶属函数的运用以及隶属度的确定等方法和标准仍然存在不统一的地方	陈蔓生等（1999）、张颖等（2007）
灰色综合评价法	企业的数据信息更多的是一种灰色信息，既能得到一些数据，同时也有许多的未知情况，如结构关系的模糊性、动态变化的随机性、指标数据的不完全性和不确定性	利用了灰色地带中的已知信息来确定未知的信息。其最大的特点就是对样本量没有严格的要求，不要求服从任何的分布	邓聚龙（1982）
熵值法	评判某个指标的离散程度，离散程度越大，说明该指标对综合评价的影响越大	用数据说话，可以避免主观赋值带来的随意性	C. E. Shannon（1948）
其他评价方法	多层次灰色评价模型、投影特征值、密切值法、数据挖掘方法等	各种方法的适用情境不同	Muhittin Oral和胡大立（2002）、张欣莉（2005）、李文博和郑文哲（2005）、吴晓伟（2004）

1.2.4　研究评述

企业竞争力是各界持续关注的话题，经过对企业竞争力理论、驱动因素和评价方法的相关研究进行系统回顾和梳理，发现企业竞争力评价方法丰富且各自存在优缺点。虽然国外对于企业竞争力的评价已有较成熟的评价方法和体系，但由于企业生存的经济、制度、文化等环境存在较大差距，不能直接将国外的评价体系应用于国内企业。同时，国内虽然已经开展对上市公司竞争力评价的研究，但对于竞争力驱动因素的考虑仍较为传统，还需用科学客观的方法建立一套适合目前我国上市公司的较为综合的评价体系，为新疆整体上市公司的发展提供实质性参考。

随着经济全球化的不断发展，上市公司要在市场中立足并长期处于上游水平就必须拥有强大的竞争能力。这是通过不断优化运营管理、积极应对内外部环境变化后提升的一种综合能力，涵盖了企业内部的经营情况以及市场对企业的评价和反馈。本书在筛选、整理和归纳前人研究的基础上，综合考虑上市公司技术、治理、财务等内外部因素，参考张进财和左小德（2013）① 的做法，从资源竞争力和能力竞争力两大维度，设计资本、规模、人力资源、创新、制度、盈利能力、成长能力、营运能力、偿债能力、治理能力、社会责任能力 11 个方面来衡量上市公司总体竞争力水平。为了尽量确保评价结果的客观性和可信度，评价方法的选择要尽量减少人为因素造成的干扰和误差，避免掺杂决策者主观上的判断。综合考虑以上评价方法的优势与不足，熵值法作为一种常见的客观确定权重的方法，能够通过对整个评价系统的影响程度判断各个指标的有效性和重要性，进而对指标进行客观准确的赋权。由于本书从多角度、多层面选取定量指标，因此更加适合选用熵值法确定指标权重，能够有效地依据客观实际对评价体系做出客观、公正的赋权，进而做出更为全面、科学的评价。

1.3　研究内容与研究方法

1.3.1　研究内容

本书基于竞争优势理论、企业资源理论、企业能力理论、超越竞争理论等，构建科学的竞争力评价体系，探究与分析新疆上市公司竞争力及其排名情况，对于指导企业强化自身竞争力、提升新疆经济竞争力有着重要的现实意义。具体章节安排如下：

第 1 章　绪论。主要介绍新疆上市公司竞争力的背景与意义，并梳理上市公司竞争力的相关理论、驱动因素及评价方法，为后续的研究奠定理论基础。

第 2 章　新疆上市公司对新疆经济社会发展的贡献。回顾和梳理了上市公司对经济社会发展作用的相关理论，在此基础上进一步分别从经济、税收和就业三个角度体现上市公司对新疆经济和社会发展的重要作用。

第 3 章　新疆上市公司发展现状分析。从数量、行业、地区、市场及性质五个方面分析新疆上市公司分布的变化趋势，并选取主要的财务和非财务指标考察新疆上市公司发展的整体情况。

第 4 章　新疆上市公司竞争力测算。选定测度上市公司竞争力的主要方法，从资源和能力两个维度构建了较为全面的竞争力评价体系；进一步地，从新疆上市公司整体的视角，分别从资源和能力的角度考察近十年竞争力各个维度的变化与发展。

第 5 章　新疆上市公司竞争力排行及变化分析。总结分析了 2011～2020 年新疆上市公司竞争力排行及变化趋势，同时讨论主要行业和新疆上市公司的竞争力排行及变化情况。

---

① 张进财，左小德. 企业竞争力评价指标体系的构建［J］. 管理世界，2013（10）：172–173.

第 6 章~第 15 章　2011~2020 年新疆上市公司竞争力排行年度分析。首先，分析新疆上市公司的分布特征；其次，讨论上市公司竞争力排名基本情况，在此基础上，探究上市公司竞争力排名的变动趋势；最后，考察各行业的整体竞争力以及上市公司在各行业中的竞争力排名。

第 16 章　结论与启示。简要总结了 2011~2020 年新疆上市公司竞争力排名及其变动情况，并提出了提升上市公司竞争力的建议。

1.3.2　研究方法

本书以统计学、经济学、管理学等学科以及企业竞争力的相关理论为指导，立足于新疆上市公司的现状，依据指标科学、准确及实用的原则构建指标评价体系，并且静态与动态相结合、定量与定性相结合地分析新疆上市公司竞争力的主要驱动因素与制约因素。具体包括以下三种方法：

（1）理论分析。通过对企业竞争力理论、驱动因素和评价方法的相关研究进行梳理与归纳，选取适用于新疆上市公司的竞争力评价指标。在此基础上，利用评价结果分别从整体和分年份的视角描述分析和新疆上市公司竞争力的现状。

（2）比较分析。通过对比不同行业与产业、不同地区分布、不同市场、不同性质以及不同年份的上市公司，并结合主要财务指标与非财务指标等视角进行横向与纵向的比较，揭示出新疆上市公司发展现状与特征，并提出针对性的建议。

（3）多层次分析。在构建竞争力评价指标体系的基础上，依据资源竞争力和能力竞争力两大维度，从资本、规模、人力资源、创新、制度、盈利能力、成长能力、营运能力、偿债能力、治理能力、社会责任能力 11 个层次衡量和评价新疆上市公司的竞争力。通过各个层次的对比分析，更深入地挖掘影响上市公司竞争力变动的原因。

第 2 章
新疆上市公司对新疆经济社会发展的贡献

2.1 上市公司对经济社会发展作用理论机理分析

企业是市场经济中最具活力的经济主体，上市公司是各类企业中规模、业绩较好的一部分，因而也会对地区经济发展产生较大影响。本书参考张爱萍和胡奕明（2021）[①] 的研究，从经济、税收和就业三个方面衡量新疆上市公司对新疆地区经济社会发展的贡献。

（1）经济贡献。企业是一个地方经济实体的主要构成，对经济社会发展的贡献首先体现在 GDP 上，本书采用企业的生产总值来衡量其经济贡献。理论上计算企业的生产总值应为企业当期生产的产品量与市场销售价格的乘积，参考彭韶兵等（2014）[②] 的做法，以企业当期销售收入与存货变动之和来计算企业生产总值。企业经济贡献的测算如公式（2-1）所示：

$$\text{GDP\_con}_{i,t} = \ln\left(1 + \frac{(\text{产品销售收入} + \text{存货变动})_{i,t}}{\text{城市 GDP}_{i,c,t}}\right) \qquad (2-1)$$

（2）税收贡献。企业对当地政府的贡献可以直接体现在生产经营活动中产生的所得税、土地增值税、印花税等各项税收中，参考胡奕明和买买提依明·祖农（2013）[③] 的方法，税收＝税金＋应交所得税＋本年应交增值税＋产品销售税金及附加。企业税收贡献的测算如公式（2-2）所示：

$$\text{TAX\_con}_{i,t} = \ln\left(1 + \frac{\text{税收}_{i,t}}{\text{城市各项税收收入}_{i,c,t}}\right) \qquad (2-2)$$

（3）就业贡献。除税收和 GDP 之外，企业最显著的另一大贡献就是能够提供当地就业机会，本书用企业从业人数相对于当地的人口数量来反映其就业贡献，测算如公式（2-3）所示：

$$\text{STAF\_con}_{i,t} = \ln\left(1 + \frac{\text{从业人数}_{i,t}}{\text{城市年末总人口}_{i,c,t}}\right) \qquad (2-3)$$

---

① 张爱萍，胡奕明. 僵尸企业、地区政府与经济高质量发展——基于企业贡献度的研究视角 [J]. 山西财经大学学报，2021，43（2）：71-85.

② 彭韶兵，郑伟宏，邱静. 地区 GDP 压力、地方国有企业产值操控与经济后果 [J]. 中国经济问题，2014（4）：38-48.

③ 胡奕明，买买提依明·祖农. 关于税、资本收益与劳动所得的收入分配实证研究 [J]. 经济研究，2013（8）：29-41.

2.2　新疆上市公司对地区经济发展的贡献

　　从图 2-1 可以看出，新疆上市公司对地区经济社会发展的贡献逐年提升，说明新疆上市公司在地区发展中的作用日益重要。2011~2020 年新疆上市公司平均经济贡献达 7.90，2019 年达到最高值 8.17，平均增长率为 0.56%；平均税收贡献达 7.54，2017 年和 2020 年达到最高值 7.91，平均增长率为 0.57%；平均就业贡献达 4.28，2017 年和 2018 年达到最高值 4.48，平均增长率为 1.14%。整体来看，新疆上市公司的经济贡献大于税收贡献和就业贡献，三者增长率均在 2016 年出现最高值。以下将从经济贡献、税收贡献和就业贡献三个方面展开具体分析。

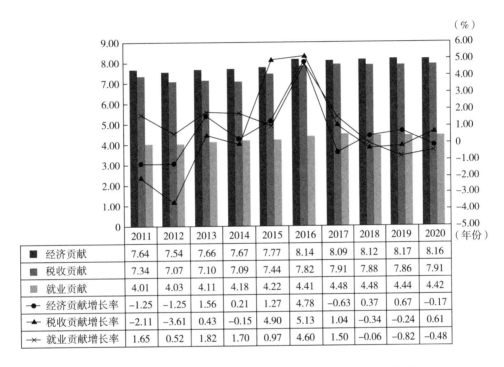

	2011	2012	2013	2014	2015	2016	2017	2018	2019	2020
■ 经济贡献	7.64	7.54	7.66	7.67	7.77	8.14	8.09	8.12	8.17	8.16
■ 税收贡献	7.34	7.07	7.10	7.09	7.44	7.82	7.91	7.88	7.86	7.91
■ 就业贡献	4.01	4.03	4.11	4.18	4.22	4.41	4.48	4.48	4.44	4.42
●- 经济贡献增长率	-1.25	-1.25	1.56	0.21	1.27	4.78	-0.63	0.37	0.67	-0.17
▲- 税收贡献增长率	-2.11	-3.61	0.43	-0.15	4.90	5.13	1.04	-0.34	-0.24	0.61
×- 就业贡献增长率	1.65	0.52	1.82	1.70	0.97	4.60	1.50	-0.06	-0.82	-0.48

图 2-1　2011~2020 年新疆上市公司对地区经济社会发展的贡献

数据来源：Wind 数据库，2010~2019 年《新疆统计年鉴》。

2.2.1　上市公司对新疆的经济贡献

　　从行业来看，2011~2020 年，总体来说对新疆经济贡献最大的三个行业为制造业，采矿业、租赁和商务服务业。其中，制造业上市公司对新疆的经济贡献最高，研究期内稳居第一位，总体呈现"W"型变化，最高点出现在 2016 年，最低点出现在 2012 年；采矿业上市公司对新疆的经济贡献次之，2011~2016 年其贡献率波动上升，2017~2020 年稳定在第二位，总体呈现"W"型变化，最高点出现在 2017 年，最低点出现在 2012 年；租赁和商务服务业上市公司对新疆的经济贡献居第三位，2011~2015 年其贡献率波动上升，2016~2019 年稳定在第三位，2020 年回落至第四位，总体呈现"M"型变化，最高点出现在 2017 年、2018 年，最低点出现在 2011 年（见图 2-2）。

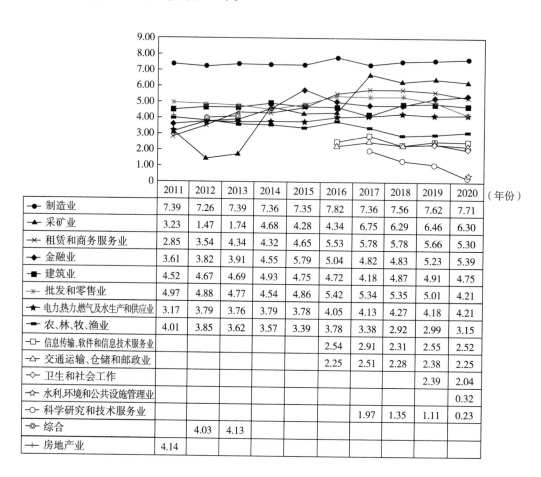

	2011	2012	2013	2014	2015	2016	2017	2018	2019	2020
●制造业	7.39	7.26	7.39	7.36	7.35	7.82	7.36	7.56	7.62	7.71
▲采矿业	3.23	1.47	1.74	4.68	4.28	4.34	6.75	6.29	6.46	6.30
✳租赁和商务服务业	2.85	3.54	4.34	4.32	4.65	5.53	5.78	5.78	5.66	5.30
◆金融业	3.61	3.82	3.91	4.55	5.79	5.04	4.82	4.83	5.23	5.39
■建筑业	4.52	4.67	4.69	4.93	4.75	4.72	4.18	4.87	4.91	4.75
✳批发和零售业	4.97	4.88	4.77	4.54	4.86	5.42	5.34	5.35	5.01	4.21
★电力,热力,燃气及水生产和供应业	3.17	3.79	3.76	3.79	3.78	4.05	4.13	4.27	4.18	4.21
■农、林、牧、渔业	4.01	3.85	3.62	3.57	3.39	3.78	3.38	2.92	2.99	3.15
▢信息传输、软件和信息技术服务业						2.54	2.91	2.31	2.55	2.52
△交通运输、仓储和邮政业						2.25	2.51	2.28	2.38	2.25
◇卫生和社会工作									2.39	2.04
☆水利,环境和公共设施管理业										0.32
○科学研究和技术服务业							1.97	1.35	1.11	0.23
◎综合		4.03	4.13							
╋房地产业	4.14									

图 2-2 2011~2020 年分行业新疆上市公司对地区的经济贡献

数据来源：Wind 数据库，2010~2019 年《新疆统计年鉴》。

从公司性质①来看，2011~2020 年，对新疆经济贡献最大的三类公司为中央国有企业、地方国有企业、民营企业。其中，中央国有企业对新疆的经济贡献最高，2011~2015 年其排名波动变化，2016 年取代民营企业成为对经济贡献第一的公司类型，2016~2020 年稳居第一位，总体呈现倒"N"型变化，最高点出现在 2016 年，最低点出现在 2014 年；地方国有企业对新疆的经济贡献次之，研究期内基本稳定在第二位，总体呈现"N"型变化，最高点出现在 2020 年，最低点出现在 2015 年；民营企业对新疆的经济贡献居第三位，2011~2017年其排名波动变化，2018~2020 年稳定在第三位，总体呈现倒"V"型变化，最高点出现在2017 年，最低点出现在 2012 年（见图 2-3）。

---

① 公司性质分类依据 Wind 数据库，包括中央国有企业、地方国有企业、民营企业、外资企业、公众企业及其他企业共六种类型，其中公众企业的特点是无实际控制人。

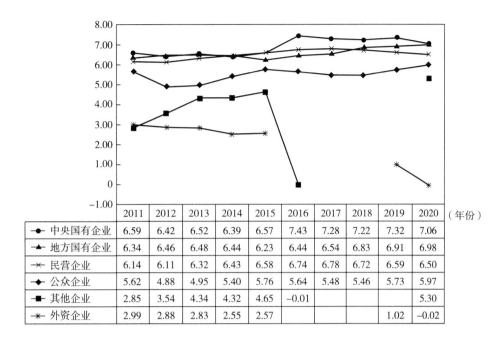

	2011	2012	2013	2014	2015	2016	2017	2018	2019	2020	（年份）
● 中央国有企业	6.59	6.42	6.52	6.39	6.57	7.43	7.28	7.22	7.32	7.06	
▲ 地方国有企业	6.34	6.46	6.48	6.44	6.23	6.44	6.54	6.83	6.91	6.98	
✕ 民营企业	6.14	6.11	6.32	6.43	6.58	6.74	6.78	6.72	6.59	6.50	
◆ 公众企业	5.62	4.88	4.95	5.40	5.76	5.64	5.48	5.46	5.73	5.97	
■ 其他企业	2.85	3.54	4.34	4.32	4.65	-0.01				5.30	
＊ 外资企业	2.99	2.88	2.83	2.55	2.57				1.02	-0.02	

图 2-3　2011~2020 年分公司性质新疆上市公司对地区的经济贡献

数据来源：Wind 数据库，2010~2019 年《新疆统计年鉴》。

2.2.2　上市公司对新疆的税收贡献

从行业来看，2011~2020 年，总体来说对新疆税收贡献最大的三个行业为制造业、金融业、采矿业。其中，制造业上市公司对新疆的税收贡献最高，研究期内稳居第一位，总体呈现"W"型变化，最高点出现在 2016 年，最低点出现在 2014 年；金融业上市公司对新疆的税收贡献次之，2014 年取代批发和零售业成为对税收贡献第二的行业，2014~2020 年基本稳定在第二位，总体呈现"W"型变化，最高点出现在 2020 年，最低点出现在 2012 年；采矿业上市公司对新疆的税收贡献位居第三位，2014 年取代综合产业部门成为对税收贡献第三的行业，2014~2020 年基本稳定在第三位，总体呈现"M"型变化，最高点出现在 2018 年，最低点出现在 2013 年（见图 2-4）。

从公司性质来看，2011~2020 年，对新疆税收贡献最大的三类公司为中央国有企业、民营企业、地方国有企业。其中，中央国有企业对新疆的税收贡献最高，2011~2014 年其排名为第二，2015 年取代地方国有企业成为对税收贡献第一的公司类型，2015~2020 年稳居第一，总体呈现倒"N"型变化，最高点出现在 2019 年、2020 年，最低点出现在 2014 年；民营企业对新疆的税收贡献次之，2011~2014 年其排名为第三，2015 年上升为第二位，2015~2020 年稳居第二位，总体呈现倒"N"型变化，最高点出现在 2018 年，最低点出现在 2012 年；地方国有企业对新疆的税收贡献居第三位，2011~2014 年其排名第一，是对新疆税收贡献最高的企业类型，2015 年其重要性让位于民营企业和中央国有企业，2015~2020 年稳居第三位，总体呈现倒"N"型变化，最高点出现在 2011 年，最低点出现在 2015 年（见图 2-5）。

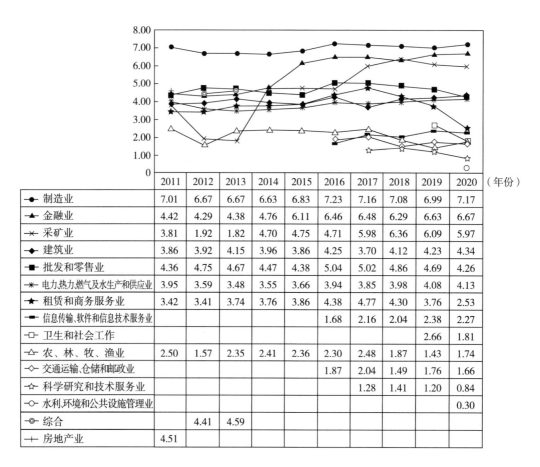

	2011	2012	2013	2014	2015	2016	2017	2018	2019	2020
●— 制造业	7.01	6.67	6.67	6.63	6.83	7.23	7.16	7.08	6.99	7.17
▲— 金融业	4.42	4.29	4.38	4.76	6.11	6.46	6.48	6.29	6.63	6.67
✕— 采矿业	3.81	1.92	1.82	4.70	4.75	4.71	5.98	6.36	6.09	5.97
◆— 建筑业	3.86	3.92	4.15	3.96	3.86	4.25	3.70	4.12	4.23	4.34
■— 批发和零售业	4.36	4.75	4.67	4.47	4.38	5.04	5.02	4.86	4.69	4.26
✳— 电力热力燃气及水生产和供应业	3.95	3.59	3.48	3.55	3.66	3.94	3.85	3.98	4.08	4.13
★— 租赁和商务服务业	3.42	3.41	3.74	3.76	3.86	4.38	4.77	4.30	3.76	2.53
◼— 信息传输、软件和信息技术服务业						1.68	2.16	2.04	2.38	2.27
◻— 卫生和社会工作									2.66	1.81
△— 农、林、牧、渔业	2.50	1.57	2.35	2.41	2.36	2.30	2.48	1.87	1.43	1.74
◇— 交通运输、仓储和邮政业						1.87	2.04	1.49	1.76	1.66
☆— 科学研究和技术服务业							1.28	1.41	1.20	0.84
○— 水利、环境和公共设施管理业										0.30
◎— 综合		4.41	4.59							
+— 房地产业	4.51									

图 2-4　2011~2020 年分行业新疆上市公司对地区的税收贡献

数据来源：Wind 数据库，2010~2019 年《新疆统计年鉴》。

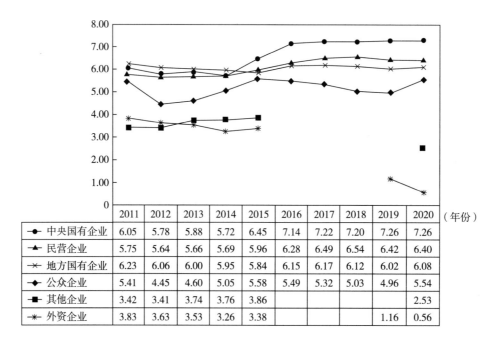

	2011	2012	2013	2014	2015	2016	2017	2018	2019	2020
●— 中央国有企业	6.05	5.78	5.88	5.72	6.45	7.14	7.22	7.20	7.26	7.26
▲— 民营企业	5.75	5.64	5.66	5.69	5.96	6.28	6.49	6.54	6.42	6.40
✕— 地方国有企业	6.23	6.06	6.00	5.95	5.84	6.15	6.17	6.12	6.02	6.08
◆— 公众企业	5.41	4.45	4.60	5.05	5.58	5.49	5.32	5.03	4.96	5.54
■— 其他企业	3.42	3.41	3.74	3.76	3.86					2.53
✳— 外资企业	3.83	3.63	3.53	3.26	3.38				1.16	0.56

图 2-5　2011~2020 年分公司性质新疆上市公司对地区的税收贡献

数据来源：Wind 数据库，2010~2019 年《新疆统计年鉴》。

2.2.3　上市公司对新疆的就业贡献

从行业来看，2011~2020 年，总体来说对新疆就业贡献最大的三个行业为制造业，采矿业，批发和零售业。其中，制造业上市公司对新疆的就业贡献最高，研究期内稳居第一位，总体呈现"M"型变化，最高点出现在 2016 年，最低点出现在 2011 年；采矿业上市公司对新疆的就业贡献次之，2014 年取代农、林、牧、渔业成为就业贡献排名第二的行业，2017~2020 年稳定在第二位，总体呈现"W"型变化，最高点出现在 2017 年，最低点出现在 2013 年；批发和零售业上市公司对新疆的就业贡献居第三位，2012~2014 年和 2017~2018 年略有下降，但研究期内对就业的贡献总体稳定在第三位，总体呈现倒"N"型变化，最高点出现在 2019 年，最低点出现在 2012 年（见图 2-6）。

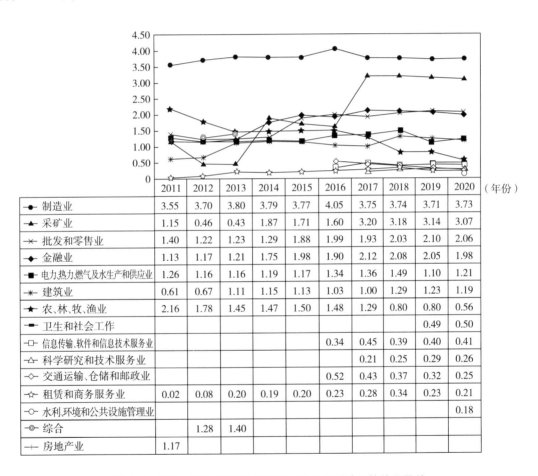

	2011	2012	2013	2014	2015	2016	2017	2018	2019	2020
● 制造业	3.55	3.70	3.80	3.79	3.77	4.05	3.75	3.74	3.71	3.73
▲ 采矿业	1.15	0.46	0.43	1.87	1.71	1.60	3.20	3.18	3.14	3.07
✳ 批发和零售业	1.40	1.22	1.23	1.29	1.88	1.99	1.93	2.03	2.10	2.06
◆ 金融业	1.13	1.17	1.21	1.75	1.98	1.90	2.12	2.08	2.05	1.98
■ 电力热力燃气及水生产和供应业	1.26	1.16	1.16	1.19	1.17	1.34	1.36	1.49	1.10	1.21
✳ 建筑业	0.61	0.67	1.11	1.15	1.13	1.03	1.00	1.29	1.23	1.19
★ 农、林、牧、渔业	2.16	1.78	1.45	1.47	1.50	1.48	1.29	0.80	0.80	0.56
⊟ 卫生和社会工作									0.49	0.50
☐ 信息传输、软件和信息技术服务业						0.34	0.45	0.39	0.40	0.41
△ 科学研究和技术服务业							0.21	0.25	0.29	0.26
◇ 交通运输、仓储和邮政业						0.52	0.43	0.37	0.32	0.25
☆ 租赁和商务服务业	0.02	0.08	0.20	0.19	0.20	0.23	0.28	0.34	0.23	0.21
○ 水利、环境和公共设施管理业										0.18
◎ 综合		1.28	1.40							
┼ 房地产业	1.17									

图 2-6　2011~2020 年分行业新疆上市公司对地区的就业贡献

数据来源：Wind 数据库，2010~2019 年《新疆统计年鉴》。

从公司性质来看，2011~2020 年，对新疆就业贡献最大的三类公司为中央国有企业、民营企业、地方国有企业。其中，中央国有企业对新疆的就业贡献最大，2011~2015 年其排名波动变化，2016~2020 年稳定在第一名，总体呈现"M"型变化，最高点出现在 2017 年，最低点出现在 2011 年；民营企业对新疆的就业贡献次之，2013 年、2014 年其排名为第三，其余年份均为第二名，总体呈现持续增长态势，最高点出现在 2019 年，2020 年较 2019 年略有下降，最低点出现在 2011 年；地方国有企业对新疆的就业贡献居第三位，2011~2015 年其排名第一，是对新疆就业贡献最大的企业类型，2016 年其重要性让位于民营企业和中央国有企业，2016~2020 年稳居第三位，总体呈现倒"N"型变化，最高点出现在 2011 年，最低点出现在 2019 年（见图 2-7）。

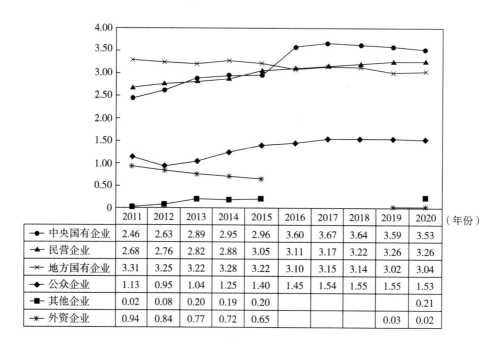

	2011	2012	2013	2014	2015	2016	2017	2018	2019	2020
中央国有企业	2.46	2.63	2.89	2.95	2.96	3.60	3.67	3.64	3.59	3.53
民营企业	2.68	2.76	2.82	2.88	3.05	3.11	3.17	3.22	3.26	3.26
地方国有企业	3.31	3.25	3.22	3.28	3.22	3.10	3.15	3.14	3.02	3.04
公众企业	1.13	0.95	1.04	1.25	1.40	1.45	1.54	1.55	1.55	1.53
其他企业	0.02	0.08	0.20	0.19	0.20					0.21
外资企业	0.94	0.84	0.77	0.72	0.65				0.03	0.02

图 2-7　2011~2020 年分公司性质新疆上市公司对地区的就业贡献

数据来源：Wind 数据库，2010~2019 年《新疆统计年鉴》。

2.3　小结

新疆上市公司对地区经济社会发展的贡献逐年提升，2014~2016 年是增长较快的三年；此外，新疆上市公司对经济和税收的贡献高于对就业的贡献。从行业来看，制造业上市公司是对新疆经济社会发展贡献最大的行业，这一结论在经济贡献、税收贡献和就业贡献三个细分项均成立；采矿业上市公司对经济和就业的贡献仅次于制造业，但在税收贡献方面金融业上市公司高于采矿业。从公司性质来看，中央国有企业对新疆经济社会发展贡献最大，这一结论在经济贡献、税收贡献和就业贡献三个细分项均成立；民营企业对税收和就业的贡献仅次于中央国有企业，但在经济贡献方面地方国有企业高于民营企业。

第 3 章
新疆上市公司发展现状分析

企业是经济社会发展的微观主体，其发展状况是地区经济发展强弱的直接反映。而上市公司作为优质企业的典型代表，相比于一般企业，在资金、产品、创新、资源、管理等方面都具有较强的竞争力，不仅通过资本市场完成企业自身发展的资本积累，实现资源的有效配置，通过实体经济和虚拟经济两个层面实现自身和社会发展，而且借助其自主创造性、内生积累性和市场竞争度，成为带动地区经济发展的微观主体。从一定层面来说，上市公司是地区经济的增长极。

3.1 新疆上市公司分布特征

3.1.1 新疆上市公司数量及变化趋势

自 1994 年新疆第一家上市公司"宏源证券"（代码：000562）在上海证券交易所上市以来，随着改革开放的进一步发展和资本市场的成熟，新疆上市公司的数量由 1994 年的 1 家上升到 2020 年的 59 家，从整体来看，新疆上市公司数量呈上升趋势。

新疆证监局数据显示，截至 2020 年 12 月 31 日，新疆上市公司数量达到了 59 家，共实现营业总收入 5284.78 亿元，占新疆 2020 年地区生产总值的 38.3%；净利润 148.9 亿元，占全年规模以上工业企业利润总额的 23.66%，市值累计为 0.61 万亿元，其中，13 家上市公司市值超 100 亿元，3 家上市公司市值超 500 亿元，1 家上市公司市值超 1000 亿元。而这家市值超过 1000 亿元的企业就是申万宏源，市值达到 1200 亿元。可以看出，新疆上市公司在充分发挥资本市场资源配置、投融资和风险管理功能之下，已经成为新疆经济中极富创造力和竞争力的市场主体。

由图 3-1 可知，2011~2020 年新疆上市公司数量整体呈上升趋势，增长率呈"N"型变化，其中 2016 年增长最快，新增上市公司 7 家，增长率为 14.00%，明显高于历年平均数据，这主要得益于国家对新疆企业上市的绿色通道，使新疆企业迎来了一轮上市高峰。具体有：①新疆在"丝绸之路经济带"核心区的区位优势正逐步转变为经济优势，其业务发展与新疆所承担的功能定位相对应，具有独特的政策优势。②中国证券监督管理委员会（以下简称证监会）的大力支持：2016 年 8 月，证监会给予新疆企业即时审查的绿色渠道政策，缩短了新疆公司上市排队的时间。③新疆各级地方政府的努力：新疆金融办公室培育上市储备企业，出台鼓励企业上市的奖励政策。④新疆社会不断稳定，越来越多的内地企业被吸引到新疆发展，甚至上市公司也直接从内地迁往新疆。

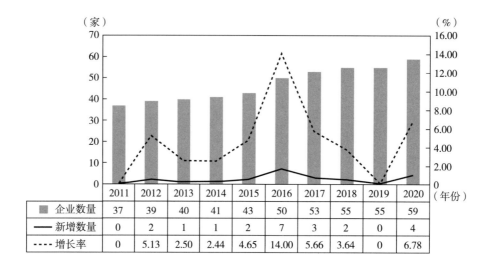

	2011	2012	2013	2014	2015	2016	2017	2018	2019	2020
企业数量	37	39	40	41	43	50	53	55	55	59
新增数量	0	2	1	1	2	7	3	2	0	4
增长率	0	5.13	2.50	2.44	4.65	14.00	5.66	3.64	0	6.78

图 3-1　2011~2020 年新疆上市公司数量

数据来源：Wind 数据库。

具体变动情况为：2011 年新疆上市公司有 37 家；2012 年新疆上市公司有 39 家，其中新增 2 家；2013 年新疆上市公司有 40 家，其中新增 1 家；2014 年新疆上市公司有 41 家，其中新增 1 家；2015 年新疆上市公司有 43 家，其中新增 2 家；2016 年新疆上市公司有 50 家，其中新增 7 家；2017 年新疆上市公司有 53 家，其中新增 3 家；2018 年新疆上市公司有 55 家，其中新增 2 家；2019 年新疆上市公司有 55 家，无新增；2020 年新疆上市公司有 59 家，其中新增 4 家。

3.1.2　新疆上市公司行业、产业分布及变化趋势

定位企业所属行业，对企业能否利用当地资源、提高盈利能力、增强市场竞争能力尤为关键。根据证监会 2001 年发布的《上市公司行业分类指引》（2012 年修订），将行业划分为 19 大门类，新疆上市公司主要分布在其中的 15 个门类，主体门类相对齐全。如图 3-2、图 3-3 所示，按照企业上市行业占比，新疆上市公司依次分布在制造业，电力、热力、燃气及水生产和供应业，批发和零售业，农、林、牧、渔业，采矿业，信息传输、软件和信息技术服务业，金融业，交通运输、仓储和邮政业，建筑业，租赁和商务服务业，卫生和社会工作，综合和房地产业等。截至 2020 年，新疆上市公司在制造业中有 25 家，占比为 42.37%；在电气、热力、燃气及水生产和供应业中有 6 家，占比为 10.17%；在批发和零售业中有 5 家，占比为 8.47%；在农、林、牧、渔业中有 5 家，占比为 8.47%；在采矿业中有 5 家，占比为 8.47%。

由图 3-3 可知，新疆上市公司在制造业中分布最多，历年占比均在 40.00% 以上，整体呈现倒"N"型变化，占比最高点出现在 2011 年，为 62.16%；最低点出现在 2020 年，为 42.37%。从整体看，虽然新疆上市公司在制造业中的数量分布波动不大，但占比呈下降趋势。

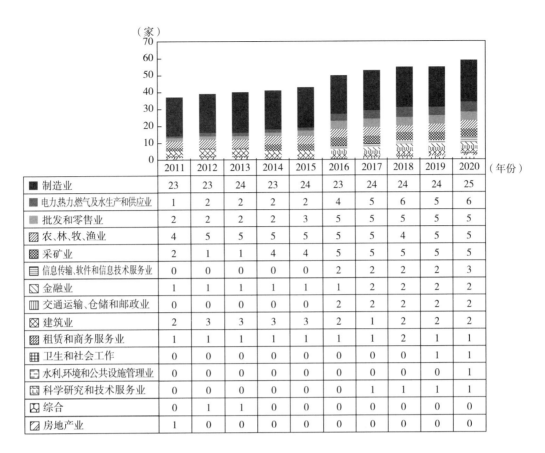

	2011	2012	2013	2014	2015	2016	2017	2018	2019	2020
■ 制造业	23	23	24	23	24	23	24	24	24	25
■ 电力,热力,燃气及水生产和供应业	1	2	2	2	2	4	5	6	5	6
▨ 批发和零售业	2	2	2	2	3	5	5	5	5	5
▨ 农、林、牧、渔业	4	5	5	5	5	5	5	4	5	5
▨ 采矿业	2	1	1	4	4	5	5	5	5	5
▤ 信息传输、软件和信息技术服务业	0	0	0	0	0	2	2	2	2	3
▧ 金融业	1	1	1	1	1	1	2	2	2	2
▥ 交通运输、仓储和邮政业	0	0	0	0	0	2	2	2	2	2
▨ 建筑业	2	3	3	3	3	2	1	2	2	2
▨ 租赁和商务服务业	1	1	1	1	1	1	1	2	1	1
▤ 卫生和社会工作	0	0	0	0	0	0	0	0	1	1
▢ 水利,环境和公共设施管理业	0	0	0	0	0	0	0	0	0	1
▨ 科学研究和技术服务业	0	0	0	0	0	0	1	1	1	1
▨ 综合	0	1	1	0	0	0	0	0	0	0
▨ 房地产业	1	0	0	0	0	0	0	0	0	0

图 3-2　2011~2020 年新疆上市公司行业分布

数据来源：Wind 数据库。

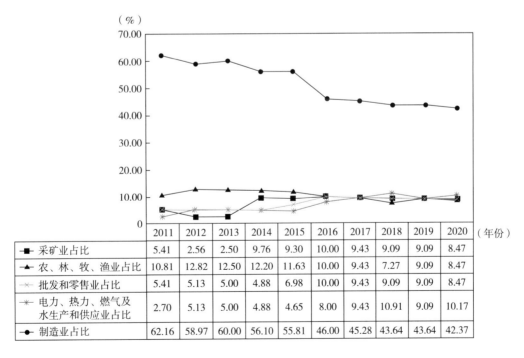

	2011	2012	2013	2014	2015	2016	2017	2018	2019	2020
■— 采矿业占比	5.41	2.56	2.50	9.76	9.30	10.00	9.43	9.09	9.09	8.47
▲— 农、林、牧、渔业占比	10.81	12.82	12.50	12.20	11.63	10.00	9.43	7.27	9.09	8.47
✳— 批发和零售业占比	5.41	5.13	5.00	4.88	6.98	10.00	9.43	9.09	9.09	8.47
✴— 电力、热力、燃气及水生产和供应业占比	2.70	5.13	5.00	4.88	4.65	8.00	9.43	10.91	9.09	10.17
●— 制造业占比	62.16	58.97	60.00	56.10	55.81	46.00	45.28	43.64	43.64	42.37

图 3-3　2011~2020 年新疆上市公司行业分布

数据来源：Wind 数据库。

新疆上市公司在电力、热力、燃气及水生产和供应业占比呈"N"型变化趋势，占比最高点出现在 2018 年，为 10.91%；最低点出现在 2011 年，为 2.70%。新疆石油、太阳能、风能等资源富集，能源产业优势得天独厚。新疆上市公司在批发和零售行业占比呈倒"N"型变化趋势，占比最高点出现在 2016 年，为 10.00%；最低点出现在 2014 年，为 4.88%。新疆上市公司在农、林、牧、渔行业占比呈"M"型变化趋势，占比最高点出现在 2012 年，为 12.82%；最低点出现在 2018 年，为 7.27%。新疆上市公司在采矿业占比呈倒"N"型变化趋势，占比最高点出现在 2016 年，为 10.00%；最低点出现在 2013 年，为 2.50%。

根据国民经济行业分类标准（GB/T4754-2017），将企业所在行业与产业进行匹配。如表 3-1 和图 3-4 所示，新疆上市公司主要分布在二产，具体为二产中的制造业，电力、热力、燃气及水生产和供应业，采矿业等；其次分布在三产中，主要为三产中的批发和零售业，信息传输、软件和信息技术服务业，金融业等；分布最少的为一产，为农、林、牧、渔业。截至 2020 年新疆上市公司产业分布中：一产有 5 家，占比为 8.47%；二产有 35 家，占比为 59.32%；三产有 19 家，占比为 32.20%。

表 3-1　2011~2020 年新疆上市公司产业占比

年份 产业	2011	2012	2013	2014	2015	2016	2017	2018	2019	2020
一产（%）	10.81	12.82	12.50	12.20	11.63	10.00	9.43	7.27	9.09	8.47
二产（%）	72.97	71.79	72.50	75.61	74.42	64.00	60.38	61.82	60.00	59.32
三产（%）	16.22	15.38	15.00	12.20	13.95	26.00	30.19	30.91	30.91	32.20

数据来源：Wind 数据库。

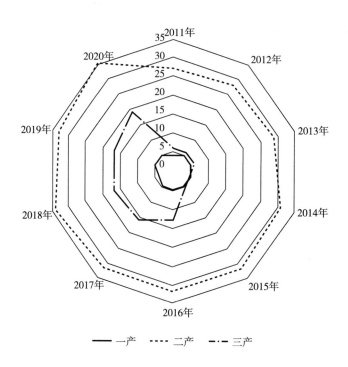

图 3-4　2011~2020 年新疆上市公司产业分布

数据来源：Wind 数据库。

3.1.3　新疆上市公司地区分布及变化趋势

按照上市公司注册地所属地区进行统计，如表 3-2 所示，截至 2020 年，新疆 59 家上市公司分布情况为：乌鲁木齐市有 34 家，占比为 57.63%；昌吉回族自治州有 6 家，占比为 10.17%；克拉玛依市有 4 家，占比为 6.78%；石河子市、阿克苏地区、巴音郭楞蒙古自治州各有 3 家，占比均为 5.08%；伊犁哈萨克自治州有 2 家，占比为 3.39%；博尔塔拉蒙古自治州、和田地区、喀什地区、塔城地区各有 1 家，占比均为 1.69%。新疆上市公司地区分布严重不平衡，且多数集中在经济水平相对发达的地区，同时说明上市公司数量越多，地区经济就能得到越好的发展。

表 3-2　2011～2020 年新疆上市公司地区分布情况　　　　　　　　单位：家

城市	2020 年	2019 年	2018 年	2017 年	2016 年	2015 年	2014 年	2013 年	2012 年	2011 年
乌鲁木齐市	34	33	33	32	32	26	25	24	23	23
昌吉回族自治州	6	5	5	4	4	4	4	4	3	2
克拉玛依市	4	4	4	4	3	2	2	2	2	2
石河子市	3	3	3	3	3	3	3	3	4	4
阿克苏地区	3	3	3	3	3	3	3	3	3	2
巴音郭楞蒙古自治州	3	2	2	2	2	2	2	2	2	2
伊犁哈萨克自治州	2	1	1	1	1	1	1	1	1	1
博尔塔拉蒙古自治州	1	1	1	1	1	1	1	1	1	1
和田地区	1	1	1	1	0	0	0	0	0	0
喀什地区	1	1	1	1	0	0	0	0	0	0
塔城地区	1	1	1	1	1	1	0	0	0	0

数据来源：Wind 数据库。

分析 2011～2020 年新疆上市公司地区分布情况，绘制新疆上市公司近十年逐年发展的占比图。以 5 年为一阶段，分析近十年来，新疆上市公司在 2011～2015 年、2016～2020 年地区分布的变动情况，结果如图 3-5～图 3-8 所示。

第一阶段为 2011～2015 年，2011 年新疆上市公司总共有 37 家，其中有 23 家分布在乌鲁木齐市。2015 年上市公司总共有 43 家，与 2011 年分布图对比，2015 年塔城地区新增 1 家，且乌鲁木齐市、昌吉回族自治州与阿克苏地区的上市公司数量均有增加。

第二阶段为 2016～2020 年，2016 年新疆上市公司总共有 50 家，2020 年有 59 家，对比 2016 年新疆上市公司分布图，2020 年和田地区、喀什地区、巴音郭楞蒙古自治州、乌鲁木齐市与伊犁哈萨克自治州上市公司数量均有新增。

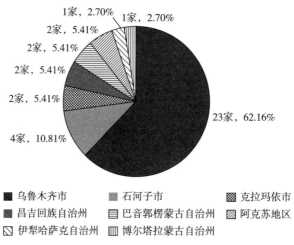

图 3-5 2011 年新疆上市公司分布

数据来源：Wind 数据库。

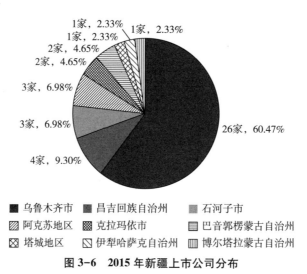

图 3-6 2015 年新疆上市公司分布

数据来源：Wind 数据库。

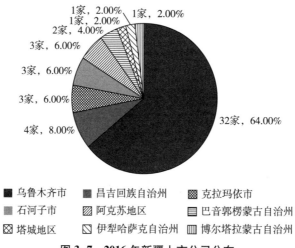

图 3-7 2016 年新疆上市公司分布

数据来源：Wind 数据库。

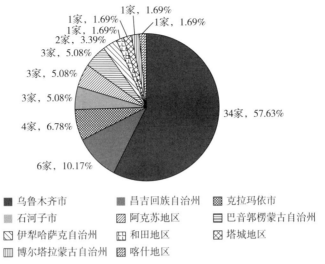

1家，1.69%　　　　1家，1.69%
1家，1.69%
1家，1.69%
2家，3.39%
3家，5.08%
3家，5.08%
3家，5.08%

34家，57.63%

4家，6.78%

6家，10.17%

■ 乌鲁木齐市　　　■ 昌吉回族自治州　　　◩ 克拉玛依市
■ 石河子市　　　　◪ 阿克苏地区　　　　　▤ 巴音郭楞蒙古自治州
◩ 伊犁哈萨克自治州　▦ 和田地区　　　　　　▨ 塔城地区
▥ 博尔塔拉蒙古自治州　▩ 喀什地区

图 3-8　2020 年新疆上市公司分布

数据来源：Wind 数据库。

综合 10 年的地区分布情况来看，新疆上市公司分布严重不平衡。乌鲁木齐市始终保持上市公司数量第一，平均为 29 家，但截至 2020 年阿勒泰地区、吐鲁番市、哈密市与克孜勒苏柯尔克孜自治州四个地区仍无上市公司分布。石河子市在 2011 年和 2012 年上市公司数量居新疆地区第二位，但 2013 年之后昌吉回族自治州上市公司数量开始赶超石河子市，且有稳定增加的趋势。2011~2020 年，石河子市、克拉玛依市、阿克苏地区、巴音郭楞蒙古自治州、伊犁哈萨克自治州、博尔塔拉蒙古自治州上市公司数量较为稳定。和田地区、喀什地区与塔城地区前期无上市公司分布，2016 年后均有 1 家分布，说明新疆上市公司地区分布的不均衡性也在逐渐减弱。

3.1.4　新疆上市公司市场分布及变化趋势

如图 3-9 和图 3-10 所示，截至 2020 年，新疆上市公司中有 26 家在深圳证券交易所上市，29 家在上海证券交易所上市。其中，2020 年沪市主板占比 31%，中小板占比 14%，深市主板占比 8%，创业板占比 6%。

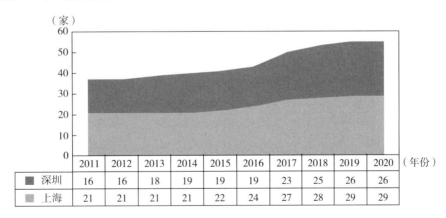

	2011	2012	2013	2014	2015	2016	2017	2018	2019	2020
■ 深圳	16	16	18	19	19	19	23	25	26	26
■ 上海	21	21	21	21	22	24	27	28	29	29

图 3-9　2011~2020 年新疆上市公司市场分布

数据来源：Wind 数据库。

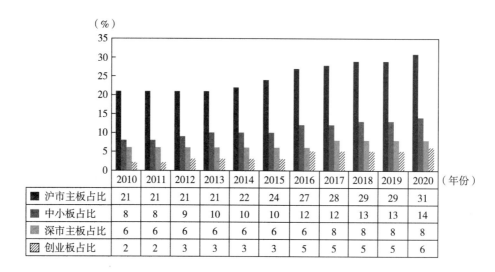

（%）	2010	2011	2012	2013	2014	2015	2016	2017	2018	2019	2020	（年份）
■沪市主板占比	21	21	21	21	22	24	27	28	29	29	31	
■中小板占比	8	8	9	10	10	10	12	12	13	13	14	
■深市主板占比	6	6	6	6	6	6	6	8	8	8	8	
▨创业板占比	2	2	3	3	3	3	5	5	5	5	6	

图 3-10　2011~2020 年新疆上市公司各市场板块占比

数据来源：Wind 数据库。

3.1.5　新疆上市公司性质分布及变化趋势

如图 3-11 所示，新疆上市公司以国有企业和民营企业为主。从 2011 年开始，国有企业数量均在 25 家以上，整体数量波动不大；民营企业呈现"直线上升"趋势，从 2011 年的 9 家一直上升到 2020 年的 27 家，其相应占比从 24.32%上升到 50.85%，数量得到了较大幅度的增长。国有企业是国民经济的中流砥柱，同时新疆民营企业从改革开放和西部大开发以来实现了较快的发展，其数量不断增多，规模不断扩大，成为推动新疆经济发展的重要动力。

根据国务院国资委官网公布的最新"双百"企业名单，449 家企业入选，其中新疆 7 家企业上榜。国有企业混合所有制在新疆稳步推进，并且自治区国资委将改制上市作为推进混改的重要方式，推进国有企业和民营企业进行优势互补。

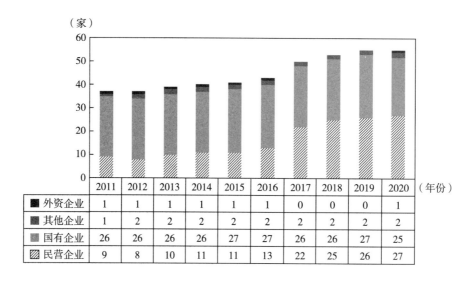

（家）	2011	2012	2013	2014	2015	2016	2017	2018	2019	2020	（年份）
■外资企业	1	1	1	1	1	1	0	0	0	1	
■其他企业	1	2	2	2	2	2	2	2	2	2	
■国有企业	26	26	26	26	27	27	26	26	27	25	
▨民营企业	9	8	10	11	11	13	22	25	26	27	

图 3-11　2011~2020 年新疆上市公司性质分布

数据来源：Wind 数据库。

3.2　新疆上市公司主要财务指标分析

3.2.1　新疆上市公司总资产增长率变化趋势

资产不仅是企业取得收入的资源，也是企业偿还债务的保障。总资产增长率是企业资产增长额与期初资产总额的比率，反映企业资产规模的增长情况。该指标主要反映企业的成长和发展能力，值越大，企业的成长和发展能力越强。同时，发展性和成长性较好的企业一般都能保持资产的稳定增长。

如图 3-12 所示，近 10 年来新疆上市公司总资产增长率的平均值和最小值两条折线的变化不大，最大值和标准差在 2015 年、2016 年均出现较大的波动。总资产增长率的平均值呈倒 "N" 型变化，最高点出现在 2015 年，为 90.07%，最低点出现在 2019 年，为 3.63%；总资产增长率的最大值呈倒 "N" 型变化，最高点出现在 2015 年，为 2677.29，最低点出现在 2014 年，为 63.62；总资产增长率的最小值呈倒 "N" 型变化，最高点出现在 2015 年，为 -17.50%，最低点出现在 2020 年，为 -78.88%；总资产增长率的标准差呈 "W" 型变化，最高点出现在 2015 年，为 416.45%，最低点出现在 2014 年，为 17.06%。

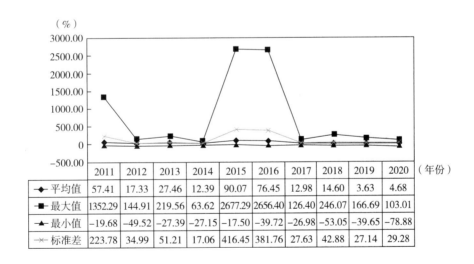

（%）	2011	2012	2013	2014	2015	2016	2017	2018	2019	2020 （年份）
平均值	57.41	17.33	27.46	12.39	90.07	76.45	12.98	14.60	3.63	4.68
最大值	1352.29	144.91	219.56	63.62	2677.29	2656.40	126.40	246.07	166.69	103.01
最小值	-19.68	-49.52	-27.39	-27.15	-17.50	-39.72	-26.98	-53.05	-39.65	-78.88
标准差	223.78	34.99	51.21	17.06	416.45	381.76	27.63	42.88	27.14	29.28

图 3-12　2011~2020 年新疆上市公司总资产增长率变化趋势

数据来源：Wind 数据库。

3.2.2　新疆上市公司资产负债率变化趋势

企业资产负债率是企业负债总额占资产总额的比值，反映企业总资产中通过借债筹资的比例，是评价企业负债水平及风险程度的重要指标，也反映企业偿债经营的能力。对企业来说，一般资产负债率的适宜水平是40%~60%，负债越高越可能带来收益，且更容易带来风险，但如果企业有能力、有实力将外部资金转化为财富创造的能力，将更有利于企业的发展。

如图3-13所示，近10年中新疆上市公司资产负债率的平均值、最小值和标准差基本保持不变，资产负债率的平均值保持在49%~55%，处于资产负债率的适宜水平。

资产负债率的平均值呈"W"型变化，最高点出现在2011年，为54.91%，最低点出现在2017年，为49.23%；资产负债率的最大值呈"W"型变化，最高点出现在2020年，为126.05%，最低点出现在2016年，为82.58%；资产负债率的最小值呈"W"型变化，最高点出现在2011年，为10.64%，最低点出现在2019年，为4.26%；资产负债率的标准差呈"N"型变化，最高点出现在2020年，为25.80%，最低点出现在2011年，为19.19%。

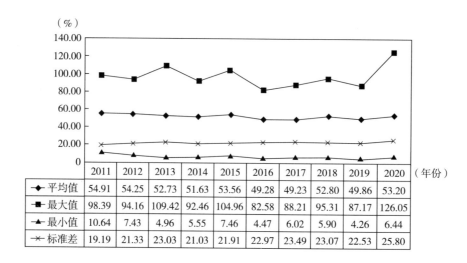

（%）	2011	2012	2013	2014	2015	2016	2017	2018	2019	2020	（年份）
◆平均值	54.91	54.25	52.73	51.63	53.56	49.28	49.23	52.80	49.86	53.20	
■最大值	98.39	94.16	109.42	92.46	104.96	82.58	88.21	95.31	87.17	126.05	
▲最小值	10.64	7.43	4.96	5.55	7.46	4.47	6.02	5.90	4.26	6.44	
✕标准差	19.19	21.33	23.03	21.03	21.91	22.97	23.49	23.07	22.53	25.80	

图3-13 2011~2020年新疆上市公司资产负债率变化趋势

数据来源：Wind数据库。

3.2.3 新疆上市公司主营业务利润率变化趋势

主营业务利润率是企业在一定时期内主营业务利润与主营业务收入的比率，反映企业主营业务的获利能力，指标越高，说明企业主营业务市场竞争力越强，发展潜力越大，获利水平越高。

如图3-14所示，近10年来新疆上市公司主营业务利润率的平均值和标准差变化不大，最小值在2020年出现断崖式下跌。主营业务利润率的平均值呈倒"N"型变化，最高点出现在2019年，为22.97%，最低点出现在2020年，为17.25%；主营业务利润率的最大值呈"M"型变化，最高点出现在2018年，为90.78%，最低点出现在2011年，为47.74%；主营业务利润率的最小值呈"M"型变化，最高点出现在2013年，为7.14%，最低点出现在2020年，为-166.69%；主营业务利润率的标准差呈"N"型变化，最高点出现在2020年，为31.17%，最低点出现在2011年，为11.65%。

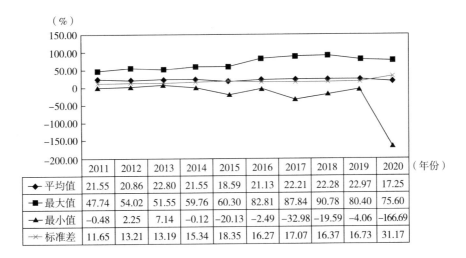

（%）

	2011	2012	2013	2014	2015	2016	2017	2018	2019	2020
◆平均值	21.55	20.86	22.80	21.55	18.59	21.13	22.21	22.28	22.97	17.25
■最大值	47.74	54.02	51.55	59.76	60.30	82.81	87.84	90.78	80.40	75.60
▲最小值	-0.48	2.25	7.14	-0.12	-20.13	-2.49	-32.98	-19.59	-4.06	-166.69
✕标准差	11.65	13.21	13.19	15.34	18.35	16.27	17.07	16.37	16.73	31.17

图 3-14　2011~2020 年新疆上市公司主营业务利润率变化趋势

数据来源：Wind 数据库。

3.2.4　新疆上市公司存货周转率变化趋势

存货周转率是企业在一定时期内营业成本与平均存货余额的比率，用于反映存货的周转速度，即存货的流动性及存货资金占用量是否合理，促使企业在保证生产经营连续性的同时，提高资金的使用效率，增强企业的短期偿债能力，是衡量企业投入生产、存货管理水平、销售回款能力的综合性指标。指标越高，企业的运营能力越强。

如图 3-15 所示，新疆上市公司存货周转率的平均值呈"W"型变化，最高点出现在2017 年，为 255.88%，最低点出现在 2012 年，为 4.45%；存货周转率的最大值呈"W"型变化，最高点出现在 2017 年，为 12862.26%，最低点出现在 2012 年，为 21.63%；存货周转率的最小值呈倒"V"型变化，最高点出现 2013 年，为 0.18%，最低点分布在多个年份，分别出现在 2011~2012 年、2015~2020 年，均为 0。

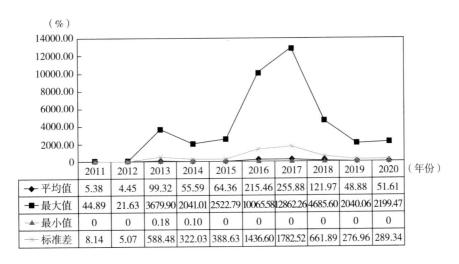

（%）

	2011	2012	2013	2014	2015	2016	2017	2018	2019	2020
◆平均值	5.38	4.45	99.32	55.59	64.36	215.46	255.88	121.97	48.88	51.61
■最大值	44.89	21.63	3679.90	2041.01	2522.79	10065.58	12862.26	4685.60	2040.06	2199.47
▲最小值	0	0	0.18	0.10	0	0	0	0	0	0
✕标准差	8.14	5.07	588.48	322.03	388.63	1436.60	1782.52	661.89	276.96	289.34

图 3-15　2011~2020 年新疆上市公司存货周转率变化趋势

数据来源：Wind 数据库。

3.3 新疆上市公司主要非财务指标分析

3.3.1 新疆上市公司职工总人数变化趋势

企业员工是企业生产经营不可或缺的劳动力资源，是物质财富的创造者，对企业经济效益有重大影响。企业职工总数不仅体现着企业的规模，也体现着企业对地区就业的贡献程度，但合理的员工人数应与企业生产规模相适应。

如图3-16所示，新疆上市公司职工总人数的平均值呈倒"N"型变化，最高点出现在2017年，为3.88千人，最低点出现在2012年，为3.16千人；职工总人数的最大值呈倒"N"型变化，最高点出现在2017年，为48.68千人；最低点出现在2012年，为14.35千人；职工总人数的最小值呈倒"N"型变化，最高点出现在2012年，为0.09千人，最低点分布在多个年份，分别出现在2015年、2016年、2017年和2018年，均为0.01千人；职工总人数的标准差呈倒"N"型变化，最高点出现在2017年，为7.30千人，最低点出现在2012年，为2.95千人。

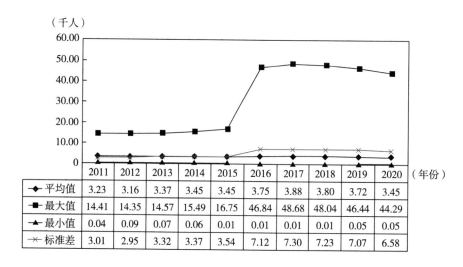

（千人）	2011	2012	2013	2014	2015	2016	2017	2018	2019	2020（年份）
◆平均值	3.23	3.16	3.37	3.45	3.45	3.75	3.88	3.80	3.72	3.45
■最大值	14.41	14.35	14.57	15.49	16.75	46.84	48.68	48.04	46.44	44.29
▲最小值	0.04	0.09	0.07	0.06	0.01	0.01	0.01	0.01	0.05	0.05
×标准差	3.01	2.95	3.32	3.37	3.54	7.12	7.30	7.23	7.07	6.58

图3-16 2011~2020年新疆上市公司职工总人数变化趋势

数据来源：Wind数据库。

3.3.2 新疆上市公司投资水平变化趋势

企业投资是指企业投入财力，以期在未来获得收益的行为。企业投资不仅对企业提高资金利用率、增加企业经济效益有重要意义，而且能促进企业规模不断扩大，对企业实现可持续发展有重要意义。在当前市场竞争不断加剧和我国市场经济体制不断完善的过程中，企业要想长远发展就必须重视提升企业投资管理水平。企业投资包含对外投资和对内投资，此处指对内投资，以期末购建固定资产、无形资产和其他长期资产支付的现金与期初总资产进行衡量，指标越大，企业投资水平越高。

如图 3-17 所示，新疆上市公司投资水平的平均值呈倒 "N" 型变化，最高点出现在 2011 年，为 0.15；投资水平的最大值呈 "W" 型变化，最高点出现在 2011 年，为 0.55，最低点出现在 2014 年，为 0.17；投资水平的最小值为 0，历年来未发生变化；投资水平的标准差呈倒 "N" 型变化，最高点出现在 2011 年，为 0.15，最低点出现在 2014 年，为 0.04。

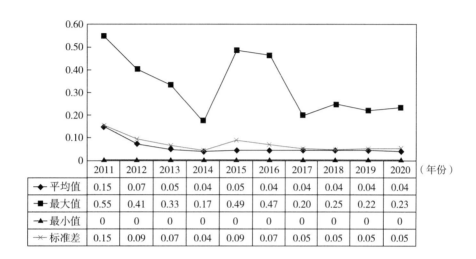

	2011	2012	2013	2014	2015	2016	2017	2018	2019	2020	（年份）
◆ 平均值	0.15	0.07	0.05	0.04	0.05	0.04	0.04	0.04	0.04	0.04	
■ 最大值	0.55	0.41	0.33	0.17	0.49	0.47	0.20	0.25	0.22	0.23	
▲ 最小值	0	0	0	0	0	0	0	0	0	0	
※ 标准差	0.15	0.09	0.07	0.04	0.09	0.07	0.05	0.05	0.05	0.05	

图 3-17　2011~2020 年新疆上市公司投资水平变化趋势

数据来源：Wind 数据库。

3.3.3　新疆上市公司绩效管理能力变化趋势

企业内部经营管理的有效性在某种程度上决定了企业核心竞争力的高低，而企业绩效管理是内部经营管理的关键环节，科学、有效的绩效管理水平能更好地将员工的个人作用有效转化为企业整体竞争力。以企业人力投入回报率和年人均产值作为衡量企业绩效管理能力的指标，企业人力投入回报率为企业净利润与员工薪酬的比值，年人均产值为本年营业收入与员工总人数的比值，其值越大，企业绩效管理能力越强。

如图 3-18 所示，新疆上市公司的人力投入回报率均值呈倒 "N" 型变化，最高点出现在 2016 年，为 38.35%，最低点出现在 2018 年，为-4.53%。新疆上市公司的年人均产值均值呈倒 "N" 型变化，最高点出现在 2019 年，为 2.79 百万元/人，最低点出现在 2012 年，为 1.42 百万元/人。

3.3.4　新疆上市公司高管举行会议情况

董事会会议是公司治理中不可忽视的一个非常具体又关键的问题，公司战略的制定、高管人员的更替和其他重大事项的决议等都是通过董事会会议来实现的，其影响着企业的生存与发展。股东会会议决定公司的经营方案和投资计划，决定董事、监事报酬，对公司合并、分离、清算等事项做出决议。上市公司董事会会议举行次数、股东会会议举行次数是企业制度设计的重要体现。

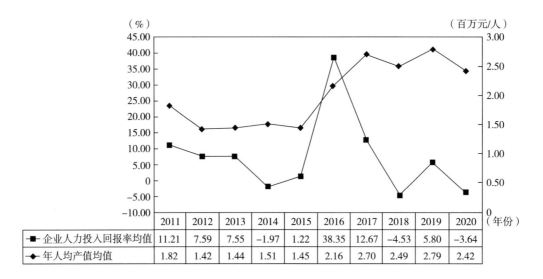

	2011	2012	2013	2014	2015	2016	2017	2018	2019	2020
■企业人力投入回报率均值	11.21	7.59	7.55	-1.97	1.22	38.35	12.67	-4.53	5.80	-3.64
◆年人均产值均值	1.82	1.42	1.44	1.51	1.45	2.16	2.70	2.49	2.79	2.42

图3-18 2011~2020年新疆上市公司绩效管理水平变化趋势

数据来源：Wind数据库。

如图3-19所示，新疆上市公司平均董事会会议次数呈倒"N"型变化，在2015年、2018年与2019年出现最高点，为11次，在2013年与2014年出现最低点，为9次。新疆上市公司平均股东会会议次数呈"M"型变化，在2012年与2018年出现最高点，为5次，其他年份均为4次。

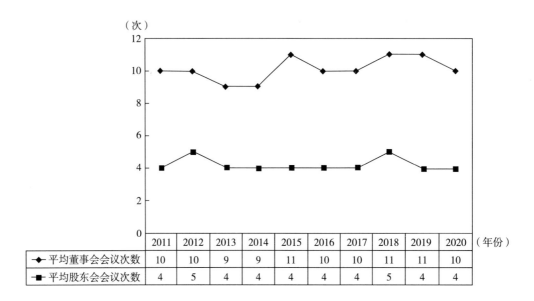

	2011	2012	2013	2014	2015	2016	2017	2018	2019	2020
◆平均董事会会议次数	10	10	9	9	11	10	10	11	11	10
■平均股东会会议次数	4	5	4	4	4	4	4	5	4	4

图3-19 2011~2020年新疆上市公司高管举行会议情况

数据来源：Wind数据库。

第 4 章
新疆上市公司竞争力测算

4.1 新疆上市公司竞争力评价体系的构建

4.1.1 竞争力评价体系构建遵循的原则

要实现企业竞争力的科学评价，必须以社会主义市场经济体制理论为指导。为保证企业竞争力评价结果的科学性、准确性和实用性，建立企业竞争力评价体系应遵循以下原则：

（1）科学性原则。在企业竞争力评价中，这一原则体现在企业竞争力概念的正确性、评价指标体系设计的完备性、数学模型和方法的逻辑严密性、参数因子分析的准确性等方面。

（2）系统性原则。企业竞争力是一个复杂的系统，是企业内部因素与外部环境相互作用的综合结果。一个企业的竞争力不仅取决于内部人员、财力、物资、信息等方面的素质和协调，还取决于外部经济政策、经济管理体制、市场供求、科技进步等因素。因此，对企业竞争力的评价必须遵循系统性原则，综合考虑各因素的相互关系、完整性和目的性。

（3）相对性原则。在企业竞争力评价中，必须对不同的评价指标进行无量纲处理，在这个过程中，需要一个衡量不同评价指标的措施，即指标评价标准。因此，对企业竞争力的评价是相对的。如果不考虑这一点，任何以绝对值衡量公司竞争力的尝试都是没有意义的。

（4）动态与静态相结合原则。企业竞争力显然是动态的，仅从静态的角度研究是不全面的，不能反映企业竞争力的发展规律。因此，对企业竞争力的评价也应从发展变化的角度进行审视，在内部因素与外部环境相互作用的运动中揭示企业竞争力的运动规律。为此，在评价企业竞争力时，既要有反映企业竞争力变化趋势和企业竞争力发展潜力的动态指标，也要有反映企业竞争力状况的静态指标。

（5）定性与定量相结合原则。企业竞争力是一个多维度的综合体系，不仅包括物质方面，还包括精神方面，由于企业竞争力评价指标的选择和应用必须同时包含定性与定量的评价因素，因此，定性和定量指标相结合是企业竞争力评价体系必须遵循的原则。

（6）功能齐全与指标独立相结合原则。企业竞争力评价因子的选择必须充分体现企业竞争力的系统性，为此，评价因子必须发挥作用。另外，评价因子选择过多，指标独立性、相容性和相互重叠性较差，无法突出主要矛盾，给实际评价操作带来困难。因此，在选择企业竞争力评价因子时，必须遵循保证评价功能完整、评价指标相互独立的原则。

（7）过程指标与状态指标相结合原则。企业竞争力评价指标可分为过程指标和状态指标。过程指标反映企业竞争力的过程，状态指标主要反映企业竞争力的结果。评价一个企业的竞争力，不仅要注重结果，还要研究过程。一般来说，状态指标较为全面，但往往比较抽象，应辅以过程指标。

（8）可比性与实用性原则。可比性是指企业竞争力评价指标具有普遍的统计意义，被评价的企业竞争力应该能够实现时空比较，保证企业竞争力评价结果的横向和纵向可比性。实用性意味着指标应该易于设置、易于实施，并且评估应该易于操作。

4.1.2 竞争力评价指标体系的建立

评价指标是企业竞争力评价内容的载体，也是企业竞争力评价内容的外在表现。企业竞争力评价指标必须充分体现企业竞争力的基本内容，围绕企业竞争力因素结构，建立逻辑严密、相互联系、互为补充又相互独立的评价指标体系。为了清晰地表现出竞争力评价指标体系的构成，运用层次分析法把其分成 4 个层次，如图 4-1 所示。

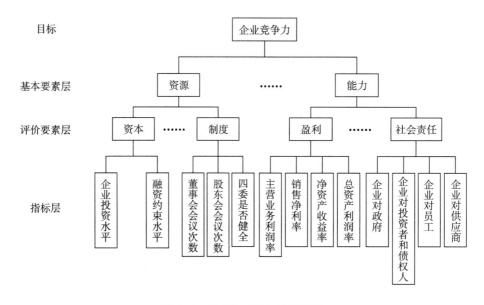

图 4-1 层次分析综合评价模型

（1）基本要素层。其功能是表征企业竞争力评价要素的基本构成，包括两方面：资源和能力。

（2）评价要素层。在基本要素的基础上，抽取表示企业竞争力得到发挥的那种状态的变数，用"外现变数"来体现出评价因素功能的要素构成。

（3）指标层。把各种评价要素的状态进一步细化，用评价指标表现出来，从而更加直观、具体地体现企业竞争力在这一要素方面的外显特征。

（4）操作层。其功能是说明定性评价指标的内容及定量指标的计算方法。

4.1.3　竞争力评价指标的确定

评价指标的确定必须采用科学的方法。指标太少，无法保证充分的信息，评价结果难以客观化；指标太多，共线性问题严重，计算量增加，难以得到准确的评价结果。因此，用科学的方法寻找客观、准确、科学的评价指标是评价工作的第一步。

本书采用文献检索法探讨影响企业竞争力的因素。在筛选、整理和归纳前人研究的基础上，综合考虑上市公司技术、治理、财务等内外部因素，参考张进财和左小德（2013）[1] 的做法，从资源竞争力和能力竞争力两大维度，设计资本、规模、人力资源、创新、制度、盈利能力、成长能力、营运能力、偿债能力、治理能力、社会责任能力 11 个方面来衡量上市公司总体竞争力水平。

根据专家建议和文献研究方法，确定企业竞争力的评价维度，选择指标。在为同一评价维度选择指标的过程中，指标的数量不宜过多和过少，用尽量少的指标来反映尽可能多的信息。同时，尽量选择客观的量化指标，选择的指标要便于观察和衡量，对于一些难以衡量的因素，采用定性的方法，采用顺序指标进行量化。

4.1.4　竞争力评价指标的说明

通过以上方法，本书构建了含有 2 个一级指标、11 个二级指标、38 个三级指标的新疆上市企业竞争力评价指标体系。在量表的制作过程中参考了有关企业竞争力测算的相关经典文献，指标的数据来源于巨潮资讯网、Wind 数据库、国泰安数据库、新浪财经以及各个企业的年报（见表 4-1）。

表 4-1　新疆上市企业竞争力评价指标体系

指标体系	一级指标	二级指标	三级指标	指标类型	指标说明
新疆上市企业竞争力评价指标体系	资源	资本	企业投资水平	正向指标	期末购建固定资产、无形资产和其他长期资产支付的现金/期初总资产
			融资约束水平	负向指标	SA 指数
		规模	职工总人数	正向指标	当年职工总人数
			资产总数	正向指标	期末总资产
			固定资产投资总额	正向指标	固定资产投资总额
		人力资源	薪酬管理能力	正向指标	员工平均薪酬
			人员招聘与配置能力	正向指标	研究生及以上学历员工人数/员工总人数
				正向指标	普通员工与管理层人数/公司总人数
			绩效管理能力	正向指标	本年营业收入/员工总人数
				正向指标	本年净利润/员工薪酬
			市场业绩能力	正向指标	企业营业收入额/行业营业收入
		创新	创新投入[2]	正向指标	滞后两年的企业研发费用/营业收入
				正向指标	当年研发人员数

---

[1]　张进财，左小德. 企业竞争力评价指标体系的构建 ［J］. 管理世界，2013（10）：172-173.
[2]　由于创新投入的数据缺失严重，本书用创新产出的数据衡量企业的创新水平。

指标体系	一级指标	二级指标	三级指标	指标类型	指标说明
新疆上市企业竞争力评价指标体系	资源	创新	创新产出	正向指标	当年所获政府补贴
				正向指标	当年专利申请量
				正向指标	专利授权量
		制度	董事会会议次数	正向指标	当年董事会会议次数
			股东会会议次数	正向指标	当年股东会会议次数
			四委是否健全	正向指标	战略决策委员会、审计委员会、薪酬委员会、提名委员会是否齐全
	能力	盈利能力	主营业务利润率	正向指标	主营业务利润/主营业务收入×100%
			销售净利率	正向指标	净利润/销售收入×100%
			净资产收益率	正向指标	净利润/平均股东权益×100%
			总资产利润率	正向指标	净利润/平均资产总额×100%
		成长能力	主营业务收入增长率	正向指标	当期主营业务收入增加额/上期主营业务收入×100%
			净利润增长率	正向指标	当期净利润增加值/上期净利润×100%
			净资产增长率	正向指标	企业本期净资产增加额/上期净资产总额×100%
			总资产增长率	正向指标	本年总资产增长额/年初资产总额×100%
		营运能力	应收账款周转率	正向指标	赊销收入净额/应收账款平均余额×100%
			存货周转率	正向指标	营业收入/〔（期初存货+期末存货）/2〕
			流动资产周转率	正向指标	主营业务收入净额/平均流动资产总额
			总资产周转率	正向指标	营业收入净额/平均资产总额
		偿债能力	流动比率	正向指标	流动资产/流动负债
			速动比率	正向指标	（流动资产−存货−预付费用−待摊费用）/流动负债
			产权比率	负向指标	负债总额/股东权益×100%
			资产负债率	负向指标	期末负债总额/资产总额×100%
		治理能力	两权分离度	正向指标	控制权与所有权的分离
			独立董事占比	正向指标	独立董事人数/公司总人数
			股权激励	正向指标	高管持股/总股本
			内部控制是否有效	负向指标	有效赋值为1，无效赋值为2
		社会责任能力	企业对政府的社会责任	正向指标	（支付的全部税额−收到的所有税费返还）/主营业务收入总额×100%
			企业对投资者和债权人的社会责任	正向指标	（偿还负债本金流出的现金+分配利润或支付利息流出的现金）/主营业务收入总额×100%
			企业对员工的社会责任	正向指标	支付给职工以及为职工支付的现金/主营业务收入总额×100%
			企业对供应商的社会责任	正向指标	企业全部应付账款与全部应付票据总和/主营业务收入总额×100%

数据来源：国泰安数据库、Wind 数据库、巨潮资讯网。

4.2　新疆上市公司竞争力评价模型的构建

德国物理学家 R. Clausius 和 I. Bohgman 提出熵的概念之后，美国信息论创始人 N. Wiener 和 C. E. Shannon 在此基础上提出更广义的信息熵，在当今工程技术、社会经济等领域得到广泛的应用。熵用来度量系统无序程度；信息量越大，不确定性就越低，熵也会越小。反之，信息量越少，不确定性越高，熵也会越大。本书采用熵值法对新疆上市企业竞争力进行评价，并运用极差熵权法对企业竞争力进行测度，步骤如下。

步骤 1：计算各个指标比重。设 P_{ij}^t 为 t 年第 j 个指标下第 i 个企业占该指标的比重，计算公式为：

$$P_{ij}^t = \frac{X_{ij}^t}{\sum_{i=1}^{n} X_{ij}^t}, \ i \in [1, n], \ j \in [1, m] \tag{4-1}$$

式（4-1）中，若比重值 $P_{ij}^t = 0$，则定义 $\lim_{P_{ij}^t \to 0} P_{ij}^t \times \ln(P_{ij}^t) = 0$；$X_{ij}^t$ 是经过极差标准化处理后的指标数据。

步骤 2：计算指标信息熵。设 E_{ij}^t 为 t 年第 j 个指标的信息熵，计算公式为：

$$E_{ij}^t = -[\ln(n)]^{-1} \times \sum_{i=1}^{n} [P_{ij}^t \times \ln(P_{ij}^t)] \tag{4-2}$$

式（4-2）中，信息熵 $E_{ij}^t \in [0, 1]$，信息熵越小，其离散程度越大，则该指标提供的信息量越大，故指标的权重也越大；反之，指标权重就越小。

步骤 3：计算指标权重。设 W_j^t 为 t 年第 j 项指标的权重，指标的权重越大，则指标对竞争力的测度结果的贡献越大，计算公式为：

$$W_j^t = \frac{(1 - E_j^t)}{\sum_{j=1}^{m} (1 - E_j^t)} \tag{4-3}$$

步骤 4：计算各指标的评价值得分。S_{ij}^t 为 t 年第 i 个企业的第 j 个指标的评价值，该值越大，表明该企业的该项指标越高，计算公式为：

$$S_{ij}^t = W_j^t \times P_{ij}^t \tag{4-4}$$

步骤 5：计算评价对象的综合评价值。S_i^t 为 t 年第 i 个企业的综合评价值，该值越大，表明该企业在当年的竞争力越强，计算公式为：

$$S_i^t = \sum S_{ij}^t \tag{4-5}$$

4.3　整体平均竞争力评价值变化趋势

选定测度上市公司竞争力的主要方法后，本书从资源和能力两个维度构建了较为全面的竞争力评价体系，竞争力评价值见附录。进一步地，从整体新疆上市公司的视角，分别从资源和能力的角度考察2011~2020年竞争力各个维度的变化发展情况。

如图4-2所示，2011~2020年新疆上市公司整体平均竞争力评价值呈现"M"型变动，2011~2012年整体平均竞争力评价值呈现上升趋势；虽然2012~2014年整体平均竞争力评价值略有小幅波动，但是2012~2016年整体平均竞争力评价值呈现下降趋势，期中2014~2015年整体平均竞争力评价值经历了一次断崖式下降；2011~2020年中，2012年是整体平均竞争力评价值的最高点，2016年是整体平均竞争力评价值的最低点。2016~2020年新疆上市公司整体平均竞争力评价值呈现倒"V"型变动，2016~2019年整体平均竞争力评价值呈现逐年上升的趋势，期中2016~2017年整体平均竞争力评价值急剧增加；2019~2020年整体平均竞争力评价值出现下滑，但是整体平均竞争力评价值的波动并不剧烈；2016~2019年中，2019年是整体平均竞争力评价值的最高点，2016年是整体平均竞争力评价值的最低点。

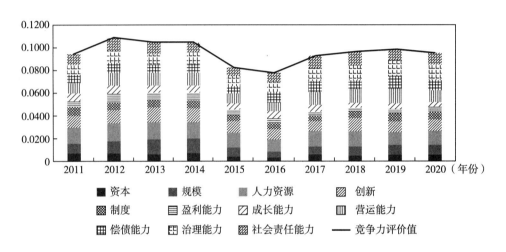

图4-2 2011~2020年新疆上市公司整体平均竞争力评价值变动情况
数据来源：根据国泰安数据库、Wind数据库、上市公司年报测算。

4.4 整体平均资源评价值变化趋势

如图4-3所示，2011~2020年新疆上市公司整体平均资源评价值呈现"M"型变动，2011~2013年整体平均资源评价值呈现逐年平缓上升的趋势；2013~2016年整体平均资源评价值呈现逐年下降的趋势，2014~2016年整体平均资源评价值出现了断崖式的下滑。在这10年间，2013年是整体平均资源评价值的最高点，2016年是整体平均资源评价值的最低点。2016~2020年新疆上市公司整体平均资源评价值呈现"N"型变动，期中2016~2018年整体平均资源评价值呈现逐年稳步上升的趋势；2018~2019年整体平均资源评价值呈现下降的趋势；2019~2020年整体平均资源评价值出现回升；2018~2020年的整体平均资源评价值出现波动，但是并不剧烈；2016~2020年中，2018年是整体平均资源评价值的最高点，2016年是整体平均资源评价值的最低点，整体平均资源评价值总体呈现上升的态势。

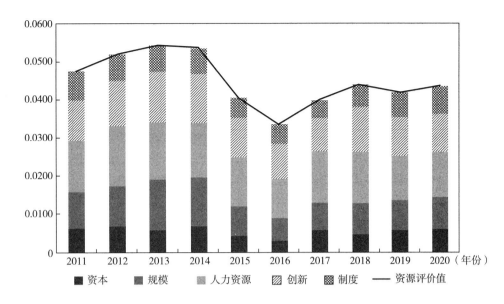

图 4-3　2011～2020 年新疆上市公司整体平均资源评价值变动

数据来源：根据国泰安数据库、Wind 数据库、上市公司年报测算。

　　如图 4-4 所示，2011～2020 年新疆上市公司资源方面相关指标中，整体平均资本评价值的最大值出现在 2012 年，整体平均资本评价值的最小值出现在 2016 年；整体平均规模评价值的最大值出现在 2013 年，整体平均规模评价值的最小值出现在 2016 年；整体平均人力资源评价值的最大值出现在 2012 年，整体平均人力资源评价值的最小值出现在 2016 年；整体平均创新评价值的最大值出现在 2013 年，整体平均创新评价值的最小值出现在 2017 年；整体平均制度评价值的最大值出现在 2011 年，整体平均制度评价值的最小值出现在 2017 年。

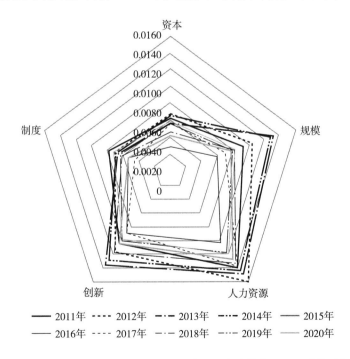

图 4-4　2011～2020 年新疆上市公司资源五维度整体平均评价值分析

数据来源：根据国泰安数据库、Wind 数据库、上市公司年报测算。

2016~2020年新疆上市公司资源方面相关指标中，整体平均资本评价值的最大值出现在2020年，整体平均资本评价值的最小值出现在2016年；整体平均规模评价值的最大值出现在2020年，整体平均规模评价值的最小值出现在2016年；整体平均人力资源评价值的最大值出现在2017年，整体平均人力资源评价值的最小值出现在2016年；整体平均创新评价值的最大值出现在2018年，整体平均创新评价值的最小值出现在2017年；整体平均制度评价值的最大值出现在2020年，整体平均制度评价值的最小值出现在2017年。

4.4.1 2011~2020年新疆上市公司整体平均资本评价值变化趋势

如图4-5所示，2011~2020年新疆上市公司整体平均资本评价值呈现"N"型变动，2011~2012年整体平均资本评价值呈现上升的趋势；虽然2014年整体平均资本评价值出现波动，但是2012~2016年整体平均资本评价值总体上呈现逐年下降的趋势。在这10年间，2012年是整体平均资本评价值的最高点，2016年是整体平均资本评价值的最低点。2016~2020年新疆上市公司整体平均资本评价值呈现"N"型变动，2016~2017年整体平均资本评价值呈现上升的趋势；2017~2018年整体平均资本评价值呈现下降趋势；2018~2020年整体平均资本评价值呈现逐年上升的趋势，且2019~2020年的增速比2018~2019年的增速有所减缓。在这5年间，2020年是整体平均资本评价值的最高点，2016年是整体平均资本评价值的最低点，在这期间整体平均资本评价值总体呈现逐年增长的态势。

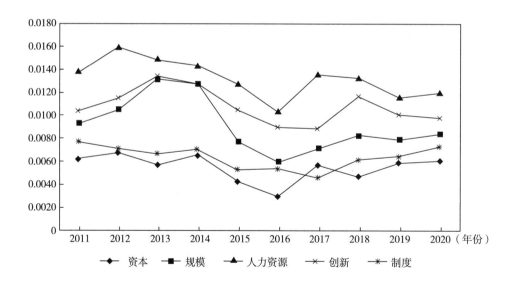

图4-5 2011~2020年新疆上市公司资源五维度整体平均评价值变动趋势

数据来源：根据国泰安数据库、Wind数据库、上市公司年报测算。

4.4.2 2011~2020年新疆上市公司整体平均人力资源评价值变化趋势

如图4-5所示，2011~2020年新疆上市公司整体平均人力资源评价值呈现"M"型变动，2011~2012年整体平均人力资源评价值呈现上升的趋势；2012~2016年整体平均人力资源评价值呈现逐年下降的趋势。在这 10 年间，2012 年是整体平均人力资源评价值的最高点，2016 年是整体平均人力资源评价值的最低点。2016~2020 年新疆上市公司整体平均人力资源评价值呈现"N"型变动，2016~2017 年整体平均人力资源评价值呈现陡然上升的趋势；2017~2019 年整体平均人力资源评价值呈现逐年下降的趋势；2019~2020 年整体平均人力资源评价值呈现上升的趋势。在这 5 年间，2017 年是整体平均人力资源评价值的最高点，2016 年是整体平均人力资源评价值的最低点，自 2019 年开始，整体平均人力资源评价值呈现增长的态势。

4.4.3 2011~2020 年新疆上市公司整体平均创新评价值变化趋势

如图 4-5 所示，2011~2020 年新疆上市公司整体平均创新评价值呈现"M"型变动，2011~2013 年整体平均创新评价值呈现上升的趋势；2013~2017 年整体平均创新评价值呈现逐年下降的趋势。在这 10 年间，2013 年是整体平均创新评价值的最高点，2017 年是整体平均创新评价值的最低点。2016~2020 年新疆上市公司整体平均创新评价值呈现倒"N"型变动，2016~2017 年整体平均创新评价值呈现微弱下降趋势；2017~2018 年整体平均创新评价值呈现陡然上升的趋势；2018~2020 年整体平均创新评价值呈现逐年下降的趋势，但是逐渐放缓。在这 5 年间，2018 年是整体平均创新评价值的最高点，2017 年是整体平均创新评价值的最低点。

4.4.4 2011~2020 年新疆上市公司整体平均制度评价值变化趋势

如图 4-5 所示，2011~2020 年新疆上市公司整体平均制度评价值呈现"V"型变动，虽然在 2014 年和 2016 年整体平均制度评价值出现波动，但是 2011~2017 年整体平均制度评价值总体上呈现下降的趋势。在这 10 年间，2011 年是整体平均制度评价值的最高点，2017 年是整体平均制度评价值的最低点。2016~2020 年新疆上市公司整体平均制度评价值呈现"V"型变动，2016~2017 年整体平均制度评价值呈现下降的趋势；2017~2020 年整体平均制度评价值呈现逐年上升的趋势。在这 5 年间，2020 年是整体平均制度评价值的最高点，2017 年是整体平均制度评价值的最低点，自 2017 年开始，整体平均制度评价值呈现逐年增长的态势。

4.4.5 2011~2020 年新疆上市公司整体平均规模评价值变化趋势

如图 4-5 所示，2011~2020 年新疆上市公司整体平均规模评价值呈现"N"型变动，2011~2013 年整体平均规模评价值呈现逐年上升的趋势，且 2012~2013 年整体平均规模评价值陡然上升；2013~2016 年整体平均规模评价值呈现逐年下降的趋势，尤其是 2014~2015 年整体平均规模评价值出现断崖式下滑。在这 10 年间，2013 年是整体平均规模评价值的最高点，2016 年是整体平均规模评价值的最低点。2016~2020 年新疆上市公司整体平均规模评价值呈现"N"型变动，2016~2018 年整体平均规模评价值呈现逐年上升的趋势；2018~2019 年整体平均规模评价值呈现微弱下降的趋势；2019~2020 年整体平均规模评价值呈现缓慢上升的趋势。在这 5 年间，2020 年是整体平均规模评价值的最高点，2016 年是整体平均规模评价值的最低点，在这期间整体平均规模评价值总体呈现逐年增长的态势。

4.5　整体平均能力评价值变化趋势

如图 4-6 所示，2011~2020 年新疆上市公司整体平均能力评价值呈现"M"型变动，2011~2013 年整体平均资源评价值呈现逐年平缓上升的趋势；2013~2015 年整体平均资源评价值呈现逐年下降的趋势；2015~2016 年整体平均能力评价值出现了回升。在这 10 年间，2019 年是整体平均能力评价值的最高点，2015 年是整体平均能力评价值的最低点。2016~2020 年新疆上市公司整体平均能力评价值呈现"M"型变动，期间，2016~2017 年整体平均能力评价值呈现上升的趋势；2017~2018 年整体平均能力评价值呈现下降的趋势；2018~2019 年整体平均能力评价值出现回升；2019~2020 年的整体平均能力评价值出现下降的趋势；2017~2020 年整体平均能力评价值呈现波动，但是并不剧烈。在这 5 年间，2019 年是整体平均能力评价值的最高点，2016 年是整体平均能力评价值的最低点，整体平均能力评价值总体呈现上升的态势。

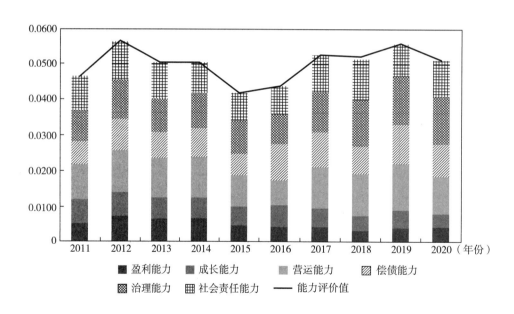

图 4-6　2011~2020 年新疆上市公司整体平均能力评价值变动

数据来源：根据国泰安数据库、Wind 数据库、上市公司年报测算。

如图 4-7 所示，2011~2020 年新疆上市公司能力方面相关指标，整体平均盈利能力评价值的最大值出现在 2012 年，整体平均盈利能力评价值的最小值出现在 2018 年；整体平均成长能力评价值的最大值出现在 2011 年，整体平均成长能力评价值的最小值出现在 2020 年；整体平均营运能力评价值的最大值出现在 2019 年，整体平均营运能力评价值的最小值出现在 2016 年；整体平均偿债能力评价值的最大值出现在 2019 年，整体平均偿债能力评价值的最小值出现在 2015 年；整体平均治理能力评价值的最大值出现在 2019 年，整体平均治理能力评价值的最小值出现在 2016 年；整体平均社会责任能力评价值的最大值出现在 2018 年，整体平均社会责任能力评价值的最小值出现在 2015 年。2016～2020 年新疆上市公司能力方面相关指标中，整体平均盈利能力评价值的最大值出现在 2020 年，整体平均盈利能力评价值的最小值出现在 2018 年；整体平均成长能力评价值的最大值出现在 2016 年，整体平均成长能力评价值的最小值出现在 2020 年；整体平均营运能力评价值的最大值出现在 2019 年，整体平均营运能力评价值的最小值出现在 2016 年；整体平均偿债能力评价值的最大值出现在 2019 年，整体平均偿债能力评价值的最小值出现在 2018 年；整体平均治理能力评价值的最大值出现在 2019 年，整体平均治理能力评价值的最小值出现在 2016 年；整体平均社会责任能力评价值的最大值出现在 2018 年，整体平均社会责任能力评价值的最小值出现在 2016 年。

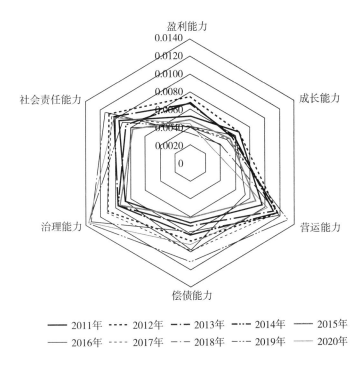

图 4-7　新疆上市公司能力六维度整体平均评价值变动

数据来源：根据国泰安数据库、Wind 数据库、上市公司年报测算。

4.5.1　2011～2020 年新疆上市公司整体平均盈利能力评价值变化趋势

如图 4-8 所示，2011～2020 年新疆上市公司整体平均盈利能力评价值呈现 "N" 型变动，2011～2012 年整体平均盈利能力评价值呈现陡然上升的趋势；虽然 2014 年和 2017 年有波动，但是 2012～2018 年整体平均盈利能力评价值总体上呈现逐年下降的趋势。在这 10 年间，2012 年是整体平均盈利能力评价值的最高点，2018 年是整体平均盈利能力评价值的最低点。2016～2020 年新疆上市公司整体平均盈利能力评价值呈现 "N" 型变动，2016～2017 年整体平均盈利能力评价值呈现上升的趋势；2017～2018 年整体平均盈利能力评价值呈现下降的趋势；2018~2020年整体平均盈利能力评价值呈现逐年上升的趋势。在这5年间，2020年是整体平均盈利能力评价值的最高点，2018年是整体平均盈利能力评价值的最低点，自2018年开始，整体平均盈利能力评价值呈现逐年增长的态势。

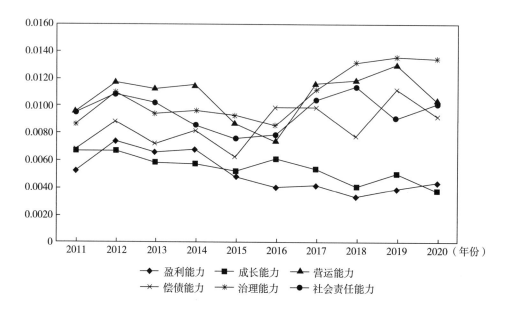

图4-8 2011~2020年新疆上市公司能力六维度整体平均评价值变动趋势

数据来源：根据国泰安数据库、Wind数据库、上市公司年报测算。

4.5.2 2011~2020年新疆上市公司整体平均成长能力评价值变化趋势

如图4-8所示，2011~2020年新疆上市公司整体平均成长能力评价值呈现倒"N"型变动，2011~2015年整体平均成长能力评价值呈现逐年下降的趋势；2015~2016年整体平均成长能力评价值呈现上升的趋势。在这10年间，2011年是整体平均成长能力评价值的最高点，2020年是整体平均成长能力评价值的最低点。2016~2020年新疆上市公司整体平均成长能力评价值呈现倒"N"型变动，2016~2018年整体平均成长能力评价值呈现逐年下降的趋势；2018~2019年整体平均成长能力评价值呈现上升的趋势；2019~2020年整体平均成长能力评价值呈现下降的趋势。在这5年间，2016年是整体平均成长能力评价值的最高点，2020年是整体平均成长能力评价值的最低点，整体平均成长能力评价值虽然在2019年有所回升，但是在这期间总体呈现逐年下降的态势。

4.5.3 2011~2020年新疆上市公司整体平均营运能力评价值变化趋势

如图4-8所示，2011~2020年新疆上市公司整体平均营运能力评价值呈现"M"型变动，2011~2012年整体平均营运能力评价值呈现陡然上升的趋势；虽然2014年整体平均营运能力评价值出现波动，但是2012~2016年整体平均营运能力评价值总体上呈现逐年下降的趋势，2014~2015年整体平均营运能力评价值出现了断崖式下滑。在这10年间，2019年是整体平均营运能力评价值的最高点，2016 年是整体平均营运能力评价值的最低点。2016~2020 年新疆上市公司整体平均营运能力评价值呈现倒"V"型变动，2016~2019 年整体平均营运能力评价值呈现逐年上升的趋势，且 2016~2017 年整体平均营运能力评价值陡然上升；2019~2020 年整体平均营运能力评价值出现断崖式下滑。在这 5 年间，2019 年是整体平均营运能力评价值的最高点，2016 年是整体平均营运能力评价值的最低点，虽然整体平均营运能力评价值在 2020 年出现了断崖式下滑，但是在这期间整体平均营运能力评价值还是呈现逐年增长的态势。

4.5.4　2011~2020 年新疆上市公司整体平均偿债能力评价值变化趋势

如图 4-8 所示，2011~2020 年新疆上市公司整体平均偿债能力评价值呈现"M"型变动，2011~2012 年整体平均偿债能力评价值呈现上升的趋势；虽然在 2014 年整体平均偿债能力评价值出现波动，但是 2012~2015 年整体平均偿债能力评价值呈现逐年下降的趋势；2015~2016 年整体平均偿债能力评价值呈现陡然上升的趋势。在这 10 年间，2019 年是整体平均偿债能力评价值的最高点，2015 年是整体平均偿债能力评价值的最低点。2016~2020 年新疆上市公司整体平均偿债能力评价值呈现倒"N"型变动，2016~2018 年整体平均偿债能力评价值呈现逐年下降的趋势；2018~2019 年整体平均偿债能力评价值呈现陡然上升的趋势；2019~2020 年整体平均偿债能力评价值呈现下降的趋势。在这 5 年间，2019 年是整体平均偿债能力评价值的最高点，2018 年是整体平均偿债能力评价值的最低点，虽然 2020 年整体平均偿债能力评价值出现波动，但是从 2018 年开始整体平均偿债能力评价值呈现逐年增长的态势。

4.5.5　2011~2020 年新疆上市公司整体平均治理能力评价值变化趋势

如图 4-8 所示，2011~2020 年新疆上市公司整体平均治理能力评价值呈现"M"型变动，2011~2012 年整体平均治理能力评价值呈现陡然上升的趋势；虽然 2014 年整体平均治理能力评价值出现了微弱的波动，但是 2012~2016 年整体平均治理能力评价值总体上呈现逐年下降的趋势。在这 10 年间，2019 年是整体平均治理能力评价值的最高点，2016 年是整体平均治理能力评价值的最低点。2016~2020 年新疆上市公司整体平均治理能力评价值呈现倒"V"型变动，2016~2019 年整体平均治理能力评价值呈现逐年上升的趋势，且 2016~2018 年整体平均治理能力评价值呈现陡然上升的趋势，2019~2020 年整体平均治理能力评价值呈现微弱的下降趋势。在这 5 年间，2019 年是整体平均治理能力评价值的最高点，2016 年是整体平均治理能力评价值的最低点，虽然 2020 年整体平均治理能力评价值出现波动，但是在这期间整体平均治理能力评价值呈现逐年增长的态势。

4.5.6　2011~2020 年新疆上市公司整体平均社会责任能力评价值变化趋势

如图 4-8 所示，2011~2020 年新疆上市公司整体平均社会责任能力评价值呈现"M"型变动，2011~2012 年整体平均社会责任能力评价值呈现上升的趋势；2012~2015 年整体平均社会责任能力评价值呈现逐年下降的趋势；2015~2016 年整体平均社会责任能力评价值呈现微弱上升的趋势。在这 10 年间，2018 年是整体平均社会责任能力评价值的最高点，2015 年是整体平均社会责任能力评价值的最低点。2016~2020 年新疆上市公司整体平均社会责任能力评价值呈现"N"型变动，2016~2018 年整体平均社会责任能力评价值呈现逐年上升的趋势，其间 2016~2017 年整体平均社会责任能力评价值呈现陡然上升的趋势；2018~2019 年整体平均社会责任能力评价值呈现断崖式下滑；2019~2020 年整体平均社会责任能力评价值呈现上升的趋势。在这 5 年间，2018 年是整体平均社会责任能力评价值的最高点，2016 年是整体平均社会责任能力评价值的最低点，自 2019 年开始，整体平均社会责任能力评价值呈现增长的态势。

第5章
新疆上市公司竞争力排行及变化分析

2011~2020年除金融业以外，新疆的上市公司一共有58家，本章将2011~2020年持续存续、未经历重大资产重组的上市公司定义为经营稳定的上市公司，其中经营稳定的上市公司共31家，包括国际实业、渤海租赁、天山股份、ST中基、中泰化学、天康生物、金风科技、国统股份、准油股份、西部建设、北新路桥、光正眼科、西部牧业、新研股份、新疆天业、ST中葡、特变电工、伊力特、冠农股份、广汇能源、美克家居、新农开发、青松建化、香梨股份、天富能源、新赛股份、八一钢铁、ST百花、中粮糖业、友好集团、新疆众和。本章首先对新疆经营稳定的上市公司总体情况进行分析，其次选取新疆经营稳定的上市公司集中的三个行业，分行业对上市公司竞争力排行及变化趋势进行了分析，最后本章根据企业性质，分析了新疆经营稳定的国有、民营上市公司的竞争力情况。

5.1 新疆经营稳定的上市公司总体竞争力排行及变化趋势

5.1.1 整体概况

根据上文中对于经营稳定的上市公司的定义、公司竞争力及其各维度评价值的结果，该节计算了2011~2020年新疆经营稳定的上市公司平均竞争力评价值，结果如表5-1所示。

表5-1 2011~2020年新疆经营稳定的上市公司的竞争力评价值及平均竞争力评价值分析

公司名称	2011年竞争力评价值	2012年竞争力评价值	2013年竞争力评价值	2014年竞争力评价值	2015年竞争力评价值	2016年竞争力评价值	2017年竞争力评价值	2018年竞争力评价值	2019年竞争力评价值	2020年竞争力评价值	十年平均竞争力评价值	十年平均竞争力排序
渤海租赁	0.3013	0.2402	0.3416	0.3440	0.3311	0.3578	0.4625	0.4570	0.4001	0.4186	0.365	1
金风科技	0.1754	0.1985	0.2130	0.2366	0.2198	0.2081	0.2443	0.3266	0.2922	0.2644	0.237	2
特变电工	0.2112	0.2238	0.2064	0.1806	0.1309	0.1198	0.1928	0.1351	0.1867	0.1880	0.177	3
八一钢铁	0.2081	0.2219	0.1911	0.1714	0.0796	0.1041	0.1349	0.1409	0.1554	0.1169	0.152	4
中泰化学	0.1030	0.0993	0.1714	0.1690	0.0977	0.1125	0.1026	0.1141	0.1255	0.1441	0.123	5
新研股份	0.1703	0.2046	0.1563	0.1347	0.1191	0.0662	0.0707	0.1268	0.0731	0.0682	0.119	6

公司名称	2011 年竞争力评价值	2012 年竞争力评价值	2013 年竞争力评价值	2014 年竞争力评价值	2015 年竞争力评价值	2016 年竞争力评价值	2017 年竞争力评价值	2018 年竞争力评价值	2019 年竞争力评价值	2020 年竞争力评价值	十年平均竞争力评价值	十年平均竞争力排序
香梨股份	0.0941	0.0922	0.1342	0.1306	0.0946	0.1011	0.1251	0.1276	0.1259	0.1303	0.115	7
友好集团	0.0728	0.0941	0.0823	0.1377	0.1151	0.0822	0.1049	0.1250	0.1062	0.0615	0.098	8
广汇能源	0.0843	0.1083	0.1228	0.1096	0.0779	0.0901	0.0824	0.1055	0.0857	0.0982	0.096	9
西部建设	0.0914	0.1052	0.1117	0.1102	0.0770	0.0652	0.0891	0.1064	0.1042	0.0975	0.095	10
美克家居	0.0725	0.0922	0.0984	0.1506	0.1044	0.0582	0.0791	0.0930	0.1066	0.0852	0.094	11
光正眼科	0.1925	0.1007	0.1357	0.1534	0.0483	0.0451	0.0582	0.0654	0.0727	0.0672	0.093	12
天山股份	0.1260	0.1259	0.1181	0.1055	0.0673	0.0659	0.0691	0.0754	0.0857	0.0813	0.092	13
ST 中葡	0.0573	0.1922	0.0679	0.0780	0.0606	0.0642	0.0636	0.0741	0.0853	0.0843	0.082	14
伊力特	0.0600	0.0736	0.0624	0.0752	0.0540	0.0491	0.0621	0.0903	0.1405	0.1267	0.079	15
准油股份	0.0943	0.1222	0.0964	0.0956	0.0648	0.0520	0.0558	0.0530	0.0803	0.0710	0.078	16
新疆众和	0.1106	0.0984	0.0705	0.0637	0.0608	0.0482	0.0594	0.0997	0.0829	0.0807	0.077	17
天富能源	0.0731	0.0941	0.1054	0.0831	0.0700	0.0549	0.0700	0.0668	0.0633	0.0735	0.075	18
天康生物	0.0626	0.0844	0.0859	0.0859	0.0554	0.0507	0.0686	0.0656	0.0769	0.0912	0.072	19
中粮糖业	0.0707	0.0796	0.0749	0.0693	0.0519	0.0555	0.0677	0.0719	0.0694	0.0752	0.068	20
青松建化	0.0761	0.1003	0.0775	0.0885	0.0326	0.0383	0.0502	0.0548	0.0599	0.0518	0.063	21
北新路桥	0.0651	0.0772	0.0576	0.0547	0.0472	0.0436	0.0624	0.0633	0.0726	0.0857	0.062	22
国统股份	0.0669	0.0763	0.0767	0.0636	0.0419	0.0467	0.0576	0.0658	0.0662	0.0570	0.061	23
新疆天业	0.0548	0.0699	0.0546	0.0600	0.0414	0.0554	0.0556	0.0611	0.0598	0.0932	0.060	24
ST 中基	0.0527	0.0627	0.0387	0.0495	0.0577	0.0347	0.0466	0.0404	0.0944	0.1151	0.059	25
冠农股份	0.0574	0.0666	0.0741	0.0579	0.0429	0.0407	0.0464	0.0551	0.0598	0.0909	0.059	26
西部牧业	0.0533	0.0683	0.0577	0.0613	0.0567	0.0534	0.0524	0.0893	0.0467	0.0462	0.058	27
国际实业	0.0688	0.0665	0.0552	0.0566	0.0406	0.0555	0.0541	0.0551	0.0574	0.0592	0.056	28
ST 百花	0.0579	0.0620	0.0566	0.0462	0.0345	0.0487	0.0585	0.0557	0.0607	0.0746	0.055	29
新农开发	0.0548	0.0711	0.0458	0.0646	0.0384	0.0418	0.0445	0.0608	0.0587	0.0571	0.053	30
新赛股份	0.0544	0.0752	0.0591	0.0648	0.0376	0.0327	0.0425	0.0464	0.0531	0.0565	0.052	31

数据来源：根据国泰安数据库、Wind 数据库、上市公司年报测算。

由表 5-1 可知，在 2011~2020 年经营稳定的新疆上市公司中，按平均竞争力评价值由大到小排序依次为：渤海租赁、金风科技、特变电工、八一钢铁、中泰化学、新研股份、香梨股份、友好集团、广汇能源、西部建设、美克家居、光正眼科、天山股份、ST 中葡、伊力特、准油股份、新疆众和、天富能源、天康生物、中粮糖业、青松建化、北新路桥、国统股份、新疆天业、ST 中基、冠农股份、西部牧业、国际实业、ST 百花、新农开发、新赛股份。

其中，渤海租赁平均竞争力评价值为 0.365，平均资源评价值为 0.230，平均能力评价值为 0.135；金风科技平均竞争力评价值为 0.237，平均资源评价值为 0.168，平均能力评价值为 0.069；特变电工平均竞争力评价值为 0.177，平均资源评价值为 0.141，平均能力评价值为 0.036；八一钢铁平均竞争力评价值为 0.152，平均资源评价值为 0.065，平均能力评价值为 0.086；中泰化学平均竞争力评价值为 0.123，平均资源评价值为 0.086，平均能力评价值为 0.037。

5.1.2　新疆经营稳定的得分前 5 的上市公司竞争力评价值维度分析

上文对新疆经营稳定的上市公司的竞争力评价值情况进行了整体的概述，为了进一步加深对公司竞争力的理解，本节分析了上文中经营稳定的得分前 5 的上市公司的平均竞争力评价值的各个维度，结果如图 5-1、图 5-2、图 5-3 所示。

从图 5-1 可以看出，2011~2020 年新疆经营稳定的得分前 5 的上市公司的平均资源评价值和平均能力评价值都存在差异。其中，在资源方面，渤海租赁平均资源评价值为 0.2301；金风科技平均资源评价值为 0.1684；特变电工平均资源评价值为 0.1416；中泰化学平均资源评价值为 0.0868；八一钢铁平均资源评价值为 0.0656。在能力方面，渤海租赁平均能力评价值为 0.1354；八一钢铁平均能力评价值为 0.0868；金风科技平均能力评价值为 0.0695；中泰化学平均能力评价值为 0.0371；特变电工平均能力评价值为 0.0360。

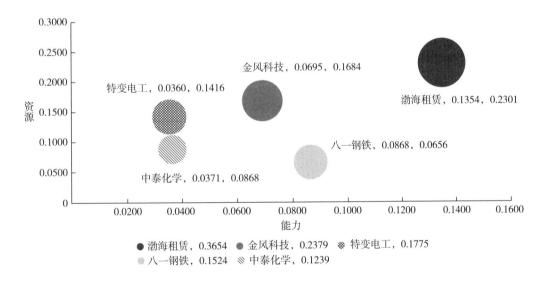

图 5-1　2011~2020 年新疆经营稳定的得分前 5 的上市公司的平均竞争力维度分析

数据来源：根据国泰安数据库、Wind 数据库、上市公司年报测算。

由图 5-2 可以看出，渤海租赁平均资本评价值为 0.0141，平均规模评价值为 0.0633，平均人力资源评价值为 0.1350；金风科技平均创新评价值为 0.1161；中泰化学平均制度评价值为 0.0125。

由图 5-3 可以看出，渤海租赁平均盈利能力评价值为 0.0076，平均成长能力评价值为 0.0139，平均营运能力评价值为 0.0849，平均社会责任能力评价值为 0.0128；特变电工平均偿债能力评价值为0.006；金风科技平均治理能力评价值为0.0405。

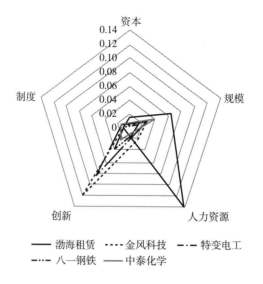

图5-2　2011~2020年新疆经营稳定的得分前5的上市公司的资源维度五要素分析
数据来源：根据国泰安数据库、Wind数据库、上市公司年报测算。

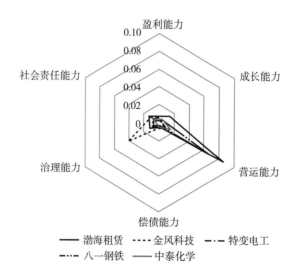

图5-3　2011~2020年新疆经营稳定的得分前5的上市公司的能力维度六要素分析
数据来源：根据国泰安数据库、Wind数据库、上市公司年报测算。

从图5-4可以看出，在2011~2020年新疆经营稳定的得分前5的上市公司中，特变电工、金风科技、中泰化学、渤海租赁的平均竞争力评价值构成均以平均资源评价值为主，且平均资源评价值远大于平均能力评价值，平均资源评价值占比均超过60%；八一钢铁的竞争力评价值构成以平均能力评价值为主。

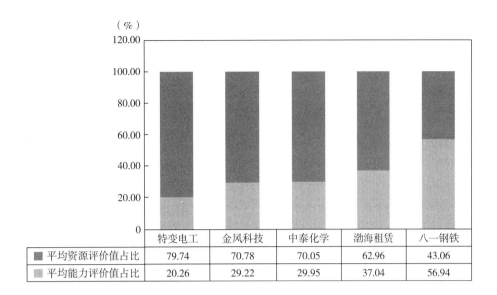

（%）	特变电工	金风科技	中泰化学	渤海租赁	八一钢铁
平均资源评价值占比	79.74	70.78	70.05	62.96	43.06
平均能力评价值占比	20.26	29.22	29.95	37.04	56.94

图 5-4　2011~2020 年新疆经营稳定的得分前 5 的上市公司的竞争力维度占比分析

数据来源：根据国泰安数据库、Wind 数据库、上市公司年报测算。

由上述分析可得，新疆经营稳定的上市公司中平均竞争力得分最高的渤海租赁在资本、规模、人力资源、盈利能力、成长能力、营运能力、社会责任能力维度中处于领先地位，其平均资源评价值在平均竞争力评价值中的占比 62.96%。2011~2016 年，得益于国家政策的大力支持以及基础设施建设、固定资产投资持续增长带来的旺盛需求，国内租赁行业迎来了爆发式增长，2017 年以来，经济下行压力带来的信用风险凸显，融资租赁行业进入增长放缓期。作为国内首家上市的租赁公司，渤海租赁深耕租赁产业多年，能够敏锐洞察市场机遇和风险，通过适时、合理优化租赁资产结构，持续提升运营效率和盈利能力。面对国内外经济环境变化带来的挑战，公司不断强化忧患意识，通过优化资产结构，调整业务布局等方式提前消化可预见的行业及宏观经济风险，实现风险管理与业务发展的平衡。

新疆经营稳定的上市公司中平均竞争力得分第 2 的金风科技在创新、治理能力维度中处于领先地位，其平均资源评价值在平均竞争力评价值中的占比为 70.78%。金风科技坚持"为人类奉献碧水蓝天，给未来留下更多资源"的使命，致力于"成为全球清洁能源和节能环保整体解决方案的行业领跑者"。金风科技是国内最早进入风力发电设备制造领域的企业之一，经过 20 年的发展已逐步成长为国内领军和全球领先的风电整体解决方案提供商，在国内风电市场中占有率连续十年排名第 1。金风科技围绕产品和技术领先战略，坚持创新驱动发展理念，一直重视研发创新投入，积极开展新产品认证工作，并通过知识产权保护核心技术，国内外专利申请数量逐步增长，专利申请结构不断优化。同时，金风科技始终坚持"风电长跑"的质量管理理念，实现高质量发展的同时，保障质量风险可控、效率提升，促进规模和效益的双增长。

新疆经营稳定的上市公司中平均竞争力得分第 3 的特变电工在偿债能力维度中处于领先地位，且创新评价值仅次于金风科技，其平均资源评价值在平均竞争力评价值中的占比为 79.74%。面对复杂的国内外环境，特变电工抢抓国家重大政策和产业布局调整战略机遇，实现了稳健发展。特变电工长期致力于多晶硅技术攻关和技术创新，经过十多年的发展，已经成为全球领先的高纯多晶硅专业制造商，掌握了高纯多晶硅研发和制造的核心技术。

新疆经营稳定的上市公司中平均竞争力得分第 4 的八一钢铁平均资源评价值在平均竞争力评价值中的占比为 43.06%。八一钢铁围绕"全面对标找差，创建世界一流"管理主题和"三高两化"战略路径，立足区位优势，利用政策优势，抢抓新机遇，以提升钢铁主业盈利能力为核心，以提升科技创新能力和经营管理水平为手段，加速提升创新竞争力，持续聚焦产品和市场，持续深化企业内部改革，强化资金管理和成本费用意识，优化产品结构和客户结构，推动公司全面精益运营新跨越，做优做强钢铁企业。

新疆经营稳定的上市公司中平均竞争力得分第 5 的中泰化学在制度维度中具有领先地位。平均资源评价值在平均竞争力评价值中的占比为 70.05%。中泰化学践行维护国家能源安全战略，依托产业政策和新疆地区丰富的煤炭、天然气、原盐、石灰石等自然资源，大力发展煤化工、石油化工和精细化工，并不断完善和延伸产业链，积极探索纵向一体化产业链和横向紧密型多元化经营的有效协同，通过自行建设和收购兼并等方式逐步完善并优化全产业链、丰富产品类别，实现一体化经营的规模经济与范围经济效益，走产品高端化、精细化路线，增强公司整体盈利能力与市场抗风险能力，实现高质量发展。

5.1.3　新疆经营稳定的得分前 5 的上市公司各年竞争力评价值分析

上文对新疆经营稳定的上市公司的平均竞争力评价值排名及维度进行了分析，为了了解新疆经营稳定的上市公司竞争力评价值的时间变化趋势，本节对 2011~2020 年新疆平均竞争力评价值经营稳定的得分前 5 的上市公司的各年竞争力评价值变动情况进行了分析，结果如图 5-5 所示。

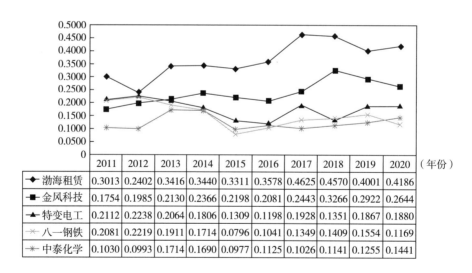

	2011	2012	2013	2014	2015	2016	2017	2018	2019	2020	（年份）
◆渤海租赁	0.3013	0.2402	0.3416	0.3440	0.3311	0.3578	0.4625	0.4570	0.4001	0.4186	
■金风科技	0.1754	0.1985	0.2130	0.2366	0.2198	0.2081	0.2443	0.3266	0.2922	0.2644	
▲特变电工	0.2112	0.2238	0.2064	0.1806	0.1309	0.1198	0.1928	0.1351	0.1867	0.1880	
✳八一钢铁	0.2081	0.2219	0.1911	0.1714	0.0796	0.1041	0.1349	0.1409	0.1554	0.1169	
✱中泰化学	0.1030	0.0993	0.1714	0.1690	0.0977	0.1125	0.1026	0.1141	0.1255	0.1441	

图 5-5　2011~2020 年新疆经营稳定的得分前 5 的上市公司的各年竞争力评价值分析
数据来源：根据国泰安数据库、Wind 数据库、上市公司年报测算。

从图 5-5 可以看出，2011~2020 年新疆经营稳定的得分前 5 的上市公司的各年竞争力均呈上下起伏波动，其中：渤海租赁竞争力评价值呈现"W"型变化，最高点出现在 2017 年，最低点出现在 2012 年；金风科技竞争力评价值呈现"M"型变化，最高点出现在 2018 年，最低点出现在 2011 年；特变电工竞争力评价值呈现"N"型变化，最高点出现在 2012 年，最低点出现在 2016 年；八一钢铁竞争力评价值呈现"M"型变化，最高点出现在 2012 年，最低点出现在 2015 年；中泰化学竞争力评价值呈现"W"型变化，最高点出现在 2013 年，最低点出现在 2015 年。

5.2 新疆经营稳定的制造业上市公司竞争力排行及变化趋势

5.2.1 整体概况

制造业是指经物理变化或化学变化后成为新的产品，无论是动力机械制造，还是手工制作；也无论产品是批发销售，还是零售，均视为制造。建筑物中的各种制成品、零部件的生产应视为制造，但在建筑预制品工地，把主要部件组装成桥梁、仓库设备、铁路与高架公路、升降机与电梯、管道设备、喷水设备、暖气设备、通风设备与空调设备，照明与安装电线等组装活动，以及建筑物的装置，均列为建筑活动。

根据前文结果可知，以上市公司 2020 年所处的行业为标准进行分析，新疆经营稳定的上市公司主要集中于制造业。制造业是新疆实体经济的主体，经营稳定的上市公司中制造业公司的数量占总体的 54.83%，其重要性可见一斑。该节计算了 2011~2020 年新疆经营稳定的制造业上市公司平均竞争力评价值，结果如表 5-2 所示。

表 5-2　2011~2020 年新疆经营稳定的制造业上市公司的竞争力评价值及平均竞争力评价值分析

公司名称	2011 年竞争力评价值	2012 年竞争力评价值	2013 年竞争力评价值	2014 年竞争力评价值	2015 年竞争力评价值	2016 年竞争力评价值	2017 年竞争力评价值	2018 年竞争力评价值	2019 年竞争力评价值	2020 年竞争力评价值	十年平均竞争力评价值	十年平均竞争力排序
金风科技	0.1754	0.1985	0.2130	0.2366	0.2198	0.2081	0.2443	0.3266	0.2922	0.2644	0.237	1
特变电工	0.2112	0.2238	0.2064	0.1806	0.1309	0.1198	0.1928	0.1351	0.1867	0.1880	0.177	2
八一钢铁	0.2081	0.2219	0.1911	0.1714	0.0796	0.1041	0.1349	0.1409	0.1554	0.1169	0.152	3
中泰化学	0.1030	0.0993	0.1714	0.1690	0.0977	0.1125	0.1026	0.1141	0.1255	0.1441	0.123	4
新研股份	0.1703	0.2046	0.1563	0.1347	0.1191	0.0662	0.0707	0.1268	0.0731	0.0682	0.119	5
西部建设	0.0914	0.1052	0.1117	0.1102	0.0770	0.0652	0.0891	0.1064	0.1042	0.0975	0.095	6
天山股份	0.1260	0.1259	0.1181	0.1055	0.0673	0.0659	0.0691	0.0754	0.0857	0.0813	0.092	7
ST 中葡	0.0573	0.1922	0.0679	0.0780	0.0606	0.0642	0.0636	0.0741	0.0853	0.0843	0.082	8
伊力特	0.0600	0.0736	0.0624	0.0752	0.0540	0.0491	0.0621	0.0903	0.1405	0.1267	0.079	9
新疆众和	0.1106	0.0984	0.0705	0.0637	0.0608	0.0482	0.0594	0.0997	0.0829	0.0807	0.077	10
天康生物	0.0626	0.0844	0.0859	0.0859	0.0554	0.0507	0.0686	0.0656	0.0769	0.0912	0.072	11
中粮糖业	0.0707	0.0796	0.0749	0.0693	0.0519	0.0555	0.0677	0.0719	0.0694	0.0752	0.068	12

续表

公司名称	2011年竞争力评价值	2012年竞争力评价值	2013年竞争力评价值	2014年竞争力评价值	2015年竞争力评价值	2016年竞争力评价值	2017年竞争力评价值	2018年竞争力评价值	2019年竞争力评价值	2020年竞争力评价值	十年平均竞争力评价值	十年平均竞争力排序
青松建化	0.0761	0.1003	0.0775	0.0885	0.0326	0.0383	0.0502	0.0548	0.0599	0.0518	0.063	13
国统股份	0.0669	0.0763	0.0767	0.0636	0.0419	0.0467	0.0576	0.0658	0.0662	0.0570	0.061	14
新疆天业	0.0548	0.0699	0.0546	0.0600	0.0414	0.0554	0.0556	0.0611	0.0598	0.0932	0.060	15
ST中基	0.0527	0.0627	0.0387	0.0495	0.0577	0.0347	0.0466	0.0404	0.0944	0.1151	0.059	16
冠农股份	0.0574	0.0666	0.0741	0.0579	0.0429	0.0407	0.0464	0.0551	0.0598	0.0909	0.059	17

数据来源：根据国泰安数据库、Wind数据库、上市公司年报测算。

从表5-2分析可知，在2011~2020年新疆经营稳定的制造业上市公司中，按平均竞争力评价值由大到小排序依次为：金风科技、特变电工、八一钢铁、中泰化学、新研股份、西部建设、天山股份、ST中葡、伊力特、新疆众和、天康生物、中粮糖业、青松建化、国统股份、新疆天业、ST中基、冠农股份。

其中，金风科技平均竞争力评价值为0.237，平均资源评价值为0.168，平均能力评价值为0.069；特变电工平均竞争力评价值为0.177，平均资源评价值为0.141，平均能力评价值为0.036；八一钢铁平均竞争力评价值为0.152，平均资源评价值为0.065，平均能力评价值为0.086；中泰化学平均竞争力评价值为0.123，平均资源评价值为0.086，平均能力评价值为0.037；新研股份平均竞争力评价值为0.119，平均资源评价值为0.036，平均能力评价值为0.082。

5.2.2　新疆经营稳定的得分前5的制造业上市公司的竞争力评价值维度分析

上文对新疆经营稳定的制造业上市公司的竞争力评价值情况进行了整体的概述，为了进一步加深对公司竞争力的理解，本节分析了上文中经营稳定的得分前5的制造业上市公司的平均竞争力评价值的各个维度，结果如图5-6~图5-8所示。

从图5-6可以看出，2011~2020年新疆经营稳定的得分前5的制造业上市公司的平均资源评价值和平均能力评价值都存在差异。其中，在资源方面，金风科技平均资源评价值为0.1684；特变电工平均资源评价值为0.1416；中泰化学平均资源评价值为0.0868；八一钢铁平均资源评价值为0.0656；新研股份平均资源评价值为0.0365。在能力方面，八一钢铁平均能力评价值为0.0868；新研股份平均能力评价值为0.0825；金风科技平均能力评价值为0.0695；中泰化学平均能力评价值为0.0371；特变电工平均能力评价值为0.0360。

由图5-7可以看出，新研股份平均资本评价值为0.0049；中泰化学平均规模评价值为0.04；金风科技平均人力资源评价值为0.0206，平均创新评价值为0.1161；中泰化学平均制度评价值为0.0125。

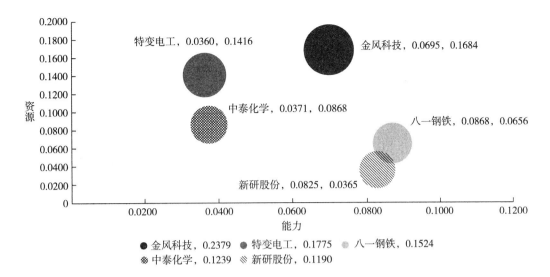

图 5-6　2011~2020 年新疆经营稳定的得分前 5 的制造业上市公司的平均竞争力维度分析

数据来源：根据国泰安数据库、Wind 数据库、上市公司年报测算。

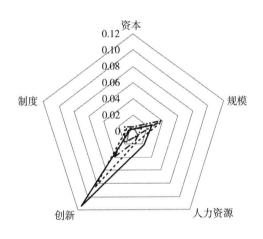

图 5-7　2011~2020 年新疆经营稳定的得分前 5 的制造业上市公司的资源维度五要素分析

数据来源：根据国泰安数据库、Wind 数据库、上市公司年报测算。

由图 5-8 可以看出，新研股份平均盈利能力评价值为 0.0062；中泰化学平均成长能力评价值为 0.0053；八一钢铁平均营运能力评价值为 0.0646；新研股份平均偿债能力评价值为 0.0202；金风科技平均治理能力评价值为 0.0405；金风科技平均社会责任能力评价值为 0.0098。

从图 5-9 可以看出，在 2011~2020 年新疆经营稳定的制造业得分前 5 的上市公司中，特变电工、金风科技、中泰化学平均竞争力评价值构成均以平均资源评价值为主，且平均资源评价值远大于平均能力评价值，平均资源评价值占比均超过 70%；八一钢铁、新研股份的竞争力评价值构成以平均能力评价值为主。

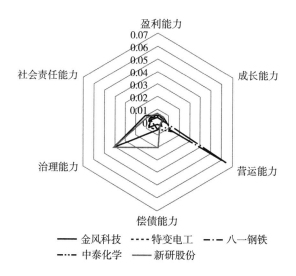

图 5-8　2011~2020 年新疆经营稳定的得分前 5 的制造业上市公司的能力维度六要素分析

数据来源：根据国泰安数据库、Wind 数据库、上市公司年报测算。

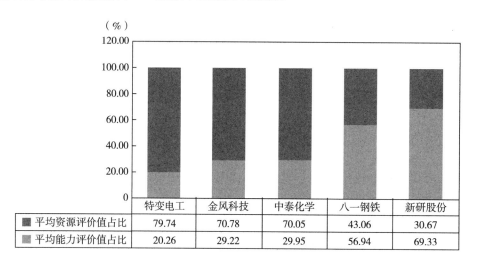

（%）	特变电工	金风科技	中泰化学	八一钢铁	新研股份
■ 平均资源评价值占比	79.74	70.78	70.05	43.06	30.67
■ 平均能力评价值占比	20.26	29.22	29.95	56.94	69.33

图 5-9　2011~2020 年新疆经营稳定的得分前 5 的制造业上市公司的竞争力维度占比分析

数据来源：根据国泰安数据库、Wind 数据库、上市公司年报测算。

由上述分析可知，在新疆经营稳定的制造业上市公司中，金风科技、特变电工、八一钢铁、中泰化学均为新疆经营稳定的得分前 5 的上市公司。新研股份也位于总排名前列，居于第 5 位。第一小节已经分析了金风科技、特变电工、八一钢铁、中泰化学的竞争优势或发展战略，本小节主要对新研股份进行分析。

在制造业中，新疆经营稳定的上市公司平均竞争力得分第 5 的新研股份在资本、盈利能力、偿债能力维度中处于领先地位。平均资源评价值在平均竞争力评价值中的占比为30.67%。新研股份以航空、航天及航发三大主营业务为核心，持续强化产品质量，提升生产效率，降低生产成本，同时积极布局产业链纵向拓展能力从而尽快建立"由零件到部组件"的综合交付能力；在公司的农机板块，新研股份将以市场为导向的全面产品、技术、服务领先战略为指导，完善成本管理体系、质量控制体系、创新工作体系、人才培养体系、高效快捷的服务响应体系的五大业务体系。从生产管理的降本提质，销售管理的新点开发和回款考核，技术质量管理的新品研发和品质管控，采购管理的保品质、降成本、控交期等多领域、多途径全面推进，促成公司的目标达成。

5.2.3　新疆经营稳定的得分前 5 的制造业上市公司的各年竞争力评价值分析

上文对新疆经营稳定的得分前 5 的制造业上市公司的平均竞争力评价值排名及维度进行了分析，为了了解其竞争力评价值的时间变化趋势，本节对 2011～2020 年新疆经营稳定的得分前 5 的制造业上市公司的各年竞争力评价值变动情况进行了分析，结果如图 5-10 所示。

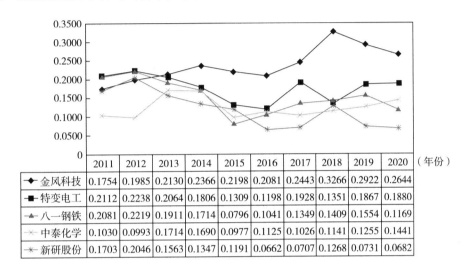

图 5-10　2011～2020 年新疆经营稳定的得分前 5 的制造业上市公司的各年竞争力评价值分析
数据来源：根据国泰安数据库、Wind 数据库、上市公司年报测算。

从图 5-10 可以看出，2011～2020 年新疆经营稳定的得分前 5 的制造业上市公司的各年竞争力均呈上下起伏波动，其中：金风科技竞争力评价值呈现"M"型变化，最高点出现在 2018 年，最低点出现在 2011 年；特变电工竞争力评价值呈现"N"型变化，最高点出现在 2012 年，最低点出现在 2016 年；八一钢铁竞争力评价值呈现"M"型变化，最高点出现在 2012 年，最低点出现在 2015 年；中泰化学竞争力评价值呈现"W"型变化，最高点出现在 2013 年，最低点出现在 2015 年；新研股份竞争力评价值呈现"M"型变化，最高点出现在 2012 年，最低点出现在 2016 年。

5.3　新疆经营稳定的农、林、牧、渔业上市公司竞争力排行及变化趋势

5.3.1　整体概况

农、林、牧、渔业具体范围包括种植业、养殖业、饲养业、林业、牧业、捕捞业、水利

业及其相关产业的项目和收入。通常包括粮食、豆类、蔬菜及制品、棉类麻类、家禽、牲畜、养殖动物、生皮、毛皮、饲料、饲料添加剂、肥料、农药、园艺用具、农用品、农用机械、林业设备及用具、畜牧养殖业设备及用具、渔业设备及用具、粮油加工机械、饲料加工机械、屠宰及肉类初加工设备、农副产品加工、木材加工、家具制造机械等。

根据前文结果可知，以上市公司 2020 年所处的行业为标准进行分析，农、林、牧、渔业中，新疆经营稳定的上市公司有 4 家。该节计算了新疆经营稳定的农、林、牧、渔业上市公司 2011~2020 年平均竞争力评价值，结果如表 5-3 所示。

表 5-3　2011~2020 年新疆经营稳定的农、林、牧、渔业上市公司的竞争力评价值及平均竞争力评价值分析

公司名称	2011 年竞争力评价值	2012 年竞争力评价值	2013 年竞争力评价值	2014 年竞争力评价值	2015 年竞争力评价值	2016 年竞争力评价值	2017 年竞争力评价值	2018 年竞争力评价值	2019 年竞争力评价值	2020 年竞争力评价值	十年平均竞争力评价值	十年平均竞争力排序
香梨股份	0.0941	0.0922	0.1342	0.1306	0.0946	0.1011	0.1251	0.1276	0.1259	0.1303	0.115	1
西部牧业	0.0533	0.0683	0.0577	0.0613	0.0567	0.0534	0.0524	0.0893	0.0467	0.0462	0.058	2
新农开发	0.0548	0.0711	0.0458	0.0646	0.0384	0.0418	0.0445	0.0608	0.0587	0.0571	0.053	3
新赛股份	0.0544	0.0752	0.0591	0.0648	0.0376	0.0327	0.0425	0.0464	0.0531	0.0565	0.052	4

数据来源：根据国泰安数据库、Wind 数据库、上市公司年报测算。

从表 5-3 分析可知，在 2011~2020 年新疆经营稳定的农、林、牧、渔业上市公司中，平均竞争力评价值由大到小排序依次为：香梨股份、西部牧业、新农开发、新赛股份。

其中，香梨股份平均竞争力评价值为 0.115，平均资源评价值为 0.044，平均能力评价值为 0.070；西部牧业平均竞争力评价值为 0.058，平均资源评价值为 0.026，平均能力评价值为 0.032；新农开发平均竞争力评价值为 0.053，平均资源评价值为 0.024，平均能力评价值为 0.029；新赛股份平均竞争力评价值为 0.052，平均资源评价值为 0.025，平均能力评价值为 0.027。

5.3.2　新疆经营稳定的农、林、牧、渔业上市公司的竞争力评价值维度分析

上文对新疆经营稳定的农、林、牧、渔业上市公司的竞争力评价值情况进行了整体的概述，为了进一步加深对公司竞争力的理解，本节分析了上一节中经营稳定的农、林、牧、渔业上市公司的平均竞争力评价值的各个维度，结果如图 5-11~图 5-13 所示。

从图 5-11 可以看出，2011~2020 年新疆经营稳定的农、林、牧、渔业上市公司的平均资源评价值和平均能力评价值都存在差异。其中，在资源方面，香梨股份平均资源评价值为 0.0448；西部牧业平均资源评价值为 0.0264；新赛股份平均资源评价值为 0.0252；新农开发平均资源评价值为 0.0241。在能力方面，香梨股份平均能力评价值为 0.0708；西部牧业平均能力评价值为 0.0321；新农开发平均能力评价值为 0.0296；新赛股份平均能力评价值为 0.0270。

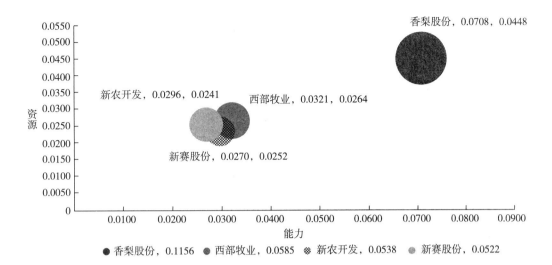

图 5-11　2011~2020 年新疆经营稳定的农、林、牧、渔业上市公司的平均竞争力维度分析

数据来源：根据国泰安数据库、Wind 数据库、上市公司年报测算。

香梨股份平均资本评价值为 0.0073；新赛股份平均规模评价值为 0.0034；香梨股份平均人力资源评价值为 0.0318；西部牧业平均创新评价值为 0.0055；新赛股份平均制度评价值为 0.0076。

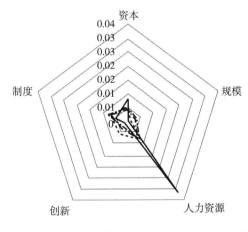

图 5-12　2011~2020 年新疆经营稳定的农、林、牧、渔业上市公司的资源维度五要素分析

数据来源：根据国泰安数据库、Wind 数据库、上市公司年报测算。

西部牧业平均盈利能力评价值为 0.0041；香梨股份平均成长能力评价值为 0.0045；新赛股份平均营运能力评价值为 0.0059；香梨股份平均偿债能力评价值为 0.0454；香梨股份平均治理能力评价值为 0.0097；新农开发平均社会责任能力评价值为 0.0113。

从图 5-14 可以看出，在 2011~2020 年新疆经营稳定的农、林、牧、渔业上市公司中，新赛股份、西部牧业、新农开发、香梨股份平均竞争力评价值构成均以平均能力评价值为主。

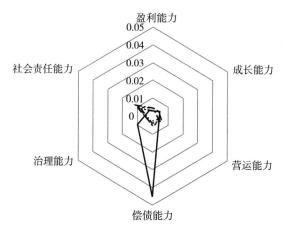

图5-13 2011~2020年新疆经营稳定的农、林、牧、渔业上市公司的能力维度六要素分析
数据来源：根据国泰安数据库、Wind数据库、上市公司年报测算。

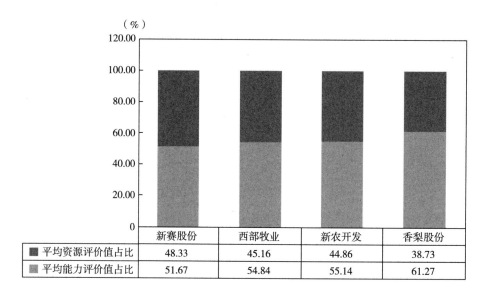

（%）	新赛股份	西部牧业	新农开发	香梨股份
■ 平均资源评价值占比	48.33	45.16	44.86	38.73
▨ 平均能力评价值占比	51.67	54.84	55.14	61.27

图5-14 2011~2020年新疆经营稳定的农、林、牧、渔业上市公司的竞争力维度占比分析
数据来源：根据国泰安数据库、Wind数据库、上市公司年报测算。

　　由上述分析可得，在农、林、牧、渔业中，新疆经营稳定的上市公司中平均竞争力得分第1的香梨股份在资本、人力资源、治理能力、偿债能力、成长能力维度中处于领先地位，其平均资源评价值在平均竞争力评价值中的占比为38.73%。香梨股份依托新疆库尔勒地区独特的气候、光照、水质等资源，具备独特的农业经营优势，资源禀赋突出，公司结合行业动态和市场环境变化，在立足主业、做好现有林果业种植和果品购销业务的基础上，依托新疆农业资源优势，积极开展棉花等业务，促进公司多元化发展，提升公司盈利能力。

　　在农、林、牧、渔业中，新疆经营稳定的上市公司中平均竞争力得分第2的西部牧业在创新、盈利能力维度中处于领先地位，其平均资源评价值在平均竞争力评价值中的占比为45.16%。西部牧业依托我国三大牧区之一的新疆，具备独特的区位优势；公司已经掌握了大规模实施性控冻精技术和胚胎移植技术以及15份婴幼儿配方乳粉产品配方注册证书；公司具有稳定的供应商，2011 年公司投资控股花园乳业，2015 年出资设立全资子公司天山云牧乳业，延伸了公司的产业链。在发展战略方面，公司紧紧围绕奶业振兴和畜牧业做优的发展定位，积极推进乳制品和肉制品产业的健康发展，努力做大做强食品全产业链，提升公司经济效益和综合实力。

在农、林、牧、渔业中，新疆经营稳定的上市公司中平均竞争力得分第 3 的新农开发在社会责任能力维度中处于领先地位，平均资源评价值在平均竞争力评价值中的占比为 44.86%。公司立足于区域农业资源的优势，立足于农业产业化，大力发展制造农业生产资料和深加工农产品，打造了一条优质、高效的产业链条。公司的主营业务为：液体乳及乳制品生产加工、甘草的深度加工等。企业所具有的区域资源、创新合作机制等相关行业的独特优势，与公司十余年的品牌、经验和管理形成了公司的核心竞争能力。随着企业规模的不断扩张，公司的产业化发展策略逐渐提高了规模和核心能力，并在南疆及周边地区实现了规模经济的协调发展。

在农、林、牧、渔业中，新疆经营稳定的上市公司中平均竞争力得分第 4 的新赛股份在规模、制度、营运能力维度方面处于领先地位，平均资源评价值在平均竞争力评价值中的占比为 48.33%。公司逐步从"一主两翼，向优势资源转换"的多产业发展的战略转换为"双核主业驱动，棉花加物流"的新发展战略。公司在剥离油脂产业低效无效资产、回笼相应资产占用资金、不断强化棉业主业发展的同时，积极重塑公司的煤炭、农产品仓储物流服务产业。在此基础上，公司的业务发展方向已经越来越明确，基于国内新疆棉花主产区的资源优势，进一步壮大棉业主业实力，同时，积极顺应现代化物流运输产业的变革趋势，着手打造属于公司的、特色突出的物流运输产业。公司的产业优势也将愈加明显。

5.3.3　新疆经营稳定的农、林、牧、渔业上市公司的各年竞争力评价值分析

上文对新疆经营稳定的农、林、牧、渔业上市公司的平均竞争力评价值排名及维度进行了分析，为了了解其竞争力评价值的时间变化趋势，本节对 2011~2020 年新疆经营稳定的农、林、牧、渔业上市公司的各年竞争力评价值变动情况进行了分析，结果如图 5-15 所示。

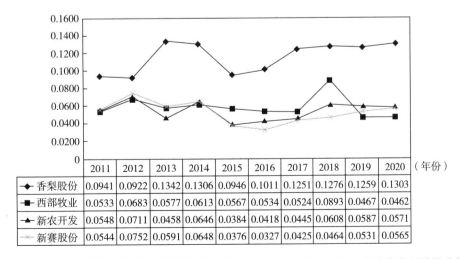

	2011	2012	2013	2014	2015	2016	2017	2018	2019	2020	（年份）
◆香梨股份	0.0941	0.0922	0.1342	0.1306	0.0946	0.1011	0.1251	0.1276	0.1259	0.1303	
■西部牧业	0.0533	0.0683	0.0577	0.0613	0.0567	0.0534	0.0524	0.0893	0.0467	0.0462	
▲新农开发	0.0548	0.0711	0.0458	0.0646	0.0384	0.0418	0.0445	0.0608	0.0587	0.0571	
✕新赛股份	0.0544	0.0752	0.0591	0.0648	0.0376	0.0327	0.0425	0.0464	0.0531	0.0565	

图 5-15　2011~2020 年新疆经营稳定的农、林、牧、渔业上市公司的各年竞争力评价值分析

数据来源：根据国泰安数据库、Wind 数据库、上市公司年报测算。

从图 5-15 可以看出，2011~2020 年新疆经营稳定的农、林、牧、渔业上市公司的各年竞争力均呈上下起伏波动，其中：香梨股份竞争力评价值呈现"W"型变化，最高点出现在 2013 年，最低点出现在 2012 年；西部牧业竞争力评价值呈现"M"型变化，最高点出现在 2018 年，最低点出现在 2020 年；新农开发竞争力评价值呈现"M"型变化，最高点出现在 2012 年，最低点出现在 2015 年；新赛股份竞争力评价值呈现"N"型变化，最高点出现在 2012 年，最低点出现在 2016 年。

5.4 新疆经营稳定的批发和零售业上市公司竞争力排行及变化趋势

5.4.1 整体概况

批发和零售业指向其他批发或零售单位（含个体经营者）及其他企事业单位、机关团体等批量销售生活用品、生产资料的活动，以及从事进出口贸易和贸易经纪与代理的活动，包括拥有货物所有权，并以本单位（公司）的名义进行交易活动，也包括不拥有货物的所有权，收取佣金的商品代理、商品代售活动；本类还包括各类商品批发市场中固定摊位的批发活动，以及以销售为目的的收购活动。

根据前文结果可知，以上市公司 2020 年所处的行业为标准进行分析，批发和零售业中，新疆经营稳定的上市公司有 3 家。该节计算了新疆经营稳定的批发和零售业上市公司 2011~2020 年平均竞争力评价值，结果如表 5-4 所示。

表 5-4　2011~2020 年新疆经营稳定的批发和零售业上市公司的竞争力评价值及平均竞争力评价值分析

公司名称	2011年竞争力评价值	2012年竞争力评价值	2013年竞争力评价值	2014年竞争力评价值	2015年竞争力评价值	2016年竞争力评价值	2017年竞争力评价值	2018年竞争力评价值	2019年竞争力评价值	2020年竞争力评价值	十年平均竞争力评价值	十年平均竞争力排序
友好集团	0.0728	0.0941	0.0823	0.1377	0.1151	0.0822	0.1049	0.1250	0.1062	0.0615	0.0982	1
美克家居	0.0725	0.0922	0.0984	0.1506	0.1044	0.0582	0.0791	0.0930	0.1066	0.0852	0.0940	2
国际实业	0.0688	0.0665	0.0552	0.0566	0.0406	0.0555	0.0541	0.0551	0.0574	0.0592	0.0569	3

数据来源：根据国泰安数据库、Wind 数据库、上市公司年报测算。

从表 5-4 分析可知，在 2011~2020 年新疆经营稳定的批发和零售业上市公司中，按平均竞争力评价值由大到小排序依次为：友好集团、美克家居、国际实业。

其中，友好集团平均竞争力评价值为 0.0982，平均资源评价值为 0.0296，平均能力评价值为 0.0686；美克家居平均竞争力评价值为 0.0940，平均资源评价值为 0.0489，平均能力评价值为 0.0451；国际实业平均竞争力评价值为 0.0569，平均资源评价值为 0.0227，平均能力评价值为 0.0342。

5.4.2　新疆经营稳定的批发和零售业上市公司的竞争力评价值维度分析

上文对新疆经营稳定的批发和零售业上市公司的竞争力评价值情况进行了整体的概述，为了进一步加深对公司竞争力的理解，本节分析了上一节中经营稳定的批发和零售业上市公司的平均竞争力评价值的各个维度，结果如图 5-16~图 5-18 所示。

从图 5-16 可以看出，2011~2020 年新疆经营稳定的批发和零售业上市公司的平均资源评价值和平均能力评价值都存在差异。其中，在资源方面，美克家居平均资源评价值为 0.0489；友好集团平均资源评价值为 0.0296；国际实业平均资源评价值为 0.0227。在能力方面，友好集团平均能力评价值为 0.0686；美克家居平均能力评价值为 0.0451；国际实业平均能力评价值为 0.0342。

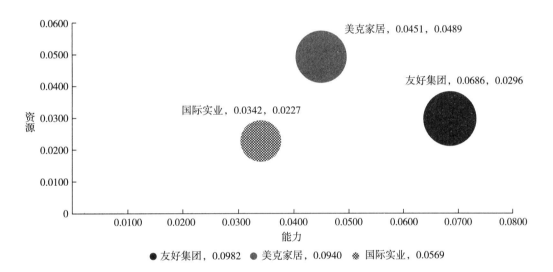

图 5-16　2011~2020 年新疆经营稳定的批发和零售业上市公司的平均竞争力维度分析
数据来源：根据国泰安数据库、Wind 数据库、上市公司年报测算。

友好集团平均资本评价值为 0.0064；美克家居平均规模评价值为 0.007；国际实业平均人力资源评价值为 0.0121；美克家居平均创新评价值为 0.0206；美克家居平均制度评价值为 0.0085。

美克家居平均盈利能力评价值为 0.0081；友好集团平均成长能力评价值为 0.0043；友好集团平均营运能力评价值为 0.0441；国际实业平均偿债能力评价值为 0.011；美克家居平均治理能力评价值为 0.0084；国际实业平均社会责任能力评价值为 0.0096。

从图 5-19 可以看出，在 2011~2020 年新疆经营稳定的批发和零售业上市公司中，美克家居平均竞争力评价值构成以平均资源评价值为主；国际实业、友好集团平均竞争力评价值构成均以平均能力评价值为主，均超过 60%，且平均能力评价值占比远超平均资源评价值占比。

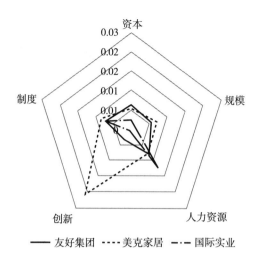

图 5-17　2011~2020 年新疆经营稳定的批发和零售业上市公司的资源维度五要素分析
数据来源：根据国泰安数据库、Wind 数据库、上市公司年报测算。

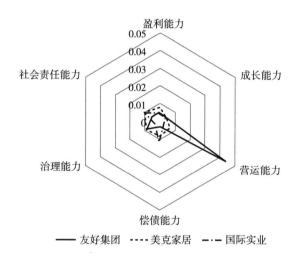

图 5-18　2011~2020 年新疆经营稳定的批发和零售业上市公司的能力维度六要素分析
数据来源：根据国泰安数据库、Wind 数据库、上市公司年报测算。

在批发和零售业中，新疆经营稳定的上市公司中平均竞争力得分第 1 的友好集团在资本、成长能力、营运能力维度中处于领先地位，平均资源评价值在平均竞争力评价值中的占比为 30.15%。公司以其强大的品牌实力，旗下"友好""天百"等品牌在新疆地区拥有较大的市场份额；公司拥有一定的规模和业务网络，业务网络遍布新疆各大城市，在零售业占有很大的比重；凭借着商品与商业资源的优势，公司的门店通过高、中、低层的不同定位、多样化的经营模式，涵盖了广大的消费者，与众多国际、国内知名品牌有着长久的联系，品牌的入驻与客流量的增长，在吸引和经营上，已经达到了一个良性的循环。2011~2015 年实行规模优先、积极扩张的发展策略：大力发展百货、超市、家电、餐饮等行业，并在 5 年内不断拓展市场占有率，实现规模效益。2016~2020 年公司发展策略：立足于以顾客需要为导向，继续进行业态发展，从经营产品向运营管理的转变，全程压缩企业经营成本，以不断提高公司商业主营业务盈利能力；同时，加快新疆地区商贸网络的建设，按照"一带一路"

的发展思路，立足于地区的经济和市场的发展，积极开拓新的产业，巩固公司在本地区的行业领导地位。

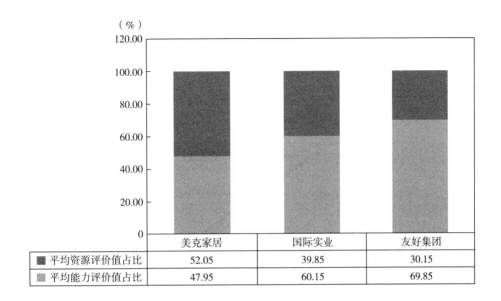

图 5-19　2011~2020 年新疆经营稳定的批发和零售业上市公司的竞争力维度占比分析

数据来源：根据国泰安数据库、Wind 数据库、上市公司年报测算。

在批发和零售业中，新疆经营稳定的上市公司中平均竞争力得分第 2 的美克家居在规模、创新、制度、盈利能力、治理能力维度中处于领先地位，平均资源评价值在平均竞争力评价值中的占比为 52.05%。美克家居具有品牌优势，公司旗下品牌美克美家连续八年入选世界品牌实验室发布的《中国 500 最具价值品牌》榜单；具有设计优势，美克家居设计中心被评为国家级工业设计中心，截至 2020 年，共获得授权专利 3307 件，其中外观专利 3223 件；具有端到端垂直供应及制造优势，公司目前在天津拥有 10 个国内制造能力领先的中高端家居制造工厂，为国内零售品牌供应差异化家居产品；具有全渠道优势，美克家居多年来积极推动线上数字化建设及线下沉浸式场景体验结合的全渠道模式，美克家居与华为、腾讯等公司在基础网络、数字化应用等方面结为战略合作伙伴，利用已建成的零售大中台系统，实现快速线上化。

在批发和零售业中，新疆经营稳定的上市公司中平均竞争力得分第 3 的国际实业在人力资源、偿债能力、社会责任能力维度中处于领先地位，平均资源评价值在平均竞争力评价值中的占比为 39.85%。公司主要从事石油化工产品的销售，具备相应资质，油品配套装卸、储存、运输设施设备完善，可对成品油、石油原油进行市场储备，铁路专用线可完成全国各地及周边国家的油、气、化工产品及普通货物的铁路收、发作业。公司与区域内的供货商保持着长期的合作，具有稳定的石油来源，以及稳定的下游用户，在业内享有很高的声誉，深受广大客户的信任。公司本着"客户、股东、员工和合作单位"的多元化要求和"创造价值、分享利润"的企业宗旨，形成了公司员工齐心协力，共谋发展的企业文化氛围，企业内部具有较强的凝聚力、执行力和创新力。随着行业安全、环保监管力度加大，有着合法资质和规范运营的企业，竞争优势凸显。

5.4.3 新疆经营稳定的批发和零售业上市公司的各年竞争力评价值分析

上文中对新疆经营稳定的批发和零售业上市公司的平均竞争力评价值排名及维度进行了分析，为了了解其竞争力评价值的时间变化趋势，本节对 2011~2020 年新疆经营稳定的批发和零售业上市公司的各年竞争力评价值变动情况进行了分析，结果如图 5-20 所示。

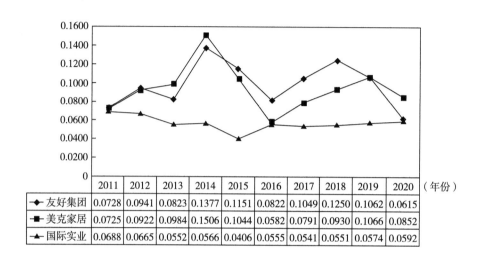

图 5-20 2011~2020 年新疆经营稳定的批发和零售业上市公司的各年竞争力评价值分析

数据来源：根据国泰安数据库、Wind 数据库、上市公司年报测算。

从图 5-20 可以看出，2011~2020 年新疆经营稳定的批发和零售业上市公司的各年竞争力均呈上下起伏波动，其中：友好集团竞争力评价值呈现"M"型变化，最高点出现在 2014 年，最低点出现在 2020 年；美克家居竞争力评价值呈现"M"型变化，最高点出现在 2014 年，最低点出现在 2016 年；国际实业竞争力评价值呈现"W"型变化，最高点出现在 2011 年，最低点出现在 2015 年。

5.5 新疆经营稳定的国有上市公司竞争力排行及变化趋势

5.5.1 整体概况

国有企业是经济社会发展的重要战略支撑力量，是经济社会发展的重要战略支撑力量。国有企业在稳定经济社会基本盘、稳就业、促发展、保民生、保稳定等方面发挥了十分重要的作用。新时代，国有企业除继续履行弥补市场失灵、实现经济赶超以及培育市场主体等历史使命外，还需承担新的国家使命，通过不断提升竞争力、创新力、控制力、影响力和抗风险能力，做强做优做大国有资本，培育具有全球竞争力的世界一流企业。

本节计算了 2011~2020 年新疆经营稳定的国有上市公司平均竞争力评价值，结果如表 5-5 所示。

表 5-5　2011~2020 年新疆经营稳定的国有上市公司的竞争力评价值及平均竞争力评价值分析

公司名称	2011年竞争力评价值	2012年竞争力评价值	2013年竞争力评价值	2014年竞争力评价值	2015年竞争力评价值	2016年竞争力评价值	2017年竞争力评价值	2018年竞争力评价值	2019年竞争力评价值	2020年竞争力评价值	十年平均竞争力评价值	十年平均竞争力排序
八一钢铁	0.2081	0.2219	0.1911	0.1714	0.0796	0.1041	0.1349	0.1409	0.1554	0.1169	0.152	1
中泰化学	0.1030	0.0993	0.1714	0.1690	0.0977	0.1125	0.1026	0.1141	0.1255	0.1441	0.123	2
香梨股份	0.0941	0.0922	0.1342	0.1306	0.0946	0.1011	0.1251	0.1276	0.1259	0.1303	0.115	3
西部建设	0.0914	0.1052	0.1117	0.1102	0.0770	0.0652	0.0891	0.1064	0.1042	0.0975	0.095	4
天山股份	0.1260	0.1259	0.1181	0.1055	0.0673	0.0659	0.0691	0.0754	0.0857	0.0813	0.092	5
ST 中葡	0.0573	0.1922	0.0679	0.0780	0.0606	0.0642	0.0636	0.0741	0.0853	0.0843	0.082	6
伊力特	0.0600	0.0736	0.0624	0.0752	0.0540	0.0491	0.0621	0.0903	0.1405	0.1267	0.079	7
天富能源	0.0731	0.0941	0.1054	0.0831	0.0700	0.0549	0.0700	0.0668	0.0633	0.0735	0.075	8
天康生物	0.0626	0.0844	0.0859	0.0859	0.0554	0.0507	0.0686	0.0656	0.0769	0.0912	0.072	9
中粮糖业	0.0707	0.0796	0.0749	0.0693	0.0519	0.0555	0.0677	0.0719	0.0694	0.0752	0.068	10
青松建化	0.0761	0.1003	0.0775	0.0885	0.0326	0.0383	0.0502	0.0548	0.0599	0.0518	0.063	11
北新路桥	0.0651	0.0772	0.0576	0.0547	0.0472	0.0436	0.0624	0.0633	0.0726	0.0857	0.062	12
国统股份	0.0669	0.0763	0.0767	0.0636	0.0419	0.0467	0.0576	0.0658	0.0662	0.0570	0.061	13
新疆天业	0.0548	0.0699	0.0546	0.0600	0.0414	0.0554	0.0556	0.0611	0.0598	0.0932	0.060	14
冠农股份	0.0574	0.0666	0.0741	0.0579	0.0429	0.0407	0.0464	0.0551	0.0598	0.0909	0.059	15
西部牧业	0.0533	0.0683	0.0577	0.0613	0.0567	0.0534	0.0524	0.0893	0.0467	0.0462	0.058	16
新农开发	0.0548	0.0711	0.0458	0.0646	0.0384	0.0418	0.0445	0.0608	0.0587	0.0571	0.053	17
新赛股份	0.0544	0.0752	0.0591	0.0648	0.0376	0.0327	0.0425	0.0464	0.0531	0.0565	0.052	18

数据来源：根据国泰安数据库、Wind 数据库、上市公司年报测算。

从表 5-5 分析可知，在 2011~2020 年新疆经营稳定的国有上市公司中，按平均竞争力评价值由大到小排序依次为：八一钢铁、中泰化学、香梨股份、西部建设、天山股份、ST 中葡、伊力特、天富能源、天康生物、中粮糖业、青松建化、北新路桥、国统股份、新疆天业、冠农股份、西部牧业、新农开发、新赛股份。

其中，八一钢铁平均竞争力评价值为 0.152，平均资源评价值为 0.065，平均能力评价值为 0.086；中泰化学平均竞争力评价值得分第 2，为 0.123，平均资源评价值为 0.086，平均能力评价值为 0.037；香梨股份平均竞争力评价值得分第 3，为 0.115，平均资源评价值为 0.044，平均能力评价值为 0.070；西部建设平均竞争力评价值得分第 4，为 0.095，平均资源评价值为 0.047，平均能力评价值为 0.048；天山股份平均竞争力评价值得分第 5，为 0.092，平均资源评价值为 0.047，平均能力评价值为 0.044。

5.5.2 新疆经营稳定的得分前5的国有上市公司竞争力评价值维度分析

上文对新疆经营稳定的国有上市公司的竞争力评价值情况进行了整体的概述，为了进一步加深对国有公司竞争力的理解，本节分析了上一节中经营稳定的得分前5的国有上市公司的平均竞争力评价值的各个维度，结果如图5-21~图5-23所示。

从图5-21可以看出，2011~2020年新疆经营稳定的得分前5的国有上市公司的平均资源评价值和平均能力评价值都存在差异。其中，在资源方面，中泰化学平均资源评价值为0.0868；八一钢铁平均资源评价值为0.0656；天山股份平均资源评价值为0.0477；西部建设平均资源评价值为0.0473；香梨股份平均资源评价值为0.0448。在能力方面，八一钢铁平均能力评价值为0.0868；香梨股份平均能力评价值为0.0708；西部建设平均能力评价值为0.0485；天山股份平均能力评价值为0.0444；中泰化学平均能力评价值为0.0371。

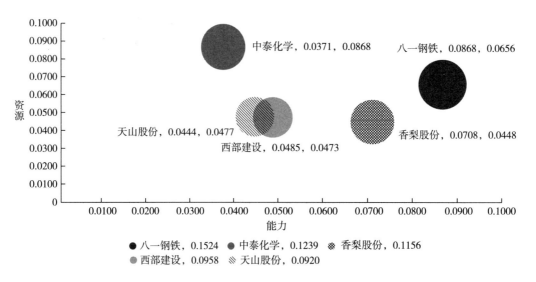

图5-21　2011~2020年新疆经营稳定的得分前5的国有上市公司的平均竞争力维度分析
数据来源：根据国泰安数据库、Wind数据库、上市公司年报测算。

由图5-22可以看出，香梨股份平均资本评价值为0.0073；中泰化学平均规模评价值为0.04；香梨股份平均人力资源评价值为0.0318；八一钢铁平均创新评价值为0.0374；中泰化学平均制度评价值为0.0125。

由图5-23可以看出，天山股份平均盈利能力评价值为0.0053；西部建设平均成长能力评价值为0.0065；八一钢铁平均营运能力评价值为0.0646；香梨股份平均偿债能力评价值为0.0454；天山股份平均治理能力评价值为0.0112；天山股份平均社会责任能力评价值为0.0111。

从图5-24可以看出，在2011~2020年新疆经营稳定的得分前5的国有上市公司中，中泰化学、天山股份的平均竞争力评价值构成均以平均资源评价值为主；西部建设、八一钢铁、香梨股份的竞争力评价值构成以平均能力评价值为主。

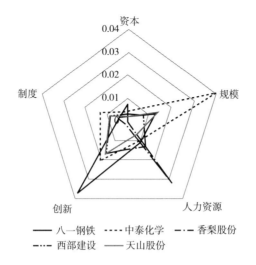

图 5-22　2011~2020 年新疆经营稳定的得分前 5 的国有上市公司的资源维度五要素分析

数据来源：根据国泰安数据库、Wind 数据库、上市公司年报测算。

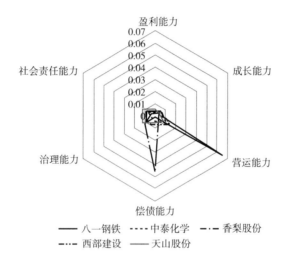

图 5-23　2011~2020 年新疆经营稳定的得分前 5 的国有上市公司的能力维度六要素分析

数据来源：根据国泰安数据库、Wind 数据库、上市公司年报测算。

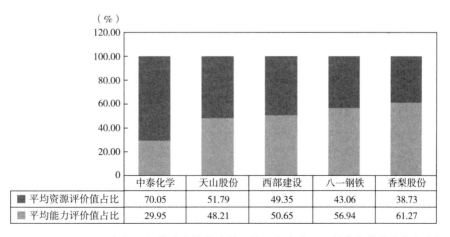

	中泰化学	天山股份	西部建设	八一钢铁	香梨股份
■平均资源评价值占比	70.05	51.79	49.35	43.06	38.73
■平均能力评价值占比	29.95	48.21	50.65	56.94	61.27

图 5-24　2011~2020 年新疆经营稳定的得分前 5 的国有上市公司的竞争力维度占比分析

数据来源：根据国泰安数据库、Wind 数据库、上市公司年报测算。

　　由上述分析可知，在新疆经营稳定的得分前5的国有上市公司当中，八一钢铁、中泰化学、香梨股份在各自行业中均处于领先地位。前文已经分析了八一钢铁、中泰化学、香梨股份的竞争优势或发展战略，本小节主要对西部建设、天山股份进行分析。

　　在新疆经营稳定的国有上市公司中，平均竞争力得分第4的西部建设在成长能力维度中处于领先地位，平均资源评价值在平均竞争力评价值中的占比为49.35%。西部建设是中国建筑打造的第一家独立上市的专业化公司以及预拌混凝土业务的唯一发展平台；公司持续专注于预拌混凝土及相关业务，积累了深厚的专业经验；具备平台资源优势、服务能力优势、区域布局优势、人才竞争优势、技术研发优势、绿色生产优势。

　　在新疆经营稳定的国有上市公司中，平均竞争力得分第5的天山股份在盈利能力、治理能力、社会责任能力维度中处于领先地位，平均资源评价值在平均竞争力评价值中的占比为51.79%。天山股份拥有一批先进的生产线，具有强大的生产能力，业务主要分布在新疆和江苏省"苏锡常"区域，企业拥有国家级技术中心和博士后科研工作站，是国家级技术创新示范企业；公司利用"互联网+水泥"的创新商业模式渗透终端客户市场，具有较强的商业模式创新优势和渠道优势。

5.5.3　新疆经营稳定的得分前5的国有上市公司的各年竞争力评价值分析

　　上文中对新疆经营稳定的得分前5的国有上市公司的平均竞争力评价值排名及维度进行了分析，为了了解这些公司竞争力评价值的时间变化趋势，本节对2011~2020年新疆经营稳定的得分前5的国有上市公司的各年竞争力评价值变动情况进行了分析，结果如图5-25所示。

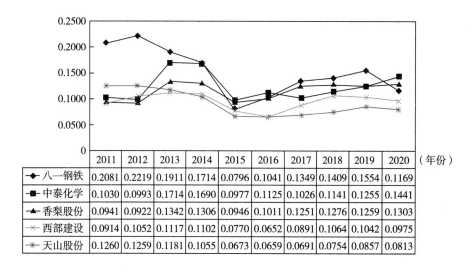

	2011	2012	2013	2014	2015	2016	2017	2018	2019	2020	（年份）
八一钢铁	0.2081	0.2219	0.1911	0.1714	0.0796	0.1041	0.1349	0.1409	0.1554	0.1169	
中泰化学	0.1030	0.0993	0.1714	0.1690	0.0977	0.1125	0.1026	0.1141	0.1255	0.1441	
香梨股份	0.0941	0.0922	0.1342	0.1306	0.0946	0.1011	0.1251	0.1276	0.1259	0.1303	
西部建设	0.0914	0.1052	0.1117	0.1102	0.0770	0.0652	0.0891	0.1064	0.1042	0.0975	
天山股份	0.1260	0.1259	0.1181	0.1055	0.0673	0.0659	0.0691	0.0754	0.0857	0.0813	

图5-25　2011~2020年新疆经营稳定的得分前5的国有上市公司的各年竞争力评价值分析

数据来源：根据国泰安数据库、Wind数据库、上市公司年报测算。

　　从图5-25可以看出，2011~2020年新疆经营稳定的得分前5的国有上市公司的各年竞争力均呈上下起伏波动，其中：八一钢铁竞争力评价值呈现"M"型变化，最高点出现在

2012 年，最低点出现在 2015 年；中泰化学竞争力评价值呈现"W"型变化，最高点出现在 2013 年，最低点出现在 2015 年；香梨股份竞争力评价值呈现"W"型变化，最高点出现在 2013 年，最低点出现在 2012 年；西部建设竞争力评价值呈现"M"型变化，最高点出现在 2013 年，最低点出现在 2016 年；天山股份竞争力评价值呈现倒"N"型变化，最高点出现在 2011 年，最低点出现在 2016 年。

5.6　新疆经营稳定的民营上市公司竞争力排行及变化趋势

5.6.1　整体概况

在过去 40 多年中，民营经济随着经济体制的改革和社会主义市场经济的渐进发展，不断成长和壮大，带动了经济整体增长。民营经济在经济建设和社会民生等方面都做出了相当大的贡献，它的发展大大地促进了劳动力在各个产业之间的流动、迁移，并为人们提供了众多的工作岗位，吸收了未就业的人才，有效缓解了就业压力，人们的收入也有所提高，有利于稳定社会秩序。

本节计算了 2011～2020 年新疆经营稳定的民营上市公司平均竞争力评价值，结果如表 5-6 所示。

表 5-6　2011~2020 年新疆经营稳定的民营上市公司的竞争力评价值及平均竞争力评价值分析

公司名称	2011 年竞争力评价值	2012 年竞争力评价值	2013 年竞争力评价值	2014 年竞争力评价值	2015 年竞争力评价值	2016 年竞争力评价值	2017 年竞争力评价值	2018 年竞争力评价值	2019 年竞争力评价值	2020 年竞争力评价值	十年平均竞争力评价值	十年平均竞争力排序
特变电工	0.2112	0.2238	0.2064	0.1806	0.1309	0.1198	0.1928	0.1351	0.1867	0.1880	0.177	1
新研股份	0.1703	0.2046	0.1563	0.1347	0.1191	0.0662	0.0707	0.1268	0.0731	0.0682	0.119	2
友好集团	0.0728	0.0941	0.0823	0.1377	0.1151	0.0822	0.1049	0.1250	0.1062	0.0615	0.098	3
广汇能源	0.0843	0.1083	0.1228	0.1096	0.0779	0.0901	0.0824	0.1055	0.0857	0.0982	0.096	4
美克家居	0.0725	0.0922	0.0984	0.1506	0.1044	0.0582	0.0791	0.0930	0.1066	0.0852	0.094	5
光正眼科	0.1925	0.1007	0.1357	0.1534	0.0483	0.0451	0.0582	0.0654	0.0727	0.0672	0.093	6
准油股份	0.0943	0.1222	0.0964	0.0956	0.0648	0.0520	0.0558	0.0530	0.0803	0.0710	0.078	7
新疆众和	0.1106	0.0984	0.0705	0.0637	0.0608	0.0482	0.0594	0.0997	0.0829	0.0807	0.077	8
国际实业	0.0688	0.0665	0.0552	0.0566	0.0406	0.0555	0.0541	0.0551	0.0574	0.0592	0.056	9
ST 百花	0.0579	0.0620	0.0566	0.0462	0.0345	0.0487	0.0585	0.0557	0.0607	0.0746	0.055	10

数据来源：根据国泰安数据库、Wind 数据库、上市公司年报测算。

从表 5-6 分析可知，在 2011~2020 年新疆经营稳定的民营上市公司中，按平均竞争力评价值由大到小排序依次为：特变电工、新研股份、友好集团、广汇能源、美克家居、光正眼科、准油股份、新疆众和、国际实业、ST 百花。

其中，特变电工平均竞争力评价值得分第 1，为 0.177，平均资源评价值为 0.141，平均能力评价值为 0.036；新研股份平均竞争力评价值得分第 2，为 0.119，平均资源评价值为 0.036，平均能力评价值为 0.082；友好集团平均竞争力评价值得分第 3，为 0.098，平均资源评价值为 0.029，平均能力评价值为 0.068；广汇能源平均竞争力评价值得分第 4，为 0.096，平均资源评价值为 0.053，平均能力评价值为 0.043；美克家居平均竞争力评价值得分第 5，为 0.094，平均资源评价值为 0.048，平均能力评价值为 0.045。

5.6.2 新疆经营稳定的得分前 5 的民营上市公司竞争力评价值维度分析

上文对新疆经营稳定的民营上市公司的竞争力评价值情况进行了整体的概述，为了进一步加深对民营公司竞争力的理解，本节分析了上一节中经营稳定的得分前 5 的民营上市公司的平均竞争力评价值的各个维度，结果如图 5-26~图 5-28 所示。

从图 5-26 可以看出，2011~2020 年新疆经营稳定的得分前 5 的民营上市公司的平均资源评价值和平均能力评价值都存在差异。其中，在资源方面，特变电工平均资源评价值为 0.1416；广汇能源平均资源评价值为 0.0534；美克家居平均资源评价值为 0.0489；新研股份平均资源评价值为 0.0365；友好集团平均资源评价值为 0.0296。在能力方面，新研股份平均能力评价值为 0.0825；友好集团平均能力评价值为 0.0686；美克家居平均能力评价值为 0.0451；广汇能源平均能力评价值为 0.0431；特变电工平均能力评价值为 0.0360。

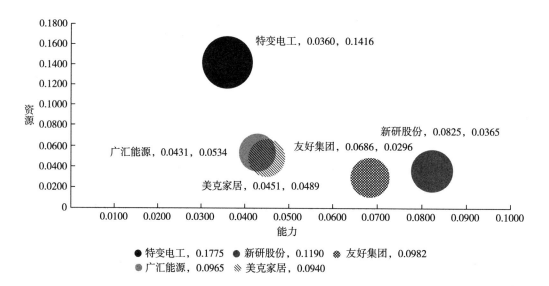

图 5-26 2011~2020 年新疆经营稳定的得分前 5 的民营上市公司的平均竞争力维度分析

数据来源：根据国泰安数据库、Wind 数据库、上市公司年报测算。

由图 5-27 可以看出，友好集团平均资本评价值为 0.0064；特变电工平均规模评价值为 0.0342；特变电工平均人力资源评价值为 0.0116；特变电工平均创新评价值为 0.0833；特变电工平均制度评价值为 0.0103。

由图 5-28 可以看出，美克家居平均盈利能力评价值为 0.0081；新研股份平均成长能力评价值为 0.0053；友好集团平均营运能力评价值为 0.0441；新研股份平均偿债能力评价值为 0.0202；新研股份平均治理能力评价值为 0.0403；广汇能源平均社会责任能力评价值为 0.0142。

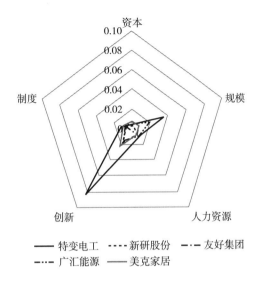

图 5-27　2011~2020 年新疆经营稳定的得分前 5 的民营上市公司的资源维度五要素分析
数据来源：根据国泰安数据库、Wind 数据库、上市公司年报测算。

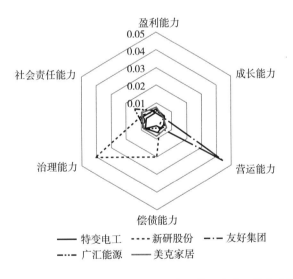

图 5-28　2011~2020 年新疆经营稳定的得分前 5 的民营上市公司的能力维度六要素分析
数据来源：根据国泰安数据库、Wind 数据库、上市公司年报测算。

从图 5-29 可以看出，在 2011~2020 年新疆经营稳定的得分前 5 的民营上市公司中，特变电工、广汇能源、美克家居的平均竞争力评价值构成均以平均资源评价值为主；新研股份、友好集团的竞争力评价值构成均以平均能力评价值为主。

由上述分析可知，在新疆经营稳定的得分前 5 的民营上市公司当中，特变电工、新研股份、友好集团、美克家居在各自行业中均处于领先地位。前文已经分析了特变电工、新研股份、友好集团、美克家居的竞争优势或发展战略，本小节主要对广汇能源进行分析。

在新疆经营稳定的民营上市公司中，平均竞争力得分第4的广汇能源在社会责任能力维度中处于领先地位，平均资源评价值在平均竞争力评价值中的占比为55.38%。新疆是世界上少有的多种化石能源储量丰富并高度集中的能源大基地，广汇能源立足新疆本土及中亚，面向全球，获取丰富的煤炭、石油和天然气资源，拥有充足的、低成本、高质量的能源资源储备和完整、配套的能源全产业链供应优势。

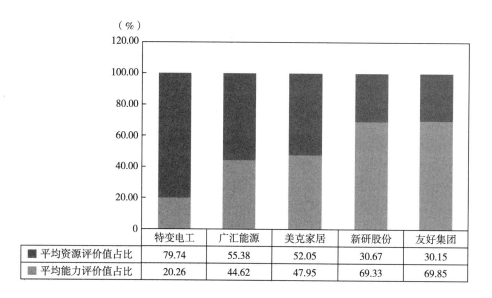

（%）	特变电工	广汇能源	美克家居	新研股份	友好集团
平均资源评价值占比	79.74	55.38	52.05	30.67	30.15
平均能力评价值占比	20.26	44.62	47.95	69.33	69.85

图5-29　2011~2020年新疆经营稳定的得分前5的民营上市公司的竞争力维度占比分析
数据来源：根据国泰安数据库、Wind数据库、上市公司年报测算。

5.6.3　新疆经营稳定的得分前5的民营上市公司的各年竞争力评价值分析

上文中对新疆经营稳定的得分前5的民营上市公司的平均竞争力评价值排名及维度进行了分析，为了了解这些公司竞争力评价值的时间变化趋势，本节对2011~2020年新疆经营稳定的得分前5的民营上市公司的各年竞争力评价值变动情况进行了分析，结果如图5-30所示。

从图5-30可以看出，2011~2020年新疆经营稳定的得分前5的民营上市公司的各年竞争力均呈上下起伏波动，其中：特变电工竞争力评价值呈现"N"型变化，最高点出现在2012年，最低点出现在2016年；新研股份竞争力评价值呈现"M"型变化，最高点出现在2012年，最低点出现在2016年；友好集团竞争力评价值呈现"M"型变化，最高点出现在2014年，最低点出现在2020年；广汇能源竞争力评价值呈现"M"型变化，最高点出现在2013年，最低点出现在2015年；美克家居竞争力评价值呈现"M"型变化，最高点出现在2014年，最低点出现在2016年。

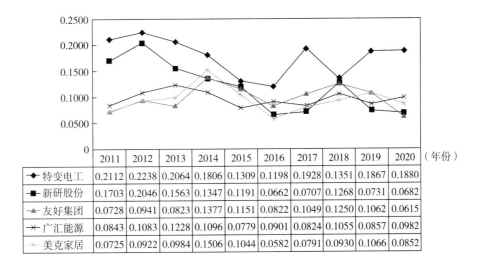

	2011	2012	2013	2014	2015	2016	2017	2018	2019	2020	（年份）
特变电工	0.2112	0.2238	0.2064	0.1806	0.1309	0.1198	0.1928	0.1351	0.1867	0.1880	
新研股份	0.1703	0.2046	0.1563	0.1347	0.1191	0.0662	0.0707	0.1268	0.0731	0.0682	
友好集团	0.0728	0.0941	0.0823	0.1377	0.1151	0.0822	0.1049	0.1250	0.1062	0.0615	
广汇能源	0.0843	0.1083	0.1228	0.1096	0.0779	0.0901	0.0824	0.1055	0.0857	0.0982	
美克家居	0.0725	0.0922	0.0984	0.1506	0.1044	0.0582	0.0791	0.0930	0.1066	0.0852	

图 5-30　2011~2020 年新疆经营稳定的得分前 5 的民营上市公司的各年竞争力评价值分析

数据来源：根据国泰安数据库、Wind 数据库、上市公司年报测算。

第二篇

年度篇

第 6 章
2011 年新疆上市公司竞争力排行

6.1 2011 年新疆上市公司分布特征

6.1.1 新疆上市公司数量特征

由图 6-1 可知，2011 年新疆上市公司总共 37 家，其中被证监会特别处理的 ST 或 *ST 类上市公司 3 家，占比 8.11%；新上市公司 1 家，占比 2.70%。

2011 年新疆上市公司在不同板块市场的数量存在差异，从小到大排序，依次为：创业板 2 家，占比约 5.41%；中小板 8 家，占比约 21.62%；主板 27 家，占比约 72.97%。说明新疆创业板、中小板的上市公司数量较少，以主板为主。

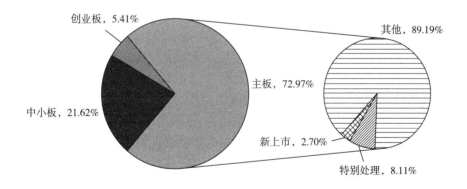

图 6-1　2011 年新疆上市公司数量特征

数据来源：Wind 数据库。

6.1.2 新疆上市公司行业分布

由图 6-2 可知，2011 年新疆上市公司各行业的数量存在较大差异，从小到大排序，依次为：租赁和商务服务业 1 家，占比为 2.70%；房地产业 1 家，占比为 2.70%；电力、热力、燃气及水生产和供应业 1 家，占比为 2.70%；金融业 1 家，占比为 2.70%；采矿业 2

家，占比为 5.41%；建筑业 2 家，占比为 5.41%；批发和零售业 2 家，占比为 5.41%；农、林、牧、渔业 4 家，占比为 10.81%；制造业 23 家，占比为 62.16%。说明新疆上市公司以制造业为主。

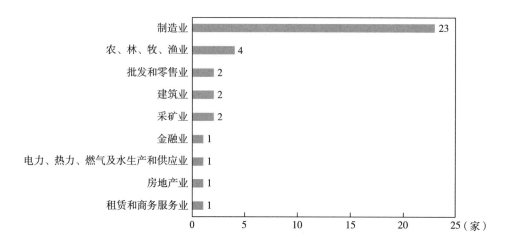

图 6-2　2011 年新疆上市公司行业分布

数据来源：Wind 数据库。

由图 6-3 可知，2011 年新疆上市公司在一产、二产、三产的数量存在较大差异，从小到大排序，依次为：一产 4 家，占比为 10.81%；三产 6 家，占比为 16.22%；二产 27 家，占比为 72.97%。说明新疆上市公司以二产为主。

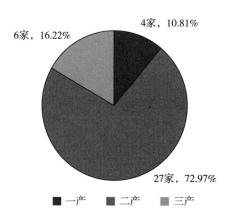

图 6-3　2011 年新疆上市公司三产占比

数据来源：Wind 数据库。

6.1.3　新疆上市公司地区分布

由图 6-4 可知，2011 年新疆上市公司不同地区的数量存在较大差异，从大到小排序，依次为：乌鲁木齐市、石河子市、克拉玛依市、昌吉回族自治州、巴音郭楞蒙古自治州、阿克苏地区、伊犁哈萨克自治州、博尔塔拉蒙古自治州。从地区分布来看，2011 年新疆上市公司多集中于北疆地区，为 33 家，约占总体的 89.19%，主要涉及乌鲁木齐市、石河子市、克拉玛依市、昌吉回族自治州、伊犁哈萨克自治州、博尔塔拉蒙古自治州。其中，乌鲁木齐市数量最多，为 23 家，约占总体的 62.16%；石河子市次之，为 4 家，约占总体的 10.81%；克拉玛依市和昌吉回族自治州各 2 家，分别约占总体的 5.41%；伊犁哈萨克自治州和博尔塔拉蒙古自治州数量最少，各为 1 家，分别约占总体的 2.7%。南疆地区分布较少，为 4 家，约占总体的 10.81%，主要有巴音郭楞蒙古自治州、阿克苏地区。其中，巴音郭楞蒙古自治州和阿克苏地区各 2 家，分别约占总体的 5.41%。

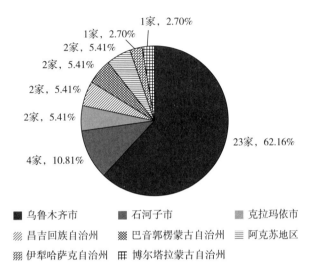

图 6-4 2011 年新疆上市公司地区分布

数据来源：Wind 数据库。

6.1.4 新疆上市公司性质分布

由图 6-5 可知，2011 年新疆上市公司性质分布存在较大差异，从小到大排序，依次为：外资企业 1 家，占比为 2.70%；其他企业 1 家，占比为 2.70%；公众企业 1 家，占比为 2.70%；民营企业 8 家，占比为 21.62%；中央国有企业 8 家，占比为 21.62%；地方国有企业 18 家，占比为 48.65%。

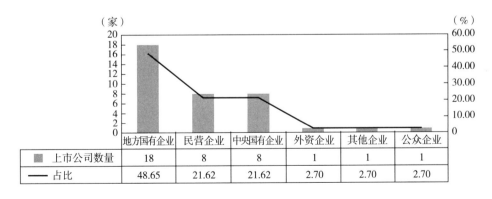

	地方国有企业	民营企业	中央国有企业	外资企业	其他企业	公众企业
上市公司数量	18	8	8	1	1	1
占比	48.65	21.62	21.62	2.70	2.70	2.70

图 6-5 2011 年新疆上市公司性质分布

数据来源：Wind 数据库。

6.2　2011年新疆上市公司竞争力排行分析

6.2.1　新疆上市公司基本情况

2011年新疆上市公司竞争力评价值平均值为0.0940，中位数为0.0697，平均值大于中位数说明竞争力评价值中位数以上的企业竞争力评价值总体较大；大于竞争力评价值平均值的企业11家，占比30.56%；总体极差为0.2533，说明新疆上市公司竞争力之间存在较大差距。

6.2.2　新疆上市公司中得分前5的公司分析

由表6-1可知，2011年新疆上市公司得分前5的公司从前到后排序，依次为：渤海租赁、特变电工、八一钢铁、光正钢构以及金风科技。

表6-1　2011年新疆上市公司竞争力评价值及排名情况

股票代码	公司名称	竞争力评价值	排名	股票代码	公司名称	竞争力评价值	排名
000415	渤海租赁	0.3013	1	600339	天利高新	0.0688	19
600089	特变电工	0.2112	2	000159	国际实业	0.0688	20
600581	八一钢铁	0.2081	3	002205	国统股份	0.0669	21
002524	光正钢构	0.1925	4	002307	北新路桥	0.0651	22
002202	金风科技	0.1754	5	600090	啤酒花	0.0638	23
300159	新研股份	0.1703	6	002100	天康生物	0.0626	24
000877	天山股份	0.1260	7	600197	伊力特	0.0600	25
600888	新疆众和	0.1106	8	600721	百花村	0.0579	26
002092	中泰化学	0.1030	9	600251	冠农股份	0.0574	27
002207	准油股份	0.0943	10	600084	ST中葡	0.0573	28
600506	ST香梨	0.0941	11	600359	新农开发	0.0548	29
002302	西部建设	0.0914	12	600075	新疆天业	0.0548	30
600256	广汇股份	0.0843	13	600545	新疆城建	0.0545	31
600425	青松建化	0.0761	14	600540	新赛股份	0.0544	32
600509	天富热电	0.0731	15	600419	ST天宏	0.0539	33
600778	友好集团	0.0728	16	300106	西部牧业	0.0533	34
600337	美克股份	0.0725	17	000972	新中基	0.0527	35
600737	中粮屯河	0.0707	18	000813	天山纺织	0.0481	36

数据来源：根据国泰安数据库、Wind数据库、上市公司年报测算。

由图 6-6 可知，渤海租赁竞争力评价值为 0.3013。其中，能力评价值为 0.1226，资源评价值为 0.1788；由图 6-7 以及图 6-8 可知，渤海租赁的人力资源以及成长能力较为突出，这说明优质的人力资源和较强的企业成长能力是渤海租赁整体企业竞争力得分第 1 的主要原因。公司成功实施了重大资产重组计划。重组完成后，公司转型为市政基础设施租赁、电力设施设备租赁、交通基础设施设备租赁等专业租赁控股公司，大大提高了公司主营业务的盈利能力。

由图 6-6 可知，特变电工竞争力评价值为 0.2112。其中，能力评价值为 0.0364，资源评价值为 0.1748；由图 6-7 以及图 6-8 可知，特变电工的创新元素较为突出，这说明优质的创新资源是特变电工整体企业竞争力得分第 2 的主要原因。2011 年，国内主要电力市场投资增长放缓，输变电行业产能过剩，市场竞争激烈，产品价格处于历史低位，原材料价格和汇率波动较大，经济环境复杂，公司经营面临严峻挑战。面对严峻复杂的经济形势，需做到以下几点：加强国内外市场发展，加强自主研发和科技创新能力建设，提高核心竞争力，大力实施精细管理，加强成本管控，提升产品质量；建设项目及技术改造工程顺利实施；强抓人才兴企战略，人力资源结构进一步优化。

由图 6-6 可知，八一钢铁竞争力评价值为 0.2081。其中，能力评价值为 0.1259，资源评价值为 0.0822；由图 6-7 以及图 6-8 可知，八一钢铁的营运能力较为突出，这说明较强的营运能力是八一钢铁整体企业竞争力得分第 3 的主要原因。公司按照年初制定的发展战略，提高经济效益、开拓市场、强化内部管理并严格控制营运费用，从而应对经济形势动荡给经营带来的不确定性。

由图 6-6 可知，光正钢构竞争力评价值为 0.1925。其中，能力评价值为 0.0408，资源评价值为 0.1517；由图 6-7 以及图 6-8 可知，光正钢构的规模元素以及治理能力较为突出，这说明规模优势以及治理能力是光正钢构整体企业竞争力得分第 4 的主要原因。

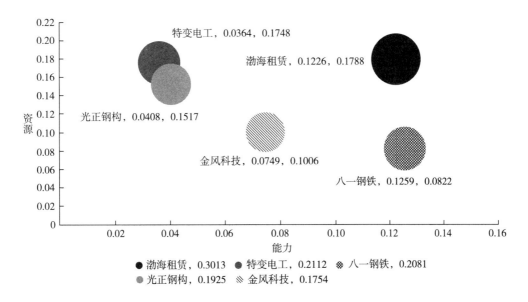

图 6-6　新疆上市公司中得分前 5 的公司竞争力维度分析

数据来源：根据国泰安数据库、Wind 数据库、上市公司年报测算。

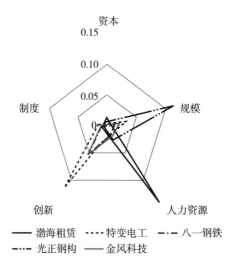

图 6-7 新疆上市公司中得分前 5 的公司资源维度五要素分析

数据来源：根据国泰安数据库、Wind 数据库、上市公司年报测算。

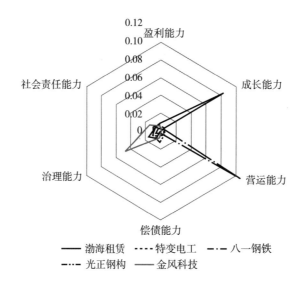

图 6-8 新疆上市公司中得分前 5 的公司能力维度六要素分析

数据来源：根据国泰安数据库、Wind 数据库、上市公司年报测算。

  虽然国内外经济形势不容乐观，但新疆整体经济发展保持快速增长，固定资产投资增长。光正钢构抓住新疆跨越式发展的历史机遇，加强营销，加快筹资项目建设，提高公司产能规模，积极应对技术人员短缺和劳动力成本上升的不利因素，虽然未能完成公司年初业务计划，但公司指标有一定增长。

  由图 6-6 可知，金风科技竞争力评价值为 0.1754。其中，能力评价值为 0.0749，资源评价值为 0.1006；由图 6-7 以及图 6-8 可知，金风科技的创新元素以及治理能力较为突出，这说明优质的创新资源以及治理能力是金风科技整体企业竞争力得分第 5 的主要原因。公司积极应对行业和市场变化，不断提高创新能力，加强研发，加快产品开发升级，加快国际化步伐，加强整体解决方案能力，提高风电场投资、开发销售和风电服务业务规模和利润水平，虽然业绩下降，但在研发、质量、订单、服务、国际业务等方面仍取得可喜成绩，确保公司稳定可持续发展。

6.2.3　新疆上市公司中排名上升的公司分析

由图 6-9 及表 6-2 可知，新疆上市公司中在 2011 年排名上升的有 17 家，分别是渤海租赁、友好集团、天富热电、中粮屯河、光正钢构、ST 香梨、啤酒花、冠农股份、新疆天业、广汇股份、天利高新、特变电工、中泰化学、ST 天宏、西部建设、北新路桥以及新赛股份。其中渤海租赁、友好集团、天富热电以及中粮屯河上升较为明显。

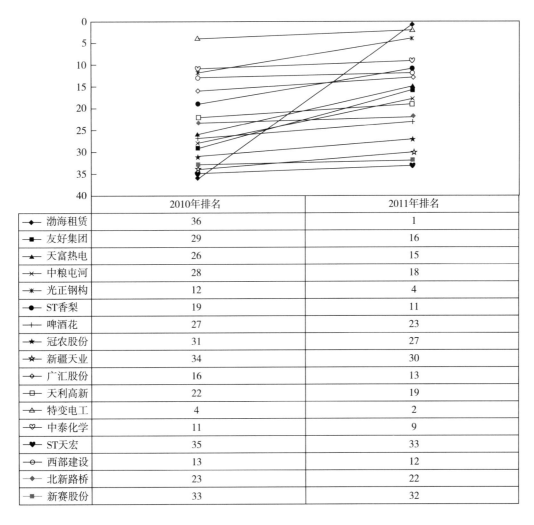

	2010年排名	2011年排名
◆ 渤海租赁	36	1
■ 友好集团	29	16
▲ 天富热电	26	15
✕ 中粮屯河	28	18
✳ 光正钢构	12	4
● ST 香梨	19	11
＋ 啤酒花	27	23
★ 冠农股份	31	27
☆ 新疆天业	34	30
◇ 广汇股份	16	13
□ 天利高新	22	19
△ 特变电工	4	2
♡ 中泰化学	11	9
♥ ST 天宏	35	33
○ 西部建设	13	12
◆ 北新路桥	23	22
■ 新赛股份	33	32

图 6-9　新疆上市公司中排名上升的公司

数据来源：根据国泰安数据库、Wind 数据库、上市公司年报测算。

排名上升最为突出的是渤海租赁，由 2010 年的第 36 名上升至 2011 年的第 1 名，上升了 35 个位次。从评价体系的指标得分情况来看，资源评价值得分为 0.1788，较 2010 年提高了 644.63%，能力评价值得分为 0.1226，较 2010 年提高了 376.36%。从细分指标来看，资源维度的人力资源评价值得分提升最大，较 2010 年提高了 1461.10%，资源维度的制度评价值得分下降最大，较 2010 年下降了 25.90%；能力维度的成长能力评价值得分提升最大，较 2010 年提高了 2588.86，能力维度的营运能力评价值得分下降最大，较 2010 年下降了 76.99%。公司成功通过资产置换及发行股份的方式收购天津渤海租赁有限公司全部股权实施了重大资产重组，彻底转型为一家市政、电力、交通运输、新能源及清洁能源设备租赁的专业租赁控股公司，同时由于吸纳了优质资产，经营业绩也发生了质的飞跃。

表 6-2　新疆上市公司竞争力排序上升较为明显的公司

维度	公司名称 各项得分	渤海租赁			友好集团		
		2010 年	2011 年	变动率（%）	2010 年	2011 年	变动率（%）
资源	资本	0.0032	0.0149	361.10	0.0091	0.0158	72.98
	规模	0.0016	0.0101	551.64	0.0042	0.0057	34.81
	人力资源	0.0092	0.1433	1461.10	0.0122	0.0082	-32.32
	创新	0.0011	0.0038	254.39	0.0002	0.0001	-45.59
	制度	0.0090	0.0066	-25.90	0.0053	0.0110	108.58
	资源合计	0.0240	0.1788	644.63	0.0310	0.0408	31.63
能力	盈利能力	0.0028	0.0078	176.01	0.0037	0.0051	36.85
	成长能力	0.0031	0.0828	2588.86	0.0044	0.0077	74.39
	营运能力	0.0014	0.0003	-76.99	0.0114	0.0069	-39.56
	偿债能力	0.0017	0.0111	561.28	0.0054	0.0031	-42.11
	治理能力	0.0021	0.0134	523.41	0.0023	0.0036	55.10
	社会责任能力	0.0146	0.0071	-51.06	0.0057	0.0057	1.22
	能力合计	0.0257	0.1226	376.36	0.0328	0.0320	-2.43
竞争力		0.0497	0.3013	505.86	0.0638	0.0728	14.12
维度	公司名称 各项得分	天富热电			中粮屯河		
		2010 年	2011 年	变动率（%）	2010 年	2011 年	变动率（%）
资源	资本	0.0049	0.0031	-37.25	0.0025	0.0034	32.33
	规模	0.0109	0.0087	-20.90	0.0121	0.0106	-12.93
	人力资源	0.0072	0.0054	-24.23	0.0093	0.0082	-11.77
	创新	0.0073	0.0074	1.19	0.0025	0.0053	109.36
	制度	0.0071	0.0137	93.61	0.0071	0.0081	14.48
	资源合计	0.0374	0.0383	2.36	0.0335	0.0355	5.78
能力	盈利能力	0.0040	0.0062	54.99	0.0031	0.0049	57.68
	成长能力	0.0032	0.0041	26.09	0.0022	0.0056	156.53
	营运能力	0.0022	0.0029	31.04	0.0027	0.0044	61.09
	偿债能力	0.0032	0.0056	73.17	0.0034	0.0031	-9.56
	治理能力	0.0014	0.0054	278.56	0.0035	0.0059	68.07
	社会责任能力	0.0174	0.0106	-38.83	0.0161	0.0113	-29.69
	能力合计	0.0315	0.0348	10.55	0.0310	0.0352	13.54
竞争力		0.0689	0.0731	6.10	0.0645	0.0707	9.51

数据来源：根据国泰安数据库、Wind 数据库、上市公司年报测算。

其次是友好集团，由 2010 年的第 29 名上升至 2011 年的第 16 名，上升了 13 个位次。从评价体系的指标得分情况来看，资源评价值得分为 0.0408，较 2010 年提高了 31.63%，能力评价值得分为 0.0320，较 2010 年下降了 2.43%。从细分指标来看，资源维度的制度评价值得分提升最大，较 2010 年提高了 108.58%，资源维度的创新评价值得分下降最大，较 2010 年下降了 45.59%；能力维度的成长能力评价值得分提升最大，较 2010 年提高了 74.39%，能力维度的偿债能力评价值得分下降最大，较 2010 年下降了 42.11%。2011 年，在战略布局上，公司努力占领新疆市场，发展综合百货公司；实现动态调整战略，优化组合，提高效率，逐步形成相关商品组合的销售连带，进一步加强店铺定位和市场影响力，以成熟的优势品牌和服务模式抓住市场，加强店铺基础管理，组织相关制度和流程培训，实施营业现场管理规范，加强跟踪检查和绩效考核，各店销售业绩良好；公司完成天山百货鞋区改造项目、友好超市天山百货升级项目、友好商场扶梯改造、美美友好北区调整装修。通过上述项目的改造，公司的硬件设施得到了全面的改进，为公司创造了良好的商业环境；2011 年，重点引进 32 个国际国内一线品牌，全年引进 500 多个品牌，淘汰 300 多个品牌。

排名第 3 的是天富热电，由 2010 年的第 26 名上升至 2011 年的第 15 名，上升了 11 个位次。从评价体系的指标得分情况来看，资源评价值得分为 0.0383，较 2010 年提高了 2.36%，能力评价值得分为 0.0348，较 2010 年提高了 10.55%。从细分指标来看，资源维度的制度评价值得分提升最大，较 2010 年提高了 93.61%，资源维度的资本评价值得分下降最大，较 2010 年下降了 37.25%；能力维度的治理能力评价值得分提升最大，较 2010 年提高了 278.56%，能力维度的社会责任能力评价值得分下降最大，较 2010 年下降了 38.83%。天富热电积极贯彻公司发展战略，重视改进员工民生从而调动了生产积极性，同时提高了生产经营效率，各项生产经营指标均创造了近年来的最好水平。

排名第 4 的是中粮屯河，由 2010 年的第 28 名上升至 2011 年的第 18 名，上升了 10 个位次。从评价体系的指标得分情况来看，资源评价值得分为 0.0355，较 2010 年提高了 5.78%，能力评价值得分为 0.0352，较 2010 年提高了 13.54%。从细分指标来看，资源维度的创新评价值得分提升最大，较 2010 年提高了 109.36%，资源维度的规模评价值得分下降最大，较 2010 年下降了 12.93%；能力维度的成长能力评价值得分提升最大，较 2010 年提高了 156.53%，能力维度的社会责任能力评价值得分下降最大，较 2010 年下降了 29.69%。2011 年，国际经济形势复杂多变、番茄制品行业持续低迷、国内原材料和劳动力成本大幅上升等因素给公司的经营管理带来了巨大挑战。面对各种困难和压力，公司坚定发展信心，紧密围绕番茄、糖两个行业，稳步经营，寻求发展，大力拓展和发展品牌业务。同时，公司及时启动再融资，不断完善内部控制管理体系，巩固管理基础，实现公司的稳定发展。

6.2.4　新疆上市公司中排名下降的公司分析

由图 6-10 可知，新疆上市公司中在 2011 年排名下降的有 17 家，分别是 ST 中葡、百花村、西部牧业、美克股份、新农开发、新疆城建、天山纺织、新研股份、国际实业、国统股份、天康生物、新中基、金风科技、八一钢铁、天山股份、新疆众和以及准油股份。其中 ST 中葡、百花村、西部牧业以及美克股份下降较为明显。

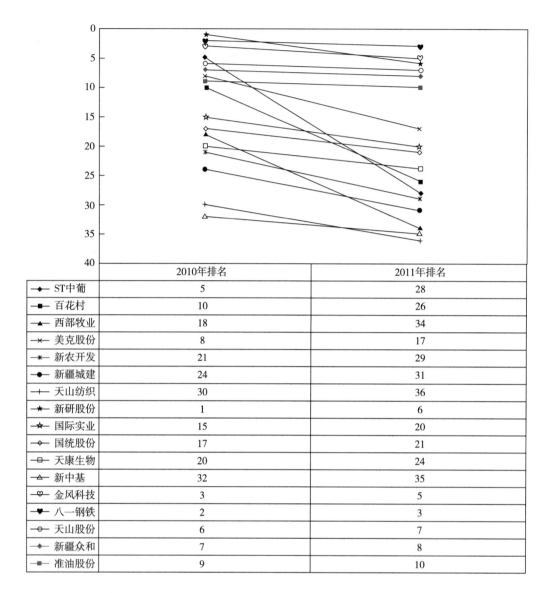

	2010年排名	2011年排名
◆ ST中葡	5	28
■ 百花村	10	26
▲ 西部牧业	18	34
✳ 美克股份	8	17
✱ 新农开发	21	29
● 新疆城建	24	31
＋ 天山纺织	30	36
★ 新研股份	1	6
☆ 国际实业	15	20
◇ 国统股份	17	21
□ 天康生物	20	24
△ 新中基	32	35
♡ 金风科技	3	5
♥ 八一钢铁	2	3
○ 天山股份	6	7
◆ 新疆众和	7	8
■ 准油股份	9	10

图6-10 新疆上市公司中排名下降的公司

数据来源：根据国泰安数据库、Wind 数据库、上市公司年报测算。

如表6-3所示，排名下降最为明显的是 ST 中葡，由 2010 年的第 5 名下降至 2011 年的第 28 名，下降了 23 个位次。从评价体系的指标得分情况来看，资源评价值得分为 0.0221，较 2010 年下降了 84.10%，能力评价值得分为 0.0352，较 2010 年提高了 8.62%。从细分指标来看，资源维度的资本评价值得分提升最大，较 2010 年提高了 79.32%，资源维度的规模评价值得分下降最大，较 2010 年下降了 98.23%；能力维度的营运能力评价值得分提升最大，较 2010 年提高了 452.13%，能力维度的偿债能力评价值得分下降最大，较 2010 年下降了 22.58%。2011 年国际、国内酿酒葡萄产地均不同程度遭受自然灾害，原材料价格上涨，导致公司成本上升。

其次是百花村，由 2010 年的第 10 名下降至 2011 年的第 26 名，下降了 16 个位次。从评价体系的指标得分情况来看，资源和能力评价值得分较 2010 年都发生了下降，资源评价值得分为 0.0202，较 2010 年下降了 29.04%，能力评价值得分为 0.0377，较 2010 年下降了

51.07%。从细分指标来看，资源维度的所有要素评价值得分都发生了下降，资源维度的资本评价值得分下降幅度最大，较 2010 年下降了 49.80%；能力维度的治理能力评价值得分提升最大，较 2010 年提高了 508.24%，能力维度的成长能力评价值得分下降最大，较 2010 年下降了 87.85%。随着国际油价的上涨，国家对油价的大幅调整增加了运输等行业的运营成本，进而推动了新一轮的物价上涨，使企业面临着原材料价格和劳动力成本的上涨。

表 6-3 新疆上市公司竞争力排名下降较为明显的公司

维度	公司名称 各项得分	ST 中葡			百花村		
		2010 年	2011 年	变动率（%）	2010 年	2011 年	变动率（%）
资源	资本	0.0025	0.0045	79.32	0.0104	0.0052	-49.80
	规模	0.1152	0.0020	-98.23	0.0060	0.0051	-14.96
	人力资源	0.0126	0.0084	-32.95	0.0047	0.0046	-1.02
	创新	0.0031	0.0036	15.25	0.0010	0.0007	-30.81
	制度	0.0059	0.0036	-38.54	0.0065	0.0046	-28.70
	资源合计	0.1393	0.0221	-84.10	0.0285	0.0202	-29.04
能力	盈利能力	0.0041	0.0059	44.15	0.0044	0.0069	57.45
	成长能力	0.0033	0.0029	-11.92	0.0455	0.0055	-87.85
	营运能力	0.0001	0.0005	452.13	0.0057	0.0055	-4.26
	偿债能力	0.0051	0.0039	-22.58	0.0023	0.0025	5.72
	治理能力	0.0011	0.0013	14.05	0.0002	0.0013	508.24
	社会责任能力	0.0187	0.0206	10.21	0.0188	0.0160	-15.01
	能力合计	0.0324	0.0352	8.62	0.0771	0.0377	-51.07
竞争力		0.1716	0.0573	-66.61	0.1055	0.0579	-45.13
维度	公司名称 各项得分	西部牧业			美克股份		
		2010 年	2011 年	变动率（%）	2010 年	2011 年	变动率（%）
资源	资本	0.0114	0.0060	-47.54	0.0046	0.0052	12.67
	规模	0.0007	0.0007	4.46	0.0061	0.0051	-15.25
	人力资源	0.0185	0.0090	-51.47	0.0409	0.0033	-92.01
	创新	0.0012	0.0008	-38.84	0.0015	0.0063	331.63
	制度	0.0040	0.0085	110.11	0.0071	0.0095	33.07
	资源合计	0.0358	0.0249	-30.51	0.0602	0.0295	-51.02
能力	盈利能力	0.0037	0.0049	34.25	0.0043	0.0081	86.24
	成长能力	0.0118	0.0038	-67.61	0.0058	0.0034	-40.25
	营运能力	0.0045	0.0028	-37.53	0.0061	0.0051	-16.73
	偿债能力	0.0178	0.0089	-49.70	0.0114	0.0075	-33.93
	治理能力	0.0027	0.0025	-8.71	0.0097	0.0085	-12.84
	社会责任能力	0.0056	0.0055	-2.72	0.0123	0.0104	-15.68
	能力合计	0.0461	0.0284	-38.30	0.0497	0.0430	-13.40
竞争力		0.0819	0.0533	-34.90	0.1099	0.0725	-34.01

数据来源：根据国泰安数据库、Wind 数据库、上市公司年报测算。

排名第 3 的是西部牧业由 2010 年的第 18 名下降至 2011 年的第 34 名，下降了 16 个位次。从评价体系的指标得分情况来看，资源和能力评价值得分较 2010 年都发生了下降，资源评价值得分为 0.0249，较 2010 年下降了 30.51%，能力评价值得分为 0.0284，较 2010 年下降了 38.30%。从细分指标来看，资源维度的制度评价值得分提升最大，较 2010 年提高了 110.11%，资源维度的人力资源评价值得分下降最大，较 2010 年下降了 51.47%；能力维度的盈利能力评价值得分提升最大，较 2010 年提高了 34.25%，能力维度的成长能力评价值得分下降最大，较 2010 年下降了 67.61%。

排名第 4 的是美克股份由 2010 年的第 8 名下降至 2011 年的第 17 名，下降了 9 个位次。从评价体系的指标得分情况来看，资源和能力评价值得分较 2010 年都发生了下降，资源评价值得分为 0.0295，较 2010 年下降了 51.02%，能力评价值得分为 0.0430，较 2010 年下降了 13.40%。从细分指标来看，资源维度的创新评价值得分提升最大，较 2010 年提高了 331.63%，资源维度的人力资源评价值得分下降最大，较 2010 年下降了 92.01%；能力维度的盈利能力评价值得分提升最大，较 2010 年提高了 86.24%，能力维度的成长能力评价值得分下降最大，较 2010 年下降了 40.25%。

6.2.5　2011 年新疆上市公司排名变动趋势分析

（1）2011 年较 2008~2010 年竞争力排名均上升的公司分析。

由图 6-11 可知，2011 年较 2008~2010 年竞争力排名均上升的公司总共 7 家，分别为渤海租赁、中泰化学、ST 香梨、天富热电、友好集团、天利高新以及冠农股份。其中，渤海租赁由 2008 年的第 22 名上升至 2011 年的第 1 名，上升了 21 个位次。由 2009 年的第 32 名上升至 2011 年的第 1 名，上升了 31 个位次。由 2010 年的第 36 名上升至 2011 年的第 1 名，上升了 35 个位次。中泰化学由 2008 年的第 14 名上升至 2011 年的第 9 名，上升了 5 个位次。由 2009 年的第 14 名上升至 2011 年的第 9 名，上升了 5 个位次。由 2010 年的第 11 名上升至 2011 年的第 9 名，上升了 2 个位次。ST 香梨由 2008 年的第 15 名上升至 2011 年的第 11 名，上升了 4 个位次。由 2009 年的第 15 名上升至 2011 年的第 11 名，上升了 4 个位次。由 2010 年的第 19 名上升至 2011 年的第 11 名，上升了 8 个位次。天富热电由 2008 年的第 23 名上升至 2011 年的第 15 名，上升了 8 个位次。由 2009 年的第 25 名上升至 2011 年的第 15 名，上升了 10 个位次。由 2010 年的第 26 名上升至 2011 年的第 15 名，上升了 11 个位次。友好集团由 2008 年的第 26 名上升至 2011 年的第 16 名，上升了 10 个位次。由 2009 年的第 22 名上升至 2011 年的第 16 名，上升了 6 个位次。由 2010 年的第 29 名上升至 2011 年的第 16 名，上升了 13 个位次。天利高新由 2008 年的第 21 名上升至 2011 年的第 19 名，上升了 2 个位次。由 2009 年的第 26 名上升至 2011 年的第 19 名，上升了 7 个位次。由 2010 年的第 22 名上升至 2011 年的第 19 名，上升了 3 个位次。冠农股份由 2008 年的第 28 名上升至 2011 年的第 27 名，上升了 1 个位次。由 2009 年的第 29 名上升至 2011 年的第 27 名，上升了 2 个位次。由 2010 年的第 31 名上升至 2011 年的第 27 名，上升了 4 个位次。

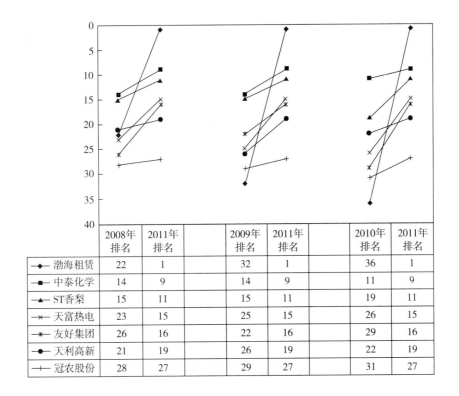

	2008年排名	2011年排名		2009年排名	2011年排名		2010年排名	2011年排名
◆ 渤海租赁	22	1		32	1		36	1
■ 中泰化学	14	9		14	9		11	9
▲ ST香梨	15	11		15	11		19	11
✕ 天富热电	23	15		25	15		26	15
✻ 友好集团	26	16		22	16		29	16
● 天利高新	21	19		26	19		22	19
＋ 冠农股份	28	27		29	27		31	27

图 6-11　2011 年较 2008~2010 年竞争力排名均上升的公司

数据来源：根据国泰安数据库、Wind 数据库、上市公司年报测算。

（2）2011 年较 2008~2010 年竞争力排名均下降的公司分析。

由图 6-12 可知，2011 年较 2008~2010 年竞争力排名均下降的公司总共 10 家，分别为金风科技、新疆众和、美克股份、国统股份、天康生物、百花村、新农开发、新疆城建、新中基以及天山纺织。其中，金风科技由 2008 年的第 2 名下降至 2011 年的第 5 名，下降了 3 个位次。由 2009 年的第 3 名下降至 2011 年的第 5 名，下降了 2 个位次。由 2010 年的第 3 名下降至 2011 年的第 5 名，下降了 2 个位次。新疆众和由 2008 年的第 7 名下降至 2011 年的第 8 名，下降了 1 个位次。由 2009 年的第 5 名下降至 2011 年的第 8 名，下降了 3 个位次。由 2010 年的第 7 名下降至 2011 年的第 8 名，下降了 1 个位次。美克股份由 2008 年的第 5 名下降至 2011 年的第 17 名，下降了 12 个位次。由 2009 年的第 9 名下降至 2011 年的第 17 名，下降了 8 个位次。由 2010 年的第 8 名下降至 2011 年的第 17 名，下降了 9 个位次。国统股份由 2008 年的第 6 名下降至 2011 年的第 21 名，下降了 15 个位次。由 2009 年的第 6 名下降至 2011 年的第 21 名，下降了 15 个位次。由 2010 年的第 17 名下降至 2011 年的第 21 名，下降了 4 个位次。天康生物由 2008 年的第 12 名下降至 2011 年的第 24 名，下降了 12 个位次。由 2009 年的第 18 名下降至 2011 年的第 24 名，下降了 6 个位次。由 2010 年的第 20 名下降至 2011 年的第 24 名，下降了 4 个位次。百花村由 2008 年的第 13 名下降至 2011 年的第 26 名，下降了 13 个位次。由 2009 年的第 10 名下降至 2011 年的第 26 名，下降了 16 个位次。由 2010 年的第 10 名下降至 2011 年的第 26 名，下降了 16 个位次。新农开发由 2008 年的第 24 名下降至 2011 年的第 29 名，下降了 5 个位次。由 2009 年的第 19 名下降至 2011 年的第 29 名，下降了 10 个位次。由 2010 年的第 21 名下降至 2011 年的第 29 名，下降了 8 个位次。

新疆城建由 2008 年的第 19 名下降至 2011 年的第 31 名，下降了 12 个位次。由 2009 年的第 13 名下降至 2011 年的第 31 名，下降了 18 个位次。由 2010 年的第 24 名下降至 2011 年的第 31 名，下降了 7 个位次。新中基由 2008 年的第 25 名下降至 2011 年的第 35 名，下降了 10 个位次。由 2009 年的第 28 名下降至 2011 年的第 35 名，下降了 7 个位次。由 2010 年的第 32 名下降至 2011 年的第 35 名，下降了 3 个位次。天山纺织由 2008 年的第 29 名下降至 2011 年的第 36 名，下降了 7 个位次。由 2009 年的第 30 名下降至 2011 年的第 36 名，下降了 6 个位次。由 2010 年的第 30 名下降至 2011 年的第 36 名，下降了 6 个位次。

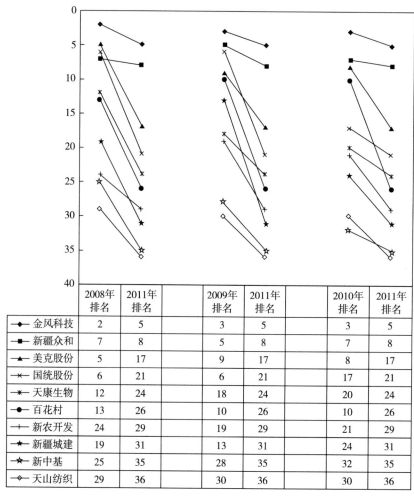

	2008年排名	2011年排名		2009年排名	2011年排名		2010年排名	2011年排名
金风科技	2	5		3	5		3	5
新疆众和	7	8		5	8		7	8
美克股份	5	17		9	17		8	17
国统股份	6	21		6	21		17	21
天康生物	12	24		18	24		20	24
百花村	13	26		10	26		10	26
新农开发	24	29		19	29		21	29
新疆城建	19	31		13	31		24	31
新中基	25	35		28	35		32	35
天山纺织	29	36		30	36		30	36

图 6-12　2011 年较 2008～2010 年竞争力排名均下降的公司

数据来源：根据国泰安数据库、Wind 数据库、上市公司年报测算。

（3）2008～2011 年竞争力排名上下波动较为明显的公司分析。

由图 6-13 可知，2008～2011 年竞争力排名上下波动较为明显的公司总共 4 家，分别为渤海租赁、ST 中葡、新疆天业以及新疆城建。渤海租赁、ST 中葡、新疆天业以及新疆城建均呈现先下降后上升的趋势。

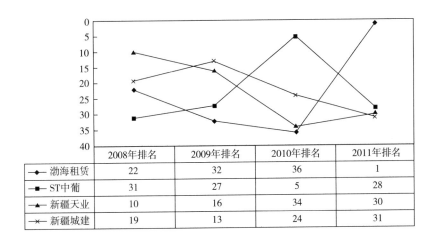

	2008年排名	2009年排名	2010年排名	2011年排名
◆ 渤海租赁	22	32	36	1
■ ST中葡	31	27	5	28
▲ 新疆天业	10	16	34	30
✕ 新疆城建	19	13	24	31

图 6-13　2008~2011 年竞争力排名上下波动较为明显的公司

数据来源：根据国泰安数据库、Wind 数据库、上市公司年报测算。

（4）2008~2011 年竞争力排名基本保持不变的公司分析。

由图 6-14 可知，2008~2011 年竞争力排名基本保持不变的公司总共 21 家，分别为特变电工、八一钢铁、金风科技、天山股份、新疆众和、中泰化学、准油股份、ST 香梨、广汇股份、青松建化、天富热电、友好集团、美克股份、中粮屯河、天利高新、国际实业、伊力特、冠农股份、新农开发、新赛股份、天山纺织。其中，特变电工平均排名为 2、八一钢铁平均排名为 3、金风科技平均排名为 3、天山股份平均排名为 6、新疆众和平均排名为 7、中泰化学平均排名为 12、准油股份平均排名为 9、ST 香梨平均排名为 15、广汇股份平均排名为 14、青松建化平均排名为 15、天富热电平均排名为 22、友好集团平均排名为 23、美克股份平均排名为 10、中粮屯河平均排名为 22、天利高新平均排名为 22、国际实业平均排名为 16、伊力特平均排名为 24、冠农股份平均排名为 29、新农开发平均排名为 23、新赛股份平均排名为 32、天山纺织平均排名为 31。值得注意的是，特变电工、八一钢铁、金风科技、天山股份、新疆众和 2008~2011 年竞争力排名稳定在前 10，其中八一钢铁竞争力排名一直位居前三，说明八一钢铁有较强且持续的竞争力。

（5）2008~2011 年竞争力排名持续下降的公司分析。

由图 6-15 可知，2008~2011 年竞争力排名持续下降的公司总共 2 家，分别为天康生物以及新中基。天康生物由 2008 年的第 12 名下降至 2009 年的第 18 名，下降了 6 个位次，由 2009 年的第 18 名下降至 2010 年的第 20 名，下降了 2 个位次，由 2010 年的第 20 名下降至 2011 年的第 24 名，下降了 4 个位次。新中基由 2008 年的第 25 名下降至 2009 年的第 28 名，下降了 3 个位次，由 2009 年的第 28 名下降至 2010 年的第 32 名，下降了 4 个位次，由 2010 年的第 32 名下降至 2011 年的第 35 名，下降了 3 个位次。

6.2.6　2011 年新疆上市公司行业竞争力排名分析

（1）2011 年新疆上市公司行业竞争力分析。

由表 6-4 以及图 6-16 可知，2011 年新疆上市公司行业竞争力排名从前往后依次是：制造业，租赁和商务服务业，农、林、牧、渔业，采矿业，批发和零售业，建筑业，房地产业，电力、热力、燃气及水生产和供应业。

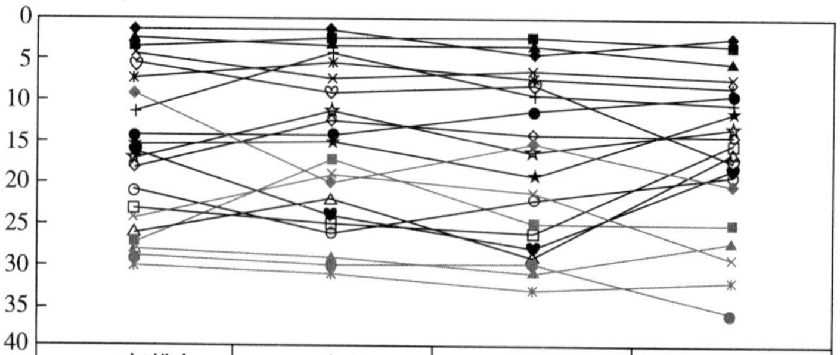

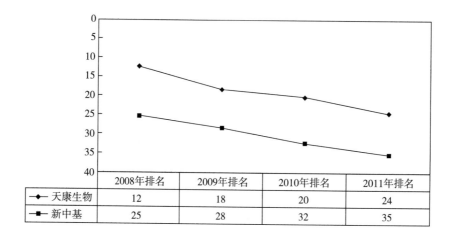

	2008年排名	2009年排名	2010年排名	2011年排名
◆ 特变电工	1	1	4	2
■ 八一钢铁	3	2	2	3
▲ 金风科技	2	3	3	5
✕ 天山股份	4	7	6	7
✳ 新疆众和	7	5	7	8
● 中泰化学	14	14	11	9
┼ 准油股份	11	4	9	10
★ ST香梨	15	15	19	11
✦ 广汇股份	17	11	16	13
◇ 青松建化	18	12	14	14
⊟ 天富热电	23	25	26	15
△ 友好集团	26	22	29	16
♡ 美克股份	5	9	8	17
♥ 中粮屯河	16	24	28	18
○ 天利高新	21	26	22	19
◆ 国际实业	9	20	15	20
■ 伊力特	27	17	25	25
▲ 冠农股份	28	29	31	27
✕ 新农开发	24	19	21	29
✳ 新赛股份	30	31	33	32
● 天山纺织	29	30	30	36

图 6-14　2008~2011 年竞争力排名基本保持不变的公司

数据来源：根据国泰安数据库、Wind 数据库、上市公司年报测算。

	2008年排名	2009年排名	2010年排名	2011年排名
◆ 天康生物	12	18	20	24
■ 新中基	25	28	32	35

图 6-15　2008~2011 年竞争力排名持续下降的公司

数据来源：根据国泰安数据库、Wind 数据库、上市公司年报测算。

表 6-4　2011 年新疆上市公司行业竞争力排名

行业	排名	竞争力评价值	资源评价值	能力评价值
制造业	1	2.2503	1.1440	1.1063
租赁和商务服务业	2	0.3013	0.1788	0.1226
农、林、牧、渔业	3	0.2567	0.1292	0.1275
采矿业	4	0.1522	0.0412	0.1110
批发和零售业	5	0.1453	0.0703	0.0750
建筑业	6	0.1196	0.0647	0.0549
房地产业	7	0.0843	0.0435	0.0407
电力、热力、燃气及水生产和供应业	8	0.0731	0.0383	0.0348

数据来源：根据国泰安数据库、Wind 数据库、上市公司年报测算。

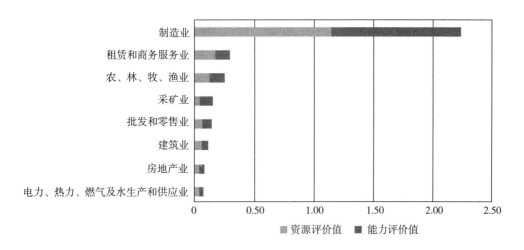

图 6-16　2011 年新疆上市公司行业竞争力排名

数据来源：根据国泰安数据库、Wind 数据库、上市公司年报测算。

　　其中，制造业竞争力、资源以及能力评价值均远高于其他行业，大约是租赁和商务服务业的 7 倍，可见无论是行业总体竞争力还是资源以及能力细分的维度，制造业均是竞争力最强的行业；制造业资源评价值为 1.1440，能力评价值为 1.1063，说明新疆制造业相较于能力维度，其资源维度优势更加突出。租赁和商务服务业竞争力评价值为 0.3013，略高于农、林、牧、渔业；租赁和商务服务业资源评价值为 0.1788，能力评价值为 0.1226，说明新疆租赁和商务服务业相较于能力维度，其资源维度优势更加突出。农、林、牧、渔业竞争力评价值为 0.2567，远高于采矿业；农、林、牧、渔业资源评价值为 0.1292，能力评价值为 0.1275，说明新疆农、林、牧、渔业在资源以及能力维度并无较大差异。采矿业竞争力评价值为 0.1522，与批发和零售业较为接近；采矿业资源评价值为 0.0412，能力评价值为 0.1110，说明新疆采矿业相较于资源维度，其能力维度优势更加突出。批发和零售业竞争力评价值为 0.1453，略高于建筑业；批发和零售业资源评价值为 0.0703，能力评价值为 0.0750，说明新疆批发和零售业在资源以及能力维度并无较大差异。建筑业竞争力评价值为 0.1196，略高于房地产业；建筑业资源评价值为 0.0647，能力评价值为 0.0549，说明新疆建筑业相较于能力维度，其资源维度优势更加突出。房地产业竞争力评价值为 0.0843，略高于电力、热力、燃气及水生产和供应业；房地产业资源评价值为 0.0435，能力评价值为 0.0407，说明新疆房地产业在资源以及能力维度并无较大差异。其中，电力、热力、燃气及水生产和供应业竞争力评价值为 0.0731，排名所有上市公司行业末尾，竞争力较弱；电力、热力、燃气及水生产和供应业资源评价值为 0.0383，能力评价值为 0.0348，说明新疆电力、热力、燃气及水生产和供应业在资源以及能力维度方面并无较大差异。

（2）2011 年分行业新疆上市公司排名分析。

2011 年新疆一产包括农、林、牧、渔业 1 个细分行业，二产包括制造业、采矿业（不含采矿辅助业）、建筑业以及电力、热力、燃气及水生产和供应业 4 个细分行业，三产包括租赁和商务服务业、房地产业、采矿辅助业以及批发和零售业 4 个细分行业。

由表 6-5 及图 6-17 可知，2011 年农、林、牧、渔业上市公司总共 4 家，竞争力排名从前往后依次是：ST 香梨、新农开发、新赛股份以及西部牧业。其中，ST 香梨在农、林、牧、渔业中排名第 1，在一产中排名第 1，在总排名中排名第 11。新农开发在农、林、牧、渔业中排名第 2，在一产中排名第 2，在总排名中排名第 29。新赛股份在农、林、牧、渔业中排名第 3，在一产中排名第 3，在总排名中排名第 32。西部牧业在农、林、牧、渔业中排名第 4，在一产中排名第 4，在总排名中排名第 34。

表 6-5　2011 年新疆上市公司行业竞争力排名

行业	公司名称	总排名	细分行业排名	三产排名	竞争力	资源	能力
农、林、牧、渔业	ST 香梨	11	1	1	0.0941	0.0435	0.0505
	新农开发	29	2	2	0.0548	0.0319	0.0230
	新赛股份	32	3	3	0.0544	0.0289	0.0256
	西部牧业	34	4	4	0.0533	0.0249	0.0284
采矿业	百花村	26	2	20	0.0579	0.0202	0.0377
制造业	特变电工	2	1	1	0.2112	0.1748	0.0364
	八一钢铁	3	2	2	0.2081	0.0822	0.1259
	光正钢构	4	3	3	0.1925	0.1517	0.0408
	金风科技	5	4	4	0.1754	0.1006	0.0749
	新研股份	6	5	5	0.1703	0.0288	0.1415
	天山股份	7	6	6	0.1260	0.0774	0.0486
	新疆众和	8	7	7	0.1106	0.0678	0.0427
	中泰化学	9	8	8	0.1030	0.0582	0.0448
	西部建设	12	9	9	0.0914	0.0375	0.0539
	青松建化	14	10	10	0.0761	0.0423	0.0338
	中粮屯河	18	11	12	0.0707	0.0355	0.0352
	天利高新	19	12	13	0.0688	0.0288	0.0400
	国际实业	20	13	14	0.0688	0.0281	0.0406
	国统股份	21	14	15	0.0669	0.0234	0.0435
	啤酒花	23	15	17	0.0638	0.0201	0.0437
	天康生物	24	16	18	0.0626	0.0273	0.0354
	伊力特	25	17	19	0.0600	0.0240	0.0360

续表

行业	公司名称	总排名	细分行业排名	三产排名	竞争力	资源	能力
制造业	冠农股份	27	18	21	0.0574	0.0283	0.0291
	ST 中葡	28	19	22	0.0573	0.0221	0.0352
	新疆天业	30	20	23	0.0548	0.0251	0.0297
	ST 天宏	33	21	25	0.0539	0.0218	0.0321
	新中基	35	22	26	0.0527	0.0210	0.0317
	天山纺织	36	23	27	0.0481	0.0171	0.0310
电力、热力、燃气及水生产和供应业	天富热电	15	1	11	0.0731	0.0383	0.0348
建筑业	北新路桥	22	1	16	0.0651	0.0350	0.0301
	新疆城建	31	2	24	0.0545	0.0297	0.0248
采矿业	准油股份	10	1	2	0.0943	0.0210	0.0733
批发和零售业	友好集团	16	1	4	0.0728	0.0408	0.0320
	美克股份	17	2	5	0.0725	0.0295	0.0430
房地产业	广汇股份	13	1	3	0.0843	0.0435	0.0407
租赁和商务服务业	渤海租赁	1	1	1	0.3013	0.1788	0.1226

数据来源：根据国泰安数据库、Wind 数据库、上市公司年报测算。

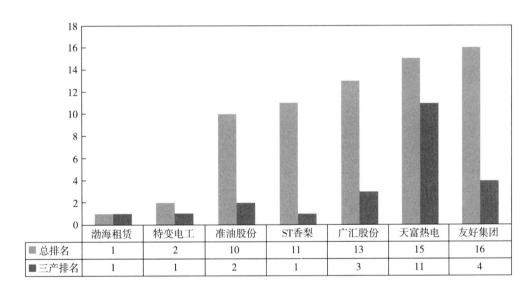

	渤海租赁	特变电工	准油股份	ST香梨	广汇股份	天富热电	友好集团
■ 总排名	1	2	10	11	13	15	16
■ 三产排名	1	1	2	1	3	11	4

图 6-17　2011 年各行业排名第 1 新疆上市公司分析

数据来源：根据国泰安数据库、Wind 数据库、上市公司年报测算。

2011 年制造业上市公司总共 23 家，竞争力排名从前往后依次是：特变电工、八一钢铁、光正钢构、金风科技、新研股份、天山股份、新疆众和、中泰化学、西部建设、青松建化、中粮屯河、天利高新、国际实业、国统股份、啤酒花、天康生物、伊力特、冠农股份、ST 中葡、新疆天业、ST 天宏、新中基以及天山纺织。其中，特变电工在制造业中排名第 1，在二产中排名第 1，在总排名中排名第 2。八一钢铁在制造业中排名第 2，在二产中排名第 2，在总排名中排名第 3。光正钢构在制造业中排名第 3，在二产中排名第 3，在总排名中排名第 4。金风科技在制造业中排名第 4，在二产中排名第 4，在总排名中排名第 5。新研股份在制造业中排名第 5，在二产中排名第 5，在总排名中排名第 6。

2011 年采矿业上市公司总共 2 家，竞争力排名从前往后依次是：准油股份以及百花村。其中，准油股份在采矿业中排名第 1，在三产中排名第 2，在总排名中排名第 10。百花村在采矿业中排名第 2，在二产中排名第 20，在总排名中排名第 26。

2011 年电力、热力、燃气及水生产和供应业上市公司总共 1 家，为天富热电。天富热电在电力、热力、燃气及水生产和供应业中排名第 1，在二产中排名第 11，在总排名中排名第 15。

2011 年建筑业上市公司总共 2 家，竞争力排名从前往后依次是：北新路桥以及新疆城建。其中，北新路桥在建筑业中排名第 1，在二产中排名第 16，在总排名中排名第 22。新疆城建在建筑业中排名第 2，在二产中排名第 24，在总排名中排名第 31。

2011 年批发和零售业上市公司总共 2 家，竞争力排名从前往后依次是：友好集团以及美克股份。其中，友好集团在批发和零售业中排名第 1，在三产中排名第 4，在总排名中排名第 16。美克股份在批发和零售业中排名第 2，在三产中排名第 5，在总排名中排名第 17。

2011 年房地产业上市公司总共 1 家，为广汇股份。广汇股份在房地产业中排名第 1，在三产中排名第 3，在总排名中排名第 13。

2011 年租赁和商务服务业上市公司总共 1 家，为渤海租赁。渤海租赁在租赁和商务服务业中排名第 1，在三产中排名第 1，在总排名中排名第 1。

第 7 章
2012 年新疆上市公司竞争力排行

7.1 2012 年新疆上市公司分布特征

7.1.1 新疆上市公司数量特征

由图 7-1 可知，2012 年新疆上市公司总共 39 家，其中被证监会特别处理的 ST 或 *ST 类上市公司 2 家，占比 5.13%；新上市公司 2 家，占比 5.13%。

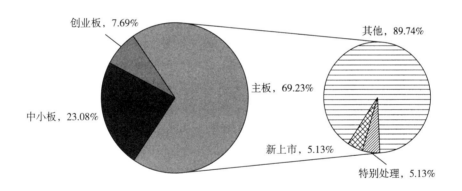

图 7-1 2012 年新疆上市公司数量特征

数据来源：Wind 数据库。

2012 年新疆上市公司在不同板块市场的数量存在差异，从小到大排序，依次为：创业板 3 家，占比约 7.69%；中小板 9 家，占比约 23.08%；主板 27 家，占比约 69.23%。说明新疆创业板、中小板的上市公司数量较少，以主板为主。

7.1.2 新疆上市公司行业分布

由图 7-2 可知，2012 年新疆上市公司各行业的数量存在较大差异，从小到大排序，依次为：租赁和商务服务业 1 家，占比为 2.56%；采矿业 1 家，占比为 2.56%；综合 1 家，占比为 2.56%；金融业 1 家，占比为 2.56%；批发和零售业 2 家，占比为 5.13%；电力、热力、燃气及水生产和供应业 2 家，占比为 5.13%；建筑业 3 家，占比为 7.69%；农、林、牧、渔业 5 家，占比为 12.82%；制造业 23 家，占比为 58.97%。说明新疆上市公司以制造业为主。

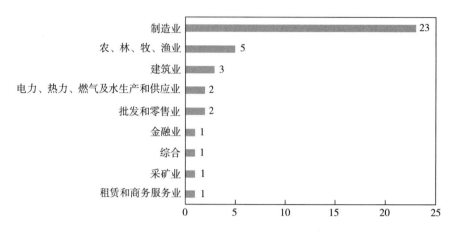

图 7-2　2012 年新疆上市公司行业分布

数据来源：Wind 数据库。

由图 7-3 可知，2012 年新疆上市公司在一产、二产、三产的数量存在较大差异，从小到大排序，依次为：一产 5 家，占比为 13%；三产 6 家，占比为 15%；二产 28 家，占比为 72%。说明新疆上市公司以二产为主。

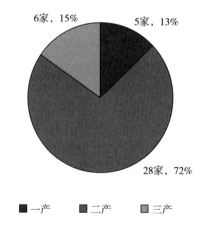

图 7-3　2012 年新疆上市公司三产占比

数据来源：Wind 数据库。

7.1.3　新疆上市公司地区分布

由图 7-4 可知，2012 年新疆上市公司不同地区的数量存在较大差异，从大到小排序，依次为：乌鲁木齐市、石河子市、昌吉回族自治州、阿克苏地区、克拉玛依市、巴音郭楞蒙古自治州、伊犁哈萨克自治州、博尔塔拉蒙古自治州。从地区分布来看，2012 年新疆上市公司多集中于北疆地区，为 34 家，约占总体的 87.18%，主要涉及乌鲁木齐市、石河子市、昌吉回族自治州、克拉玛依市、伊犁哈萨克自治州、博尔塔拉蒙古自治州。其中，乌鲁木齐市数量最多，为 23 家，约占总体的 58.97%；石河子市次之，为 4 家，约占总体的 10.26%；昌吉回族自治州 3 家，约占总体的 7.69%；克拉玛依市 2 家，约占总体的 5.13%；伊犁哈萨克自治州和博尔塔拉蒙古自治州数量最少，各为 1 家，分别约占总体的 2.56%。南疆地区分布较少，为 5 家，约占总体的 12.82%，主要有阿克苏地区、巴音郭楞蒙古自治州。其中，阿克苏地区数量最多，为 3 家，约占总体的 7.69%；巴音郭楞蒙古自治州数量最少，为 2 家，约占总体的 5.13%。

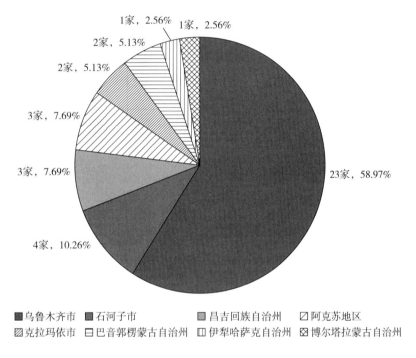

图 7-4　2012 年新疆上市公司地区分布

数据来源：Wind 数据库。

7.1.4　新疆上市公司性质分布

由图 7-5 可知，2012 年新疆上市公司性质分布存在较大差异，从小到大排序，依次为：外资企业 1 家，占比为 2.56%；其他企业 1 家，占比为 2.56%；公众企业 1 家，占比为 2.56%；中央国有企业 8 家，占比为 20.51%；民营企业 10 家，占比为 25.64%；地方国有企业 18 家，占比为 46.15%。

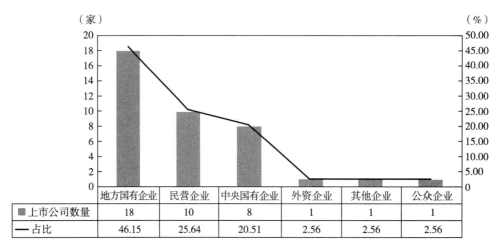

	地方国有企业	民营企业	中央国有企业	外资企业	其他企业	公众企业
▇ 上市公司数量	18	10	8	1	1	1
── 占比	46.15	25.64	20.51	2.56	2.56	2.56

图 7-5 　2012 年新疆上市公司性质分布

数据来源：Wind 数据库。

7.2 　2012 年新疆上市公司竞争力排行分析

7.2.1 　新疆上市公司基本情况

2012 年新疆上市公司竞争力评价值平均值为 0.1082，中位数为 0.0922，平均值大于中位数说明竞争力评价值中位数以上的企业竞争力评价值总体较大；大于竞争力评价值平均值的企业 11 家，占比 28.95%；总体极差为 0.1986，说明新疆上市公司竞争力之间存在较大差距。

7.2.2 　新疆上市公司中得分前 5 的公司分析

由表 7-1 可知，2012 年新疆上市公司得分前 5 的公司从前到后排序，依次为：渤海租赁、特变电工、八一钢铁、新研股份以及金风科技。

由图 7-6 可知，渤海租赁竞争力评价值为 0.2402。其中，能力评价值为 0.0488，资源评价值为 0.1914；由图 7-7 以及图 7-8 可知，渤海租赁资源维度的人力资源元素和能力维度的治理能力最为突出，这说明优质的人力资源和较强的企业治理能力是渤海租赁整体企业竞争力得分第 1 的主要原因。2012 年，公司抓住企业发展的战略机遇，成功实施并购重组，实现了资源的优化配置，创造了中国最好的租赁行业格局。公司实现归属于母公司所有者的净利润 4.92 亿元，营业收入 24.92 亿元，同比增长 20.80%，营业利润 7.54 亿元，同比增长 20.97%。公司全面完成既定经营指标，超额完成天津渤海租赁有限公司的业绩承诺，重点推进城镇化基础设施和高端装备领域的融资租赁业务，巩固公司在基础设施租赁行业的领先地位，积极发展高端装备租赁和飞机租赁业务。

表 7-1　2012 年新疆上市公司竞争力评价值及排名情况

股票代码	公司名称	竞争力评价值	排名	股票代码	公司名称	竞争力评价值	排名
000415	渤海租赁	0.2402	1	600337	美克股份	0.0922	20
600089	特变电工	0.2238	2	600090	啤酒花	0.0899	21
600581	八一钢铁	0.2219	3	002100	天康生物	0.0844	22
300159	新研股份	0.2046	4	600737	中粮屯河	0.0796	23
002202	金风科技	0.1985	5	002307	北新路桥	0.0772	24
600084	中葡股份	0.1922	6	002205	国统股份	0.0763	25
002700	新疆浩源	0.1873	7	600339	天利高新	0.0759	26
300313	天山生物	0.1383	8	600540	新赛股份	0.0752	27
000877	天山股份	0.1259	9	600197	伊力特	0.0736	28
002207	准油股份	0.1222	10	600359	*ST 新农	0.0711	29
600256	广汇能源	0.1083	11	600075	新疆天业	0.0699	30
002302	西部建设	0.1052	12	600545	新疆城建	0.0688	31
002524	光正钢构	0.1007	13	300106	西部牧业	0.0683	32
600425	青松建化	0.1003	14	600251	冠农股份	0.0666	33
002092	中泰化学	0.0993	15	000159	国际实业	0.0665	34
600888	新疆众和	0.0984	16	000813	天山纺织	0.0633	35
600509	天富热电	0.0941	17	000972	*ST 中基	0.0627	36
600778	友好集团	0.0941	18	600721	百花村	0.0620	37
600506	香梨股份	0.0922	19	600419	新疆天宏	0.0415	38

数据来源：根据国泰安数据库、Wind 数据库、上市公司年报测算。

　　由图 7-6 可知，特变电工竞争力评价值为 0.2238。其中，能力评价值为 0.0436，资源评价值为 0.1802；由图 7-7 以及图 7-8 可知，特变电工资源维度的创新元素和能力维度的营运能力最为突出，这说明优质的创新资源和较强的企业营运能力是特变电工整体企业竞争力得分第 2 的主要原因。2012 年，全球经济继续下滑，国内经济增长依然疲软。随着电力投资增速下降，输变电行业产能过剩，市场竞争激烈；受国际金融危机影响，国际市场对光伏产业的需求萎缩，多晶硅等光伏产品价格大幅下跌。面对严峻复杂的经营环境，公司以转型升级为主线，积极开拓国内外市场，大力推进国际化战略的实施，加快科技创新步伐，加快转变经济增长方式。2012 年，公司实现营业收入 203.25 亿元，营业利润 7.56 亿元，利润总额 10.55 亿元。净利润 9.33 亿元，归属于上市公司股东的净利润 8.81 亿元。

　　由图 7-6 可知，八一钢铁竞争力评价值为 0.2219。其中，能力评价值为 0.1381，资源评价值为 0.0838；由图 7-7 以及图 7-8 可知，八一钢铁资源维度的创新元素和能力维度的营运能力最为突出，这说明优质的创新资源和较强的企业营运能力是八一钢铁整体企业竞争力得分第 3 的主要原因。八一钢铁着力研发新产品，并积极开发系列化及多元化的主营产品以丰富产品结构，其中在系列钢种的研发中取得显著性突破，有效加强公司竞争能力。

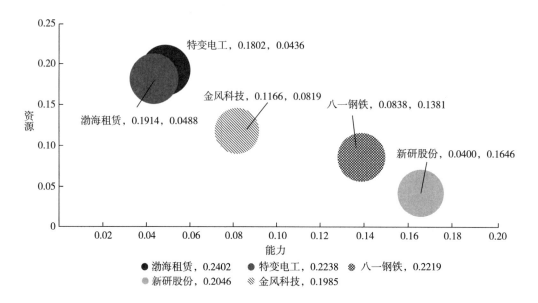

图7-6 新疆上市公司中得分前5的公司竞争力维度分析

数据来源：根据国泰安数据库、Wind数据库、上市公司年报测算。

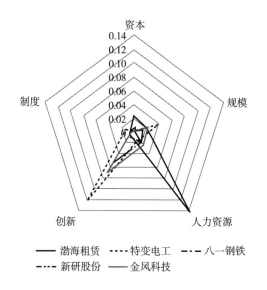

图7-7 新疆上市公司中得分前5的公司资源维度五要素分析

数据来源：根据国泰安数据库、Wind数据库、上市公司年报测算。

由图7-6可知，新研股份竞争力评价值为0.2046。其中，能力评价值为0.1646，资源评价值为0.0400；由图7-7以及图7-8可知，新研股份资源维度的人力资源元素和能力维度的治理能力以及偿债能力最为突出，这说明优质的人力资源和较强的企业治理能力以及偿债能力是新研股份整体企业竞争力得分第4的主要原因。为扩大生产规模，增强自身实力，进一步提高产品质量，夯实出口业务基础，促进公司健康、持续、快速发展，提升综合实力，公司于2012年5月7日在霍尔果斯口岸与霍尔果斯国际边境合作中心管委会签订投资协议，全资子公司霍尔果斯新研贸易有限公司前期投资2500万元，投资建设"中高端农机展示交易中心"项目，有利于促进国内中高端农机产品出口，带动国内农机企业发展，促进霍尔果斯地方经济发展。2012 年 5 月 17 日，公司与乌鲁木齐经济技术开发区签订投资协议，投资 1 亿元建设产业化基地二期、三期项目。项目的完成将对公司业务规模的扩大起到积极的作用。2012 年 12 月，公司追加投资 6392.68 万元建设产业化基地二期、三期项目。

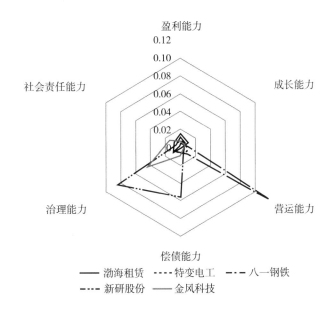

图 7-8　新疆上市公司中得分前 5 的公司能力维度六要素分析

数据来源：根据国泰安数据库、Wind 数据库、上市公司年报测算。

由图 7-6 可知，金风科技竞争力评价值为 0.1985。其中，能力评价值为 0.0819，资源评价值为 0.1166；由图 7-7 以及图 7-8 可知，金风科技资源维度的创新元素和能力维度的治理能力最为突出，这说明优质的创新资源和较强的企业治理能力是金风科技整体企业竞争力得分第 5 的主要原因。金风科技进一步开展研发工作，为了适应风速较低或海拔较高等内陆环境，进一步成功研制新型超低风速机组、高温型机组等，并成功进入批量生产进程，为后期海上风电市场的开发打下基础。

7.2.3　新疆上市公司中排名上升的公司分析

由图 7-9 及表 7-2 可知，新疆上市公司中在 2012 年排名上升的有 8 家，分别是中葡股份、新赛股份、新研股份、广汇能源、啤酒花、天康生物、西部牧业以及天山纺织。其中中葡股份、新赛股份、新研股份以及广汇能源上升较为明显。

排名上升最为突出的是中葡股份，由 2011 年的第 28 名上升至 2012 年的第 6 名，上升了 22 个位次。从评价体系的指标得分情况来看，资源评价值得分为 0.1529，较 2011 年提高了 590.57%，能力评价值得分为 0.0393，较 2011 年提高了 11.73%。从细分指标来看，资源维度的规模评价值得分提升最大，较 2011 年提高了 5997.20%，资源维度的创新能力评价值得分下降最大，较 2011 年下降了 21.81%；能力维度的营运能力评价值得分提升最大，较 2011 年提高了 95.67%，能力维度的社会责任能力评价值得分下降最大，较 2011 年下降了 19.83%。2012 年，公司加快品牌建设，积极开拓市场，提高管理效率，加强成本控制，调整葡萄酒销售结构，提高毛利率。同时，公司加强了资产处置，提高了资产使用效率。

其次是新赛股份，由2011年的第32名上升至2012年的第27名，上升了5个位次。从评价体系的指标得分情况来看，资源评价值得分为0.0404，较2011年提高了39.92%，能力评价值得分为0.0347，较2011年提高了35.92%。从细分指标来看，资源维度的资本评价值得分提升最大，较2011年提高了98.53%，资源维度的规模评价值得分下降最大，较2011年下降了31.23%；能力维度的营运能力评价值得分提升最大，较2011年提高了160.68%，能力维度的治理能力评价值得分下降最大，较2011年下降了51.47%。2012年，企业以实施内部控制建设为契机，加强内部控制体系建设，制定并修订142个内部控制管理体系；突出财务在经营管理中的核心作用，建立总部资本管理中心，严格遵循"收支两条线"和"专项原则"，加强职能落实，降低管理费用；以信息化为载体，提高企业综合协同管理能力，完成了五个信息模块的相关流程、管理体系的建设和运行，重点加强合同和资金的信息协调，提高业务协调管理能力；加快市场发展，优化营销管理。以贸易公司为销售、发展平台，建立片区营销管理框架，采取灵活手段，搞活企业经营；调整产品结构，加强新赛双陆矿业煤矿60万吨/年改扩建项目、可利物流铁路专用线建设项目、新疆普耀新型建材有限公司镀膜玻璃项目以及温泉矿业20万吨石英砂深加工项目等重点项目建设。

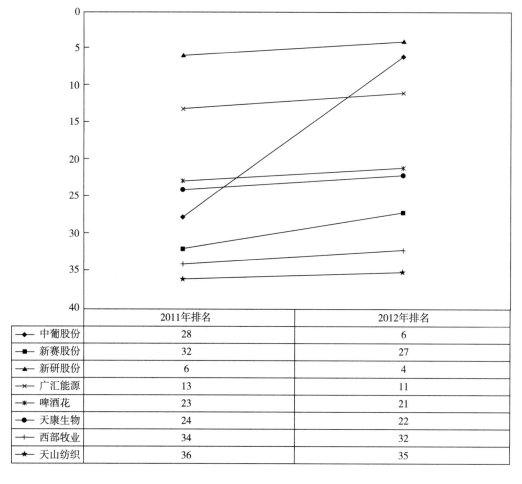

	2011年排名	2012年排名
◆ 中葡股份	28	6
■ 新赛股份	32	27
▲ 新研股份	6	4
✳ 广汇能源	13	11
✱ 啤酒花	23	21
● 天康生物	24	22
┼ 西部牧业	34	32
★ 天山纺织	36	35

图7-9　新疆上市公司中排名上升的公司

数据来源：根据国泰安数据库、Wind数据库、上市公司年报测算。

表 7-2 新疆上市公司竞争力排名上升较为明显的公司

维度	公司名称 各项得分	中葡股份			新赛股份		
		2011 年	2012 年	变动率（%）	2011 年	2012 年	变动率（%）
资源	资本	0.0045	0.0048	7.53	0.0040	0.0079	98.53
	规模	0.0020	0.1244	5997.20	0.0080	0.0055	-31.23
	人力资源	0.0084	0.0111	31.62	0.0060	0.0087	45.23
	创新	0.0036	0.0028	-21.81	0.0029	0.0028	-4.72
	制度	0.0036	0.0098	172.12	0.0080	0.0156	93.71
	资源合计	0.0221	0.1529	590.57	0.0289	0.0404	39.92
能力	盈利能力	0.0059	0.0104	75.25	0.0023	0.0041	74.26
	成长能力	0.0029	0.0053	81.95	0.0029	0.0062	113.48
	营运能力	0.0005	0.0011	95.67	0.0045	0.0118	160.68
	偿债能力	0.0039	0.0045	13.60	0.0034	0.0053	56.78
	治理能力	0.0013	0.0016	24.80	0.0032	0.0016	-51.47
	社会责任能力	0.0206	0.0165	-19.83	0.0092	0.0058	-36.91
	能力合计	0.0352	0.0393	11.73	0.0256	0.0347	35.92
竞争力		0.0573	0.1922	235.42	0.0544	0.0752	38.04
维度	公司名称 各项得分	新研股份			广汇能源		
		2011 年	2012 年	变动率（%）	2011 年	2012 年	变动率（%）
资源	资本	0.0050	0.0062	23.09	0.0079	0.0006	-92.40
	规模	0.00078	0.00084	7.86	0.0143	0.0186	29.75
	人力资源	0.0113	0.0171	51.40	0.0078	0.0164	110.84
	创新	0.0075	0.0096	27.57	0.0031	0.0099	222.91
	制度	0.0042	0.0063	50.50	0.0104	0.0142	36.39
	资源合计	0.0288	0.0400	38.92	0.0435	0.0597	37.09
能力	盈利能力	0.0072	0.0112	54.73	0.0065	0.0105	59.80
	成长能力	0.0049	0.0054	11.32	0.0057	0.0052	-9.34
	营运能力	0.0030	0.0041	34.74	0.0051	0.0070	38.48
	偿债能力	0.0354	0.0561	58.37	0.0082	0.0052	-37.30
	治理能力	0.0855	0.0825	-3.52	0.0069	0.0078	14.00
	社会责任能力	0.0055	0.0053	-2.37	0.0083	0.0130	56.55
	能力合计	0.1415	0.1646	16.31	0.0407	0.0487	19.41
竞争力		0.1703	0.2046	20.14	0.0843	0.1083	28.54

数据来源：根据国泰安数据库、Wind 数据库、上市公司年报测算。

新研股份和广汇能源排名上升位次并列第 3。其中，新研股份由 2011 年的第 6 名上升至 2012 年的第 4 名，上升了 2 个位次。从评价体系的指标得分情况来看，资源评价值得分为 0.0400，较 2011 年提高了 38.92%，能力评价值得分为 0.1646，较 2011 年提高了 16.31%。从细分指标来看，资源维度的人力资源评价值得分提升最大，较 2011 年提高了 51.40%；能力维度的偿债能力评价值得分提升最大，较 2011 年提高了 58.37%，能力维度的治理能力评价值得分下降最大，较 2011 年下降了 3.52%。

广汇能源由 2011 年的第 13 名上升至 2012 年的第 11 名，上升了 2 个位次。从评价体系的指标得分情况来看，资源评价值得分为 0.0597，较 2011 年提高了 37.09%，能力评价值得分为 0.0487，较 2011 年提高了 19.41%。从细分指标来看，资源维度的创新评价值得分提升最大，较 2011 年提高了 222.91%，资源维度的资本评价值得分下降最大，较 2011 年下降了 92.40%；能力维度的盈利能力评价值得分提升最大，较 2011 年提高了 59.80%，能力维度的偿债能力评价值得分下降最大，较 2011 年下降了 37.30%。公司积极退出非能源业务中的商品贸易业务和店铺租赁业务，将控股子公司新疆亚中物流商务网络有限公司 76% 股权及控股股东新疆广汇实业投资（集团）有限公司 26.96% 的股权进行了替换。到目前为止，该公司已按计划退出所有非能源业务。在公司能源业务中，哈密煤化工、吉木乃 LNG 工厂建设，哈萨克斯坦 TBM 公司开采石油和天然气，LNG 汽车推广、富蕴煤炭综合开发、煤炭销售、能源综合物流等项目进展顺利。

7.2.4 新疆上市公司中排名下降的公司分析

由图 7-10 及表 7-3 可知，新疆上市公司中在 2012 年排名下降的有 18 家，分别是国际实业、百花村、光正钢构、新疆众和、香梨股份、天利高新、中泰化学、冠农股份、中粮屯河、新疆天宏、国统股份、美克股份、伊力特、天山股份、天富热电、友好集团、北新路桥以及 *ST 中基。其中，国际实业、百花村、光正钢构以及新疆众和下降较为明显。

排名下降最为明显的是国际实业，由 2011 年的第 20 名下降至 2012 年的第 34 名，下降了 14 个位次。从评价体系的指标得分情况来看，资源评价值得分为 0.0313，较 2011 年提高了 11.47%，能力评价值得分为 0.0351，较 2011 年下降了 13.57%。从细分指标来看，资源维度的人力资源评价值得分提升最大，较 2011 年提高了 21.17%，资源维度的创新评价值得分下降幅度最大，较 2011 年下降了 64.02%；能力维度的营运能力评价值得分提升最大，较 2011 年提高了 87.04%，能力维度的治理能力评价值得分下降最大，较 2011 年下降了 80.21%。2012 年受行业调控影响，房产销售量减少，房地产净利润较 2011 年同期下降约 65.84%，导致营业利润、净利润较上年减少。

其次是百花村，由 2011 年的第 26 名下降至 2012 年的第 37 名，下降了 11 个位次。从评价体系的指标得分情况来看，资源评价值得分为 0.0196，较 2011 年下降了 3.01%，能力评价值得分为 0.0424，较 2011 年提高了 12.36%。从细分指标来看，资源维度的人力资源评价值得分提升最大，较 2011 年提高了 26.23%，资源维度的制度评价值得分下降最大，较 2011 年下降了 33.61%；能力维度的治理能力评价值得分提升最大，较 2011 年提高了 87.19%，能力维度的成长能力评价值得分下降最大，较 2011 年下降了 16.07%。受宏观经济下行影响，公司主营业务所属行业上游市场需求不足，导致煤炭企业竞争激烈，焦煤价格低，对公司经营影响较大。

光正钢构由 2011 年的第 4 名下降至 2012 年的第 13 名，下降了 9 个位次。从评价体系的指标得分情况来看，资源评价值得分为 0.0555，较 2011 年下降了 63.43%，能力评价值得分为 0.0453，较 2011 年提高了 10.85%。从细分指标来看，资源维度的资本评价值得分提升最大，较 2011 年提高了 116.51%，资源维度的规模评价值得分下降最大，较 2011 年下降了 99.43%；能力维度的成长能力评价值得分提升最大，较 2011 年提高了 55.71%，能力维

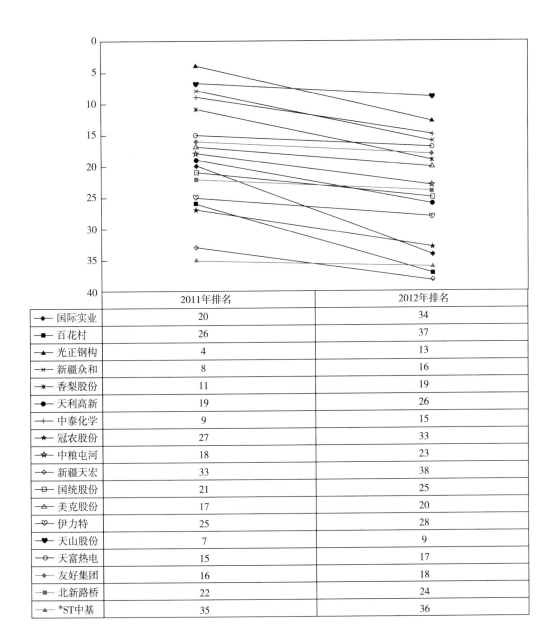

	2011年排名	2012年排名
◆ 国际实业	20	34
■ 百花村	26	37
▲ 光正钢构	4	13
✕ 新疆众和	8	16
✻ 香梨股份	11	19
● 天利高新	19	26
＋ 中泰化学	9	15
★ 冠农股份	27	33
☆ 中粮屯河	18	23
◇ 新疆天宏	33	38
▱ 国统股份	21	25
△ 美克股份	17	20
♡ 伊力特	25	28
♥ 天山股份	7	9
○ 天富热电	15	17
◆ 友好集团	16	18
■ 北新路桥	22	24
▲ *ST中基	35	36

图 7-10　新疆上市公司中排名下降的公司

数据来源：根据国泰安数据库、Wind 数据库、上市公司年报测算。

表 7-3　新疆上市公司竞争力排名下降较为明显的公司

维度	公司名称 各项得分	国际实业			百花村		
		2011 年	2012 年	变动率（%）	2011 年	2012 年	变动率（%）
资源	资本	0.0026	0.0029	14.29	0.0052	0.0046	-10.99
	规模	0.0021	0.0020	-1.62	0.0051	0.0054	5.80
	人力资源	0.0136	0.0164	21.17	0.0046	0.0058	26.23
	创新	0.0010	0.0004	-64.02	0.0007	0.0007	2.33
	制度	0.0089	0.0096	7.30	0.0046	0.0031	-33.61
	资源合计	0.0281	0.0313	11.47	0.0202	0.0196	-3.01

续表

维度	公司名称 / 各项得分	国际实业			百花村		
		2011 年	2012 年	变动率（%）	2011 年	2012 年	变动率（%）
能力	盈利能力	0.0066	0.0062	-6.49	0.0069	0.0093	33.87
	成长能力	0.0051	0.0051	-0.73	0.0055	0.0046	-16.07
	营运能力	0.0024	0.0044	87.04	0.0055	0.0069	24.70
	偿债能力	0.0088	0.0115	31.41	0.0025	0.0025	-0.41
	治理能力	0.0079	0.0016	-80.21	0.0013	0.0023	87.19
	社会责任能力	0.0098	0.0063	-35.76	0.0160	0.0168	4.72
	能力合计	0.0406	0.0351	-13.57	0.0377	0.0424	12.36
竞争力		0.0688	0.0665	-3.34	0.0579	0.0620	7.00

维度	公司名称 / 各项得分	光正钢构			新疆众和		
		2011 年	2012 年	变动率（%）	2011 年	2012 年	变动率（%）
资源	资本	0.0083	0.0179	116.51	0.0117	0.0110	-6.06
	规模	0.1112	0.0006	-99.43	0.0072	0.0081	13.01
	人力资源	0.0203	0.0263	29.82	0.0085	0.0069	-18.33
	创新	0.0025	0.0009	-63.51	0.0340	0.0224	-34.18
	制度	0.0094	0.0097	2.89	0.0066	0.0054	-16.93
	资源合计	0.1517	0.0555	-63.43	0.0678	0.0538	-20.71
能力	盈利能力	0.0045	0.0064	42.94	0.0057	0.0071	25.10
	成长能力	0.0038	0.0058	55.71	0.0069	0.0053	-22.14
	营运能力	0.0060	0.0082	36.30	0.0039	0.0049	25.77
	偿债能力	0.0118	0.0083	-29.82	0.0113	0.0082	-27.29
	治理能力	0.0092	0.0103	12.15	0.0052	0.0056	9.05
	社会责任能力	0.0055	0.0062	11.50	0.0098	0.0135	36.77
	能力合计	0.0408	0.0453	10.85	0.0427	0.0447	4.49
竞争力		0.1925	0.1007	-47.67	0.1106	0.0984	-10.97

数据来源：根据国泰安数据库、Wind 数据库、上市公司年报测算。

度的偿债能力评价值得分下降最大，较 2011 年下降了 29.82%。2012 年，我国宏观经济增速下滑，国内固定资产投资意愿急剧下降，固定资产投资环比下降、劳动力要素成本增加和市场竞争激烈，对公司经营产生了影响。

新疆众和由 2011 年的第 8 名下降至 2012 年的第 16 名，下降了 8 个位次。从评价体系的指标得分情况来看，资源评价值得分为 0.0538，较 2011 年下降了 20.71%，能力评价值得分为 0.0447，较 2011 年提高了 4.49%。从细分指标来看，资源维度的规模评价值得分提升最大，较 2011 年提高了 13.01%，资源维度的创新评价值得分下降最大，较 2011 年下降了 34.18%；能力维度的社会责任能力评价值得分提升最大，较 2011 年提高了 36.77%，能力维度的偿债能力评价值得分下降最大，较 2011 年下降了 27.29%。2012 年，国际政治经济形势复杂多变，国内经济发展困难增加，电子消费品需求增长缓慢，光伏、风力发电等新能源产业大幅下降。据国家统计局统计，2012 年家用洗衣机、家用冰箱、家用空调产量同比增长 1.4%、−3.1%、4.9%；而其 2011 年的同比增速分别为 11.5%、20.3%、24.6%。受此影响，2012 年电子新材料产品市场需求下降，价格下跌，全球领先的日本铝电解电容器及其材料企业销售收入下降 20%，净利润大幅下降甚至亏损，全行业发展面临巨大压力。

7.2.5　2012 年新疆上市公司排名变动趋势分析

（1）2012 年较 2009~2011 年竞争力排名均上升的公司分析。

由图 7-11 可知，2012 年较 2009~2011 年竞争力排名均上升的公司总共 2 家，分别为啤酒花以及新赛股份。其中，啤酒花由 2009 年的第 23 名上升至 2012 年的第 21 名，上升了 2 个位次。由 2010 年的第 27 名上升至 2012 年的第 21 名，上升了 6 个位次。由 2011 年的第 23 名上升至 2012 年的第 21 名，上升了 2 个位次。新赛股份由 2009 年的第 31 名上升至 2012 年的第 27 名，上升了 4 个位次。由 2010 年的第 33 名上升至 2012 年的第 27 名，上升了 6 个位次。由 2011 年的第 32 名上升至 2012 年的第 27 名，上升了 5 个位次。

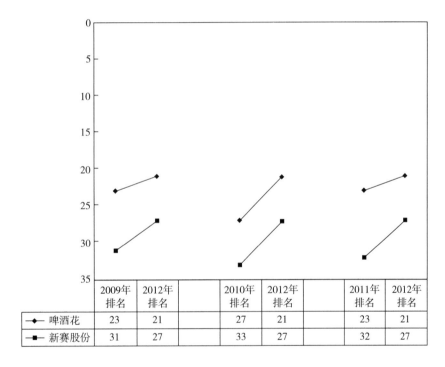

	2009年排名	2012年排名		2010年排名	2012年排名		2011年排名	2012年排名
啤酒花	23	21		27	21		23	21
新赛股份	31	27		33	27		32	27

图 7-11　2012 年较 2009~2011 年竞争力排名均上升的公司

数据来源：根据国泰安数据库、Wind 数据库、上市公司年报测算。

（2）2012 年较 2009~2011 年竞争力排名均下降的公司分析。

由图 7-12 可知，2012 年较 2009~2011 年竞争力排名均下降的公司总共 12 家，分别为天山股份、中泰化学、新疆众和、美克股份、北新路桥、国统股份、伊力特、冠农股份、国际实业、*ST 中基、百花村以及新疆天宏。其中，天山股份由 2009 年的第 7 名下降至 2012 年的第 9 名，下降了 2 个位次。由 2010 年的第 6 名下降至 2012 年的第 9 名，下降了 3 个位次。由 2011 年的第 7 名下降至 2012 年的第 9 名，下降了 2 个位次。中泰化学由 2009 年的第 14 名下降至 2012 年的第 15 名，下降了 1 个位次。由 2010 年的第 11 名下降至 2012 年的第 15

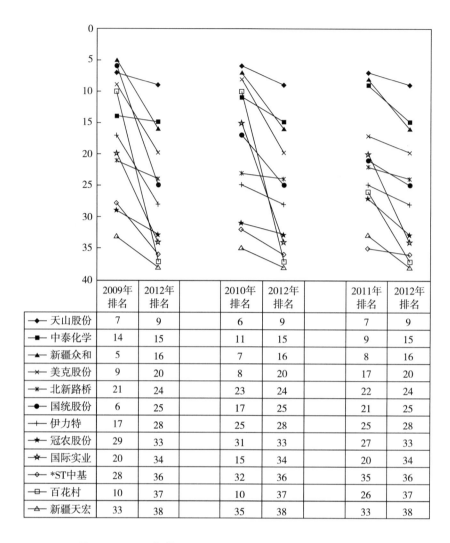

	2009年排名	2012年排名		2010年排名	2012年排名		2011年排名	2012年排名
◆ 天山股份	7	9		6	9		7	9
■ 中泰化学	14	15		11	15		9	15
▲ 新疆众和	5	16		7	16		8	16
✕ 美克股份	9	20		8	20		17	20
✱ 北新路桥	21	24		23	24		22	24
● 国统股份	6	25		17	25		21	25
＋ 伊力特	17	28		25	28		25	28
★ 冠农股份	29	33		31	33		27	33
✩ 国际实业	20	34		15	34		20	34
◇ *ST中基	28	36		32	36		35	36
□ 百花村	10	37		10	37		26	37
△ 新疆天宏	33	38		35	38		33	38

图 7-12 2012 年较 2009~2011 年竞争力排名均下降的公司

数据来源：根据国泰安数据库、Wind 数据库、上市公司年报测算。

名，下降了 4 个位次。由 2011 年的第 9 名下降至 2012 年的第 15 名，下降了 6 个位次。新疆众和由 2009 年的第 5 名下降至 2012 年的第 16 名，下降了 11 个位次。由 2010 年的第 7 名下降至 2012 年的第 16 名，下降了 9 个位次。由 2011 年的第 8 名下降至 2012 年的第 16 名，下降了 8 个位次。美克股份由 2009 年的第 9 名下降至 2012 年的第 20 名，下降了 11 个位次。由 2010 年的第 8 名下降至 2012 年的第 20 名，下降了 12 个位次。由 2011 年的第 17 名下降至 2012 年的第 20 名，下降了 3 个位次。北新路桥由 2009 年的第 21 名下降至 2012 年的第 24 名，下降了 3 个位次。由 2010 年的第 23 名下降至 2012 年的第 24 名，下降了 1 个位次。由 2011 年的第 22 名下降至 2012 年的第 24 名，下降了 2 个位次。国统股份由 2009 年的第 6 名下降至 2012 年的第 25 名，下降了 19 个位次。由 2010 年的第 17 名下降至 2012 年的第 25 名，下降了 8 个位次。由 2011 年的第 21 名下降至 2012 年的第 25 名，下降了 4 个位次。伊力特由 2009 年的第 17 名下降至 2012 年的第 28 名，下降了 11 个位次。由 2010 年的第 25 名下降至 2012 年的第 28 名，下降了 3 个位次。由 2011 年的第 25 名下降至 2012 年的第 28 名，下降了 3 个位次。冠农股份由 2009 年的第 29 名下降至 2012 年的第 33 名，下降了

4 个位次。由 2010 年的第 31 名下降至 2012 年的第 33 名，下降了 2 个位次。由 2011 年的第 27 名下降至 2012 年的第 33 名，下降了 6 个位次。国际实业由 2009 年的第 20 名下降至 2012 年的第 34 名，下降了 14 个位次。由 2010 年的第 15 名下降至 2012 年的第 34 名，下降了 19 个位次。由 2011 年的第 20 名下降至 2012 年的第 34 名，下降了 14 个位次。*ST 中基由 2009 年的第 28 名下降至 2012 年的第 36 名，下降了 8 个位次。由 2010 年的第 32 名下降至 2012 年的第 36 名，下降了 4 个位次。由 2011 年的第 35 名下降至 2012 年的第 36 名，下降了 1 个位次。

（3）2009～2012 年竞争力排名上下波动较为明显的公司分析。

由图 7-13 可知，2009～2012 年竞争力排名上下波动较为明显的公司总共 2 家，分别为中葡股份以及美克股份。中葡股份呈现先上升后下降再上升的趋势，美克股份呈现先上升后下降的趋势。

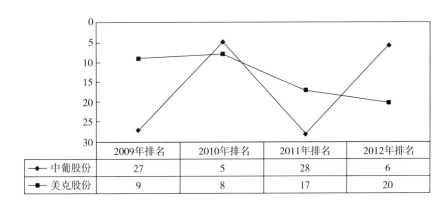

图 7-13　2009～2012 年竞争力排名上下波动较为明显的公司

数据来源：根据国泰安数据库、Wind 数据库、上市公司年报测算。

（4）2009～2012 年竞争力排名基本保持不变的公司分析。

由图 7-14 可知，2009～2012 年竞争力排名基本保持不变的公司总共 23 家，分别为特变电工、八一钢铁、金风科技、天山股份、准油股份、广汇能源、西部建设、青松建化、中泰化学、天富热电、友好集团、香梨股份、啤酒花、天康生物、中粮屯河、北新路桥、天利高新、新赛股份、伊力特、*ST 新农、冠农股份、天山纺织、新疆天宏，其中特变电工平均排名为 2、八一钢铁平均排名为 3、金风科技平均排名为 4、天山股份平均排名为 7、准油股份平均排名为 8、广汇能源平均排名为 13、西部建设平均排名为 11、青松建化平均排名为 14、中泰化学平均排名为 12、天富热电平均排名为 21、友好集团平均排名为 21、香梨股份平均排名为 16、啤酒花平均排名为 24、天康生物平均排名为 21、中粮屯河平均排名为 23、北新路桥平均排名为 23、天利高新平均排名为 23、新赛股份平均排名为 31、伊力特平均排名为 24、*ST 新农平均排名为 25、冠农股份平均排名为 30、天山纺织平均排名为 33、新疆天宏平均排名为 35。值得注意的是，特变电工、八一钢铁、金风科技、天山股份、准油股份 2009～2012 年竞争力排名稳定在前 10，其中八一钢铁竞争力排名一直位居前 3，说明八一钢铁有较强且持续的竞争力。

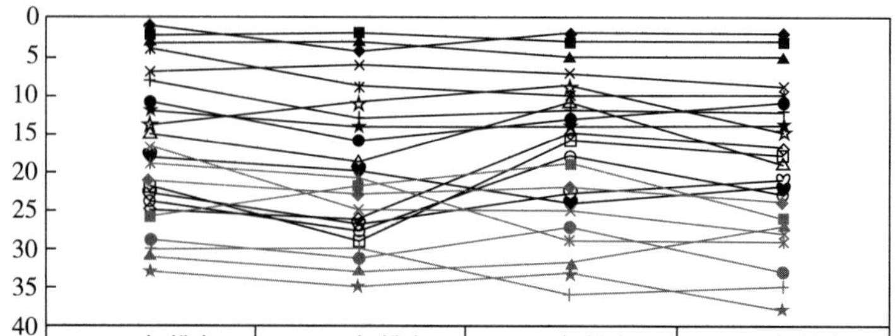

	2009年排名	2010年排名	2011年排名	2012年排名
特变电工	1	4	2	2
八一钢铁	2	2	3	3
金风科技	3	3	5	5
天山股份	7	6	7	9
准油股份	4	9	10	10
广汇能源	11	16	13	11
西部建设	8	13	12	12
青松建化	12	14	14	14
中泰化学	14	11	9	15
天富热电	25	26	15	17
友好集团	22	29	16	18
香梨股份	15	19	11	19
啤酒花	23	27	23	21
天康生物	18	20	24	22
中粮屯河	24	28	18	23
北新路桥	21	23	22	24
天利高新	26	22	19	26
新赛股份	31	33	32	27
伊力特	17	25	25	28
*ST新农	19	21	29	29
冠农股份	29	31	27	33
天山纺织	30	30	36	35
新疆天宏	33	35	33	38

图 7-14　2009~2012 年竞争力排名基本保持不变的公司

数据来源：根据国泰安数据库、Wind 数据库、上市公司年报测算。

（5）2009~2012 年竞争力排名持续下降的公司分析。

由图 7-15 可知，2009~2012 年竞争力排名持续下降的公司总共 3 家，分别是新疆众和、国统股份以及 *ST 中基。新疆众和由 2009 年的第 5 名下降至 2010 年的第 7 名，下降了 2 个位次，由 2010 年的第 7 名下降至 2011 年的第 8 名，下降了 1 个位次，由 2011 年的第 8 名下降至 2012 年的第 16 名，下降了 8 个位次。国统股份由 2009 年的第 6 名下降至 2010 年的第 17 名，下降了 11 个位次，由 2010 年的第 17 名下降至 2011 年的第 21 名，下降了 4 个位次，由 2011 年的第 21 名下降至 2012 年的第 25 名，下降了 4 个位次。*ST 中基由 2009 年的第 28 名下降至 2010 年的第 32 名，下降了 4 个位次，由 2010 年的第 32 名下降至 2011 年的第 35 名，下降了 3 个位次，由 2011 年的第 35 名下降至 2012 年的第 36 名，下降了 1 个位次。

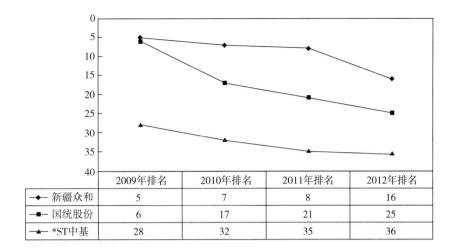

	2009年排名	2010年排名	2011年排名	2012年排名
◆ 新疆众和	5	7	8	16
■ 国统股份	6	17	21	25
▲ *ST中基	28	32	35	36

图 7-15   2009~2012 年竞争力排名持续下降的公司

数据来源：根据国泰安数据库、Wind 数据库、上市公司年报测算。

7.2.6   2012 年新疆上市公司行业竞争力排名分析

（1）2012 年新疆上市公司行业竞争力分析。

由表 7-4 以及图 7-16 可知，2012 年新疆上市公司行业竞争力排名从前往后依次是：制造业，农、林、牧、渔业，电力、热力、燃气及水生产和供应业，建筑业，租赁和商务服务业，批发和零售业，采矿业以及综合。

其中，制造业竞争力、资源以及能力评价值均远高于其他行业，大约是农、林、牧、渔业的 6 倍，可见无论是从行业总体竞争力还是资源以及能力细分的维度，制造业均是竞争力最强的行业；制造业资源评价值为 1.1934，能力评价值为 1.3148，说明新疆制造业相较于资源维度，其能力维度优势更加突出。农、林、牧、渔业竞争力评价值为 0.4451，远高于电力、热力、燃气及水生产和供应业；农、林、牧、渔业资源评价值为 0.1934，能力评价值为 0.2516，说明新疆农、林、牧、渔业相较于资源维度，其能力维度优势更加突出。电力、热力、燃气及水生产和供应业竞争力评价值为 0.2814，与建筑业较为接近；电力、热力、燃气及水生产和供应业资源评价值为 0.0834，能力评价值为 0.1980，说明新疆电力、热力、燃气及水生产和供应业相较于资源维度，其能力维度优势更加突出。建筑业竞争力评价值为 0.2468，与租赁和商务服务业较为接近；建筑业资源评价值为 0.1383，能力评价值为 0.1085，说明新疆建筑业相较于能力维度，其资源维度优势更加突出。租赁和商务服务业竞争力评价值为 0.2402，略高于批发和零售业；租赁和商务服务业资源评价值为 0.1914，能力评价值为 0.0488，说明新疆租赁和商务服务业相较于能力维度，其资源维度优势更加突出。批发和零售业竞争力评价值为 0.1605，与采矿业较为接近；批发和零售业资源评价值为 0.0764，能力评价值为 0.0841，说明新疆批发和零售业相较于资源维度，其能力维度优势更加突出。采矿业竞争力评价值为 0.1222，略高于综合；采矿业资源评价值为 0.0329，能力评价值为 0.0893，说明新疆采矿业相较于资源维度，其能力维度优势更加突出。其中，综合竞争力评价值为 0.1083，排名所有上市公司行业末尾，竞争力较弱；综合资源评价值为

0.0597，能力评价值为0.0487，说明新疆综合相较于能力维度，其资源维度优势更加突出。

表7-4 2012年新疆上市公司行业竞争力排名

行业	排名	竞争力评价值	资源评价值	能力评价值
制造业	1	2.5082	1.1934	1.3148
农、林、牧、渔业	2	0.4451	0.1934	0.2516
电力、热力、燃气及水生产和供应业	3	0.2814	0.0834	0.1980
建筑业	4	0.2468	0.1383	0.1085
租赁和商务服务业	5	0.2402	0.1914	0.0488
批发和零售业	6	0.1605	0.0764	0.0841
采矿业	7	0.1222	0.0329	0.0893
综合	8	0.1083	0.0597	0.0487

数据来源：根据国泰安数据库、Wind数据库、上市公司年报测算。

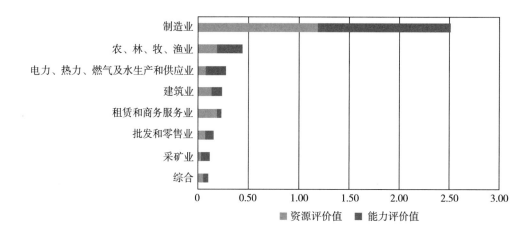

图7-16 2012年新疆上市公司行业竞争力排名

数据来源：根据国泰安数据库、Wind数据库、上市公司年报测算。

（2）2012年分行业新疆上市公司排名分析。

2012年新疆一产包括农、林、牧、渔业1个细分行业，二产包括制造业，采矿业（不含采矿辅助业），建筑业，电力、热力、燃气及水生产和供应业4个细分行业，三产包括租赁和商务服务业、采矿辅助业以及批发和零售业3个细分行业。

由表7-5及图7-17可知，2012年农、林、牧、渔业上市公司总共5家，竞争力排名从前往后依次是：天山生物、香梨股份、新赛股份、*ST新农以及西部牧业。其中，天山生物在农、林、牧、渔业中排名第1，在一产中排名第1，在总排名中排名第8。香梨股份在农、林、牧、渔业中排名第2，在一产中排名第2，在总排名中排名第19。新赛股份在农、林、牧、渔业中排名第3，在一产中排名第3，在总排名中排名第27。*ST新农在农、林、牧、渔业中排名第4，在一产中排名第4，在总排名中排名第29。西部牧业在农、林、牧、渔业中排名第5，在一产中排名第5，在总排名中排名第32。

表 7-5　2012 年新疆上市公司行业竞争力排名

行业	公司名称	总排名	细分行业排名	三大产业排名	竞争力	资源	能力
农、林、牧、渔业	天山生物	8	1	1	0.1383	0.0427	0.0957
	香梨股份	19	2	2	0.0922	0.0491	0.0431
	新赛股份	27	3	3	0.0752	0.0404	0.0347
	*ST 新农	29	4	4	0.0711	0.0317	0.0393
	西部牧业	32	5	5	0.0683	0.0295	0.0388
制造业	特变电工	2	1	1	0.2238	0.1802	0.0436
	八一钢铁	3	2	2	0.2219	0.0838	0.1381
	新研股份	4	3	3	0.2046	0.0400	0.1646
	金风科技	5	4	4	0.1985	0.1166	0.0819
	中葡股份	6	5	5	0.1922	0.1529	0.0393
	天山股份	9	6	7	0.1259	0.0725	0.0534
	西部建设	12	7	8	0.1052	0.0332	0.0720
	青松建化	14	8	10	0.1003	0.0473	0.0530
	中泰化学	15	9	11	0.0993	0.0512	0.0482
	新疆众和	16	10	12	0.0984	0.0538	0.0447
	美克股份	20	11	14	0.0922	0.0388	0.0534
	啤酒花	21	12	15	0.0899	0.0260	0.0638
	天康生物	22	13	16	0.0844	0.0388	0.0456
	中粮屯河	23	14	17	0.0796	0.0403	0.0393
	国统股份	25	15	19	0.0763	0.0279	0.0484
	天利高新	26	16	20	0.0759	0.0245	0.0515
	伊力特	28	17	21	0.0736	0.0278	0.0457
	新疆天业	30	18	22	0.0699	0.0333	0.0366
	冠农股份	33	19	24	0.0666	0.0286	0.0380
	天山纺织	35	20	25	0.0633	0.0201	0.0432
	*ST 中基	36	21	26	0.0627	0.0223	0.0405
	百花村	37	22	27	0.0620	0.0196	0.0424
	新疆天宏	38	23	28	0.0415	0.0139	0.0277
电力、热力、燃气及水生产和供应业	新疆浩源	7	1	6	0.1873	0.0337	0.1536
	天富热电	17	2	13	0.0941	0.0498	0.0443
建筑业	光正钢构	13	1	9	0.1007	0.0555	0.0453
	北新路桥	24	2	18	0.0772	0.0450	0.0323
	新疆城建	31	3	23	0.0688	0.0379	0.0310
采矿业	准油股份	10	1	2	0.1222	0.0329	0.0893
批发和零售业	友好集团	18	1	4	0.0941	0.0451	0.0490
	国际实业	34	2	5	0.0665	0.0313	0.0351
租赁和商务服务业	渤海租赁	1	1	1	0.2402	0.1914	0.0488
综合	广汇能源	11	1	3	0.1083	0.0597	0.0487

数据来源：根据国泰安数据库、Wind 数据库、上市公司年报测算。

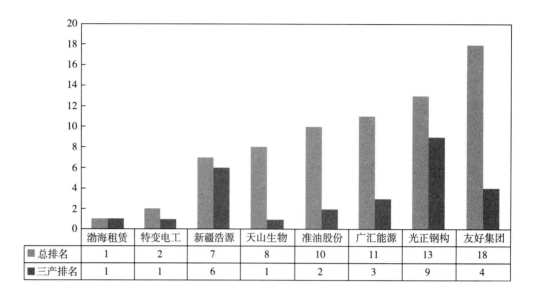

	渤海租赁	特变电工	新疆浩源	天山生物	准油股份	广汇能源	光正钢构	友好集团
总排名	1	2	7	8	10	11	13	18
三产排名	1	1	6	1	2	3	9	4

图 7-17　2012 年各行业排名第 1 新疆上市公司分析

数据来源：根据国泰安数据库、Wind 数据库、上市公司年报测算。

2012 年采矿业上市公司总共 1 家，为准油股份。准油股份在采矿业中排名第 1，在三产中排名第 2，在总排名中排名第 10。

2012 年制造业上市公司总共 23 家，竞争力排名从前往后依次是：特变电工、八一钢铁、新研股份、金风科技、中葡股份、天山股份、西部建设、青松建化、中泰化学、新疆众和、美克股份、啤酒花、天康生物、中粮屯河、国统股份、天利高新、伊力特、新疆天业、冠农股份、天山纺织、*ST 中基、百花村以及新疆天宏。其中，特变电工在制造业中排名第1，在二产中排名第 1，在总排名中排名第 2。八一钢铁在制造业中排名第 2，在二产中排名第 2，在总排名中排名第 3。新研股份在制造业中排名第 3，在二产中排名第 3，在总排名中排名第 4。金风科技在制造业中排名第 4，在二产中排名第 4，在总排名中排名第 5。中葡股份在制造业中排名第 5，在二产中排名第 5，在总排名中排名第 6。

2012 年电力、热力、燃气及水生产和供应业上市公司总共 2 家，竞争力排名从前往后依次是：新疆浩源以及天富热电。其中，新疆浩源在电力、热力、燃气及水生产和供应业中排名第 1，在二产中排名第 6，在总排名中排名第 7。天富热电在电力、热力、燃气及水生产和供应业中排名第 2，在二产中排名第 13，在总排名中排名第 17。

2012 年建筑业上市公司总共 3 家，竞争力排名从前往后依次是：光正钢构、北新路桥以及新疆城建。其中，光正钢构在建筑业中排名第 1，在二产中排名第 9，在总排名中排名第 13。北新路桥在建筑业中排名第 2，在二产中排名第 18，在总排名中排名第 24。新疆城建在建筑业中排名第 3，在二产中排名第 23，在总排名中排名第 31。

2012 年批发和零售业上市公司总共 2 家，竞争力排名从前往后依次是：友好集团以及国际实业。其中，友好集团在批发和零售业中排名第 1，在三产中排名第 4，在总排名中排名第 18。国际实业在批发和零售业中排名第 2，在三产中排名第 5，在总排名中排名第 34。

2012 年租赁和商务服务业上市公司总共 1 家，为渤海租赁。渤海租赁在租赁和商务服务业中排名第 1，在三产中排名第 1，在总排名中排名第 1。

2012 年综合上市公司总共 1 家，为广汇能源。广汇能源在综合中排名第 1，在三产中排名第 3，在总排名中排名第 11。

第 8 章
2013 年新疆上市公司竞争力排行

8.1　2013 年新疆上市公司分布特征

8.1.1　新疆上市公司数量特征

由图 8-1 可知，2013 年新疆上市公司总共 40 家，其中被证监会特别处理的 ST 或 *ST 类上市公司 0 家。

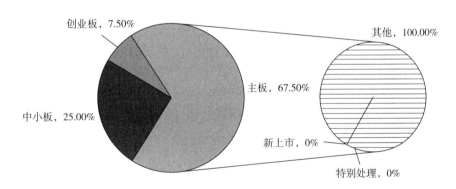

图 8-1　2013 年新疆上市公司数量特征

数据来源：Wind 数据库。

2013 年新疆上市公司在不同板块市场的数量存在差异，从小到大排序依次为：创业板 3 家，占比约 7.50%；中小板 10 家，占比约 25.00%；主板 27 家，占比约 67.50%。说明新疆创业板、中小板的上市公司数量较少，以主板为主。

8.1.2　新疆上市公司行业分布

由图 8-2 可知，2013 年新疆上市公司各行业的数量存在较大差异，从小到大排序，依次为：租赁和商务服务业 1 家，占比为 2.50%；采矿业 1 家，占比为 2.50%；综合 1 家，占比为 2.50%；金融业 1 家，占比为 2.50%；批发和零售业 2 家，占比为 5.00%；电力、热力、燃气及水生产和供应业 2 家，占比为 5.00%；建筑业 3 家，占比为 7.50%；农、林、牧、渔业 5 家，占比为 12.50%；制造业 24 家，占比为 60.00%。

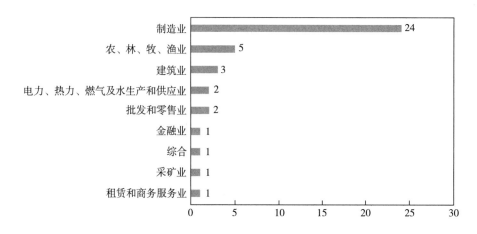

图 8-2　2013 年新疆上市公司行业分布

数据来源：Wind 数据库。

由图 8-3 可知，2013 年新疆上市公司中一产、二产、三产的数量存在较大差异，从小到大排序，依次为：一产 5 家，占比为 12%；三产 6 家，占比为 15%；二产 29 家，占比为 73%。说明新疆上市公司以二产为主。

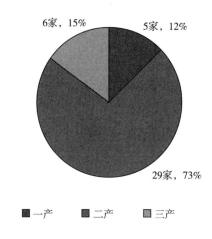

图 8-3　2013 年新疆上市公司三产占比

数据来源：Wind 数据库。

8.1.3　新疆上市公司地区分布

由图 8-4 可知，2013 年新疆上市公司不同地区的数量存在较大差异，从大到小排序，依次为：乌鲁木齐市、昌吉回族自治州、石河子市、阿克苏地区、克拉玛依市、巴音郭楞蒙古自治州、伊犁哈萨克自治州、博尔塔拉蒙古自治州。从地区分布来看，2013 年新疆上市公司多集中于北疆地区，为 35 家，约占总体的 87.50%，主要涉及乌鲁木齐市、昌吉回族自治州、石河子市、克拉玛依市、伊犁哈萨克自治州、博尔塔拉蒙古自治州。其中，乌鲁木齐市数量最多，为 24 家，约占总体的 60.00%；昌吉回族自治州次之，为 4 家，约占总体的 10.00%；石河子市 3 家，约占总体的 7.50%；克拉玛依市 2 家，约占总体的 5.00%；伊犁哈萨克自治州和博尔塔拉蒙古自治州数量最少，各为 1 家，分别约占总体的 2.50%。南疆地区分布较少，为 5 家，约占总体的 12.50%，主要有阿克苏地区、巴音郭楞蒙古自治州。其中，阿克苏地区数量最多，为 3 家，约占总体的 7.50%；巴音郭楞蒙古自治州数量最少，为 2 家，约占总体的 5.00%。

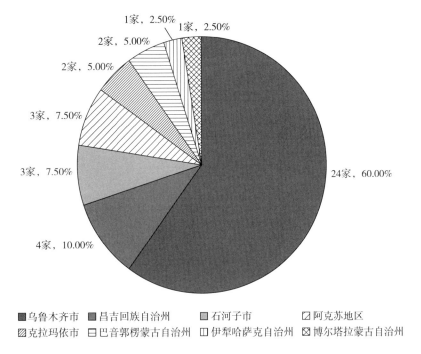

图 8-4　2013 年新疆上市公司地区分布

数据来源：Wind 数据库。

8.1.4　新疆上市公司性质分布

由图 8-5 可知，2013 年新疆上市公司性质分布存在较大差异，从小到大排序，依次为：

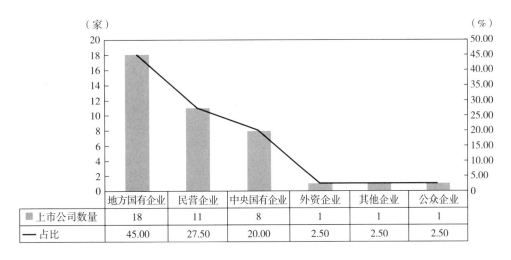

	地方国有企业	民营企业	中央国有企业	外资企业	其他企业	公众企业
上市公司数量	18	11	8	1	1	1
占比	45.00	27.50	20.00	2.50	2.50	2.50

图 8-5　2013 年新疆上市公司性质分布

数据来源：Wind 数据库。

外资企业 1 家，占比为 2.50%；其他企业 1 家，占比为 2.50%；公众企业 1 家，占比为 2.50%；中央国有企业 8 家，占比为 20.00%；民营企业 11 家，占比为 27.50%；地方国有企业 18 家，占比为 45.00%。

8.2 2013 年新疆上市公司竞争力排行分析

8.2.1 新疆上市公司基本情况

2013 年新疆上市公司竞争力评价值平均值为 0.1044，中位数为 0.0859，平均值大于中位数说明竞争力评价值中位数以上的企业竞争力评价值总体较大；大于竞争力评价值平均值的企业 16 家，占比 41.03%；总体极差为 0.3029，说明新疆上市公司竞争力之间存在较大差距。

8.2.2 新疆上市公司中得分前 5 的公司分析

由表 8-1 可知，2013 年新疆上市公司得分前 5 的公司从前到后排序，依次为：渤海租赁、金风科技、特变电工、八一钢铁以及中泰化学。

由图 8-6 可知，渤海租赁竞争力评价值为 0.3416，排名第 1。其中，能力评价值为 0.1630，资源评价值为 0.1787，无论是能力维度还是资源维度，渤海租赁得分均排在第 1；由图 8-7 以及图 8-8 可知，渤海租赁的资源维度的人力资源元素和能力维度的营运能力最为突出，这说明优质的人力资源和较强的企业运营能力是渤海租赁整体企业竞争力排名第 1 的主要原因。面对严重的经济状况，市场状况的复杂和变化以及该行业运营环境的变化，公司董事会一直保持着敏锐的、科学的看法，并判断行业发展的趋势和前景。一方面，年度工业整合和发展目标基于合并和工业投资收购，增加外国资源融合并积极指导企业融资的多渠道和业务的创新；另一方面，改善管理和控制系统，着眼于稳健运营，保持财务杠杆和合理的资本充足性，有效地防止各种风险，并确保运营和公司运营的不断发展。

由图 8-6 可知，金风科技竞争力评价值为 0.2130，排名第 2。其中，能力评价值为 0.0702，资源评价值为 0.1428；由图 8-7 以及图 8-8 可知，金风科技资源维度的创新元素和能力维度的治理能力最为突出，这说明优质的创新资源和较强的企业治理能力是金风科技整体企业竞争力排名第 2 的主要原因。

由图 8-6 可知，特变电工竞争力评价值为 0.2064，排名第 3。其中，能力评价值为 0.0351，排名第 5，资源评价值为 0.1714，排名第 2；由图 8-7 以及图 8-8 可知，特变电工资源维度的创新元素最为突出，这说明优质的创新资源是特变电工整体企业竞争力排名第 3 的主要原因。2013 年，该公司加大市场发展力度，在电网的集中投标中，输变电产品继续保持工业的领先竞标率。公司加深走出去战略的实施，并在国际市场发展中取得了新的进步。太阳能系统集成业务的整合增强了市场的发展，系统整合和逆变器市场签约已大大增加；公司加深了全面的质量管理和成本控制，不断实施精益生产，严格控制整个过程，产品符合质量标准，测试的合格率稳定。公司赢得了首个中国质量奖提名奖；申请 149 项专利，包括 50 项发明专利，以及 99 个实用的新型号和外观设计专利。公司获得了 107 项授权专利（包括 9 项国内发明专利，98 项实用新型号和外观设计专利），还获得了 PCT 的 6 项国际专利。专利申请的数量和质量已得到显著改善。高效、高标准地完成了重大建筑项目。新特能源公司每年 12000 吨多晶硅项目已成功完成并提前达标，每年 3000 吨的多晶硅项目正在进行扩大生产和转型，确保了多晶硅产品的提质增效。

表 8-1　2013 年新疆上市公司竞争力评价值及排名情况

股票代码	公司名称	竞争力评价值	排名	股票代码	公司名称	竞争力评价值	排名
000415	渤海租赁	0.3416	1	600778	友好集团	0.0823	21
002202	金风科技	0.2130	2	600425	青松建化	0.0775	22
600089	特变电工	0.2064	3	002205	国统股份	0.0767	23
600581	八一钢铁	0.1911	4	600737	中粮屯河	0.0749	24
002092	中泰化学	0.1714	5	600251	冠农股份	0.0741	25
300159	新研股份	0.1563	6	600888	新疆众和	0.0705	26
002524	光正集团	0.1357	7	600084	中葡股份	0.0679	27
002700	新疆浩源	0.1350	8	600419	新疆天宏	0.0672	28
600506	香梨股份	0.1342	9	600339	天利高新	0.0625	29
600090	啤酒花	0.1339	10	600545	新疆城建	0.0625	30
600256	广汇能源	0.1228	11	600197	伊力特	0.0624	31
000813	天山纺织	0.1191	12	600540	新赛股份	0.0591	32
000877	天山股份	0.1181	13	300106	西部牧业	0.0577	33
002302	西部建设	0.1117	14	002307	北新路桥	0.0576	34
300313	天山生物	0.1056	15	600721	百花村	0.0566	35
600509	天富热电	0.1054	16	000159	国际实业	0.0552	36
600337	美克股份	0.0984	17	600075	新疆天业	0.0546	37
002207	准油股份	0.0964	18	600359	新农开发	0.0458	38
002719	麦趣尔	0.0870	19	000972	新中基	0.0387	39
002100	天康生物	0.0859	20				

数据来源：根据国泰安数据库、Wind 数据库、上市公司年报测算。

由图 8-6 可知，八一钢铁竞争力评价值为 0.1911，排名第 4。其中，能力评价值为 0.1114，排名第 2，资源评价值为 0.0797，排名第 5；由图 8-7 以及图 8-8 可知，八一钢铁资源维度的创新元素和能力维度的营运能力最为突出，这说明优质的创新资源和较强的企业营运能力是八一钢铁整体企业竞争力排名第 4 的主要原因。2013 年，钢铁行业外部环境不断恶化，产能过剩、需求压力日益增加，公司面临困难，为了突破困难，应对危机和挑战，以企业整体价值最大化为原则，科学组织生产，加强过程控制，优化生产工艺，有效降低生产成本。同时，根据产品利润水平，及时调整建筑材料、板等产品结构，优化板合同订单，提高板集批生产，进一步开展生产管理、技术创新、指标改进、节能减排、现场环境改善，降低运营成本，确保生产经营稳定。

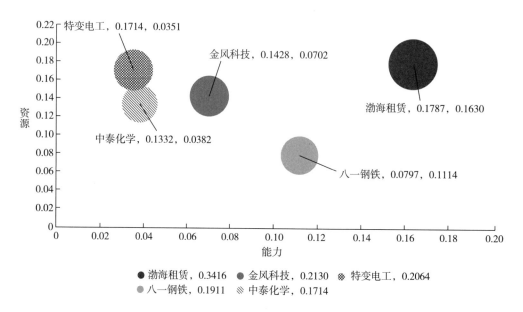

图 8-6　新疆上市公司中得分前 5 的公司竞争力维度分析

数据来源：根据国泰安数据库、Wind 数据库、上市公司年报测算。

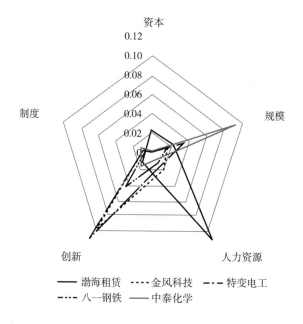

图 8-7　新疆上市公司中得分前 5 的公司资源维度五要素分析

数据来源：根据国泰安数据库、Wind 数据库、上市公司年报测算。

　　由图 8-6 可知，中泰化学竞争力评价值为 0.1714，排名第 5。其中，能力评价值为 0.0382，排名第 4，资源评价值为 0.1332，排名第 4；由图 8-7 以及图 8-8 可知，中泰化学资源维度的规模元素和能力维度的营运能力最为突出，这说明优质的创新资源和较强的企业营运能力是中泰化学整体企业竞争力排名第 4 的主要原因。2013 年，公司积极应对市场形势的异常低迷，密切关注内部管理，促进上下游生产小联动和生产、供销运营大联动，确保生产设备稳定、优秀运行，富康工业园区、大黄山工业园区生产设备标准，主要产品超过年度生产目标，通过各种运输模式确保产品顺利运输。

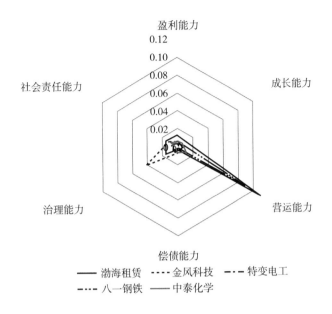

图 8-8　新疆上市公司中得分前 5 的公司能力维度六要素分析

数据来源：根据国泰安数据库、Wind 数据库、上市公司年报测算。

8.2.3　新疆上市公司中排名上升的公司分析

由图 8-9 及表 8-2 可知，新疆上市公司中在 2013 年排名上升的有 14 家，分别是天山纺织、啤酒花、中泰化学、香梨股份、新疆天宏、冠农股份、光正集团、金风科技、美克股份、天康生物、国统股份、百花村、天富热电以及新疆城建。其中，天山纺织、啤酒花、中泰化学以及香梨股份上升较为明显。

排名上升最为突出的是天山纺织，由 2012 年的第 35 名上升至 2013 年的第 12 名，上升了 23 个位次。从评价体系的指标得分情况来看，资源评价值得分为 0.0688，较 2012 年提高了 241.87%，能力评价值得分为 0.0502，较 2012 年提高了 16.30%。从细分指标来看，资源维度的规模评价值得分提升最大，较 2012 年提高了 3592.35%，资源维度的制度能力评价值得分下降最大，较 2012 年下降了 43.05%；能力维度的成长能力评价值得分提升最大，较 2012 年提高了 321.87%，能力维度的社会责任能力评价值得分下降最大，较 2012 年下降了 45.94%。2013 年公司资产重组成功，在稳定纺织业务经营的同时，置入了优质有色金属业务。在西拓矿业黄土坡矿段南区域，初步显示出较好的找矿前景，已被国家列为对比勘查模型区域，地质成矿条件好，产品质量良好，销售保持稳定，保证了企业未来良好的盈利能力。

其次是啤酒花，由 2012 年的第 21 名上升至 2013 年的第 10 名，上升了 11 个位次。从评价体系的指标得分情况来看，资源评价值得分为 0.0808，较 2012 年提高了 210.34%，能力评价值得分为 0.0531，较 2012 年下降了 16.76%。从细分指标来看，资源维度的规模评价值得分提升最大，较 2012 年提高了 1484.86%，资源维度的创新评价值得分下降最大，较 2012 年下降了 13.39%；能力维度的偿债能力评价值得分提升最大，较 2012 年提高了 10.02%，能力维度的营运能力评价值得分下降最大，较 2012 年下降了 32.41%。2013 年，乌苏啤酒管理团队通过调整渠道、产品结构和成本投资，改善主流产品结构，增加消费者推广，提高主流产品销售，提高利润；2013 年，房地产公司完成了项目验收、房屋售后服务和建设，并取得质量检验部门的合格认证；2013 年，新疆乐活公司紧紧抓住番茄酱市场复苏的机遇，积极拓展销售渠道，稳步提高销售价格，完成非生产期生产线及相关设施的维护，完成技术改造和扩建；2013 年阿拉山口矿产业务仍处于采矿阶段，2013 年阶段性探矿工作总结及相关资料已提交相关管理部门审核，2013 年年检顺利通过，贸易业务按年初确定的业务计划开展；2013 年，乐活农业公司根据业务计划和预算目标租赁农场土地。公司密切关注土地租赁和土地开发，租赁面积和荒地开发取得重大进展。

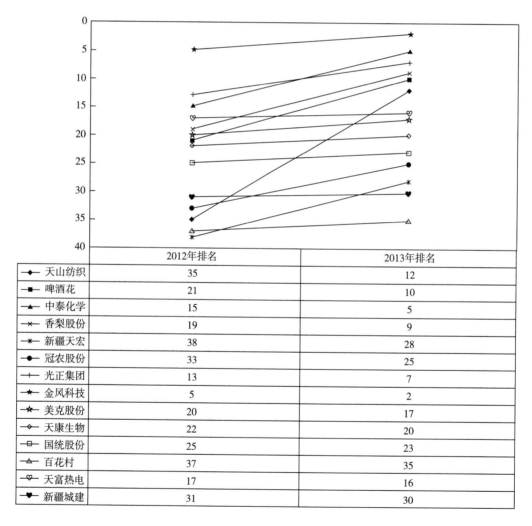

图 8-9　新疆上市公司中排名上升的公司

数据来源：根据国泰安数据库、Wind 数据库、上市公司年报测算。

	2012年排名	2013年排名
天山纺织	35	12
啤酒花	21	10
中泰化学	15	5
香梨股份	19	9
新疆天宏	38	28
冠农股份	33	25
光正集团	13	7
金风科技	5	2
美克股份	20	17
天康生物	22	20
国统股份	25	23
百花村	37	35
天富热电	17	16
新疆城建	31	30

表 8-2　新疆上市公司竞争力排名上升较为明显的公司

维度	公司名称 各项得分	天山纺织			啤酒花		
		2012 年	2013 年	变动率（%）	2012 年	2013 年	变动率（%）
资源	资本	0.0085	0.0063	-25.23	0.0092	0.0107	16.83
	规模	0.0015	0.0538	3592.35	0.0036	0.0565	1484.86
	人力资源	0.0033	0.0043	30.05	0.0055	0.0062	11.69
	创新	0.0014	0.0013	-9.35	0.0006	0.0005	-13.39
	制度	0.0054	0.0031	-43.05	0.0072	0.0069	-3.90
	资源合计	0.0201	0.0688	241.87	0.0260	0.0808	210.34
能力	盈利能力	0.0048	0.0103	113.97	0.0096	0.0093	-3.76
	成长能力	0.0039	0.0166	321.87	0.0060	0.0043	-28.15
	营运能力	0.0034	0.0058	69.67	0.0240	0.0162	-32.41
	偿债能力	0.0104	0.0057	-45.23	0.0056	0.0062	10.02
	治理能力	0.0009	0.0012	32.96	0.0101	0.0087	-13.52
	社会责任能力	0.0198	0.0107	-45.94	0.0085	0.0084	-0.81
	能力合计	0.0432	0.0502	16.30	0.0638	0.0531	-16.76
竞争力		0.0633	0.1191	88.00	0.0899	0.1339	49.05

维度	公司名称 各项得分	中泰化学			香梨股份		
		2012 年	2013 年	变动率（%）	2012 年	2013 年	变动率（%）
资源	资本	0.0013	0.0013	-3.68	0.0055	0.0049	-10.03
	规模	0.0208	0.0932	347.84	0.0001	0.0000	-100.00
	人力资源	0.0081	0.0099	22.02	0.0333	0.0414	24.09
	创新	0.0107	0.0175	64.15	0.0080	0.0000	-100.00
	制度	0.0103	0.0113	10.08	0.0023	0.0029	29.68
	资源合计	0.0512	0.1332	160.24	0.0491	0.0492	0.25
能力	盈利能力	0.0071	0.0061	-13.36	0.0041	0.0032	-21.84
	成长能力	0.0055	0.0063	14.00	0.0034	0.0058	72.96
	营运能力	0.0196	0.0114	-41.89	0.0029	0.0034	20.13
	偿债能力	0.0037	0.0046	25.21	0.0189	0.0617	225.77
	治理能力	0.0030	0.0024	-19.45	0.0088	0.0078	-11.17
	社会责任能力	0.0093	0.0074	-20.48	0.0050	0.0029	-41.61
	能力合计	0.0482	0.0382	-20.62	0.0431	0.0849	96.91
竞争力		0.0993	0.1714	72.57	0.0922	0.1342	45.44

数据来源：根据国泰安数据库、Wind 数据库、上市公司年报测算。

　　中泰化学和香梨股份排名上升位次并列第 3。其中，中泰化学由 2012 年的第 15 名上升至 2013 年的第 5 名，上升了 10 个位次。从评价体系的指标得分情况来看，资源评价值得分为 0.1332，较 2012 年提高了 160.24%，能力评价值得分为 0.0382，较 2012 年下降了 20.62%。从细分指标来看，资源维度的规模评价值得分提升最大，较 2012 年提高了 347.84%，资源维度的资本评价值得分下降最大，较 2012 年下降了 3.68%；能力维度的偿债能力评价值得分提升最大，较 2012 年提高了 25.21%，能力维度的营运能力评价值得分下降最大，较 2012 年下降了 41.89%。2013 年，公司进一步开拓国外市场，实现越南、俄罗斯等国销量翻番；埃及、阿富汗等七国新发展，2013 年累计出口 PVC 18.41 万吨、烧碱 15.32 万吨；积极发展电子商务，成为阿里巴巴第一家 PVC 生产商。同时，国内市场进一步稳定，PVC 市场从 14 个省增加到 21 个省，片碱市场从 21 个省增加到 24 个省。

香梨股份由 2012 年的第 19 名上升至 2013 年的第 9 名，上升了 10 个位次。从评价体系的指标得分情况来看，资源评价值得分为 0.0492，较 2012 年提高了 0.25%，能力评价值得分为 0.0849，较 2012 年提高了 96.91%。从细分指标来看，资源维度的制度评价值得分提升最大，较 2012 年提高了 29.68%，资源维度的规模和创新评价值得分下降最大，较 2012 年均下降了 100%；能力维度的偿债能力评价值得分提升最大，较 2012 年提高了 225.77%，能力维度的社会责任能力评价值得分下降最大，较 2012 年下降了 41.61%。2013 年，公司控股股东开始对公司进行重大资产重组。为确保公司在重组期间的稳定运行，公司在加强主营业务的基础上，通过振兴资产、增加收入、减少支出、扩大业务类型等方式做好生产经营工作，实现 2013 年的工作目标。

8.2.4 新疆上市公司中排名下降的公司分析

由图 8-10 及表 8-3 可知，新疆上市公司中在 2013 年排名下降的有 22 家，分别是中葡股份、新疆众和、北新路桥、新农开发、准油股份、青松建化、天山生物、新疆天业、新赛股份、天山股份、友好集团、天利高新、伊力特、新中基、新研股份、西部建设、国际实业、特变电工、八一钢铁、新疆浩源、中粮屯河以及西部牧业。其中中葡股份、新疆众和、北新路桥以及新农开发下降较为明显。

排名下降最为明显的是中葡股份，由 2012 年的第 6 名下降至 2013 年的第 27 名，下降了 21 个位次。从评价体系的指标得分情况来看，资源评价值得分为 0.0238，较 2012 年下降了 84.44%，能力评价值得分为 0.0442，较 2012 年提高了 12.39%。从细分指标来看，资源维度的所有要素评价值得分都发生了下降，资源维度的规模评价值得分下降最大，较 2012 年下降了 98.37%；能力维度的社会责任能力评价值得分提升最大，较 2012 年提高了 31.83%，能力维度的营运能力评价值得分下降最大，较 2012 年下降了 49.49%。宏观经济政策形势的变化导致酿酒行业（包括葡萄酒行业）整体持续下滑，公司产品竞争更加激烈。

其次是新疆众和，由 2012 年的第 16 名下降至 2013 年的第 26 名，下降了 10 个位次。从评价体系的指标得分情况来看，资源和能力评价值得分较 2012 年都发生了下降，资源评价值得分为 0.0357，较 2012 年下降了 33.61%，能力评价值得分为 0.0348，较 2012 年下降了 22.08%。从细分指标来看，资源维度的人力资源评价值得分提升最大，较 2012 年提高了 40.27%，资源维度的创新评价值得分下降最大，较 2012 年下降了 55.21%；能力维度的营运能力评价值得分提升最大，较 2012 年提高了 14.49%，能力维度的盈利能力评价值得分下降最大，较 2012 年下降了 42.74%。2013 年，国内经济下行压力增大，结构性矛盾突出。虽然公司下游铝电解电容器市场需求恢复，但铝电解电容器铝箔材料市场竞争激烈，产品价格持续下跌；公司铝基材料市场需求稳定，但铝价格逐步下跌，导致产品价格大幅下跌。同时，随着甘泉堡工业园区部分电极箔、电子铝箔、高纯铝新生产线的投产，公司面临着设备磨合和产品质量波动的问题。

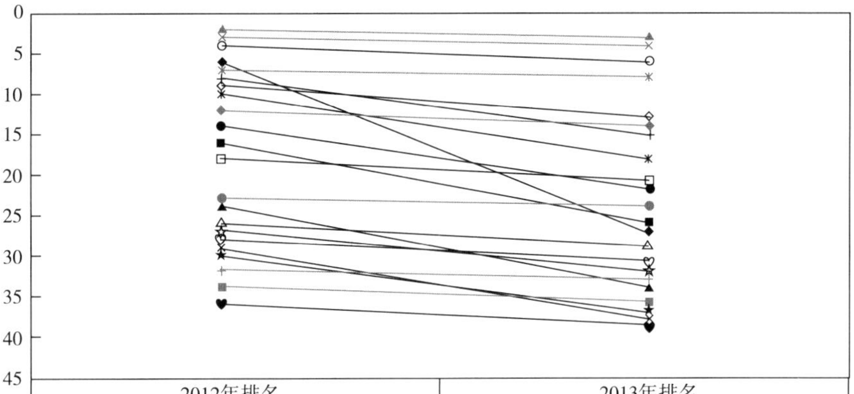

	2012年排名	2013年排名
◆ 中葡股份	6	27
■ 新疆众和	16	26
▲ 北新路桥	24	34
✕ 新农开发	29	38
✳ 准油股份	10	18
● 青松建化	14	22
+ 天山生物	8	15
★ 新疆天业	30	37
✰ 新赛股份	27	32
◇ 天山股份	9	13
▱ 友好集团	18	21
△ 天利高新	26	29
♡ 伊力特	28	31
♥ 新中基	36	39
○ 新研股份	4	6
◆ 西部建设	12	14
■ 国际实业	34	36
▲ 特变电工	2	3
✕ 八一钢铁	3	4
✳ 新疆浩源	7	8
● 中粮屯河	23	24
+ 西部牧业	32	33

图 8-10　新疆上市公司中排名下降的公司

数据来源：根据国泰安数据库、Wind 数据库、上市公司年报测算。

表 8-3　新疆上市公司竞争力排名下降较为明显的公司

维度	公司名称 各项得分	中葡股份			新疆众和		
		2012 年	2013 年	变动率（%）	2012 年	2013 年	变动率（%）
资源	资本	0.0048	0.0040	−17.47	0.0110	0.0057	−47.74
	规模	0.1244	0.0020	−98.37	0.0081	0.0072	−11.59
	人力资源	0.0111	0.0105	−5.30	0.0069	0.0097	40.27
	创新	0.0028	0.0011	−61.81	0.0224	0.0100	−55.21
	制度	0.0098	0.0062	−36.58	0.0054	0.0031	−43.05
	资源合计	0.1529	0.0238	−84.44	0.0538	0.0357	−33.61

续表

维度	公司名称 各项得分	中葡股份			新疆众和		
		2012 年	2013 年	变动率（%）	2012 年	2013 年	变动率（%）
能力	盈利能力	0.0104	0.0132	26.48	0.0071	0.0041	-42.74
	成长能力	0.0053	0.0038	-27.61	0.0053	0.0060	12.09
	营运能力	0.0011	0.0005	-49.49	0.0049	0.0057	14.49
	偿债能力	0.0045	0.0037	-17.89	0.0082	0.0057	-30.93
	治理能力	0.0016	0.0012	-23.30	0.0056	0.0054	-4.26
	社会责任能力	0.0165	0.0218	31.83	0.0135	0.0080	-40.23
	能力合计	0.0393	0.0442	12.39	0.0447	0.0348	-22.08
竞争力		0.1922	0.0679	-64.65	0.0984	0.0705	-28.38

维度	公司名称 各项得分	北新路桥			新农开发		
		2012 年	2013 年	变动率（%）	2012 年	2013 年	变动率（%）
资源	资本	0.0024	0.0026	8.12	0.0057	0.0032	-43.10
	规模	0.0043	0.0063	46.03	0.0065	0.0026	-59.00
	人力资源	0.0240	0.0075	-68.73	0.0047	0.0054	16.46
	创新	0.0042	0.0038	-9.30	0.0034	0.0026	-23.09
	制度	0.0100	0.0129	29.14	0.0115	0.0076	-33.80
	资源合计	0.0450	0.0332	-26.23	0.0317	0.0216	-32.07
能力	盈利能力	0.0053	0.0030	-42.64	0.0058	0.0048	-17.00
	成长能力	0.0066	0.0061	-8.13	0.0045	0.0035	-22.10
	营运能力	0.0076	0.0059	-21.97	0.0036	0.0042	16.44
	偿债能力	0.0056	0.0032	-42.72	0.0030	0.0020	-32.81
	治理能力	0.0016	0.0012	-23.30	0.0040	0.0012	-70.17
	社会责任能力	0.0056	0.0050	-10.51	0.0184	0.0085	-53.84
	能力合计	0.0323	0.0245	-24.17	0.0393	0.0242	-38.42
竞争力		0.0772	0.0576	-25.37	0.0711	0.0458	-35.58

数据来源：根据国泰安数据库、Wind 数据库、上市公司年报测算。

北新路桥由 2012 年的第 24 名下降至 2013 年的第 34 名，下降了 10 个位次。从评价体系的指标得分情况来看，资源和能力评价值得分较 2012 年都发生了下降，资源评价值得分为 0.0332，较 2012 年下降了 26.23%，能力评价值得分为 0.0245，较 2012 年下降了 24.17%。从细分指标来看，资源维度的规模评价值得分提升最大，较 2012 年提高了 46.03%，资源维度的人力资源评价值得分下降最大，较 2012 年下降了 68.73%；能力维度的所有要素评价值得分都发生了下降，能力维度的偿债能力评价值得分下降最大，较 2012 年下降了 42.72%。从 2012 年公路建设投资来看，公路投资快速增长期已过，现处于平稳增长期。受资金紧缩等影响，公路投资在 2012 年增长较慢，在 2013 年呈现升温趋势，投资方向倾向于中西部地区。但由于受到地方财政实力的影响较大，在资金整体紧张、财政转移乏力的情况下，西部地区公路投资的进展受到一定程度的约束。此外，在"丝绸之路经济带"

理念的推动下，大型央企等潜力较强的建筑企业加快了西部市场特别是新疆市场的布局，区域内的市场竞争更加激烈。由于公路投资主体和模式的市场变化，也将对公司以后的竞争环境产生较大影响。

新农开发由 2012 年的第 29 名下降至 2013 年的第 38 名，下降了 9 个位次。从评价体系的指标得分情况来看，资源和能力评价值得分较 2012 年都发生了下降，资源评价值得分为 0.0216，较 2012 年下降了 32.07%，能力评价值得分为 0.0242，较 2012 年下降了 38.42%。从细分指标来看，资源维度的人力资源评价值得分提升最大，较 2012 年提高了 16.46%，资源维度的规模评价值得分下降最大，较 2012 年下降了 59.00%；能力维度的营运能力评价值得分提升最大，较 2012 年提高了 16.44%，能力维度的治理能力评价值得分下降最大，较 2012 年下降了 70.17%。2013 年，公司整体经营利润水平优于去年同期，但棉浆化纤行业整体低迷、棉浆渣产品价格不稳定等因素影响了公司的经营业绩。同时，受历史遗留问题等因素影响，2013 年公司非经常性收入大幅下降，导致 2013 年上市公司股东净利润较去年同期大幅下降。

8.2.5　2013 年新疆上市公司排名变动趋势分析

（1）2013 年较 2010~2012 年竞争力排名均上升的公司分析。

由图 8-11 可知，2013 年较 2010~2012 年竞争力排名均上升的公司总共 7 家，分别为金风科技、中泰化学、香梨股份、啤酒花、天山纺织、冠农股份以及新疆天宏。其中，金风科技由 2010 年的第 3 名上升至 2013 年的第 2 名，上升了 1 个位次。由 2011 年的第 5 名上升至 2013 年的第 2 名，上升了 3 个位次。由 2012 年的第 5 名上升至 2013 年的第 2 名，上升了 3 个位次。中泰化学由 2010 年的第 11 名上升至 2013 年的第 5 名，上升了 6 个位次。由 2011 年的第 9 名上升至 2013 年的第 5 名，上升了 4 个位次。由 2012 年的第 15 名上升至 2013 年的第 5 名，上升了 10 个位次。香梨股份由 2010 年的第 19 名上升至 2013 年的第 9 名，上升了 10 个位次。由 2011 年的第 11 名上升至 2013 年的第 9 名，上升了 2 个位次。由 2012 年的第 19 名上升至 2013 年的第 9 名，上升了 10 个位次。啤酒花由 2010 年的第 27 名上升至 2013 年的第 10 名，上升了 17 个位次。由 2011 年的第 23 名上升至 2013 年的第 10 名，上升了 13 个位次。由 2012 年的第 21 名上升至 2013 年的第 10 名，上升了 11 个位次。天山纺织由 2010 年的第 30 名上升至 2013 年的第 12 名，上升了 18 个位次。由 2011 年的第 36 名上升至 2013 年的第 12 名，上升了 24 个位次。由 2012 年的第 35 名上升至 2013 年的第 12 名，上升了 23 个位次。冠农股份由 2010 年的第 31 名上升至 2013 年的第 25 名，上升了 6 个位次。由 2011 年的第 27 名上升至 2013 年的第 25 名，上升了 2 个位次。由 2012 年的第 33 名上升至 2013 年的第 25 名，上升了 8 个位次。新疆天宏由 2010 年的第 35 名上升至 2013 年的第 28 名，上升了 7 个位次。由 2011 年的第 33 名上升至 2013 年的第 28 名，上升了 5 个位次。由 2012 年的第 38 名上升至 2013 年的第 28 名，上升了 10 个位次。

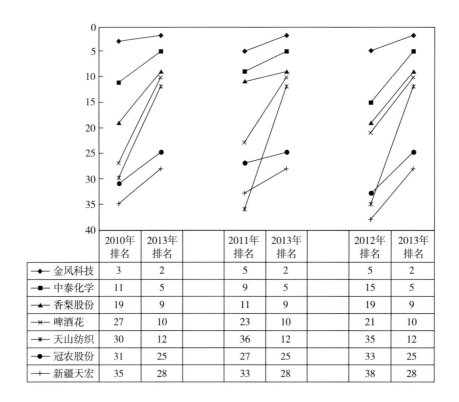

	2010年排名	2013年排名		2011年排名	2013年排名		2012年排名	2013年排名
◆ 金风科技	3	2		5	2		5	2
■ 中泰化学	11	5		9	5		15	5
▲ 香梨股份	19	9		11	9		19	9
✕ 啤酒花	27	10		23	10		21	10
＊ 天山纺织	30	12		36	12		35	12
● 冠农股份	31	25		27	25		33	25
＋ 新疆天宏	35	28		33	28		38	28

图 8-11　2013 年较 2010~2012 年竞争力排名均上升的公司

数据来源：根据国泰安数据库、Wind 数据库、上市公司年报测算。

（2）2013 年较 2010~2012 年竞争力排名均下降的公司分析。

由图 8-12 可知，2013 年较 2010~2012 年竞争力排名均下降的公司总共 13 家，分别为八一钢铁、天山股份、西部建设、准油股份、青松建化、新疆众和、天利高新、伊力特、北新路桥、国际实业、新疆天业、新农开发以及新中基。其中，八一钢铁由 2010 年的第 2 名下降至 2013 年的第 4 名，下降了 2 个位次。由 2011 年的第 3 名下降至 2013 年的第 4 名，下降了 1 个位次。由 2012 年的第 3 名下降至 2013 年的第 4 名，下降了 1 个位次。天山股份由 2010 年的第 6 名下降至 2013 年的第 13 名，下降了 7 个位次。由 2011 年的第 7 名下降至 2013 年的第 13 名，下降了 6 个位次。由 2012 年的第 9 名下降至 2013 年的第 13 名，下降了 4 个位次。西部建设由 2010 年的第 13 名下降至 2013 年的第 14 名，下降了 1 个位次。由 2011 年的第 12 名下降至 2013 年的第 14 名，下降了 2 个位次。由 2012 年的第 12 名下降至 2013 年的第 14 名，下降了 2 个位次。准油股份由 2010 年的第 9 名下降至 2013 年的第 18 名，下降了 9 个位次。由 2011 年的第 10 名下降至 2013 年的第 18 名，下降了 8 个位次。由 2012 年的第 10 名下降至 2013 年的第 18 名，下降了 8 个位次。青松建化由 2010 年的第 14 名下降至 2013 年的第 22 名，下降了 8 个位次。由 2011 年的第 14 名下降至 2013 年的第 22 名，下降了 8 个位次。由 2012 年的第 14 名下降至 2013 年的第 22 名，下降了 8 个位次。新疆众和由 2010 年的第 7 名下降至 2013 年的第 26 名，下降了 19 个位次。由 2011 年的第 8 名下降至 2013 年的第 26 名，下降了 18 个位次。由 2012 年的第 16 名下降至 2013 年的第 26 名，下降了 10 个位次。天利高新由 2010 年的第 22 名下降至 2013 年的第 29 名，下降了 7 个位次。由 2011 年的第 19 名下降至 2013 年的第 29 名，下降了 10 个位次。由 2012 年的第 26

名下降至 2013 年的第 29 名，下降了 3 个位次。伊力特由 2010 年的第 25 名下降至 2013 年的第 31 名，下降了 6 个位次。由 2011 年的第 25 名下降至 2013 年的第 31 名，下降了 6 个位次。由 2012 年的第 28 名下降至 2013 年的第 31 名，下降了 3 个位次。北新路桥由 2010 年的第 23 名下降至 2013 年的第 34 名，下降了 11 个位次。由 2011 年的第 22 名下降至 2013 年的第 34 名，下降了 12 个位次。由 2012 年的第 24 名下降至 2013 年的第 34 名，下降了 10 个位次。国际实业由 2010 年的第 15 名下降至 2013 年的第 36 名，下降了 21 个位次。由 2011 年的第 20 名下降至 2013 年的第 36 名，下降了 16 个位次。由 2012 年的第 34 名下降至 2013 年的第 36 名，下降了 2 个位次。

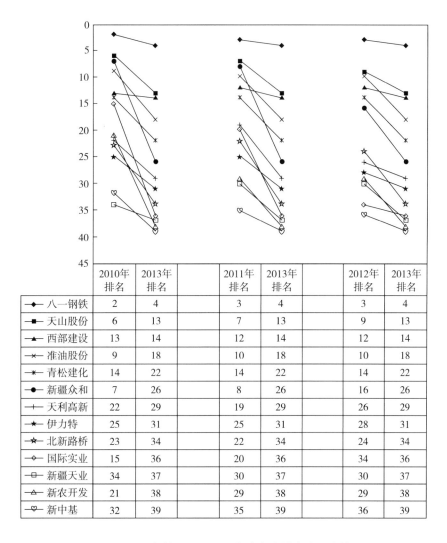

	2010年排名	2013年排名		2011年排名	2013年排名		2012年排名	2013年排名
◆ 八一钢铁	2	4		3	4		3	4
■ 天山股份	6	13		7	13		9	13
▲ 西部建设	13	14		12	14		12	14
✕ 准油股份	9	18		10	18		10	18
✳ 青松建化	14	22		14	22		14	22
● 新疆众和	7	26		8	26		16	26
＋ 天利高新	22	29		19	29		26	29
★ 伊力特	25	31		25	31		28	31
✬ 北新路桥	23	34		22	34		24	34
◇ 国际实业	15	36		20	36		34	36
□ 新疆天业	34	37		30	37		30	37
△ 新农开发	21	38		29	38		29	38
♡ 新中基	32	39		35	39		36	39

图 8-12　2013 年较 2010～2012 年竞争力排名均下降的公司

数据来源：根据国泰安数据库、Wind 数据库、上市公司年报测算。

（3）2010～2013 年竞争力排名上下波动较为明显的公司分析。

由图 8-13 可知，2010～2013 年竞争力排名上下波动较为明显的公司总共 4 家，分别为天山纺织、中葡股份、西部牧业以及百花村。其中，天山纺织、中葡股份、西部牧业呈现先下降后上升再下降的趋势；百花村呈现先下降后上升的趋势。

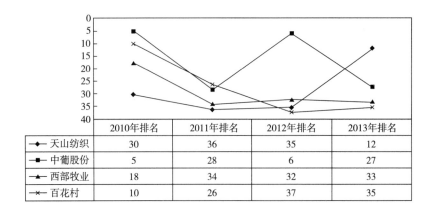

图 8-13　2010~2013 年竞争力排名上下波动较为明显的公司

数据来源：根据国泰安数据库、Wind 数据库、上市公司年报测算。

（4）2010~2013 年竞争力排名基本保持不变的公司分析。

由图 8-14 可知，2010~2013 年竞争力排名基本保持不变的公司总共 25 家，分别为金风科技、特变电工、八一钢铁、中泰化学、新研股份、光正集团、香梨股份、广汇能源、西部建设、天富热电、美克股份、准油股份、天康生物、友好集团、青松建化、国统股份、中粮屯河、冠农股份、新疆天宏、天利高新、新疆城建、伊力特、新赛股份、北新路桥、新疆天业；其中金风科技平均排名为 4、特变电工平均排名为 3、八一钢铁平均排名为 3、中泰化学平均排名为 10、新研股份平均排名为 4、光正集团平均排名为 9、香梨股份平均排名为 15、广汇能源平均排名为 13、西部建设平均排名为 13、天富热电平均排名为 19、美克股份平均排名为 16、准油股份平均排名为 12、天康生物平均排名为 22、友好集团平均排名为 21、青松建化平均排名为 16、国统股份平均排名为 22、中粮屯河平均排名为 23、冠农股份平均排名为 29、新疆天宏平均排名为 34、天利高新平均排名为 24、新疆城建平均排名为 29、伊力特平均排名为 27、新赛股份平均排名为 31、北新路桥平均排名为 26、新疆天业平均排名为 33。值得注意的是，2010~2013 年金风科技、特变电工、八一钢铁、新研股份竞争力排名稳定在前 10。

（5）2010~2013 年竞争力排名持续下降的公司分析。

由图 8-15 可知，2010~2013 年竞争力排名持续下降的公司总共 4 家，分别是天山股份、新疆众和、国际实业以及新中基。天山股份由 2010 年的第 6 名下降至 2011 年的第 7 名，下降了 1 个位次，由 2011 年的第 7 名下降至 2012 年的第 9 名，下降了 2 个位次，由 2012 年的第 9 名下降至 2013 年的第 13 名，下降了 4 个位次。新疆众和由 2010 年的第 7 名下降至 2011 年的第 8 名，下降了 1 个位次，由 2011 年的第 8 名下降至 2012 年的第 16 名，下降了 8 个位次，由 2012 年的第 16 名下降至 2013 年的第 26 名，下降了 10 个位次。国际实业由 2010 年的第 15 名下降至 2011 年的第 20 名，下降了 5 个位次，由 2011 年的第 20 名下降至 2012 年的第 34 名，下降了 14 个位次，由 2012 年的第 34 名下降至 2013 年的第 36 名，下降了 2 个位次。新中基由 2010 年的第 32 名下降至 2011 年的第 35 名，下降了 3 个位次，由 2011 年的第 35 名下降至 2012 年的第 36 名，下降了 1 个位次，由 2012 年的第 36 名下降至 2013 年的第 39 名，下降了 3 个位次。

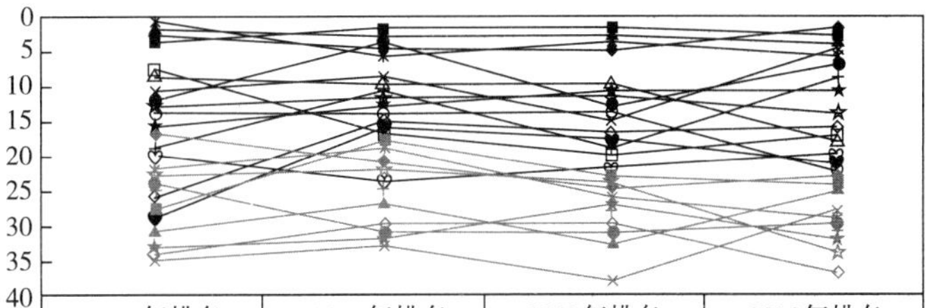

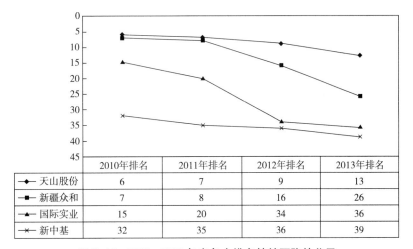

	2010年排名	2011年排名	2012年排名	2013年排名
◆ 金风科技	3	5	5	2
■ 特变电工	4	2	2	3
▲ 八一钢铁	2	3	3	4
✕ 中泰化学	11	9	15	5
✶ 新研股份	1	6	4	6
● 光正集团	12	4	13	7
＋ 香梨股份	19	11	19	9
★ 广汇能源	16	13	11	11
✳ 西部建设	13	12	12	14
⊖ 天富热电	26	15	17	16
□ 美克股份	8	17	20	17
△ 准油股份	9	10	10	18
♡ 天康生物	20	24	22	20
♥ 友好集团	29	16	18	21
○ 青松建化	14	14	14	22
◆ 国统股份	17	21	25	23
■ 中粮屯河	28	18	23	24
▲ 冠农股份	31	27	33	25
✕ 新疆天宏	35	33	38	28
✶ 天利高新	22	19	26	29
● 新疆城建	24	31	31	30
＋ 伊力特	25	25	28	31
✕ 新赛股份	33	32	27	32
✳ 北新路桥	23	22	24	34
◇ 新疆天业	34	30	30	37

图 8-14　2010~2013 年竞争力排名基本保持不变的公司

数据来源：根据国泰安数据库、Wind 数据库、上市公司年报测算。

	2010年排名	2011年排名	2012年排名	2013年排名
◆ 天山股份	6	7	9	13
■ 新疆众和	7	8	16	26
▲ 国际实业	15	20	34	36
✕ 新中基	32	35	36	39

图 8-15　2010~2013 年竞争力排名持续下降的公司

数据来源：根据国泰安数据库、Wind 数据库、上市公司年报测算。

8.2.6　2013 年新疆上市公司行业竞争力排名分析

（1）2013 年新疆上市公司行业竞争力分析。

由表 8-4 以及图 8-16 可知，2013 年新疆上市公司行业竞争力排名从前往后依次是：制造业，农、林、牧、渔业，租赁和商务服务业，建筑业，电力、热力、燃气及水生产和供应业，批发和零售业，综合以及采矿业。

表 8-4　2013 年新疆上市公司行业竞争力排名

行业	排名	竞争力评价值	资源评价值	能力评价值
制造业	1	2.4760	1.3111	1.1649
农、林、牧、渔业	2	0.4023	0.1730	0.2293
租赁和商务服务业	3	0.3416	0.1787	0.1630
建筑业	4	0.2558	0.1662	0.0896
电力、热力、燃气及水生产和供应业	5	0.2405	0.0965	0.1440
批发和零售业	6	0.1374	0.0681	0.0694
综合	7	0.1228	0.0783	0.0444
采矿业	8	0.0964	0.0324	0.0640

数据来源：根据国泰安数据库、Wind 数据库、上市公司年报测算。

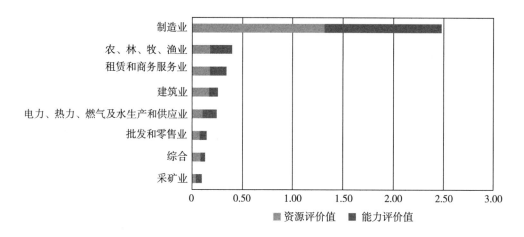

图 8-16　2013 年新疆上市公司行业竞争力排名

数据来源：根据国泰安数据库、Wind 数据库、上市公司年报测算。

其中，制造业竞争力、资源以及能力评价值均远高于其他行业，大约是农、林、牧、渔业的 6 倍，可见无论是从行业总体竞争力还是资源以及能力细分的维度，制造业均是竞争力最强的行业；制造业资源评价值为 1.3111，能力评价值为 1.1649，说明新疆制造业相较于能力维度，其资源维度优势更加突出。农、林、牧、渔业竞争力评价值为 0.4023，略高于租赁和商务服务业；农、林、牧、渔业资源评价值为 0.1730，能力评价值为 0.2293，说明新疆农、林、牧、渔业相较于资源维度，其能力维度优势更加突出。租赁和商务服务业竞争力评价值为 0.3416，略高于建筑业；租赁和商务服务业资源评价值为 0.1787，能力评价值为 0.1630，说明新疆租赁和商务服务业相较于能力维度，其资源维度优势更加突出。建筑业竞争力评价值为 0.2558，与电力、热力、燃气及水生产和供应业较为接近；建筑业资源评价值为 0.1662，能力评价值为 0.0896，说明新疆建筑业相较于能力维度，其资源维度优势更加突出。电力、热力、燃气及水生产和供应业竞争力评价值为 0.2405，远高于批发和零售业；电力、热力、燃气及水生产和供应业资源评价值为 0.0965，能力评价值为 0.1440，说明新疆电力、热力、燃气及水生产和供应业相较于资源维度，其能力维度优势更加突出。批发和零售业竞争力评价值为 0.1374，略高于综合；批发和零售业资源评价值为 0.0681，能力评价值为 0.0694，说明新疆批发和零售业在资源维度及能力维度优势并无较大差异。综合竞争力评价值为 0.1228，略高于采矿业；综合资源评价值为 0.0783，能力评价值为 0.0444，说明新疆综合相较于能力维度，其资源维度优势更加突出。其中，采矿业竞争力评价值为 0.0964，排名所有上市公司行业末尾，竞争力较弱；采矿业资源评价值为 0.0324，能力评价值为 0.0640，说明新疆采矿业相较于资源维度，其能力维度优势更加突出。

（2）2013 年分行业新疆上市公司排名分析。

2013 年新疆一产包括农、林、牧、渔业 1 个细分行业，二产包括制造业，采矿业（不含采矿辅助业），建筑业，电力、热力、燃气及水生产和供应业 4 个细分行业，三产包括租赁和商务服务业、采矿辅助业以及批发和零售 3 个细分行业。

由表 8-5 及图 8-17 可知，2013 年农、林、牧、渔业上市公司总共 5 家，竞争力排名从前往后依次是：香梨股份、天山生物、新赛股份、西部牧业以及新农开发。其中，香梨股份在农、林、牧、渔业中排名第 1，在一产中排名第 1，在总排名中排名第 9。天山生物在农、林、牧、渔业中排名第 2，在一产中排名第 2，在总排名中排名第 15。新赛股份在农、林、牧、渔业中排名第 3，在一产中排名第 3，在总排名中排名第 32。西部牧业在农、林、牧、渔业中排名第 4，在一产中排名第 4，在总排名中排名第 33。新农开发在农、林、牧、渔业中排名第 5，在一产中排名第 5，在总排名中排名第 38。

2013 年采矿业上市公司总共 1 家，为准油股份。准油股份在采矿业中排名第 1，在三产中排名第 3，在总排名中排名第 18。

2013 年制造业上市公司总共 24 家，竞争力排名从前往后依次是：金风科技、特变电工、八一钢铁、中泰化学、新研股份、啤酒花、天山纺织、天山股份、西部建设、美克股份、麦趣尔、天康生物、青松建化、国统股份、中粮屯河、冠农股份、新疆众和、中葡股份、新疆天宏、天利高新、伊力特、百花村、新疆天业以及新中基。其中，金风科技在制造业中排名第 1，在二产中排名第 1，在总排名中排名第 2。特变电工在制造业中排名第 2，在二产中排名第 2，在总排名中排名第 3。八一钢铁在制造业中排名第 3，在二产中排名第 3，在总排名中排名第 4。中泰化学在制造业中排名第 4，在二产中排名第 4，在总排名中排名第 5。新研股份在制造业中排名第 5，在二产中排名第 5，在总排名中排名第 6。

2013 年电力、热力、燃气及水生产和供应业上市公司总共 2 家，竞争力排名从前往后依次是：新疆浩源以及天富热电。其中，新疆浩源在电力、热力、燃气及水生产和供应业中排名第 1，在二产中排名第 7，在总排名中排名第 8。天富热电在电力、热力、燃气及水生产和供应业中排名第 2，在二产中排名第 12，在总排名中排名第 16。

2013 年建筑业上市公司总共 3 家，竞争力排名从前往后依次是：光正集团、新疆城建以及北新路桥。其中，光正集团在建筑业中排名第1，在二产中排名第6，在总排名中排名第7。新疆城建在建筑业中排名第2，在二产中排名第24，在总排名中排名第30。北新路桥在建筑业中排名第3，在二产中排名第26，在总排名中排名第34。

2013年批发和零售业上市公司总共2家，竞争力排名从前往后依次是：友好集团以及国际实业。其中，友好集团在批发和零售业中排名第1，在三产中排名第4，在总排名中排名第21。国际实业在批发和零售业中排名第2，在三产中排名第5，在总排名中排名第36。

2013年租赁和商务服务业上市公司总共1家，为渤海租赁。渤海租赁在租赁和商务服务业中排名第1，在三产中排名第1，在总排名中排名第1。

2013年综合上市公司总共1家，为广汇能源。广汇能源在综合中排名第1，在三产中排名第2，在总排名中排名第11。

表8-5　2013年新疆上市公司行业竞争力排名

行业	公司名称	总排名	细分行业排名	三产排名	竞争力	资源	能力
农、林、牧、渔业	香梨股份	9	1	1	0.1342	0.0492	0.0849
	天山生物	15	2	2	0.1056	0.0393	0.0663
	新赛股份	32	3	3	0.0591	0.0364	0.0227
	西部牧业	33	4	4	0.0577	0.0265	0.0312
	新农开发	38	5	5	0.0458	0.0216	0.0242
制造业	金风科技	2	1	1	0.2130	0.1428	0.0702
	特变电工	3	2	2	0.2064	0.1714	0.0351
	八一钢铁	4	3	3	0.1911	0.0797	0.1114
	中泰化学	5	4	4	0.1714	0.1332	0.0382
	新研股份	6	5	5	0.1563	0.0353	0.1210
	啤酒花	10	6	8	0.1339	0.0808	0.0531
	天山纺织	12	7	9	0.1191	0.0688	0.0502
	天山股份	13	8	10	0.1181	0.0759	0.0422
	西部建设	14	9	11	0.1117	0.0527	0.0590
	美克股份	17	10	13	0.0984	0.0481	0.0503
	麦趣尔	19	11	14	0.0870	0.0277	0.0593
	天康生物	20	12	15	0.0859	0.0456	0.0403
	青松建化	22	13	16	0.0775	0.0430	0.0346
	国统股份	23	14	17	0.0767	0.0324	0.0444
	中粮屯河	24	15	18	0.0749	0.0368	0.0381
	冠农股份	25	16	19	0.0741	0.0473	0.0268
	新疆众和	26	17	20	0.0705	0.0357	0.0348
	中葡股份	27	18	21	0.0679	0.0238	0.0442

续表

行业	公司名称	总排名	细分行业排名	三产排名	竞争力	资源	能力
制造业	新疆天宏	28	19	22	0.0672	0.0216	0.0456
	天利高新	29	20	23	0.0625	0.0233	0.0392
	伊力特	31	21	25	0.0624	0.0212	0.0412
	百花村	35	22	27	0.0566	0.0219	0.0347
	新疆天业	37	23	28	0.0546	0.0243	0.0303
	新中基	39	24	29	0.0387	0.0180	0.0207
电力、热力、燃气及水生产和供应业	新疆浩源	8	1	7	0.1350	0.0279	0.1071
	天富热电	16	2	12	0.1054	0.0686	0.0369
建筑业	光正集团	7	1	6	0.1357	0.0946	0.0411
	新疆城建	30	2	24	0.0625	0.0385	0.0240
	北新路桥	34	3	26	0.0576	0.0332	0.0245
采矿业	准油股份	18	1	3	0.0964	0.0324	0.0640
批发和零售业	友好集团	21	1	4	0.0823	0.0414	0.0409
	国际实业	36	2	5	0.0552	0.0267	0.0285
租赁和商务服务业	渤海租赁	1	1	1	0.3416	0.1787	0.1630
综合	广汇能源	11	1	2	0.1228	0.0783	0.0444

数据来源：根据国泰安数据库、Wind 数据库、上市公司年报测算。

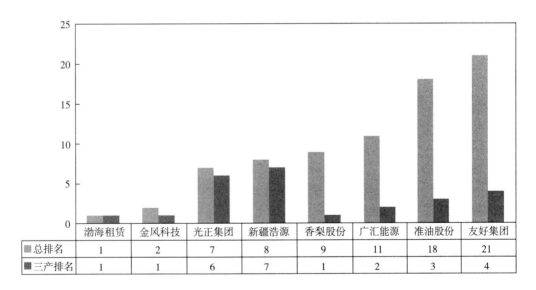

	渤海租赁	金风科技	光正集团	新疆浩源	香梨股份	广汇能源	准油股份	友好集团
总排名	1	2	7	8	9	11	18	21
三产排名	1	1	6	7	1	2	3	4

图 8-17　2013 年各行业排名第 1 新疆上市公司分析

数据来源：根据国泰安数据库、Wind 数据库、上市公司年报测算。

第 9 章
2014 年新疆上市公司竞争力排行

9.1 2014 年新疆上市公司分布特征

9.1.1 新疆上市公司数量特征

由图 9-1 可知，2014 年新疆上市公司总共 41 家，其中被证监会特别处理的 ST 或 *ST 类上市公司 9 家，占比 21.95%；新上市公司 1 家，占比 2.44%。

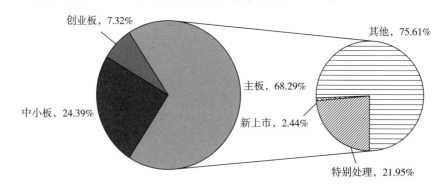

图 9-1 2014 年新疆上市公司数量特征

数据来源：Wind 数据库。

2014 年新疆上市公司在不同板块市场的数量存在差异，从小到大排序，依次为：创业板 3 家，占比约 7.32%；中小板 10 家，占比约 24.39%；主板 28 家，占比约 68.29%。说明新疆创业板、中小板的上市公司数量较少，以主板为主。

9.1.2 新疆上市公司行业分布

由图 9-2 可知，2013 年新疆上市公司各行业的数量存在较大差异，从小到大排序，依次为：租赁和商务服务业 1 家，占比为 2.50%；金融业 1 家，占比为 2.50%；批发和零售业 2 家，占比为 5.00%；电力、热力、燃气及水生产和供应业 2 家，占比为 5.00%；建筑业 3 家，占比为 7.50%；采矿业 4 家，占比为 10.00%；农、林、牧、渔业 5 家，占比为 12.50%；制造业 23 家，占比为 57.50%。

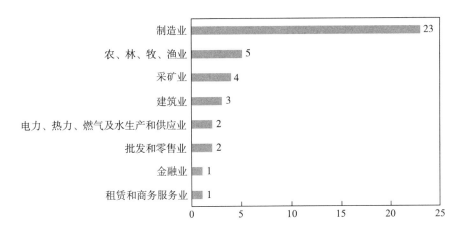

图 9-2　**2014 年新疆上市公司行业分布**

数据来源：Wind 数据库。

由图 9-3 可知，2014 年新疆上市公司在一产、二产、三产的数量存在较大差异，从小到大排序，依次为：一产 5 家，占比为 12%；三产 5 家，占比为 12%；二产 31 家，占比为 76%。说明新疆上市公司以二产为主。

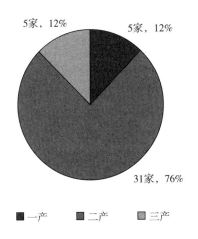

图 9-3　**2014 年新疆上市公司三产占比**

数据来源：Wind 数据库。

9.1.3　新疆上市公司地区分布

由图 9-4 可知，2014 年新疆上市公司不同地区的数量存在较大差异，从大到小排序，依次为：乌鲁木齐市、昌吉回族自治州、石河子市、阿克苏地区、克拉玛依市、巴音郭楞蒙古自治州、伊犁哈萨克自治州、博尔塔拉蒙古自治州。从地区分布来看，2014 年新疆上市公司多集中于北疆地区，为 36 家，约占总体的 87.8%，主要涉及乌鲁木齐市、昌吉回族自治州、石河子市、克拉玛依市、伊犁哈萨克自治州、博尔塔拉蒙古自治州。其中，乌鲁木齐市数量最多，为 25 家，约占总体的 60.98%；昌吉回族自治州次之，为 4 家，约占总体的 9.76%；石河子市 3 家，约占总体的 7.32%；克拉玛依市 2 家，约占总体的 4.88%；伊犁哈萨克自治州和博尔塔拉蒙古自治州数量最少，各为 1 家，分别约占总体的 2.44%。南疆地区分布较少，为 5 家，约占总体的 12.20%，主要有阿克苏地区、巴音郭楞蒙古自治州。其中，阿克苏地区数量最多，为 3 家，约占总体的 7.32%；巴音郭楞蒙古自治州数量最少，为 2 家，约占总体的 4.88%。

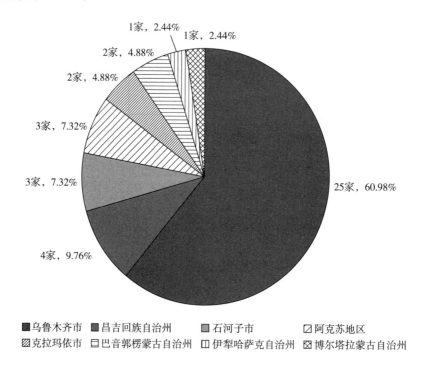

图 9-4 2014 年新疆上市公司地区分布

数据来源：Wind 数据库。

9.1.4 新疆上市公司性质分布

由图 9-5 可知，2014 年新疆上市公司性质分布存在较大差异，从小到大排序，依次为：

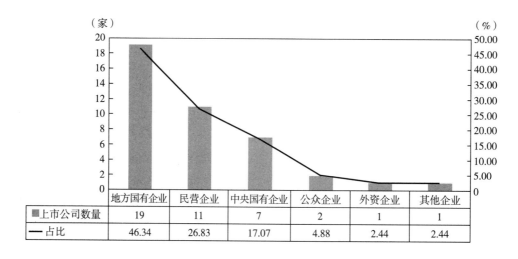

	地方国有企业	民营企业	中央国有企业	公众企业	外资企业	其他企业
上市公司数量	19	11	7	2	1	1
占比	46.34	26.83	17.07	4.88	2.44	2.44

图 9-5 2014 年新疆上市公司性质分布

数据来源：Wind 数据库。

外资企业 1 家，占比为 2.44%；其他企业 1 家，占比为 2.44%；公众企业 2 家，占比为 4.88%；中央国有企业 7 家，占比为 17.07%；民营企业 11 家，占比为 26.83%；地方国有企业 19 家，占比为 46.34%。

9.2　2014 年新疆上市公司竞争力排行分析

9.2.1　新疆上市公司基本情况

2014 年新疆上市公司竞争力评价值平均为 0.10392，中位数为 0.0859，平均值大于中位数说明竞争力评价值中位数以上的企业竞争力评价值总体较大；大于竞争力评价值平均值的企业 15 家，占比 37.50%；总体极差为 0.2978，说明新疆上市公司竞争力之间存在较大差距。

9.2.2　新疆上市公司中得分前 5 的公司分析

由表 9-1 可知，2014 年新疆上市公司得分前 5 的公司排名从前到后排序，依次为：渤海租赁、金风科技、特变电工、八一钢铁以及中泰化学。

表 9-1　2014 年新疆上市公司竞争力评价值及排名情况

股票代码	企业名称	竞争力评价值	排名	股票代码	企业名称	竞争力评价值	排名
000415	渤海租赁	0.3440	1	000877	天山股份	0.1055	15
002202	金风科技	0.2366	2	300313	天山生物	0.1014	16
600089	特变电工	0.1806	3	002719	麦趣尔	0.0992	17
600581	八一钢铁	0.1714	4	002207	准油股份	0.0956	18
002092	中泰化学	0.1690	5	600425	青松建化	0.0885	19
002524	光正集团	0.1534	6	002100	天康生物	0.0859	20
002700	新疆浩源	0.1520	7	600509	天富能源	0.0831	21
600337	美克家居	0.1506	8	600084	中葡股份	0.0780	22
600778	友好集团	0.1377	9	600197	伊力特	0.0752	23
300159	新研股份	0.1347	10	600545	新疆城建	0.0739	24
600506	香梨股份	0.1306	11	600737	中粮屯河	0.0693	25
600090	啤酒花	0.1239	12	601069	西部黄金	0.0676	26
002302	西部建设	0.1102	13	600419	天润乳业	0.0673	27
600256	广汇能源	0.1096	14	600339	天利高新	0.0666	28

股票代码	企业名称	竞争力评价值	排名	股票代码	企业名称	竞争力评价值	排名
600540	新赛股份	0.0648	29	600251	冠农股份	0.0579	35
600359	新农开发	0.0646	30	000159	国际实业	0.0566	36
600888	新疆众和	0.0637	31	002307	北新路桥	0.0547	37
002205	国统股份	0.0636	32	000813	天山纺织	0.0525	38
300106	西部牧业	0.0613	33	000972	新中基	0.0495	39
600075	*ST新业	0.0600	34	600721	百花村	0.0462	40

数据来源：根据国泰安数据库、Wind数据库、上市公司年报测算。

由图9-6可知，渤海租赁竞争力评价值为0.3440。其中，能力评价值为0.1576，资源评价值为0.1863，无论是能力维度还是资源维度，渤海租赁得分均排在第1位；由图9-7以及图9-8可知，渤海租赁的资源维度的人力资源元素和能力维度的营运能力最为突出，这说明优质的人力资源和较强的企业运营能力是渤海租赁整体企业竞争力得分第1的主要原因。2014年是公司快速实现全球化发展战略的一年。公司以天津自由贸易区、皖江城市带、横琴新区、前海经济特区等国家支持的全球租赁产业布局为中心，以中国香港、新加坡、美国为中心。董事会全年继续推进租赁业并购，通过一系列有效的资本运营项目，顺利推进公司由内而外的转型。

由图9-6可知，金风科技竞争力评价值为0.2366。其中，能力评价值为0.0727，资源评价值为0.1640；由图9-7以及图9-8可知，金风科技的资源维度的创新元素和能力维度的治理能力较为突出，这说明优质的创新资源和较强的企业治理能力是金风科技整体企业竞争力得分第2的主要原因。金风科技作为世界领先的风电制造企业，过去一年在技术创新、精益管理、国内外市场的巩固和拓展方面取得了长足的进步。公司推出的新产品2.0兆瓦是公司深入拓展超低风速市场的另一项努力。同时，金风科技成功实施国家"一带一路"倡议，积极拓展全球风电市场。金风科技的发展足迹遍布全球六大洲。

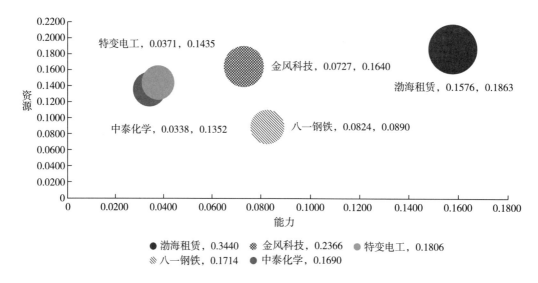

图9-6　新疆上市公司中得分前5的公司竞争力维度分析

数据来源：根据国泰安数据库、Wind数据库、上市公司年报测算。

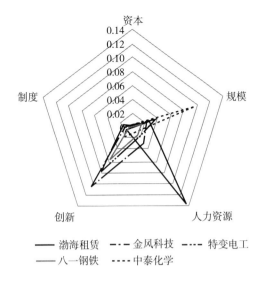

图 9-7　新疆上市公司中得分前 5 的公司资源维度五要素分析

数据来源：根据国泰安数据库、Wind 数据库、上市公司年报测算。

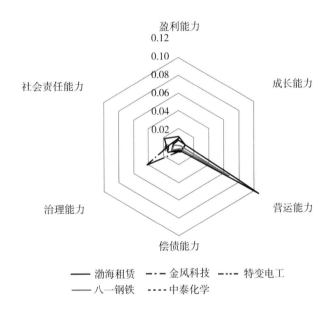

图 9-8　新疆上市公司中得分前 5 的公司能力维度六要素分析

数据来源：根据国泰安数据库、Wind 数据库、上市公司年报测算。

　　由图 9-6 可知，特变电工竞争力评价值为 0.1806。其中，能力评价值为 0.0371，资源评价值为 0.1435；由图 9-7 可知，特变电工的资源维度的创新元素较为突出，这说明企业优质的创新资源是特变电工整体企业竞争力排名第 3 的主要原因。2014 年，全球经济持续低迷，中国经济进入中高速增长新常态，电力投资增速放缓，行业产能过剩、市场竞争加剧使公司经营面临较大的困难。为此，企业积极开拓市场，深化质量管理，持续推动工业化与信息化融合，加强自主创新能力建设，进一步提升核心竞争力，加大人力资源开发建设，有效改善人才结构，以现代文化为引领，持续改善和谐企业建设。

　　由图 9-6 可知，八一钢铁竞争力评价值为 0.1714。其中，能力评价值为 0.0824，资源评价值为 0.0890；由图 9-7 以及图 9-8 可知，八一钢铁的资源维度的创新元素以及能力维度的营运能力较为突出，这说明企业优质的创新资源和较强的企业营运能力是八一钢铁整体企业竞争力排名第 4 的主要原因。2014 年公司实施成本领先战略和差异化组合战略，注重现场改善、环境管理、市场发展和效率，加快产品研发创新，形成具有竞争力的战略产品，提高钢铁产品附加值和企业软实力，创造产品差异化和服务差异化竞争优势，加强钢铁核心业务。

由图 9-6 可知，中泰化学竞争力评价值为 0.1690。其中，能力评价值为 0.0338，资源评价值为 0.1352；由图 9-7 可知，中泰化学的资源维度的规模元素较为突出，这说明企业的规模优势是中泰化学整体企业竞争力排名第 5 的主要原因。2014 年，公司建立了氯碱、电石、热电一体化生产体系，同时完善了研发、生产、环保、销售、物流系统功能体系，实现了生产资源、管理资源等一系列资源的内部循环共享、完整的产业一体化和主要产品的规模效应。

9.2.3 新疆上市公司中排名上升的公司分析

由图 9-9 及表 9-2 可知，新疆上市公司中在 2014 年排名上升的有 15 家，分别是友好集团、美克家居、伊力特、新农开发、新疆城建、中葡股份、青松建化、新赛股份、*ST 新业、麦趣尔、光正集团、新疆浩源、西部建设、天润乳业以及天利高新。其中，友好集团、美克家居、伊力特以及新农开发上升较为明显。

排名上升最为突出的是友好集团，由 2013 年的第 21 名上升至 2014 年的第 9 名，上升了 12 个位次。从评价体系的指标得分情况来看，友好集团 2014 年能力得分为 0.0991，较 2013 年提高了 142.38%。从细分指标来看，除了盈利能力得分略有下降以外，其余各项能力得分均上升。其中营运能力提升最大，较 2013 年提升了 276.18%。

2014 年，面对宏观经济增速放缓、零售行业竞争加剧的市场环境，友好集团经营班子积极应对，根据年初制定的各项经营目标，稳步拓展主营业务，逐步推进新项目，优化管理流程，加强内控管理，在经营上，有计划地整合各门店品牌，通过品牌引进和调整优化品牌结构，建设新的客源点，提高门店招揽顾客的能力。细化卖场运营评价体系，提高各门店运营质量，提高门店盈利能力。并利用新媒体新技术，创新营销方式，加强客户体验，开展线上线下联动营销，拓宽销售渠道。在制度建设方面，按照我国证券监督管理委员会文件的要求，对公司利润分配政策及《公司章程》《公司股东大会议事规则》等有关内容进行了修订。同时制定了《公司董事会审计委员会实施细则》和《公司独立董事现场工作制度》。此外，修订了《公司内部控制评价制度》和《公司信息披露事务管理制度》，进一步加强了内部控制，提高了公司的管理能力。

其次是美克家居，由 2013 年的第 17 名上升至 2014 年的第 8 名，上升了 9 个位次。从评价体系的指标得分情况来看，资源维度得分增加 109.16%，能力维度得分减少 0.64%，总体竞争力增加 53.00%。从细分指标来看，除了盈利能力、营运能力以及社会责任能力出现下降以外，其他细分指标均上升。其中创新提升最大，较 2013 年提升了 376.64%。

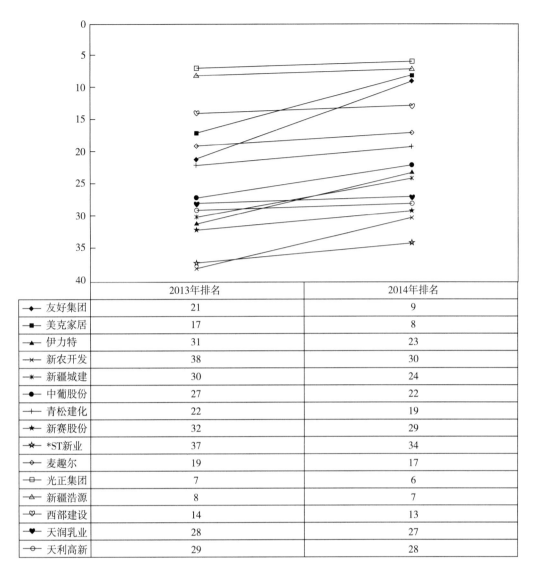

	2013年排名	2014年排名
◆ 友好集团	21	9
■ 美克家居	17	8
▲ 伊力特	31	23
✕ 新农开发	38	30
✳ 新疆城建	30	24
● 中葡股份	27	22
┼ 青松建化	22	19
✳ 新赛股份	32	29
✭ *ST新业	37	34
◇ 麦趣尔	19	17
▢ 光正集团	7	6
△ 新疆浩源	8	7
♡ 西部建设	14	13
♥ 天润乳业	28	27
○ 天利高新	29	28

图 9-9　新疆上市公司中排名上升的公司

数据来源：根据国泰安数据库、Wind 数据库、上市公司年报测算。

表 9-2　新疆上市公司竞争力排名上升较为明显的公司

维度	公司名称 各项得分	友好集团			美克家居		
		2013 年	2014 年	变动率（%）	2013 年	2014 年	变动率（%）
资源	资本	0.0055	0.0106	93.25	0.0031	0.0070	125.59
	规模	0.0078	0.0080	2.82	0.0072	0.0074	2.27
	人力资源	0.0139	0.0103	−25.96	0.0150	0.0159	6.28
	创新	0.0052	0.0015	−70.76	0.0124	0.0590	376.64
	制度	0.0090	0.0082	−8.94	0.0104	0.0114	8.82
	资源合计	0.0414	0.0386	−6.64	0.0481	0.1006	109.16

维度	公司名称\各项得分	友好集团			美克家居		
		2013 年	2014 年	变动率（%）	2013 年	2014 年	变动率（%）
能力	盈利能力	0.0073	0.0070	-3.99	0.0142	0.0126	-10.90
	成长能力	0.0042	0.0048	14.52	0.0040	0.0052	27.99
	营运能力	0.0200	0.0753	276.18	0.0073	0.0068	-6.95
	偿债能力	0.0034	0.0046	36.28	0.0069	0.0088	28.27
	治理能力	0.0028	0.0035	25.52	0.0078	0.0080	2.30
	社会责任能力	0.0032	0.0038	20.90	0.0102	0.0086	-15.00
	能力合计	0.0409	0.0991	142.38	0.0503	0.0500	-0.64
竞争力		0.0823	0.1377	67.42	0.0984	0.1506	53.00

维度	公司名称\各项得分	伊力特			新农开发		
		2013 年	2014 年	变动率（%）	2013 年	2014 年	变动率（%）
资源	资本	0.0040	0.0035	-10.76	0.0032	0.0031	-4.43
	规模	0.0025	0.0024	-4.59	0.0026	0.0027	0.15
	人力资源	0.0121	0.0130	7.65	0.0054	0.0056	4.17
	创新	0.0004	0.0005	21.07	0.0026	0.0093	252.86
	制度	0.0022	0.0040	80.96	0.0076	0.0066	-13.11
	资源合计	0.0212	0.0235	10.73	0.0216	0.0273	26.60
能力	盈利能力	0.0104	0.0111	6.30	0.0048	0.0059	21.86
	成长能力	0.0032	0.0049	52.31	0.0035	0.0092	161.29
	营运能力	0.0098	0.0120	21.55	0.0042	0.0023	-44.13
	偿债能力	0.0079	0.0120	52.50	0.0020	0.0055	174.16
	治理能力	0.0026	0.0056	117.08	0.0012	0.0047	287.65
	社会责任能力	0.0073	0.0062	-14.35	0.0085	0.0097	14.21
	能力合计	0.0412	0.0518	25.65	0.0242	0.0373	53.93
竞争力		0.0624	0.0752	20.57	0.0458	0.0646	41.05

数据来源：根据国泰安数据库、Wind 数据库、上市公司年报测算。

2014 年，美克家居积极推进企业变革与转型，为适应多品牌战略的实施，公司重构与客户的关系，推进一体化的供应链体系，在法人架构、组织架构、业务架构和系统架构等方面进行了梳理和优化。紧密围绕品牌战略，强化高效协同的产业链一体化体系，在公司全体员工的共同努力下，取得了良好的成绩。

上升位次第 3 的是伊力特，由 2013 年的第 31 名上升至 2014 年的第 23 名，上升了 8 个位次。从评价体系的指标得分情况来看，资源维度得分增加 10.73%，能力维度得分增加 25.65%，总体竞争力增加 20.57%。从细分指标来看，除了资本、规模、社会责任能力出现下降以外，其他细分指标均上升。其中治理能力提升最大，较 2013 年提升了 117.08%。

2014 年，国内经济政治形势不断发生变化，经济增长遭受阻力、经济结构与转型升级加速推进、宏观政策不断调整。各种矛盾进一步深化，消费总量下降、消费环境改变，消费者对健康的要求与意识不断提高，造成了食品饮料行业收入减少、利润降低。经济政治形势不断发生变化，这就要求行业及其行业内的企业也应不断调整商品质量、更新经营发展模式，在实现既定目标的基础上推动企业综合实力与管理能力稳步提升。管理创新方面，将"6S活动"的开展贯穿于伊力特发展，将其与生产现场管理相融合、与经营目标相结合、与责任人经济责任相配合，改善干部与员工绩效考核体系，强化"事前、事中、事后"细节管理和生产过程控制。加强白酒生产过程的质量控制，严格按照国家标准进行检验与生产。全面掌握生产工艺、规范制作工艺，在实践与理论基础上不断调整配料参数与制作过程，制定分级接酒方案，控制生产过程中出现的质量问题。围绕"资产有效性、资金流动性、成本最优化"原则，变革财务管理制度，实现动态财务管理。不断开拓新市场，寻找投融资渠道，持续加大对白酒及其相关行业产业的投融资力度，培育新的行业经济增长点。在员工素质与培养层面也应加大力度，提高技能培训强度，提升劳动力素质，实现员工与企业的共同发展。技术创新方面，围绕生产制作过程中发现的矛盾与难题，在科学技术与行业发展相融合的基础上，发挥技术创新的作用，转变生产工作思路。2014年，公司两个课题《改造和优化酿酒微生物提升酒质绵柔风格的研究》和《白酒储存、勾兑控制系统的自动化、信息化研究与应用》同时获得第二届中国白酒科技大会的优秀科技成果奖。营销管理创新方面，公司应在当前竞争环境愈发严峻的形势下，及时调整销售策略、改善产品结构、深耕市场网络、抓取市场先机、实现品牌与资源的互补，以此实现市场快速发展。

上升位次并列第3的是新农开发，新农开发由2013年的第38名上升至2014年的第30名，上升了8个位次。从评价体系的指标得分情况来看，资源维度得分增加26.60%，能力维度得分增加53.93%，总体竞争力增加41.05%。从细分指标来看，除了资本、制度以及营运能力出现下降以外，其他细分指标均上升。其中治理能力提升最大，较2013年提升了287.65%。

2014年，新农开发面临国内经济下行压力加大等不利因素，以及区域运行成本上升、行业竞争加剧的困难，围绕"稳中求进、改革创新、提质增效"积极应对挑战，各项工作顺利进行。在经营上，加强对子公司的管理和激励，强化提高运行效率制度的落实，强化内部控制。在政策支持方面，从公司逐步出台对相关棉花、棉纺织、乳制品加工产业扶持政策的内部来看，公司融资功能得到有效发挥，产业结构明显优化，经营管理水平大幅提高，人才队伍建设逐步加强，农业产业化建设全面推进，加上公司综合实力和发展后劲明显增强，公司管理队伍强大，广大员工人心稳定，公司发展机遇远大于挑战。只要公司把握机遇，坚定信心，改革创新，扎实工作，就一定能战胜艰难险阻，保持公司经济发展良好势头。

9.2.4　新疆上市公司中排名下降的公司分析

由图9-10及表9-3可知，新疆上市公司中，在2014年排名下降的有14家，分别是天山纺织、冠农股份、国统股份、天富能源、新疆众和、百花村、新研股份、广汇能源、北新路桥、香梨股份、啤酒花、天山股份、天山生物以及中粮屯河。其中，天山纺织、冠农股份、国统股份以及天富能源下降较为明显。

最为突出的是天山纺织，由2013年的第12名下降至2014年的第38名，下降了26个位次。从评价体系的指标得分情况来看，资源维度得分下降73.03%，能力维度得分下降32.40%，总体竞争力下降了55.89%。从细分指标来看，除了资本、人力资源、创新、偿债能力以及治理能力得分上升以外，其余各项能力得分均下降。其中规模下降最大，较2013年下降了96.55%。2014年，中国宏观经济形势持续疲软，有色金属行业整体市场低迷，市场供应过剩，产能扩张加剧，下游消费疲软，进一步对基本金属造成负面影响，有色金属市场波动；锌、镍等基本金属 2014 年表现较好，但铜供应压力仍存在，需求放缓，导致铜价压力突出。

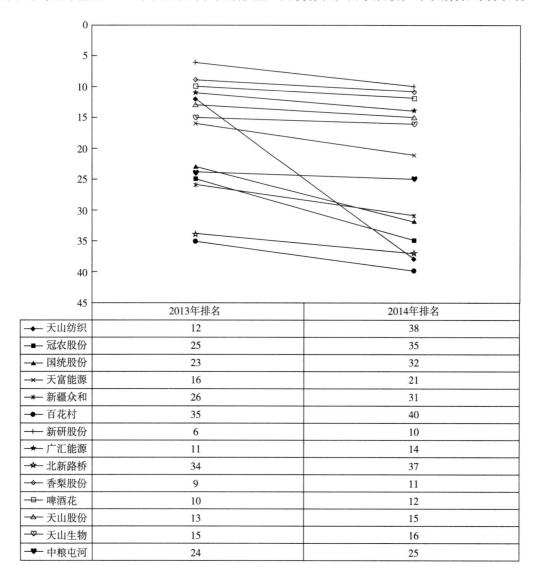

	2013年排名	2014年排名
◆ 天山纺织	12	38
■ 冠农股份	25	35
▲ 国统股份	23	32
✕ 天富能源	16	21
✱ 新疆众和	26	31
● 百花村	35	40
＋ 新研股份	6	10
★ 广汇能源	11	14
☆ 北新路桥	34	37
◇ 香梨股份	9	11
□ 啤酒花	10	12
△ 天山股份	13	15
♡ 天山生物	15	16
♥ 中粮屯河	24	25

图 9-10　新疆上市公司中排名下降的公司

数据来源：根据国泰安数据库、Wind 数据库、上市公司年报测算。

表 9-3　新疆上市公司竞争力排名下降较为明显的公司

维度	公司名称 各项得分	天山纺织			冠农股份		
		2013 年	2014 年	变动率（%）	2013 年	2014 年	变动率（%）
资源	资本	0.0063	0.0077	22.3302	0.0052	0.0069	32.8512
	规模	0.0538	0.0019	-96.5518	0.0018	0.0023	28.0362
	人力资源	0.0043	0.0046	5.0025	0.0141	0.0076	-46.3306
	创新	0.0013	0.0014	7.7108	0.0189	0.0026	-86.1789
	制度	0.0031	0.0030	-2.9178	0.0073	0.0066	-8.9686
	资源合计	0.0688	0.0186	-73.0324	0.0473	0.0260	-44.9588

续表

维度	公司名称 \ 各项得分	天山纺织			冠农股份		
		2013 年	2014 年	变动率（%）	2013 年	2014 年	变动率（%）
能力	盈利能力	0.0103	0.0093	-10.1623	0.0031	0.0063	102.3590
	成长能力	0.0166	0.0049	-70.2359	0.0043	0.0068	57.2291
	营运能力	0.0058	0.0043	-26.4051	0.0049	0.0031	-35.8166
	偿债能力	0.0057	0.0063	11.6888	0.0045	0.0063	41.6782
	治理能力	0.0012	0.0012	3.5839	0.0003	0.0000	-100.0000
	社会责任能力	0.0107	0.0079	-25.8492	0.0097	0.0092	-4.4939
	能力合计	0.0502	0.0340	-32.3964	0.0268	0.0318	18.8201
竞争力		0.1191	0.0525	-55.8853	0.0741	0.0579	-21.8993

维度	公司名称 \ 各项得分	国统股份			天富能源		
		2013 年	2014 年	变动率（%）	2013 年	2014 年	变动率（%）
资源	资本	0.0085	0.0052	-38.9020	0.0137	0.0149	8.57
	规模	0.0023	0.0020	-12.5087	0.0091	0.0100	10.01
	人力资源	0.0066	0.0060	-9.2879	0.0088	0.0092	4.22
	创新	0.0096	0.0033	-65.3123	0.0260	0.0051	-80.26
	制度	0.0054	0.0066	23.5936	0.0110	0.0076	-30.26
	资源合计	0.0324	0.0232	-28.3941	0.0686	0.0469	-31.63
能力	盈利能力	0.0081	0.0074	-7.9712	0.0075	0.0077	2.72
	成长能力	0.0071	0.0043	-39.1454	0.0053	0.0061	15.25
	营运能力	0.0037	0.0030	-19.3595	0.0027	0.0033	21.94
	偿债能力	0.0069	0.0106	55.0883	0.0053	0.0037	-29.72
	治理能力	0.0069	0.0073	6.4383	0.0012	0.0023	90.84
	社会责任能力	0.0117	0.0077	-33.9618	0.0149	0.0131	-11.91
	能力合计	0.0444	0.0405	-8.8016	0.0369	0.0362	-1.79
竞争力		0.0767	0.0636	-17.0689	0.1054	0.0831	-21.20

数据来源：根据国泰安数据库、Wind 数据库、上市公司年报测算。

其次是冠农股份，由 2013 年的第 25 名下降至 2014 年的第 35 名，下降了 10 个位次。从评价体系的指标得分情况来看，资源维度得分下降 44.96%，能力维度得分上升 18.82%，总体竞争力下降了 21.90%。从细分指标来看，除了资本、规模、盈利能力、成长能力以及偿债能力得分上升较快，其余各项能力得分均下降。其中治理能力下降最大，较 2013 年下降了 100.00%。2014 年，企业皮棉销售模式发生变化，由国家储备收购向市场竞争转变。国家直接向棉农提供补贴，收购价格和销售价格下降。同时，由于气候的影响，棉花产量减少，购销量大幅下降，导致皮棉收入大幅下降。其次，白砂糖市场价格持续下跌，销量下降，导致销售收入下降。虽然番茄酱国际市场有所改善，销售收入大幅增加，但无法弥补皮棉和白砂糖收入的下降，导致公司整体营业收入下降。

下降位次位于第 3 的是国统股份，由 2013 年的第 23 名下降至 2014 年的第 32 名，下降了 9 个位次。从评价体系的指标得分情况来看，资源维度得分下降 28.39%，能力维度得分下降 8.80%，总体竞争力下降了 17.07%。从细分指标来看，除了制度、偿债能力以及治理

能力得分上升较快以外，其余各项能力得分均下降。其中创新下降最大，较 2013 年下降了
65.31%。2014 年，受国内经济运行总体下行的影响，年内新签合同订单 4.33 亿元，较上年
年内签订合同 5.64 亿元减少了 23.23%。本年度实现营业收入 80344.76 万元，完成年度预
算的 89.27%，较上年同期下降 7.75%；实现利润总额 7860.98 万元，完成年度预算的
80.47%，较上年同期增长 4.01%；实现归属母公司净利润 6726.44 万元，完成年度预算的
90.51%，较上年同期下降 4.98%。

天富能源由 2013 年的第 16 名下降至 2014 年的第 21 名，下降了 5 个位次。从评价体系的
指标得分情况来看，资源维度得分下降 31.63%，能力维度得分下降 1.79%，总体竞争力下降
了 21.20%。从细分指标来看，除了资本、规模、人力资源、盈利能力、成长能力、营运能力
以及治理能力得分上升较快以外，其余各项能力得分均下降。其中创新下降最大，较 2013 年
下降了 80.26%。天富能源的天然气发行、供电和销售未达到年初制定的计划目标。其中：供
电和销售计划未完成的主要原因是国内经济环境差，电力市场需求增长低于预期。同时，公司
拆除了一些小型发电机组，网络发电机组的脱硫脱硝改造也对公司的发电和供电产生了不利影
响。天然气供应计划未完成的主要原因是原油价格持续下跌、石油产品价格下跌、天然气经济
替代性下降、需求增长放缓。同时，工业天然气仍受上游供应控制，未能取得重大发展。

9.2.5　2014 年新疆上市公司排名变动趋势分析

（1）2014 年较 2011~2013 年竞争力排名均上升的公司分析。

由图 9-11 可知，2014 年较 2011~2013 年竞争力排名均上升的公司总共 5 家，分别为美
克家居、友好集团、伊力特、新疆城建以及天润乳业。美克家居由 2011 年的第 17 名上升至
2014 年的第 8 名，上升了 9 个位次，由 2012 年的第 20 名上升至 2014 年的第 8 名，上升了
12 个位次，由 2013 年的第 17 名上升至 2014 年的第 8 名，上升了 9 个位次。友好集团由
2011 年的第 16 名上升至 2014 年的第 9 名，上升了 7 个位次，由 2012 年的第 18 名上升至
2014 年的第 9 名，上升了 9 个位次，由 2013 年的第 21 名上升至 2014 年的第 9 名，上升了
12 个位次。伊力特由 2011 年的第 25 名上升至 2014 年的第 23 名，上升了 2 个位次，由 2012
年的第 28 名上升至 2014 年的第 23 名，上升了 5 个位次，由 2013 年的第 31 名上升至 2014
年的第 23 名，上升了 8 个位次。新疆城建由 2011 年的第 31 名上升至 2014 年的第 24 名，上
升了 7 个位次，由 2012 年的第 31 名上升至 2014 年的第 24 名，上升了 7 个位次，由 2013 年
的第 30 名上升至 2014 年的第 24 名，上升了 6 个位次。天润乳业由 2011 年的第 33 名上升至
2014 年的第 27 名，上升了 6 个位次，由 2012 年的第 38 名上升至 2014 年的第 27 名，上升
了 11 个位次，由 2013 年的第 28 名上升至 2014 年的第 27 名，上升了 1 个位次。

（2）2014 年较 2011~2013 年竞争力排名均下降的公司分析。

由图 9-12 可知，2014 年较 2011~2013 年竞争力排名均下降的公司总共 11 家，分别为
新研股份、广汇能源、天山股份、天富能源、中粮屯河、新疆众和、国统股份、冠农股份、
北新路桥、天山纺织以及百花村。新研股份由 2011 年的第 6 名下降至 2014 年的第 10 名，
下降了 4 个位次，由 2012 年的第 4 名下降至 2014 年的第 10 名，下降了 6 个位次，由 2013
年的第 6 名下降至 2014 年的第 10 名，下降了 4 个位次。广汇能源由 2011 年的第 13 名下降
至 2014 年的第 14 名，下降了 1 个位次，由 2012 年的第 11 名下降至 2014 年的第 14 名，下

降了 3 个位次，由 2013 年的第 11 名下降至 2014 年的第 14 名，下降了 3 个位次。天山股份由 2011 年的第 7 名下降至 2014 年的第 15 名，下降了 8 个位次，由 2012 年的第 9 名下降至 2014 年的第 15 名，下降了 6 个位次，由 2013 年的第 13 名下降至 2014 年的第 15 名，下降了 2 个位次。天富能源由 2011 年的第 15 名下降至 2014 年的第 21 名，下降了 6 个位次，由 2012 年的第 17 名下降至 2014 年的第 21 名，下降了 4 个位次，由 2013 年的第 16 名下降至 2014 年的第 21 名，下降了 5 个位次。中粮屯河由 2011 年的第 18 名下降至 2014 年的第 25 名，下降了 7 个位次，由 2012 年的第 23 名下降至 2014 年的第 25 名，下降了 2 个位次，由 2013 年的第 24 名下降至 2014 年的第 25 名，下降了 1 个位次。新疆众和由 2011 年的第 8 名下降至 2014 年的第 31 名，下降了 23 个位次，由 2012 年的第 16 名下降至 2014 年的第 31 名，下降了 15 个位次，由 2013 年的第 26 名下降至 2014 年的第 31 名，下降了 5 个位次。国统股份由 2011 年的第 21 名下降至 2014 年的第 32 名，下降了 11 个位次，由 2012 年的第 25 名下降至 2014 年的第 32 名，下降了 7 个位次，由 2013 年的第 23 名下降至 2014 年的第 32 名，下降了 9 个位次。冠农股份由 2011 年的第 27 名下降至 2014 年的第 35 名，下降了 8 个位次，由 2012 年的第 33 名下降至 2014 年的第 35 名，下降了 2 个位次，由 2013 年的第 25 名下降至 2014 年的第 35 名，下降了 10 个位次。北新路桥由 2011 年的第 22 名下降至 2014 年的第 37 名，下降了 15 个位次，由 2012 年的第 24 名下降至 2014 年的第 37 名，下降了 13 个位次，由 2013 年的第 34 名下降至 2014 年的第 37 名，下降了 3 个位次。天山纺织由 2011 年的第 36 名下降至 2014 年的第 38 名，下降了 2 个位次，由 2012 年的第 35 名下降至 2014 年的第 38 名，下降了 3 个位次，由 2013 年的第 12 名下降至 2014 年的第 38 名，下降了 26 个位次。百花村由 2011 年的第 26 名下降至 2014 年的第 40 名，下降了 14 个位次，由 2012 年的第 37 名下降至 2014 年的第 40 名，下降了 3 个位次，由 2013 年的第 35 名下降至 2014 年的第 40 名，下降了 5 个位次。

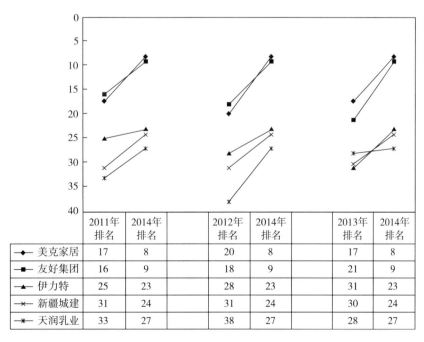

图 9-11 2014 年较 2011~2013 年竞争力排名均上升的公司

数据来源：根据国泰安数据库、Wind 数据库、上市公司年报测算。

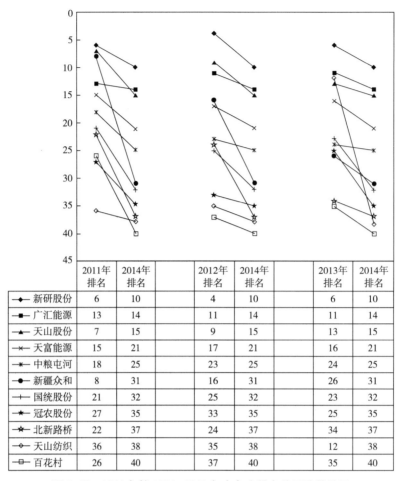

	2011年排名	2014年排名		2012年排名	2014年排名		2013年排名	2014年排名
◆ 新研股份	6	10		4	10		6	10
■ 广汇能源	13	14		11	14		11	14
▲ 天山股份	7	15		9	15		13	15
✕ 天富能源	15	21		17	21		16	21
✱ 中粮屯河	18	25		23	25		24	25
● 新疆众和	8	31		16	31		26	31
✚ 国统股份	21	32		25	32		23	32
★ 冠农股份	27	35		33	35		25	35
✺ 北新路桥	22	37		24	37		34	37
◇ 天山纺织	36	38		35	38		12	38
☐ 百花村	26	40		37	40		35	40

图 9-12　2014 年较 2011~2013 年竞争力排名均下降的公司

数据来源：根据国泰安数据库、Wind 数据库、上市公司年报测算。

（3）2011~2014 年竞争力排名上下波动较为明显的公司分析。

由图 9-13 可知，2011~2014 年竞争力排名上下波动较为明显的公司总共 4 家，分别为啤酒花、中葡股份、天山纺织以及百花村。啤酒花与天山纺织 2011~2014 年竞争力排名呈现先上升后下降的趋势。中葡股份 2011~2014 年竞争力排名呈现先上升后下降再上升的趋势。百花村 2011~2014 年竞争力排名呈现先下降后上升再下降的趋势。

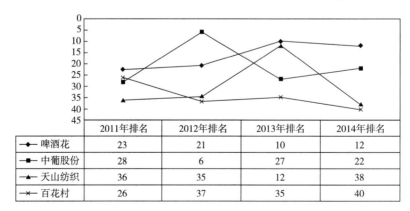

	2011年排名	2012年排名	2013年排名	2014年排名
◆ 啤酒花	23	21	10	12
■ 中葡股份	28	6	27	22
▲ 天山纺织	36	35	12	38
✕ 百花村	26	37	35	40

图 9-13　2011~2014 年竞争力排名上下波动较为明显的公司

数据来源：根据国泰安数据库、Wind 数据库、上市公司年报测算。

（4）2011～2014 年竞争力排名基本保持不变的公司分析。

由图 9-14 可知，2011～2014 年竞争力排名基本保持不变的公司总共 27 家，分别为渤海租赁、金风科技、特变电工、八一钢铁、中泰化学、光正集团、美克家居、友好集团、新研股份、香梨股份、西部建设、广汇能源、准油股份、青松建化、天康生物、天富能源、伊力特、新疆城建、天润乳业、天利高新、新赛股份、新农开发、国统股份、西部牧业、*ST 新业、冠农股份、新中基。其中，渤海租赁平均排名为 1、金风科技平均排名为 4、特变电工平均排名为 3、八一钢铁平均排名为 4、中泰化学平均排名为 9、光正集团平均排名为 8、美克家居平均排名为 16、友好集团平均排名为 16、新研股份平均排名为 7、香梨股份平均排名为 13、西部建设平均排名为 13、广汇能源平均排名为 12、准油股份平均排名为 14、青松建化平均排名为 17、天康生物平均排名为 22、天富能源平均排名为 17、伊力特平均排名为 27、新疆城建平均排名为 29、天润乳业平均排名为 32、天利高新平均排名为 26、新赛股份平均排名为 30、新农开发平均排名为 32、国统股份平均排名为 25、西部牧业平均排名为 33、*ST 新业平均排名为 33、冠农股份平均排名为 30、新中基平均排名为 37。值得注意的是，渤海租赁、金风科技、特变电工、八一钢铁、新研股份 2011～2014 年竞争力排名稳定在前 10，其中渤海租赁、特变电工竞争力排名一直位居前 3，说明这些上市公司有较强且持续的竞争力。

（5）2011～2014 年竞争力排名持续下降的公司分析。

由图 9-15 可知，2011～2014 年竞争力排名持续下降的公司总共 4 家，分别是天山股份、中粮屯河、新疆众和以及北新路桥。天山股份由 2011 年的第 7 名下降至 2012 年的第 9 名，下降了 2 个位次，由 2012 年的第 9 名下降至 2013 年的第 13 名，下降了 4 个位次，由 2013 年的第 13 名下降至 2014 年的第 15 名，下降了 2 个位次。中粮屯河由 2011 年的第 18 名下降至 2012 年的第 23 名，下降了 5 个位次，由 2012 年的第 23 名下降至 2013 年的第 24 名，下降了 1 个位次，由 2013 年的第 24 名下降至 2014 年的第 25 名，下降了 1 个位次。新疆众和由 2011 年的第 8 名下降至 2012 年的第 16 名，下降了 8 个位次，由 2012 年的第 16 名下降至 2013 年的第 26 名，下降了 10 个位次，由 2013 年的第 26 名下降至 2014 年的第 31 名，下降了 5 个位次。北新路桥由 2011 年的第 22 名下降至 2012 年的第 24 名，下降了 2 个位次，由 2012 年的第 24 名下降至 2013 年的第 34 名，下降了 10 个位次，由 2013 年的第 34 名下降至 2014 年的第 37 名，下降了 3 个位次。

9.2.6　2014 年新疆上市公司行业竞争力排名分析

（1）2014 年新疆上市公司行业竞争力分析。

由表 9-4 以及图 9-16 可知，2014 年新疆上市公司行业竞争力排名从前往后依次是：制造业，农、林、牧、渔业，租赁和商务服务业，采矿业，建筑业，电力、热力、燃气及水生产和供应业以及批发和零售业。

其中，制造业竞争力、资源以及能力评价值均远高于其他行业，大约是农、林、牧、渔业的 5 倍，可见无论是从行业总体竞争力还是资源以及能力细分的维度，制造业均是竞争力最强的行业；制造业资源评价值为 1.2747，能力评价值为 1.0788，说明新疆制造业相较于能力维度，其资源优势更加突出。农、林、牧、渔业竞争力评价值为 0.4227，远高于排名

新疆上市公司竞争力发展报告（2011~2020年）

第3的租赁和商务服务业，可见虽然农、林、牧、渔业相较于制造业有较大差距，但相较于除制造业以外的其他行业仍然具有较强竞争力；农、林、牧、渔业资源评价值为0.2102，能力评价值为0.2125，说明新疆农、林、牧、渔业在资源以及能力维度并无较大差异。租赁和商务服务业、采矿业竞争力评价值分别为0.3440、0.3253，说明租赁和商务服务业以及采矿业竞争力较为接近；租赁和商务服务业的资源评价值为0.1863，能力评价值为0.1576，采矿业资源评价值为0.1430，能力评价值为0.1823，说明租赁和商务服务业以及采矿业在资源以及能力维度并无较大差异。建筑业以及电力、热力、燃气及水生产和供应业竞争力评价值分别为0.2819以及0.2351，说明建筑业以及电力、热力、燃气及水生产和供

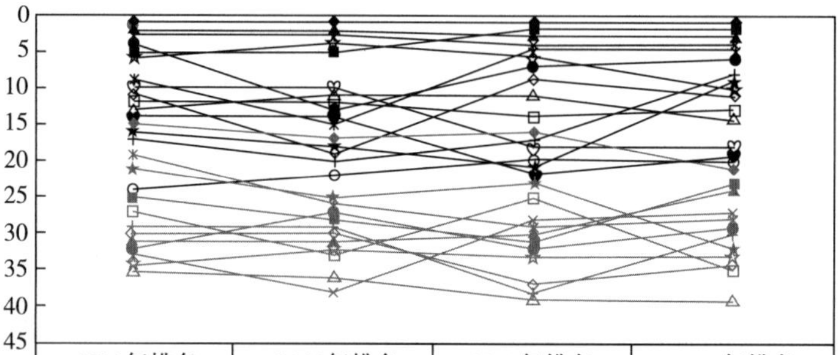

	2011年排名	2012年排名	2013年排名	2014年排名
渤海租赁	1	1	1	1
金风科技	5	5	2	2
特变电工	2	2	3	3
八一钢铁	3	3	4	4
中泰化学	9	15	5	5
光正集团	4	13	7	6
美克家居	17	20	17	8
友好集团	16	18	21	9
新研股份	6	4	6	10
香梨股份	11	19	9	11
西部建设	12	12	14	13
广汇能源	13	11	11	14
准油股份	10	10	18	18
青松建化	14	14	22	19
天康生物	24	22	20	20
天富能源	15	17	16	21
伊力特	25	28	31	23
新疆城建	31	31	30	24
天润乳业	33	38	28	27
天利高新	19	26	29	28
新赛股份	32	27	32	29
新农开发	29	29	38	30
国统股份	21	25	23	32
西部牧业	34	32	33	33
*ST新业	30	30	37	34
冠农股份	27	33	25	35
新中基	35	36	39	39

图9-14 2011~2014年竞争力排名基本保持不变的公司

数据来源：根据国泰安数据库、Wind数据库、上市公司年报测算。

154

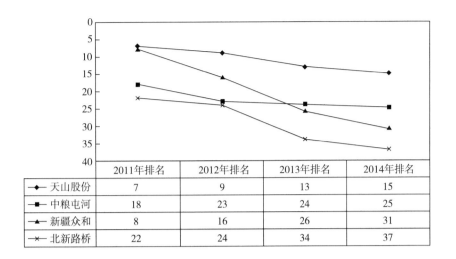

	2011年排名	2012年排名	2013年排名	2014年排名
◆ 天山股份	7	9	13	15
■ 中粮屯河	18	23	24	25
▲ 新疆众和	8	16	26	31
✕ 北新路桥	22	24	34	37

图 9-15　2011~2014 年竞争力排名持续下降的公司

数据来源：根据国泰安数据库、Wind 数据库、上市公司年报测算。

表 9-4　2014 年新疆上市公司行业竞争力排名

行业	排名	竞争力	资源评价值	能力评价值
制造业	1	2.3535	1.2747	1.0788
农、林、牧、渔业	2	0.4227	0.2102	0.2125
租赁和商务服务业	3	0.3440	0.1863	0.1576
采矿业	4	0.3253	0.1430	0.1823
建筑业	5	0.2819	0.1928	0.0892
电力、热力、燃气及水生产和供应业	6	0.2351	0.0725	0.1626
批发和零售业	7	0.1944	0.0615	0.1329

数据来源：根据国泰安数据库、Wind 数据库、上市公司年报测算。

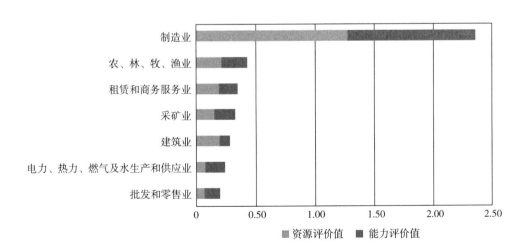

图 9-16　2014 年新疆上市公司行业竞争力排名

数据来源：根据国泰安数据库、Wind 数据库、上市公司年报测算。

应业竞争力较为接近；建筑业的资源评价值为 0.1928，能力评价值为 0.0892，说明新疆建筑业相较于能力维度，其资源优势更加突出，电力、热力、燃气及水生产和供应业的资源评价值为 0.0725，能力评价值为 0.1626，说明新疆电力、热力、燃气及水生产和供应业相较于资源维度，其能力优势更加突出。批发和零售业竞争力评价值为 0.1944，排名所有上市公司行业末尾，竞争力较弱；批发和零售业资源评价值为 0.0615，能力评价值为 0.1329，说明新疆批发和零售业相较于资源维度，其能力优势更加突出。

（2）2014 年分行业新疆上市公司排名分析。

2014 年新疆一产包括农、林、牧、渔业 1 个细分行业，二产包括制造业，采矿业（不含采矿辅助业），建筑业，电力、热力、燃气及水生产和供应业 4 个细分行业，三产包括租赁和商务服务业，采矿辅助业以及批发和零售业 3 个细分行业。

由表 9-5 及图 9-17 可知，2014 年农、林、牧、渔业上市公司总共 5 家，竞争力排名从前往后依次是：香梨股份、天山生物、新赛股份、新农开发以及西部牧业。其中，香梨股份在农、林、牧、渔业中排名第 1，在一产中排名第 1，在总排名中排名第 11。天山生物在农、林、牧、渔业中排名第 2，在一产中排名第 2，在总排名中排名第 16。新赛股份在农、林、牧、渔业中排名第 3，在一产中排名第 3，在总排名中排名第 29。新农开发在农、林、牧、渔业中排名第 4，在一产中排名第 4，在总排名中排名第 30。西部牧业在农、林、牧、渔业中排名第 5，在一产中排名第 5，在总排名中排名第 33。

2014 年采矿业上市公司总共 3 家，竞争力排名从前往后依次是：广汇能源、准油股份、西部黄金以及天山纺织。其中，广汇能源在采矿业中排名第 1，在二产中排名第 11，在总排名中排名第 14。西部黄金在采矿业中排名第 3，在二产中排名第 21，在总排名中排名第 26。天山纺织在采矿业中排名第 4，在二产中排名第 29，在总排名中排名第 38。

2014 年制造业上市公司总共 23 家，竞争力排名从前往后依次是：金风科技、特变电工、八一钢铁、中泰化学、美克家居、新研股份、啤酒花、西部建设、天山股份、麦趣尔、青松建化、天康生物、中葡股份、伊力特、中粮屯河、天润乳业、天利高新、新疆众和、国统股份、*ST 新业、冠农股份、新中基以及百花村。其中，金风科技在制造业中排名第 1，在二产中排名第 1，在总排名中排名第 2。特变电工在制造业中排名第 2，在二产中排名第 2，在总排名中排名第 3。八一钢铁在制造业中排名第 3，在二产中排名第 3，在总排名中排名第 4。中泰化学在制造业中排名第 4，在二产中排名第 4，在总排名中排名第 5。美克家居在制造业中排名第 5，在二产中排名第 7，在总排名中排名第 8。

2014 年电力、热力、燃气及水生产和供应业上市公司总共 2 家，竞争力排名从前往后依次是：新疆浩源以及天富能源。其中，新疆浩源在电力、热力、燃气及水生产和供应业中排名第 1，在二产中排名第 6，在总排名中排名第 7。天富能源在电力、热力、燃气及水生产和供应业中排名第 2，在二产中排名第 16，在总排名中排名第 21。

2014 年建筑业上市公司总共 3 家，竞争力排名从前往后依次是：光正集团、新疆城建以及北新路桥。其中，光正集团在建筑业中排名第 1，在二产中排名第 5，在总排名中排名第 6。新疆城建在建筑业中排名第 2，在二产中排名第 19，在总排名中排名第 24。北新路桥在建筑业中排名第 3，在二产中排名第 28，在总排名中排名第 37。

2014 年批发和零售业上市公司总共 2 家，竞争力排名从前往后依次是：友好集团以及国际实业。其中，友好集团在批发和零售业中排名第 1，在三产中排名第 2，在总排名中排名第 9。国际实业在批发和零售业中排名第 2，在三产中排名第 4，在总排名中排名第 36。

2014 年租赁和商务服务业上市公司总共 1 家，为渤海租赁。渤海租赁在租赁和商务服务业中排名第 1，在三产中排名第 1，在总排名中排名第 1。

表 9-5　2014 年新疆上市公司行业竞争力排名

行业名称	公司名称	总排名	细分行业排名	三产排名	竞争力	资源	能力
农、林、牧、渔业	香梨股份	11	1	1	0.1306	0.0650	0.0657
	天山生物	16	2	2	0.1014	0.0549	0.0465
	新赛股份	29	3	3	0.0648	0.0341	0.0308
	新农开发	30	4	4	0.0646	0.0273	0.0373
	西部牧业	33	5	5	0.0613	0.0289	0.0324
采矿业	广汇能源	14	1	11	0.1096	0.0657	0.0439
	西部黄金	26	3	21	0.0676	0.0234	0.0442
	天山纺织	38	4	29	0.0525	0.0186	0.0340
制造业	金风科技	2	1	1	0.2366	0.1640	0.0727
	特变电工	3	2	2	0.1806	0.1435	0.0371
	八一钢铁	4	3	3	0.1714	0.0890	0.0824
	中泰化学	5	4	4	0.1690	0.1352	0.0338
	美克家居	8	5	7	0.1506	0.1006	0.0500
	新研股份	10	6	8	0.1347	0.0253	0.1095
	啤酒花	12	7	9	0.1239	0.0786	0.0452
	西部建设	13	8	10	0.1102	0.0660	0.0443
	天山股份	15	9	12	0.1055	0.0668	0.0387
	麦趣尔	17	10	13	0.0992	0.0245	0.0747
	青松建化	19	11	14	0.0885	0.0586	0.0299
	天康生物	20	12	15	0.0859	0.0420	0.0439
	中葡股份	22	13	17	0.0780	0.0226	0.0555
	伊力特	23	14	18	0.0752	0.0235	0.0518
	中粮屯河	25	15	20	0.0693	0.0372	0.0321
	天润乳业	27	16	22	0.0673	0.0265	0.0408
	天利高新	28	17	23	0.0666	0.0294	0.0372
	新疆众和	31	18	24	0.0637	0.0316	0.0321
	国统股份	32	19	25	0.0636	0.0232	0.0405
	*ST 新业	34	20	26	0.0600	0.0273	0.0327
	冠农股份	35	21	27	0.0579	0.0260	0.0318
	新中基	39	22	30	0.0495	0.0150	0.0345
	百花村	40	23	31	0.0462	0.0185	0.0277
电力、热力、燃气及水生产和供应业	新疆浩源	7	1	6	0.1520	0.0256	0.1263
	天富能源	21	2	16	0.0831	0.0469	0.0362

行业名称	公司名称	总排名	细分行业排名	三产排名	竞争力	资源	能力
建筑业	光正集团	6	1	5	0.1534	0.1184	0.0350
	新疆城建	24	2	19	0.0739	0.0462	0.0277
	北新路桥	37	3	28	0.0547	0.0282	0.0265
采矿业	准油股份	18	2	3	0.0956	0.0354	0.0602
批发和零售业	友好集团	9	1	2	0.1377	0.0386	0.0991
	国际实业	36	2	4	0.0566	0.0228	0.0338
租赁和商务服务业	渤海租赁	1	1	1	0.3440	0.1863	0.1576

数据来源：根据国泰安数据库、Wind 数据库、上市公司年报测算。

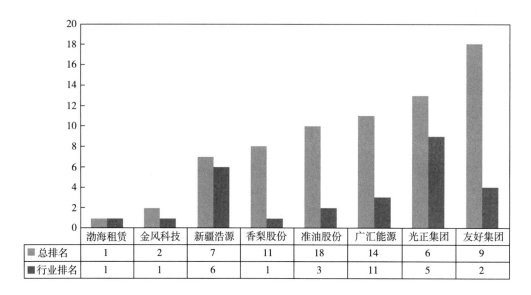

图 9-17　2014 年各行业排名第 1 新疆上市公司分析

数据来源：根据国泰安数据库、Wind 数据库、上市公司年报测算。

第 10 章
2015 年新疆上市公司竞争力排行

10.1 2015 年新疆上市公司分布特征

10.1.1 新疆上市公司数量特征

由图 10-1 可知，2015 年新疆上市公司总共 43 家，其中被证监会特别处理的 ST 或 *ST 类上市公司 1 家，占比 2.33%；新上市公司 2 家，占比 4.65%。

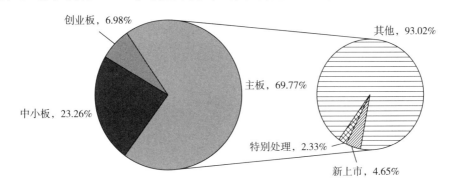

图 10-1 2015 年新疆上市公司数量特征

数据来源：Wind 数据库。

2015 年新疆上市公司在不同板块市场的数量存在差异，从小到大排序，依次为：创业板 3 家，占比约 6.98%；中小板 10 家，占比约 23.26%；主板 30 家，占比约 69.77%。说明新疆创业板、中小板的上市公司数量较少，以主板为主。

10.1.2 新疆上市公司行业分布

由图 10-2 可知，2015 年新疆上市公司各行业的数量存在较大差异，从小到大排序，依次为：租赁和商务服务业 1 家，占比为 2.33%；金融业 1 家，占比为 2.33%；电力、热力、燃气及水生产和供应业 2 家，占比为 4.65%；批发和零售业 3 家，占比为 6.98%；建筑业 3 家，占比为 6.98%；采矿业 4 家，占比为 9.31%；农、林、牧、渔业 5 家，占比为 11.63%；制造业 24 家，占比为 55.81%。说明新疆上市公司以制造业为主。

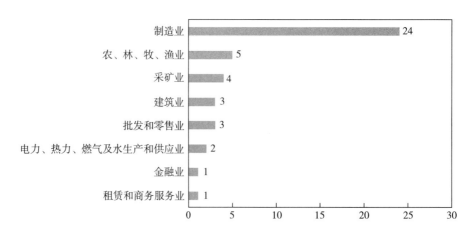

图10-2　2015年新疆上市公司行业分布

数据来源：Wind 数据库。

由图10-3可知，2015年新疆上市公司在一产、二产、三产的数量存在较大差异，从小到大排序，依次为：一产5家，占比为12%；三产6家，占比为14%；二产32家，占比为74%。说明新疆上市公司以二产为主。

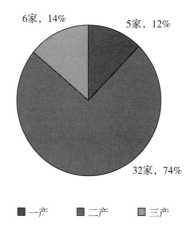

图10-3　2015年新疆上市公司三产占比

数据来源：Wind 数据库。

10.1.3　新疆上市公司地区分布

由图10-4可知，2015年新疆上市公司不同地区的数量存在较大差异，从大到小排序，依次为：乌鲁木齐市、昌吉回族自治州、石河子市、阿克苏地区、克拉玛依市、巴音郭楞蒙古自治州、塔城地区、伊犁哈萨克自治州、博尔塔拉蒙古自治州。从地区分布来看，2015年新疆上市公司多集中于北疆地区，为38家，约占总体的88.37%，主要涉及乌鲁木齐市、昌吉回族自治州、石河子市、克拉玛依市、塔城地区、伊犁哈萨克自治州、博尔塔拉蒙古自治州。其中，乌鲁木齐市数量最多，为26家，约占总体的60.47%；昌吉回族自治州次之，为4家，约占总体的9.3%；石河子市3家，约占总体的6.98%；克拉玛依市2家，约占总体的4.65%；塔城地区、伊犁哈萨克自治州和博尔塔拉蒙古自治州数量最少，各为1家，分

160

别约占总体的 2.33%。南疆地区分布较少，为 5 家，约占总体的 11.63%，主要有阿克苏地区、巴音郭楞蒙古自治州。其中，阿克苏地区数量最多，为 3 家，约占总体的 6.98%；巴音郭楞蒙古自治州数量最少，为 2 家，约占总体的 4.65%。

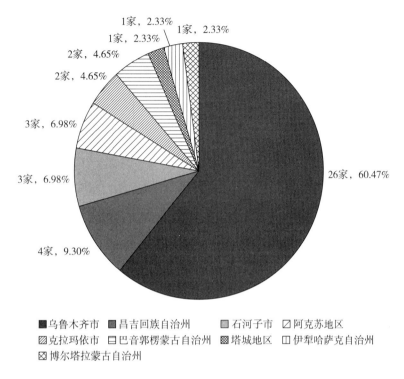

图 10-4　2015 年新疆上市公司地区分布

数据来源：Wind 数据库。

10.1.4　新疆上市公司性质分布

由图 10-5 可知，2015 年新疆上市公司性质分布存在较大差异，从小到大排序，依次为：

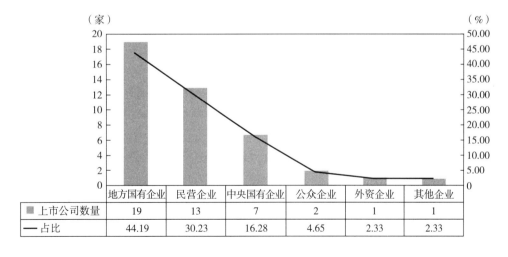

	地方国有企业	民营企业	中央国有企业	公众企业	外资企业	其他企业
上市公司数量	19	13	7	2	1	1
占比	44.19	30.23	16.28	4.65	2.33	2.33

图 10-5　2015 年新疆上市公司性质分布

数据来源：Wind 数据库。

外资企业 1 家，占比为 2.33%；其他企业 1 家，占比为 2.33%；公众企业 2 家，占比为 4.65%；中央国有企业 7 家，占比为 16.28%；民营企业 13 家，占比为 30.23%；地方国有企业 19 家，占比为 44.19%。

10.2　2015 年新疆上市公司竞争力排行分析

10.2.1　新疆上市公司基本情况

2015 年新疆上市公司竞争力评价值平均值为 0.0823，中位数为 0.0604，平均值大于中位数说明竞争力评价值中位数以上的企业竞争力评价值总体较大；大于竞争力评价值平均值的企业 11 家，占比为 26.19%；总体极差为 0.2985，说明新疆上市公司竞争力之间存在较大差距。

10.2.2　新疆上市公司中得分前 5 的公司分析

由表 10-1 可知，2015 年新疆上市公司排名前 5 的公司从前到后排序，依次为：渤海金控、*ST 新亿、金风科技、天润乳业以及特变电工。

表 10-1　2015 年新疆上市公司竞争力评价值及排名情况

股票代码	企业名称	竞争力评价值	排名	股票代码	企业名称	竞争力评价值	排名
000415	渤海金控	0.3311	1	600509	天富能源	0.0700	16
600145	*ST 新亿	0.3214	2	000877	天山股份	0.0673	17
002202	金风科技	0.2198	3	002207	准油股份	0.0648	18
600419	天润乳业	0.1508	4	300313	天山生物	0.0619	19
600089	特变电工	0.1309	5	600888	新疆众和	0.0608	20
300159	新研股份	0.1191	6	600084	中葡股份	0.0606	21
600778	友好集团	0.1151	7	600090	啤酒花	0.0602	22
002700	新疆浩源	0.1138	8	000972	新中基	0.0577	23
600337	美克家居	0.1044	9	300106	西部牧业	0.0567	24
002092	中泰化学	0.0977	10	002100	天康生物	0.0554	25
600506	香梨股份	0.0946	11	600197	伊力特	0.0540	26
600581	八一钢铁	0.0796	12	603227	雪峰科技	0.0539	27
600256	广汇能源	0.0779	13	600737	中粮屯河	0.0519	28
002302	西部建设	0.0770	14	600545	新疆城建	0.0511	29
002719	麦趣尔	0.0711	15	002524	光正集团	0.0483	30

续表

股票代码	企业名称	竞争力评价值	排名	股票代码	企业名称	竞争力评价值	排名
002307	北新路桥	0.0472	31	000159	国际实业	0.0406	37
600339	天利高新	0.0472	32	600359	新农开发	0.0384	38
600251	冠农股份	0.0429	33	600540	新赛股份	0.0376	39
002205	国统股份	0.0419	34	600721	百花村	0.0345	40
600075	新疆天业	0.0414	35	000813	天山纺织	0.0339	41
601069	西部黄金	0.0407	36	600425	青松建化	0.0326	42

数据来源：根据国泰安数据库、Wind 数据库、上市公司年报测算。

由图 10-6 可知，渤海金控竞争力评价值为 0.3311，排名第 1。其中，能力评价值为 0.1281，排名第 2，资源评价值为 0.2031，排名第 1；由图 10-7 以及图 10-8 可知，渤海金控的资源维度的人力资源元素和能力维度的营运能力较为突出，这说明优质的人力资源和较强的企业营运能力是渤海金控整体企业竞争力排名第 1 的主要原因。2015 年，公司董事会确立了"以租赁业为基础，打造多元化金融控股集团"的发展战略。一方面，围绕集装箱租赁、飞机租赁和基础设施租赁持续拓展主营业务，通过产业并购进一步提升公司在租赁行业的市场地位。另一方面，通过参股渤海人寿、联讯证券、认购中贷优先股等方式进入保险、证券、互联网金融领域，逐步构建和完善公司多元化金融产业布局，不断提升公司综合金融水平。2015 年是公司快速发展的关键一年，国际化程度进一步提高，各项业务迈上新台阶。公司成功收购全球第八大集装箱租赁公司 Cronos Ltd. 80% 股权，成为全球最大的集装箱租赁服务商；顺利完成 160 亿元的非公开发行，极大地提升了公司的资本实力，为公司未来的快速发展奠定了坚实的基础。2016 年 1 月，公司完成对在美国纽交所上市的飞机租赁公司 Avolon Holdinglimited 100% 股权的收购，成为全球领先的飞机租赁服务商。

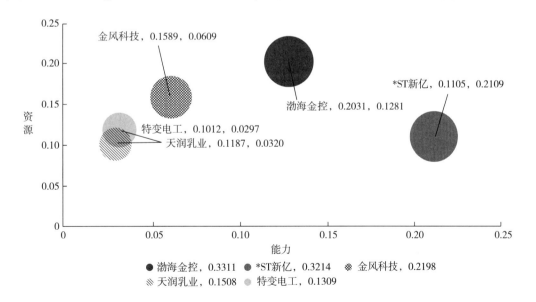

图 10-6　新疆上市公司中得分前 5 的公司竞争力维度分析

数据来源：根据国泰安数据库、Wind 数据库、上市公司年报测算。

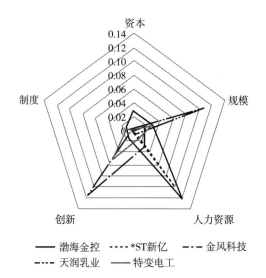

图 10-7　新疆上市公司中排名前 5 的公司资源维度五要素分析

数据来源：根据国泰安数据库、Wind 数据库、上市公司年报测算。

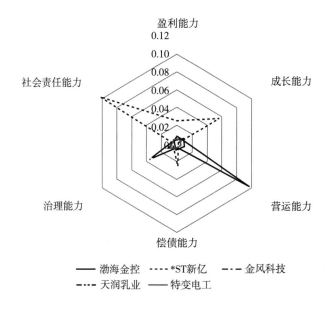

图 10-8　新疆上市公司中排名前 5 的公司能力维度六要素分析

数据来源：根据国泰安数据库、Wind 数据库、上市公司年报测算。

由图 10-6 可知，*ST 新亿竞争力评价值为 0.3214，排名第 2。其中，能力评价值为 0.2109，排名第 1，资源评价值为 0.1105，排名第 4；由图 10-7 以及图 10-8 可知，*ST 新亿的资源维度的人力资源元素和能力维度的社会责任能力、成长能力以及偿债能力较为突出，这说明优质的人力资源和较强的企业社会责任能力、成长能力以及偿债能力是*ST 新亿整体企业竞争力排名第 2 的主要原因。公司注册地塔城是我国通往中亚、西亚乃至欧洲的门户。公司将立足塔城地区的区位优势，做好生产经营的合理准备，通过相关方或第三方及时注入规模化农业或规模化消费等各类优质资产，并逐步调整公司的产业结构，使公司具有可持续的盈利能力。

由图 10-6 可知，金风科技竞争力评价值为 0.2198，排名第 3。其中，能力评价值为 0.0609，排名第 3，资源评价值为 0.1589，排名第 2；由图 10-7 以及图 10-8 可知，金风科技资源维度的创新元素和能力维度的治理能力较为突出，这说明优质的创新资源和较强的治理能力是金风科技整体企业竞争力排名第 3 的主要原因。2015 年，我国风电产业整体回暖势头强劲，公司积极抢抓行业发展机遇，以技术创新为先导，立足生产制造，注重客户体验，深挖产业链价值。

由图 10-6 可知，天润乳业竞争力评价值为 0.1508，排名第 4。其中，能力评价值为 0.0320，排名第 4，资源评价值为 0.1187，排名第 3；由图 10-7 以及图 10-8 可知，天润乳业资源维度的规模元素和能力维度的营运能力较为突出，这说明规模优势和较强的营运能力是天润乳业整体企业竞争力排名第 4 的主要原因。2015 年，天润乳业发行股份收购天澳牧业 100% 股权，公司新增大奶牛 1.1 万头。奶牛养殖规模达 1.3 万头，天润奶业自有奶牛基地建设基本完成，公司奶源保障能力和奶源质量安全水平大幅提升，天润奶业全产业链发展模式养殖和乳品加工基本建立。

由图 10-6 可知，特变电工竞争力评价值为 0.1309，排名第 5。其中，能力评价值为 0.0297，排名第 5，资源评价值为 0.1012，排名第 5；由图 10-7 以及图 10-8 可知，特变电工资源维度的创新元素和能力维度的治理能力较为突出，这说明优质的创新资源和较强的治理能力是特变电工整体企业竞争力排名第 5 的主要原因。2015 年，公司围绕"一带一路"倡议，中标多项国家重点项目，围绕国家"一带一路"倡议，进一步提速。"走出去"速度较快，出口结构调整成效显著，境外进口大幅增长。

10.2.3　新疆上市公司中排名上升的公司分析

由图 10-9 及表 10-2 可知，新疆上市公司中在 2015 年排名上升的有 12 家，分别是天润乳业、新中基、新疆众和、西部牧业、北新路桥、天富能源、新研股份、友好集团、麦趣尔、冠农股份、广汇能源以及中葡股份。其中天润乳业、新中基、新疆众和以及西部牧业上升较为明显。

排名上升最为突出的是天润乳业，由 2014 年的第 27 名上升至 2015 年的第 4 名，上升了 23 个位次。从评价体系的指标得分情况来看，资源评价值得分为 0.1187，较 2014 年提高了 347.30%，能力评价值得分为 0.0320，较 2014 年下降了 21.45%。从细分指标来看，资源维度的规模评价值得分提升最大，较 2014 年提高了 17618.33%，资源维度的资本评价值得分下降最大，较 2014 年下降了 84.59%；能力维度的治理能力评价值得分提升最大，较 2014 年提高了 43.36%，能力维度的偿债能力评价值得分下降最大，较 2014 年下降了 32.43%。

2015 年，天润乳业充分利用生产技术和设施优势，加强产品创新和结构调整，推出全新爱克林浓缩酸奶系列，扩大新疆市场份额。啤酒、饮料产品技术改造，公司奶啤生产能力已达到 30 吨/天，奶啤饮料产品对公司销售增长和利润提升的作用日益明显。通过产品创新，天润乳业产品结构不断优化，市场竞争力不断提升，盈利能力大幅提升，公司进入健康快速发展阶段。

其次是新中基，由 2014 年的第 39 名上升至 2015 年的第 23 名，上升了 16 个位次。从评价体系的指标得分情况来看，资源评价值得分为 0.0325，较 2014 年提高了 116.04%，能力评价值得分为 0.0253，较 2014 年下降了 26.76%。从细分指标来看，资源维度的创新评价值得分提升最大，较 2014 年提高了 2092.33%，资源维度的规模评价值得分下降最大，较 2014 年下降了 17.29%；能力维度的营运能力评价值得分提升最大，较 2014 年提高了 140.07%，能力维度的社会责任能力评价值得分下降最大，较 2014 年下降了 52.63%。公司不断完善种植基地"五统一"管理模式，从单一品种、田间一体化管理、机采一体化管理、采摘运输一体化四个方面推进番茄种植标准化进程。统一的质检标准确认，公司主营业务为生产所需原材料的供应和管理。出台补贴政策扩大新品种种植面积。通过不断努力，番茄新品种推广面积提高到 73.80%。机械收获已成为番茄产业的主流方式，通过品种和种植方式的调整，早、中、晚熟品种的推广，苗期和移栽的播期延长了番茄的加工期间，提高设备利用率，降低生产成本。

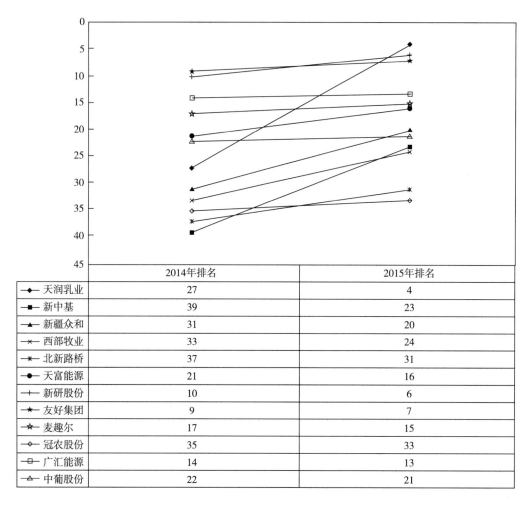

	2014年排名	2015年排名
◆ 天润乳业	27	4
■ 新中基	39	23
▲ 新疆众和	31	20
✕ 西部牧业	33	24
＊ 北新路桥	37	31
● 天富能源	21	16
＋ 新研股份	10	6
★ 友好集团	9	7
✦ 麦趣尔	17	15
◇ 冠农股份	35	33
□ 广汇能源	14	13
△ 中葡股份	22	21

图 10-9 新疆上市公司中排名上升的公司

数据来源：根据国泰安数据库、Wind 数据库、上市公司年报测算。

表 10-2　新疆上市公司竞争力排名上升较为明显的公司

维度	公司名称\n各项得分	天润乳业			新中基		
		2014 年	2015 年	变动率（%）	2014 年	2015 年	变动率（%）
资源	资本	0.0154	0.0024	-84.59	0.0048	0.0111	132.98
	规模	0.0006	0.1079	17618.33	0.0018	0.0015	-17.29
	人力资源	0.0069	0.0048	-30.62	0.0050	0.0047	-6.54
	创新	0.0007	0.0015	126.26	0.0004	0.0083	2092.33
	制度	0.0030	0.0022	-27.14	0.0031	0.0069	121.75
	资源合计	0.0265	0.1187	347.30	0.0150	0.0325	116.04
能力	盈利能力	0.0075	0.0053	-29.31	0.0067	0.0037	-44.38
	成长能力	0.0100	0.0075	-24.49	0.0028	0.0050	78.71
	营运能力	0.0086	0.0080	-6.23	0.0011	0.0026	140.07
	偿债能力	0.0093	0.0063	-32.43	0.0043	0.0034	-19.72
	治理能力	0.0012	0.0018	43.36	0.0012	0.0018	43.36
	社会责任能力	0.0042	0.0031	-26.08	0.0184	0.0087	-52.63
	能力合计	0.0408	0.0320	-21.45	0.0345	0.0253	-26.76
竞争力		0.0673	0.1508	123.92	0.0495	0.0577	16.59
维度	公司名称\n各项得分	新疆众和			西部牧业		
		2014 年	2015 年	变动率（%）	2014 年	2015 年	变动率（%）
资源	资本	0.0035	0.0018	-48.65	0.0060	0.0032	-46.12
	规模	0.0069	0.0045	-34.58	0.0016	0.0014	-11.41
	人力资源	0.0069	0.0074	6.73	0.0096	0.0104	9.03
	创新	0.0064	0.0114	77.07	0.0035	0.0149	322.15
	制度	0.0079	0.0065	-17.63	0.0082	0.0058	-29.32
	资源合计	0.0316	0.0315	-0.21	0.0289	0.0358	23.63
资源	盈利能力	0.0028	0.0038	32.36	0.0058	0.0038	-34.10
	成长能力	0.0054	0.0040	-25.81	0.0076	0.0036	-52.79
	营运能力	0.0068	0.0081	19.64	0.0045	0.0025	-43.88
	偿债能力	0.0060	0.0050	-16.54	0.0051	0.0030	-39.68
	治理能力	0.0058	0.0057	-0.99	0.0031	0.0031	-1.42
	社会责任能力	0.0054	0.0027	-48.69	0.0063	0.0049	-21.93
	能力合计	0.0321	0.0293	-8.74	0.0324	0.0210	-35.19
竞争力		0.0637	0.0608	-4.51	0.0613	0.0567	-7.42

数据来源：根据国泰安数据库、Wind 数据库、上市公司年报测算。

　　排名第 3 的是新疆众和，由 2014 年的第 31 名上升至 2015 年的第 20 名，上升了 11 个位次。从评价体系的指标得分情况来看，资源和能力评价值得分较 2014 年都发生了下降，资源评价值得分为 0.0315，较 2014 年下降了 0.21%，能力评价值得分为 0.0293，较 2014 年下降了 8.74%。从细分指标来看，资源维度的创新评价值得分提升最大，较 2014 年提高了 77.07%，资源维度的资本评价值得分下降最大，较 2014 年下降了 48.65%；能力维度的盈利能力评价值得分提升最大，较 2014 年提高了 32.36%，能力维度的社会责任能力评价值得分下降最大，较2014年下降了48.69%。2015年以来，全球经济低迷与深层次内战重叠，经济下行压力加大，大宗商品价格大幅下跌，实体经济遭受重创。公司经营的铝电解电容器用铝箔材料行业持续生产过剩，市场竞争激烈，价格下滑，铝价下跌也对铝制品及合金制品产生较大影响。面对艰难的经营形势，公司着力开拓外部市场，注重内部产品质量、技术创新，实施精益管理，完善内控体系建设，有效改善了公司经营状况。2015年度公司实现营业利润76.27亿元，同比增长43.14%，归属于上市公司股东的净利润0.246697亿元。

排名第4的是西部牧业，由2014年的第33名上升至2015年的第24名，上升了9个位次。从评价体系的指标得分情况来看，资源评价值得分为0.0358，较2014年提高了23.63%，能力评价值得分为0.0210，较2014年下降了35.19%。从细分指标来看，资源维度的创新评价值得分提升最大，较2014年提高了322.15%，资源维度的资本评价值得分下降最大，较2014年下降了46.12%；能力维度的所有要素评价值得分都较2014年降低了，其中能力维度的成长能力评价值得分下降最大，较2014年下降了52.79%。公司是新疆唯一一家获得国家婴幼儿配方乳粉生产许可证的企业，被认定为"国家农业产业化重点龙头企业""全国学生食用乳生产企业""兵团循环经济示范单位"。2015年7月，公司收购原石河子伊利乳业有限公司（现更名为新疆西牧乳业有限公司）100%股权，立即开始投资建设液态奶灌装机和奶粉灌装机。2015年11月推出两款液态奶新产品，12月推出多种功能性奶粉产品。目前，公司正在积极申请奶粉生产许可证。公司计划以"西牧乳业"为平台，加强与国内知名企业的合作，利用西部畜牧资源优势和合作伙伴的营销渠道及人才优势，共同打造全国知名乳品品牌。

10.2.4 新疆上市公司中排名下降的公司分析

由图10-10可知，新疆上市公司中在2015年排名下降的有24家，分别是光正集团、青松建化、啤酒花、西部黄金、新赛股份、八一钢铁、新农开发、中泰化学、天康生物、新疆城建、天利高新、天山生物、伊力特、中粮屯河、天山纺织、特变电工、天山股份、国统股份、金风科技、新疆浩源、美克家居、西部建设、新疆天业以及国际实业。其中光正集团、青松建化、啤酒花以及西部黄金下降较为明显。

由图10-10及表10-3可知，排名下降最为明显的是光正集团，由2014年的第6名下降至2015年的第30名，下降了24个位次。从评价体系的指标得分情况来看，资源和能力评价值得分较2014年都发生了下降，资源评价值得分为0.0176，较2014年下降了85.17%，能力评价值得分为0.0307，较2014年下降了12.31%。从细分指标来看，资源维度的创新评价值得分提升最大，较2014年提高了74.01%，资源维度的规模评价值得分下降最大，较2014年下降了98.66%；能力维度的盈利能力评价值得分提升最大，较2014年提高了21.05%，能力维度的成长能力评价值得分下降最大，较2014年下降了39.33%。受宏观经济和市场环境的变化的影响，2015年度公司实现营业收入55518.53万元，比上年同期下降11.36%；其中钢结构行业收入23463.39万元，较上年同期42996.77万元下降了45.43%，占营业收入的比重为42.26%；天然气行业收入29719.08万元，较上年同期13953.85万元上升了75.29%，占营业收入的比重为53.53%；供热行业收入1158.04万元，较上年同期1547.21万元下降了25.15%，占营业收入的比重为2.09%。

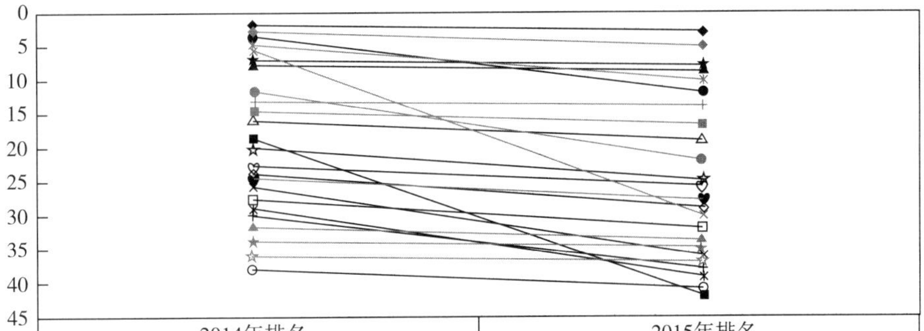

	2014年排名	2015年排名
◆ 光正集团	6	30
■ 青松建化	19	42
▲ 啤酒花	12	22
✕ 西部黄金	26	36
✱ 新赛股份	29	39
● 八一钢铁	4	12
┼ 新农开发	30	38
★ 中泰化学	5	10
☆ 天康生物	20	25
◇ 新疆城建	24	29
□ 天利高新	28	32
△ 天山生物	16	19
♡ 伊力特	23	26
♥ 中粮屯河	25	28
○ 天山纺织	38	41
◆ 特变电工	3	5
■ 天山股份	15	17
▲ 国统股份	32	34
✕ 金风科技	2	3
✱ 新疆浩源	7	8
● 美克家居	8	9
┼ 西部建设	13	14
★ 新疆天业	34	35
☆ 国际实业	36	37

图 10-10　新疆上市公司中排名下降的公司

数据来源：根据国泰安数据库、Wind 数据库、上市公司年报测算。

表 10-3　新疆上市公司竞争力排名下降较为明显的公司

维度	公司名称 各项得分	光正集团			青松建化		
		2014 年	2015 年	变动率（%）	2014 年	2015 年	变动率（%）
资源	资本	0.0102	0.0048	−53.39	0.0081	0.0021	−74.45
	规模	0.0874	0.0012	−98.66	0.0107	0.0062	−41.63
	人力资源	0.0135	0.0061	−54.52	0.0035	0.0023	−34.35
	创新	0.0007	0.0011	74.01	0.0306	0.0015	−95.25
	制度	0.0066	0.0043	−34.69	0.0057	0.0011	−81.33
	资源合计	0.1184	0.0176	−85.17	0.0586	0.0131	−77.66

维度	公司名称 各项得分	光正集团			青松建化		
		2014 年	2015 年	变动率（%）	2014 年	2015 年	变动率（%）
能力	盈利能力	0.0042	0.0051	21.05	0.0035	0.0021	-41.57
	成长能力	0.0051	0.0031	-39.33	0.0049	0.0026	-47.06
	营运能力	0.0027	0.0029	9.32	0.0026	0.0020	-21.57
	偿债能力	0.0060	0.0049	-18.57	0.0048	0.0031	-35.18
	治理能力	0.0077	0.0085	10.79	0.0012	0.0018	43.36
	社会责任能力	0.0094	0.0062	-33.73	0.0128	0.0079	-38.20
	能力合计	0.0350	0.0307	-12.31	0.0299	0.0195	-34.77
竞争力		0.1534	0.0483	-68.54	0.0885	0.0326	-63.15

维度	公司名称 各项得分	啤酒花			西部黄金		
		2014 年	2015 年	变动率（%）	2014 年	2015 年	变动率（%）
资源	资本	0.0088	0.0034	-61.04	0.0039	0.0020	-49.74
	规模	0.0592	0.0019	-96.82	0.0026	0.0018	-29.13
	人力资源	0.0061	0.0049	-19.64	0.0061	0.0047	-21.84
	创新	0.0004	0.0005	13.41	0.0007	0.0007	4.80
	制度	0.0042	0.0046	7.58	0.0101	0.0031	-69.60
	资源合计	0.0786	0.0152	-80.68	0.0234	0.0124	-47.11
能力	盈利能力	0.0089	0.0051	-42.33	0.0086	0.0049	-42.65
	成长能力	0.0044	0.0036	-17.57	0.0049	0.0036	-26.14
	营运能力	0.0150	0.0203	35.77	0.0125	0.0077	-38.01
	偿债能力	0.0089	0.0084	-5.64	0.0043	0.0040	-6.47
	治理能力	0.0023	0.0034	47.50	0.0012	0.0018	43.36
	社会责任能力	0.0058	0.0042	-27.54	0.0127	0.0063	-50.42
	能力合计	0.0452	0.0450	-0.36	0.0442	0.0284	-35.84
竞争力		0.1239	0.0602	-51.37	0.0676	0.0407	-39.74

数据来源：根据国泰安数据库、Wind 数据库、上市公司年报测算。

其次是青松建化，由 2014 年的第 19 名下降至 2015 年的第 42 名，下降了 23 个位次。从评价体系的指标得分情况来看，资源和能力评价值得分较 2014 年都发生了下降，资源评价值得分为 0.0131，较 2014 年下降了 77.66%，能力评价值得分为 0.0195，较 2014 年下降了 34.77%。从细分指标来看，资源维度的所有要素评价值得分都发生了下降，资源维度的创新评价值得分下降最大，较 2014 年下降了 95.25%；能力维度的治理能力评价值得分提升最大，较 2014 年提高了 43.36%，能力维度的成长能力评价值得分下降最大，较 2014 年下降了 47.06%。2015 年，我国经济增长总体放缓，总体来看，部分地区产业结构不合理，生产过剩严重，市场需求和水泥价格均比去年同期差，形势十分严峻。今年以来，水泥市场需求进入下行通道。

啤酒花由 2014 年的第 12 名下降至 2015 年的第 22 名，下降了 10 个位次。从评价体系的指标得分情况来看，资源和能力评价值得分较 2014 年都发生了下降，资源评价值得分为

0. 0152，较 2014 年下降了 80.68%，能力评价值得分为 0.0450，较 2014 年下降了 0.36%。从细分指标来看，资源维度的创新评价值得分提升最大，较 2014 年提高了 13.41%，资源维度的规模评价值得分下降最大，较 2014 年下降了 96.82%；能力维度的治理能力评价值得分提升最大，较 2014 年提高了 47.50%，能力维度的盈利能力评价值得分下降最大，较 2014 年下降了 42.33%。2015 年，随着国内经济增速放缓，啤酒消费需求萎缩，国内啤酒产销量继续负增长。新疆以外的啤酒品牌纷纷进入新疆扩大销售，加剧了新疆啤酒市场的竞争，公司面临更加激烈的竞争。

西部黄金由 2014 年的第 26 名下降至 2015 年的第 36 名，下降了 10 个位次。从评价体系的指标得分情况来看，资源和能力评价值得分较 2014 年都发生了下降，资源评价值得分为 0.0124，较 2014 年下降了 47.11%，能力评价值得分为 0.0284，较 2014 年下降了 35.84%。从细分指标来看，资源维度的创新评价值得分提升最大，较 2014 年提高了 4.80%，资源维度的制度评价值得分下降最大，较 2014 年下降了 69.60%；能力维度的治理能力评价值得分提升最大，较 2014 年提高了 43.36%，能力维度的社会责任能力评价值得分下降最大，较 2014 年下降了 50.42%。2015 年，受国际政治经济形势等多方面因素的影响，金价下跌并持续下跌，对公司生产经营产生重大不利影响。

10.2.5　2015 年新疆上市公司排名变动趋势分析

（1）2015 年较 2012~2014 年竞争力排名均上升的公司分析。

由图 10-11 可知，2015 年较 2012~2014 年竞争力排名均上升的公司总共 4 家，分别为天润乳业、友好集团、新中基以及西部牧业。其中，天润乳业由 2012 年的第 38 名上升至 2015 年的第 4 名，上升了 34 个位次。由 2013 年的第 28 名上升至 2015 年的第 4 名，上升了 24 个位次。由 2014 年的第 27 名上升至 2015 年的第 4 名，上升了 23 个位次。友好集团由 2012 年的第 18 名上升至 2015 年的第 7 名，上升了 11 个位次。由 2013 年的第 21 名上升至 2015 年的第 7 名，上升了 14 个位次。由 2014 年的第 9 名上升至 2015 年的第 7 名，上升了 2 个位次。新中基由 2012 年的第 36 名上升至 2015 年的第 23 名，上升了 13 个位次。由 2013 年的第 39 名上升至 2015 年的第 23 名，上升了 16 个位次。由 2014 年的第 39 名上升至 2015 年的第 23 名，上升了 16 个位次。西部牧业由 2012 年的第 32 名上升至 2015 年的第 24 名，上升了 8 个位次。由 2013 年的第 33 名上升至 2015 年的第 24 名，上升了 9 个位次。由 2014 年的第 33 名上升至 2015 年的第 24 名，上升了 9 个位次。

（2）2015 年较 2012~2014 年竞争力排名均下降的公司分析。

由图 10-12 可知，2015 年较 2012~2014 年竞争力排名均下降的公司总共 14 家，分别为特变电工、八一钢铁、天山股份、天山生物、啤酒花、天康生物、中粮屯河、光正集团、天利高新、国统股份、国际实业、新赛股份、天山纺织以及青松建化。其中，特变电工由 2012 年的第 2 名下降至 2015 年的第 5 名，下降了 3 个位次。由 2013 年的第 3 名下降至 2015 年的第 5 名，下降了 2 个位次。由 2014 年的第 3 名下降至 2015 年的第 5 名，下降了 2 个位次。八一钢铁由 2012 年的第 3 名下降至 2015 年的第 12 名，下降了 9 个位次。由 2013 年的第 4 名下降至 2015 年的第 12 名，下降了 8 个位次。由 2014 年的第 4 名下降至 2015 年的第 12 名，下降了 8 个位次。天山股份由 2012 年的第 9 名下降至 2015 年的第 17 名，下降了 8

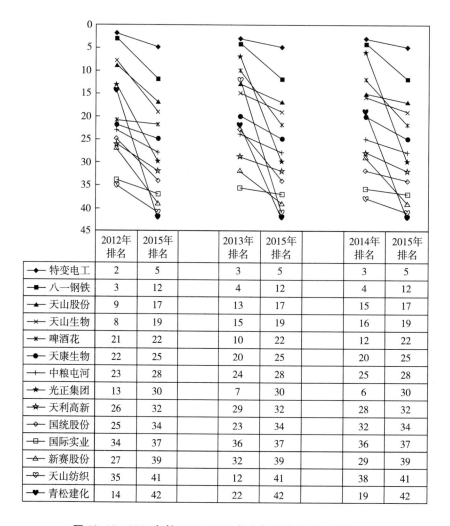

图 10-11 2015 年较 2012~2014 年竞争力排名均上升的公司

数据来源：根据国泰安数据库、Wind 数据库、上市公司年报测算。

	2012年排名	2015年排名		2013年排名	2015年排名		2014年排名	2015年排名
天润乳业	38	4		28	4		27	4
友好集团	18	7		21	7		9	7
新中基	36	23		39	23		39	23
西部牧业	32	24		33	24		33	24

	2012年排名	2015年排名		2013年排名	2015年排名		2014年排名	2015年排名
特变电工	2	5		3	5		3	5
八一钢铁	3	12		4	12		4	12
天山股份	9	17		13	17		15	17
天山生物	8	19		15	19		16	19
啤酒花	21	22		10	22		12	22
天康生物	22	25		20	25		20	25
中粮屯河	23	28		24	28		25	28
光正集团	13	30		7	30		6	30
天利高新	26	32		29	32		28	32
国统股份	25	34		23	34		32	34
国际实业	34	37		36	37		36	37
新赛股份	27	39		32	39		29	39
天山纺织	35	41		12	41		38	41
青松建化	14	42		22	42		19	42

图 10-12 2015 年较 2012~2014 年竞争力排名均下降的公司

数据来源：根据国泰安数据库、Wind 数据库、上市公司年报测算。

个位次。由 2013 年的第 13 名下降至 2015 年的第 17 名，下降了 4 个位次。由 2014 年的第 15 名下降至 2015 年的第 17 名，下降了 2 个位次。天山生物由 2012 年的第 8 名下降至 2015 年的第 19 名，下降了 11 个位次。由 2013 年的第 15 名下降至 2015 年的第 19 名，下降了 4 个位次。由 2014 年的第 16 名下降至 2015 年的第 19 名，下降了 3 个位次。啤酒花由 2012 年的第 21 名下降至 2015 年的第 22 名，下降了 1 个位次。由 2013 年的第 10 名下降至 2015 年的第 22 名，下降了 12 个位次。由 2014 年的第 12 名下降至 2015 年的第 22 名，下降了 10 个位次。天康生物由 2012 年的第 22 名下降至 2015 年的第 25 名，下降了 3 个位次。由 2013 年的第 20 名下降至 2015 年的第 25 名，下降了 5 个位次。由 2014 年的第 20 名下降至 2015 年的第 25 名，下降了 5 个位次。中粮屯河由 2012 年的第 23 名下降至 2015 年的第 28 名，下降了 5 个位次。由 2013 年的第 24 名下降至 2015 年的第 28 名，下降了 4 个位次。由 2014 年的第 25 名下降至 2015 年的第 28 名，下降了 3 个位次。光正集团由 2012 年的第 13 名下降至 2015 年的第 30 名，下降了 17 个位次。由 2013 年的第 7 名下降至 2015 年的第 30 名，下降了 23 个位次。由 2014 年的第 6 名下降至 2015 年的第 30 名，下降了 24 个位次。天利高新由 2012 年的第 26 名下降至 2015 年的第 32 名，下降了 6 个位次。由 2013 年的第 29 名下降至 2015 年的第 32 名，下降了 3 个位次。由 2014 年的第 28 名下降至 2015 年的第 32 名，下降了 4 个位次。国统股份由 2012 年的第 25 名下降至 2015 年的第 34 名，下降了 9 个位次。由 2013 年的第 23 名下降至 2015 年的第 34 名，下降了 11 个位次。由 2014 年的第 32 名下降至 2015 年的第 34 名，下降了 2 个位次。

（3）2012~2015 年竞争力排名上下波动较为明显的公司分析。

由图 10-13 可知，2012~2015 年竞争力排名上下波动较为明显的公司总共 8 家，分别为友好集团、美克家居、新疆众和、中葡股份、啤酒花、光正集团、天山纺织以及青松建化。友好集团、新疆众和以及中葡股份呈现先下降后上升的趋势。美克家居、啤酒花、光正集团以及天山纺织呈现先上升后下降的趋势。青松建化呈现先下降后上升再下降的趋势。

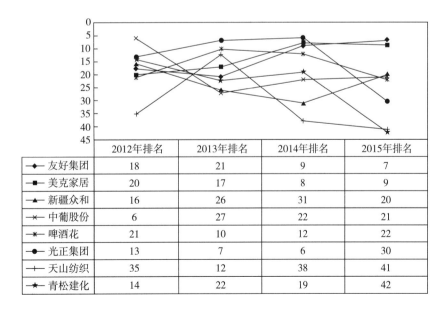

	2012年排名	2013年排名	2014年排名	2015年排名
◆ 友好集团	18	21	9	7
■ 美克家居	20	17	8	9
▲ 新疆众和	16	26	31	20
✕ 中葡股份	6	27	22	21
✳ 啤酒花	21	10	12	22
● 光正集团	13	7	6	30
＋ 天山纺织	35	12	38	41
★ 青松建化	14	22	19	42

图 10-13　2012~2015 年竞争力排名上下波动较为明显的公司

数据来源：根据国泰安数据库、Wind 数据库、上市公司年报测算。

（4）2012~2015 年竞争力排名基本保持不变的公司分析。

由图 10-14 可知，2012~2015 年竞争力排名基本保持不变的公司总共 25 家，分别为渤海金控、金风科技、特变电工、新研股份、新疆浩源、中泰化学、香梨股份、八一钢铁、广汇能源、西部建设、天富能源、准油股份、西部牧业、天康生物、伊力特、新疆城建、北新路桥、天利高新、冠农股份、国统股份、新疆天业、国际实业、新农开发、新赛股份、百花村。其中，渤海金控平均排名为 1、金风科技平均排名为 3、特变电工平均排名为 3、新研股份平均排名为 7、新疆浩源平均排名为 8、中泰化学平均排名为 9、香梨股份平均排名为 13、八一钢铁平均排名为 6、广汇能源平均排名为 12、西部建设平均排名为 13、天富能源平均排名为 18、准油股份平均排名为 16、西部牧业平均排名为 31、天康生物平均排名为 22、伊力特平均排名为 27、新疆城建平均排名为 29、北新路桥平均排名为 32、天利高新平均排名为 29、冠农股份平均排名为 32、国统股份平均排名为 29、新疆天业平均排名为 34、国际实业平均排名为 36、新农开发平均排名为 34、新赛股份平均排名为 32、百花村平均排名为 38。值得注意的是，渤海金控、金风科技、特变电工、新研股份、新疆浩源 2012~2015 年竞争力排名稳定在前 10，其中渤海金控竞争力排名一直位居前 3，说明渤海金控有较强且持续的竞争力。

（5）2012~2015 年竞争力排名持续下降的公司分析

由图 10-15 可知，2012~2015 年竞争力排名持续下降的公司总共 3 家，分别是天山股份、天山生物以及中粮屯河。天山股份由 2012 年的第 9 名下降至 2013 年的第 13 名，下降了 4 个位次，由 2013 年的第 13 名下降至 2014 年的第 15 名，下降了 2 个位次，由 2014 年的第 15 名下降至 2015 年的第 17 名，下降了 2 个位次。天山生物由 2012 年的第 8 名下降至 2013 年的第 15 名，下降了 7 个位次，由 2013 年的第 15 名下降至 2014 年的第 16 名，下降了 1 个位次，由 2014 年的第 16 名下降至 2015 年的第 19 名，下降了 3 个位次。中粮屯河由 2012 年的第 23 名下降至 2013 年的第 24 名，下降了 1 个位次，由 2013 年的第 24 名下降至 2014 年的第 25 名，下降了 1 个位次，由 2014 年的第 25 名下降至 2015 年的第 28 名，下降了 3 个位次。

10.2.6　2015 年新疆上市公司行业竞争力排名分析

（1）2015 年新疆上市公司行业竞争力分析。

由表 10-4 以及图 10-16 可知，2015 年新疆上市公司行业竞争力排名从前往后依次是：制造业，租赁和商务服务业，农、林、牧、渔业，批发和零售业，采矿业，电力、热力、燃气及水生产和供应业，建筑业。其中，制造业竞争力、资源以及能力评价值均远高于其他行业，大约是租赁和商务服务业的 7 倍，可见无论是从行业总体竞争力还是资源以及能力细分的维度，制造业均是竞争力最强的行业；制造业资源评价值为 1.0137，能力评价值为 1.0159，说明新疆制造业相较于资源维度，其能力维度优势更加突出。租赁和商务服务业竞争评价值为 0.3311，略高于排名第 3 的农、林、牧、渔业，可见虽然租赁和商务服务业相较于制造业有较大差距，但相较于除制造业以外的其他行业仍然具有较强竞争力；租赁和商务服务业资源评价值为 0.2031，能力评价值为 0.1281，说明新疆租赁和商务服务业相较于能力维度，其资源维度优势更加突出。农、林、牧、渔业竞争力评价值为 0.2892，资源评价值为 0.1311，能力评价值为 0.1582，说明新疆农、林、牧、渔业在资源以及能力维度并无较大差异。批发和零售业竞争力评价值为 0.2601，资源评价值为 0.1236，能力评价值为 0.1365，说明新疆批发和零售业在资源以及能力维度并无较大差异。采矿业竞争力评价值为 0.2174，资源评价值为 0.0935，能力评价值为 0.1239，说明新疆采矿业在资源以及能力维度并无较大差异。电力、热力、燃气及水生产和供应业竞争力评价值为 0.1838，资源评价值为 0.0608，能力评价值为 0.1229，说明新疆电力、热力、燃气及水生产和供应业相较于资源维度，其能力维度优势更加突出。建筑业竞争力评价值为 0.1465，资源评价值为 0.0745，能力评价值为 0.0720，说明新疆建筑业在资源以及能力维度并无较大差异。

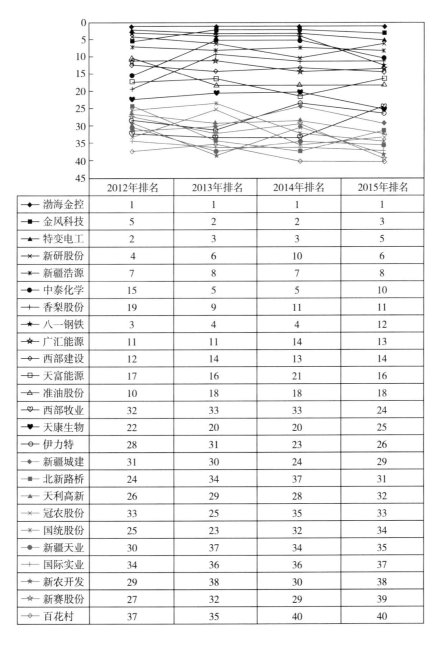

	2012年排名	2013年排名	2014年排名	2015年排名
渤海金控	1	1	1	1
金风科技	5	2	2	3
特变电工	2	3	3	5
新研股份	4	6	10	6
新疆浩源	7	8	7	8
中泰化学	15	5	5	10
香梨股份	19	9	11	11
八一钢铁	3	4	4	12
广汇能源	11	11	14	13
西部建设	12	14	13	14
天富能源	17	16	21	16
准油股份	10	18	18	18
西部牧业	32	33	33	24
天康生物	22	20	20	25
伊力特	28	31	23	26
新疆城建	31	30	24	29
北新路桥	24	34	37	31
天利高新	26	29	28	32
冠农股份	33	25	35	33
国统股份	25	23	32	34
新疆天业	30	37	34	35
国际实业	34	36	36	37
新农开发	29	38	30	38
新赛股份	27	32	29	39
百花村	37	35	40	40

图 10-14　2012~2015 年竞争力排名基本保持不变的公司

数据来源：根据国泰安数据库、Wind 数据库、上市公司年报测算。

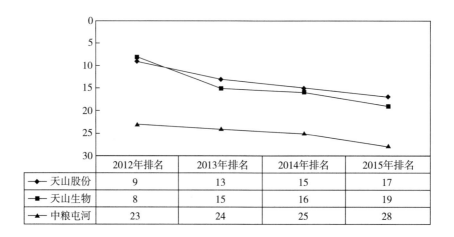

	2012年排名	2013年排名	2014年排名	2015年排名
◆—— 天山股份	9	13	15	17
■—— 天山生物	8	15	16	19
▲—— 中粮屯河	23	24	25	28

图 10-15　2012～2015 年竞争力排名持续下降的公司

数据来源：根据国泰安数据库、Wind 数据库、上市公司年报测算。

表 10-4　2015 年新疆上市公司行业竞争力排名

行业	排名	竞争力	资源	能力
制造业	1	2.0296	1.0137	1.0159
租赁和商务服务业	2	0.3311	0.2031	0.1281
农、林、牧、渔业	3	0.2892	0.1311	0.1582
批发和零售业	4	0.2601	0.1236	0.1365
采矿业	5	0.2174	0.0935	0.1239
电力、热力、燃气及水生产和供应业	6	0.1838	0.0608	0.1229
建筑业	7	0.1465	0.0745	0.0720

数据来源：根据国泰安数据库、Wind 数据库、上市公司年报测算。

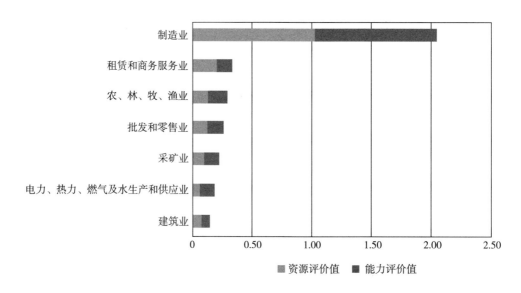

图 10-16　2015 年新疆上市公司行业竞争力排名

数据来源：根据国泰安数据库、Wind 数据库、上市公司年报测算。

（2）2015 年分行业新疆上市公司排名分析。

2015 年新疆一产包括农、林、牧、渔业 1 个细分行业，二产包括制造业，采矿业（不含采矿辅助业），建筑业以及电力、热力、燃气及水生产和供应业 4 个细分行业，三产包括租赁和商务服务业、采矿辅助业以及批发和零售业 3 个细分行业。

由表 10-5 及图 10-17 可知，2015 年农、林、牧、渔业上市公司总共 5 家，竞争力排名从前往后依次是：香梨股份、天山生物、西部牧业、新农开发以及新赛股份。其中，香梨股份在农、林、牧、渔业中排名第 1，在一产中排名第 1，在总排名中排名第 11。天山生物在农、林、牧、渔业中排名第 2，在一产中排名第 2，在总排名中排名第 19。西部牧业在农、林、牧、渔业中排名第 3，在一产中排名第 3，在总排名中排名第 24。新农开发在农、林、牧、渔业中排名第 4，在一产中排名第 4，在总排名中排名第 38。新赛股份在农、林、牧、渔业中排名第 5，在一产中排名第 5，在总排名中排名第 39。

2015 年采矿业上市公司总共 3 家，竞争力排名从前往后依次是：广汇能源、西部黄金以及天山纺织。其中，广汇能源在采矿业中排名第 1，在二产中排名第 9，在总排名中排名第 13。西部黄金在采矿业中排名第 3，在二产中排名第 29，在总排名中排名第 36。天山纺织在采矿业中排名第 4，在二产中排名第 31，在总排名中排名第 41。

2015 年制造业上市公司总共 24 家，竞争力排名从前往后依次是：*ST 新亿、金风科技、天润乳业、特变电工、新研股份、中泰化学、八一钢铁、西部建设、麦趣尔、天山股份、新疆众和、中葡股份、啤酒花、新中基、天康生物、伊力特、雪峰科技、中粮屯河、天利高新、冠农股份、国统股份、新疆天业、百花村以及青松建化。其中，*ST 新亿在制造业中排名第 1，在二产中排名第 1，在总排名中排名第 2。金风科技在制造业中排名第 2，在二产中排名第 2，在总排名中排名第 3。天润乳业在制造业中排名第 3，在二产中排名第 3，在总排名中排名第 4。特变电工在制造业中排名第 4，在二产中排名第 4，在总排名中排名第 5。新研股份在制造业中排名第 5，在二产中排名第 5，在总排名中排名第 6。

2015 年电力、热力、燃气及水生产和供应业上市公司总共 2 家，竞争力排名从前往后依次是：新疆浩源以及天富能源。其中，新疆浩源在电力、热力、燃气及水生产和供应业中排名第 1，在二产中排名第 6，在总排名中排名第 8。天富能源在电力、热力、燃气及水生产和供应业中排名第 2，在二产中排名第 12，在总排名中排名第 16。

2015 年建筑业上市公司总共 3 家，竞争力排名从前往后依次是：新疆城建、光正集团以及北新路桥。其中，新疆城建在建筑业中排名第 1，在二产中排名第 22，在总排名中排名第 29。光正集团在建筑业中排名第 2，在二产中排名第 23，在总排名中排名第 30。北新路桥在建筑业中排名第 3，在二产中排名第 24，在总排名中排名第 31。

2015 年批发和零售业上市公司总共 3 家，竞争力排名从前往后依次是：友好集团、美克家居以及国际实业。其中，友好集团在批发和零售业中排名第 1，在三产中排名第 2，在总排名中排名第 7。美克家居在批发和零售业中排名第 2，在三产中排名第 3，在总排名中排名第 9。国际实业在批发和零售业中排名第 3，在三产中排名第 5，在总排名中排名第 37。

2015 年租赁和商务服务业上市公司总共 1 家，为渤海金控。渤海金控在租赁和商务服务业中排名第 1，在三产中排名第 1，在总排名中排名第 1。

表 10-5　2015 年新疆上市公司行业竞争力排名

行业	企业名称	总排名	细分行业排名	三大产业排名	竞争力	资源	能力
农、林、牧、渔业	香梨股份	11	1	1	0.0946	0.0321	0.0625
	天山生物	19	2	2	0.0619	0.0307	0.0313
	西部牧业	24	3	3	0.0567	0.0358	0.0210
	新农开发	38	4	4	0.0384	0.0158	0.0225
	新赛股份	39	5	5	0.0376	0.0167	0.0209
采矿业	广汇能源	13	1	9	0.0779	0.0514	0.0266
	西部黄金	36	3	29	0.0407	0.0124	0.0284
	天山纺织	41	4	31	0.0339	0.0099	0.0240
制造业	*ST 新亿	2	1	1	0.3214	0.1105	0.2109
	金风科技	3	2	2	0.2198	0.1589	0.0609
	天润乳业	4	3	3	0.1508	0.1187	0.0320
	特变电工	5	4	4	0.1309	0.1012	0.0297
	新研股份	6	5	5	0.1191	0.0201	0.0990
	中泰化学	10	6	7	0.0977	0.0716	0.0262
	八一钢铁	12	7	8	0.0796	0.0402	0.0395
	西部建设	14	8	10	0.0770	0.0390	0.0380
	麦趣尔	15	9	11	0.0711	0.0158	0.0553
	天山股份	17	10	13	0.0673	0.0385	0.0288
	新疆众和	20	11	14	0.0608	0.0315	0.0293
	中葡股份	21	12	15	0.0606	0.0282	0.0324
	啤酒花	22	13	16	0.0602	0.0152	0.0450
	新中基	23	14	17	0.0577	0.0325	0.0253
	天康生物	25	15	18	0.0554	0.0255	0.0299
	伊力特	26	16	19	0.0540	0.0162	0.0378
	雪峰科技	27	17	20	0.0539	0.0199	0.0340
	中粮屯河	28	18	21	0.0519	0.0286	0.0233
	天利高新	32	19	25	0.0472	0.0215	0.0257
	冠农股份	33	20	26	0.0429	0.0224	0.0205
	国统股份	34	21	27	0.0419	0.0114	0.0305
	新疆天业	35	22	28	0.0414	0.0184	0.0230
	百花村	40	23	30	0.0345	0.0150	0.0195
	青松建化	42	24	32	0.0326	0.0131	0.0195
电力、热力、燃气及水生产和供应业	新疆浩源	8	1	6	0.1138	0.0157	0.0981
	天富能源	16	2	12	0.0700	0.0451	0.0249
建筑业	新疆城建	29	1	22	0.0511	0.0326	0.0185
	光正集团	30	2	23	0.0483	0.0176	0.0307
	北新路桥	31	3	24	0.0472	0.0244	0.0228
采矿业	准油股份	18	2	4	0.0648	0.0198	0.0450

续表

行业	企业名称	总排名	细分行业排名	三大产业排名	竞争力	资源	能力
批发和零售业	友好集团	7	1	2	0.1151	0.0379	0.0772
	美克家居	9	2	3	0.1044	0.0694	0.0350
	国际实业	37	3	5	0.0406	0.0163	0.0243
租赁和商务服务业	渤海金控	1	1	1	0.3311	0.2031	0.1281

数据来源：根据国泰安数据库、Wind 数据库、上市公司年报测算。

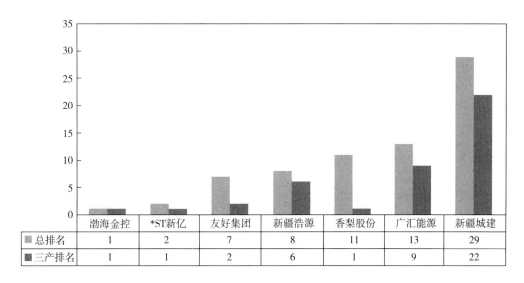

图 10-17　2015 年各行业排名第 1 新疆上市公司分析

数据来源：根据国泰安数据库、Wind 数据库、上市公司年报测算。

第 11 章
2016 年新疆上市公司竞争力排行

11.1 2016 年新疆上市公司分布特征

11.1.1 新疆上市公司数量特征

由图 11-1 可知，2016 年新疆上市公司总共 50 家，其中被证监会特别处理的 ST 或 * ST 类上市公司 4 家，占比为 8.00%；新上市公司 4 家，占比为 8.00%。

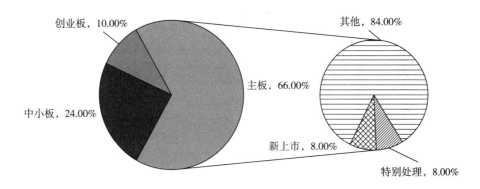

图 11-1 2016 年新疆上市公司数量特征

数据来源：Wind 数据库。

2016 年新疆上市公司在不同板块市场的数量存在差异，从小到大排序，依次为：创业板 5 家，占比约 10.00%；中小板 12 家，占比约 24.00%；主板 33 家，占比约 66.00%。说明新疆创业板、中小板的上市公司数量较少，以主板为主。

11.1.2 新疆上市公司行业分布

由图 11-2 可知，2016 年新疆上市公司各行业的数量存在较大差异，从小到大排序，依次为：租赁和商务服务业 1 家，占比为 2.00%；金融业 1 家，占比为 2.00%；建筑业 2 家，占比为 4.00%；交通运输、仓储和邮政业 2 家，占比为 4.00%；信息传输、软件和信息技术服务业 2 家，占比为 4.00%；电力、热力、燃气及水生产和供应业 4 家，占比为 8.00%；批发和零售业 5 家，占比为 10.00%；采矿业 5 家，占比为 10.00%；农、林、牧、渔业 5 家，占比为 10.00%；制造业 23 家，占比为 46.00%。说明新疆上市公司以制造业为主。

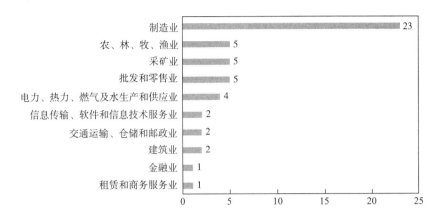

图 11-2　2016 年新疆上市公司行业分布

数据来源：Wind 数据库。

由图 11-3 可知，2016 年新疆上市公司在一产、二产、三产的数量存在较大差异，从小到大排序，依次为：一产 5 家，占比为 10%；三产 13 家，占比为 26%；二产 32 家，占比为 64%。说明新疆上市公司以二产为主。

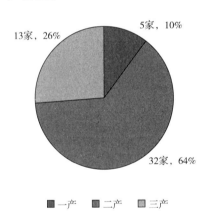

图 11-3　2016 年新疆上市公司三产占比

数据来源：Wind 数据库。

11.1.3　新疆上市公司地区分布

由图 11-4 可知，2016 年新疆上市公司不同地区的数量存在较大差异，从大到小排序，依次为：乌鲁木齐市、昌吉回族自治州、克拉玛依市、石河子市、阿克苏地区、巴音郭楞蒙古自治州、塔城地区、伊犁哈萨克自治州、博尔塔拉蒙古自治州。从地区分布来看，2016 年新疆上市公司多集中于北疆地区，为 45 家，约占总体的 90.00%，主要涉及乌鲁木齐市、昌吉回族自治州、克拉玛依市、石河子市、塔城地区、伊犁哈萨克自治州、博尔塔拉蒙古自治州。其中，乌鲁木齐市数量最多，为 32 家，约占总体的 64.00%；昌吉回族自治州次之，为 4 家，约占总体的 8.00%；克拉玛依市和石河子市各 3 家，分别约占总体的 6.00%；塔城地区、伊犁哈萨克自治州和博尔塔拉蒙古自治州数量最少，各为 1 家，分别约占总体的 2.00%。南疆地区分布较少，为 5 家，约占总体的 10.00%，主要有阿克苏地区、巴音郭楞蒙古自治州。其中，阿克苏地区数量最多，为 3 家，约占总体的 6.00%；巴音郭楞蒙古自治州数量最少，为 2 家，约占总体的 4.00%。

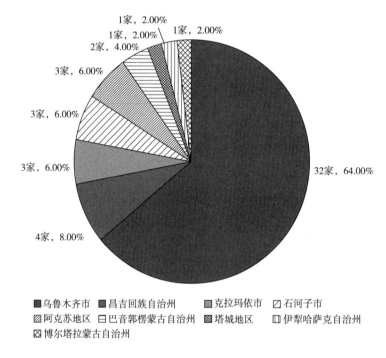

图 11-4　2016 年新疆上市公司地区分布

数据来源：Wind 数据库。

11.1.4　新疆上市公司性质分布

由图 11-5 可知，2016 年新疆上市公司性质分布存在较大差异，从小到大排序，依次为：

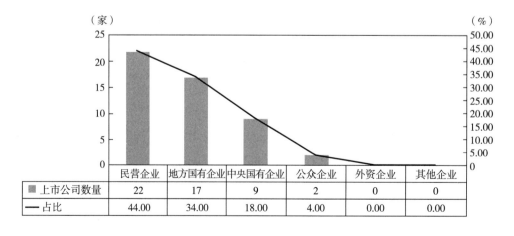

	民营企业	地方国有企业	中央国有企业	公众企业	外资企业	其他企业
上市公司数量	22	17	9	2	0	0
占比	44.00	34.00	18.00	4.00	0.00	0.00

图 11-5　2016 年新疆上市公司性质分布

数据来源：Wind 数据库。

外资企业 0 家，占比为 0.00%；其他企业 0 家，占比为 0.00%；公众企业 2 家，占比为 4.00%；中央国有企业 9 家，占比为 18.00%；地方国有企业 17 家，占比为 34.00%；民营企业 22 家，占比为 44.00%。

11.2　2016 年新疆上市公司竞争力排行分析

11.2.1　新疆上市公司基本情况

2016 年新疆上市公司竞争力评价值平均值为 0.0774，中位数为 0.0582，平均值大于中位数说明竞争力评价值中位数以上的企业竞争力评价值总体较大；大于竞争力评价值平均值的企业 15 家，占比为 30.61%；总体极差为 0.3250，说明新疆上市公司竞争力之间存在较大差距。

11.2.2　新疆上市公司中得分前 5 的公司分析

由表 11-1 可知，2016 年新疆上市公司得分前 5 的公司从前到后排序，依次为：渤海金控、*ST 油工、金风科技、德展健康以及特变电工。

表 11-1　2016 年新疆上市公司竞争力评价值及排名情况

股票代码	企业名称	竞争力评价值	排名	股票代码	企业名称	竞争力评价值	排名
000415	渤海金控	0.3578	1	600090	同济堂	0.0767	16
600339	*ST 油工	0.2538	2	002828	贝肯能源	0.0755	17
002202	金风科技	0.2081	3	002700	新疆浩源	0.0696	18
000813	德展健康	0.1390	4	603032	德新交运	0.0679	19
600089	特变电工	0.1198	5	300159	新研股份	0.0662	20
002092	中泰化学	0.1125	6	000877	天山股份	0.0659	21
600581	*ST 八钢	0.1041	7	002302	西部建设	0.0652	22
600506	香梨股份	0.1011	8	600084	中葡股份	0.0642	23
600145	*ST 新亿	0.0955	9	002800	天顺股份	0.0595	24
603101	汇嘉时代	0.0942	10	600337	美克家居	0.0582	25
600256	广汇能源	0.0901	11	600737	中粮糖业	0.0555	26
603393	新天然气	0.0874	12	000159	国际实业	0.0555	27
300588	熙菱信息	0.0839	13	600075	新疆天业	0.0554	28
600778	友好集团	0.0822	14	002719	麦趣尔	0.0552	29
300603	立昂技术	0.0799	15	600509	天富能源	0.0549	30

续表

股票代码	企业名称	竞争力评价值	排名	股票代码	企业名称	竞争力评价值	排名
300106	西部牧业	0.0534	31	300313	天山生物	0.0423	41
002207	准油股份	0.0520	32	600359	新农开发	0.0418	42
002100	天康生物	0.0507	33	600419	天润乳业	0.0408	43
600197	伊力特	0.0491	34	603227	雪峰科技	0.0408	44
601069	西部黄金	0.0487	35	600251	冠农股份	0.0407	45
600721	*ST 百花	0.0487	36	600425	青松建化	0.0383	46
600888	新疆众和	0.0482	37	600545	新疆城建	0.0377	47
002205	国统股份	0.0467	38	000972	中基健康	0.0347	48
002524	光正集团	0.0451	39	600540	新赛股份	0.0327	49
002307	北新路桥	0.0436	40				

数据来源：根据国泰安数据库、Wind 数据库、上市公司年报测算。

由图 11-6 可知，渤海金控竞争力评价值为 0.3578，排名第 1。其中，能力评价值为 0.1276，排名第 2，资源评价值为 0.2302，排名第 1；由图 11-7 以及图 11-8 可知，渤海金控的资源维度的人力资源和规模元素、能力维度的营运能力最为突出，这说明优质的人力资源和较强的企业营运能力是渤海金控整体企业竞争力排名第 1 的主要原因。经过 6 年的快速发展，公司在授权资源、全球布局、资本实力、行业地位、风险管控、专业化管理团队、资产处置能力等方面形成了明显优势。公司管理层对租赁行业具有丰富的管理经验和全球视野，具有前瞻性和创新性，在兼顾公司内生和外生发展的同时，实现了公司稳健经营。随着资本力量的进一步加强，公司的成长优势将更加明显。

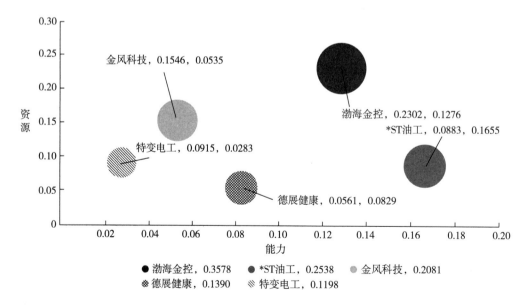

图 11-6　新疆上市公司中排名前 5 的公司竞争力维度分析

数据来源：根据国泰安数据库、Wind 数据库、上市公司年报测算。

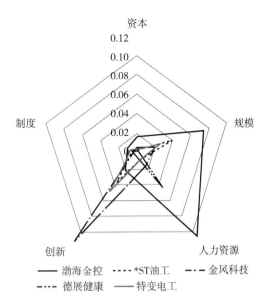

图 11-7　新疆上市公司中排名前 5 的公司资源维度五要素分析

数据来源：根据国泰安数据库、Wind 数据库、上市公司年报测算。

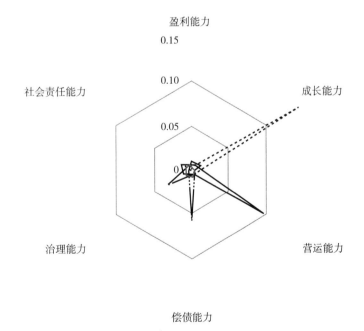

图 11-8　新疆上市公司中排名前 5 的公司能力维度六要素分析

数据来源：根据国泰安数据库、Wind 数据库、上市公司年报测算。

由图 11-6 可知，*ST 油工竞争力评价值为 0.2538，排名第 2。其中，能力评价值为 0.1655，排名第 1，资源评价值为 0.0883，排名第 4；由图 11-7 以及图 11-8 可知，*ST 油工的资源维度的规模和创新元素、能力维度的成长能力最为突出，这说明庞大的规模资源和较强的企业成长能力是 *ST 油工整体企业竞争力排名第 2 的主要原因。公司拥有丰富的石油石化工程设计施工实践经验，先后参与了苏里格气田产能、西气东输、独山子石化、伊拉克哈法亚、阿布扎比原油管道、苏丹喀土穆炼油厂等项目。国内外各类油气田地面工程、管道工程、炼化工程连续上演，业务拓展至中东、中亚、亚太、非洲等 40 多个国家和地区。为埃克森美孚、BP、沙特阿美、阿尔及利亚国家石油公司、伊拉克国家石油公司等众多中外业主提供了优质服务。

由图 11-6 可知，金风科技竞争力评价值为 0.2081，排名第 3。其中，能力评价值为 0.0535，排名第 4，资源评价值为 0.1546，排名第 2；由图 11-7 以及图 11-8 可知，金风科技的创新和规模、治理能力最突出，这说明庞大的创新资源和较强的企业治理能力是金风科技整体企业竞争力排名第 3 的主要原因。近年来，金风科技继续高度重视核心研发能力的培育，国内外专利申请量逐步增加，专利申请结构不断优化。金风科技拥有国家授权专利 936 项，其中授权发明 227 项。还拥有软件著作权 293 项。国内核准注册商标 68 件，国际核准注册商标 87 件。积极参与制定国际、国家和行业标准，截至 2016 年 12 月 31 日，参与的标准制定共有 127 项（国家标准 68 项，行业标准 48 项，地方标准 6 项，协会标准 5 项）。公司是 3EC 标准的成员，其中 ECTS62898-3-1《微电网保护技术要求》由公司开发，团队提出并成功建设了项目。金风科技、新疆大学、国网新疆电力公司共同参与的"风电机组关键控制技术自主创新及产业化项目"获得"2016 年度国家科技进步二等奖"。

由图 11-6 可知，德展健康竞争力评价值为 0.1390，排名第 4。其中，能力评价值为 0.0829，排名第 3，资源评价值为 0.0561，排名第 5；由图 11-7 以及图 11-8 可知，德展健康的人力资源和较强的偿债能力是其整体企业竞争力排名第 4 的主要原因。公司从 2016 年开始试点，分阶段实施"两票制"，改变原有业务模式。仿制药一致性评价工作全面展开，评价申请手续繁多，管理指标年年创新高，生产经营逐年增加，现有的生产基地空间、设备和人员都面临着严峻的考验。管理层及全体高管和员工在董事会的带领下，共同克服经济下行、政策频发带来的行业经营环境、行业竞争日趋激烈等困难。

由图 11-6 可知，特变电工竞争力评价值为 0.1198，排名第 5。其中，能力评价值为 0.0283，排名第 5，资源评价值为 0.0915，排名第 3；由图 11-7 以及图 11-8 可知，特变电工的创新和规模、社会责任能力是特变电工整体企业竞争力排名第 5 的主要原因。2016 年，公司投资建设的国家特高压变压器工程技术研究中心、±1100kV 变压器研发制造基地项目、新型节能变压器研发制造项目相继完工；公司申报的"特高压输变电装备国家地方联合工程实验室"、衡变公司申报的"超特高压变压器湖南省工程实验室"分别获批成立，公司科技创新平台进一步加强。

11.2.3 新疆上市公司中排名上升的公司分析

由图 11-9、表 11-2 可知，新疆上市公司中在 2016 年排名上升的有 12 家，分别是德展健康、*ST 油工、国际实业、新疆天业、同济堂、*ST 八钢、中泰化学、*ST 百花、香梨股份、广汇能源、中粮糖业以及西部黄金。其中，德展健康、*ST 油工、国际实业以及新疆天业上升较为明显。

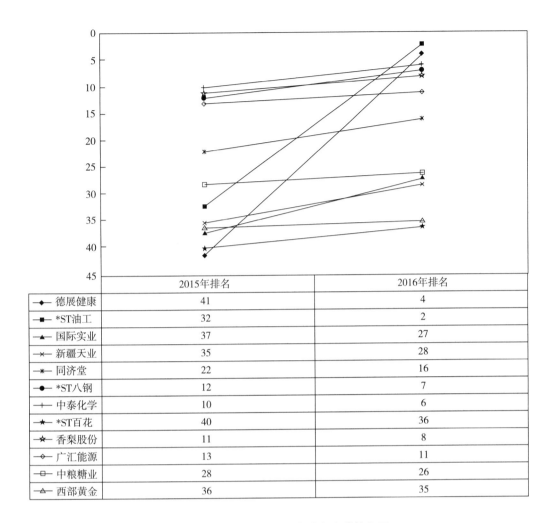

	2015年排名	2016年排名
◆ 德展健康	41	4
■ *ST油工	32	2
▲ 国际实业	37	27
✻ 新疆天业	35	28
✳ 同济堂	22	16
● *ST八钢	12	7
＋ 中泰化学	10	6
★ *ST百花	40	36
✩ 香梨股份	11	8
◇ 广汇能源	13	11
□ 中粮糖业	28	26
△ 西部黄金	36	35

图 11-9　新疆上市公司中排名上升的公司

数据来源：根据国泰安数据库、Wind 数据库、上市公司年报测算。

　　排名上升最为突出的是德展健康，由 2015 年的第 41 名上升至 2016 年的第 4 名，上升了 37 个位次。从评价体系的指标得分情况来看，资源评价值得分为 0.0561，较 2015 年提高了 464.16%，能力评价值得分为 0.0829，较 2015 年提高了 245.68%。从细分指标来看，资源维度的人力资源评价值得分提升最大，较 2015 年提高了 1209.19%，资源维度的规模评价值得分下降最大，较 2015 年下降了 24.29%；能力维度的偿债能力评价值得分提升最大，较 2015 年提高了 1183.70%，能力维度的营运能力评价值得分下降最大，较 2015 年下降了 38.23%。

　　随着全球经济的发展、总人口的增长和社会的老龄化，对药品的需求不断增加，全球医药市场继续快速增长。据国际知名医疗咨询公司 IMShealth 统计，近期全球药品销售额增速已超过全球 GDP 增速，2013~2017 年主要新兴经济体药品市场有望以 11% 的速度快速增长。其中我国医药市场年平均复合增长率有望达到 17%，位居世界第一。2015 年 5 月，德展健康开始发行新股并通过重大资产重组转让股份，秘密收购天山纺织、嘉林药业 100% 股权。2016 年 10 月，德展健康启动重大资产重组。公司主营业务发生了重大变化，从原毛纤维的生产和销售、矿产品的生产和销售，到药品的研发、生产和销售。德展健康全资子公司嘉林药业是国内医药行业的佼佼者。主打产品爱乐在国内高脂血症治疗市场排名前3，销售增长迅速。

表 11-2　新疆上市公司竞争力排名上升较为明显的公司

维度	公司名称　各项得分	德展健康			*ST油工		
		2015年	2016年	变动率（%）	2015年	2016年	变动率（%）
资源	资本	0.0038	0.0029	-22.79	0.0023	0.0005	-78.80
	规模	0.0012	0.0009	-24.29	0.0032	0.0370	1043.10
	人力资源	0.0033	0.0438	1209.19	0.0076	0.0079	4.52
	创新	0.0009	0.0014	61.61	0.0063	0.0356	468.06
	制度	0.0007	0.0071	917.47	0.0022	0.0074	235.26
	资源合计	0.0099	0.0561	464.16	0.0215	0.0883	310.29
能力	盈利能力	0.0051	0.0094	84.20	0.0010	0.0033	222.94
	成长能力	0.0032	0.0110	249.28	0.0022	0.1417	6330.59
	营运能力	0.0040	0.0025	-38.23	0.0120	0.0049	-58.92
	偿债能力	0.0042	0.0533	1183.70	0.0004	0.0014	246.86
	治理能力	0.0018	0.0028	56.45	0.0045	0.0035	-21.87
	社会责任能力	0.0057	0.0038	-33.16	0.0055	0.0106	92.99
	能力合计	0.0240	0.0829	245.68	0.0257	0.1655	544.74
竞争力		0.0339	0.1390	309.71	0.0472	0.2538	437.82
维度	公司名称　各项得分	国际实业			新疆天业		
		2015年	2016年	变动率（%）	2015年	2016年	变动率（%）
资源	资本	0.0018	0.0018	-0.57	0.0018	0.0039	123.37
	规模	0.0010	0.0008	-20.98	0.0019	0.0047	151.14
	人力资源	0.0069	0.0187	172.41	0.0072	0.0047	-34.30
	创新	0.0017	0.0000	-97.32	0.0034	0.0039	12.55
	制度	0.0050	0.0053	5.34	0.0041	0.0046	12.70
	资源合计	0.0163	0.0265	62.94	0.0184	0.0219	18.97
能力	盈利能力	0.0045	0.0037	-17.81	0.0039	0.0045	15.56
	成长能力	0.0027	0.0019	-28.25	0.0026	0.0092	255.30
	营运能力	0.0018	0.0010	-43.44	0.0049	0.0062	26.23
	偿债能力	0.0097	0.0113	16.63	0.0051	0.0063	22.13
	治理能力	0.0018	0.0009	-47.36	0.0018	0.0009	-47.36
	社会责任能力	0.0038	0.0100	163.13	0.0047	0.0065	37.73
	能力合计	0.0243	0.0289	18.96	0.0230	0.0336	45.99
竞争力		0.0406	0.0555	36.58	0.0414	0.0554	33.99

数据来源：根据国泰安数据库、Wind数据库、上市公司年报测算。

其次是*ST油工，由2015年的第32名上升至2016年的第2名，上升了30个位次。从评价体系的指标得分情况来看，资源评价值得分为0.0883，较2015年提高了310.29%，能力评价值得分为0.1655，较2015年提高了544.74%。从细分指标来看，资源维度的规模评价值得分提升最大，较 2015 年提高了 1043.10%，资源维度的资本评价值得分下降最大，较 2015 年下降了 78.80%；能力维度的成长能力评价值得分提升最大，较 2015 年提高了 6330.59%，能力维度的营运能力评价值得分下降最大，较 2015 年下降了 58.92%。

2016 年，*ST 石油工程公司进行了大规模资产重组，从石油化工产品的生产和销售转向油气田地面工程服务、储运工程服务、炼化工程服务、环境工程服务和项目管理工程设计、施工及总承包等相关工程建设业务。资产规模和盈利能力显著提高。2016 年，面对油气行业持续低迷、石油企业投资锐减、建筑市场持续萎缩等复杂严峻的经营环境，*ST 石油公司持续深化改革发力。全面加强市场开拓、项目管理、安全环保、科技创新等业务，生产运行总体平稳可控。*ST 石油工程公司实现营业利润 506.59 亿元，归属于上市公司股东的净利润 12.88 亿元，成功兑现了资本市场业绩承诺。

排名第 3 的是国际实业，由 2015 年的第 37 名上升至 2016 年的第 27 名，上升了 10 个位次。从评价体系的指标得分情况来看，资源评价值得分为 0.0265，较 2015 年提高了 62.94%，能力评价值得分为 0.0289，较 2015 年提高了 18.96%。从细分指标来看，资源维度的人力资源评价值得分提升最大，较 2015 年提高了 172.41%，资源维度的创新评价值得分下降最大，较 2015 年下降了 97.32%；能力维度的社会责任能力评价值得分提升最大，较 2015 年提高了 163.13%，能力维度的治理能力评价值得分下降最大，较 2015 年下降了 47.36%。

2016 年，全国经济总体增速进一步放缓，传统产业与新兴产业分化，民间固定资产投资增速大幅回落。石油消费增速放缓，成品油消费量下降，2016 年全区商品房产销均价呈下降趋势，同比小幅下滑。面对复杂的经济形势和不景气的产业形势，国际工业企业将集中力量攻坚克难，加强石油、房地产等行业的经营管理，在其他投资业务上取得佳绩。严格控制各项成本，工业公司产业稳步发展。公司石油石化产品具有危化品储存、批发和零售、铁路运输经营资质，燃料油、重油及成品油、焦炭、煤炭等进口资质；具有运输线路、油罐储存基地和完备的交通设施及丰富的产品服务线优势，公司长期从事中亚能源贸易业务，积累了丰富的国际能源贸易经验。拥有特定的客户群，行业形成了强大的竞争优势。公司立足新疆能源产业，积极拓展中亚业务，在吉尔吉斯斯坦投资建设炼油厂，在政府倡导的"一带一路"领域投资发展。在建的生物柴油项目主要依托新疆优势棉籽酸化油原料，采用连续化生产工艺，主要生产优质生物柴油产品。公司的核心竞争力没有改变。公司以人为本，尊重客户、股东、员工和合作社的多样化需求，在创造价值的过程中努力平衡利益相关者的多样化需求，形成互惠互利的业务结构。

排名第 4 的是新疆天业，由 2015 年的第 35 名上升至 2016 年的第 28 名，上升了 7 个位次。从评价体系的指标得分情况来看，资源评价值得分为 0.0219，较 2015 年提高了 18.97%，能力评价值得分为 0.0336，较 2015 年提高了 45.99%。从细分指标来看，资源维度的规模评价值得分提升最大，较 2015 年提高了 151.14%，资源维度的人力资源评价值得分下降最大，较 2015 年下降了 34.30%；能力维度的成长能力评价值得分提升最大，较 2015 年提高了 255.30%，能力维度的治理能力评价值得分下降最大，较 2015 年下降了 47.36%。

新疆天业公司各项主营业务均拥有完整的研发、采购、生产、销售、售后服务体系。公司输变电业务采用"以销定产"的经营模式，注重产品特色。多晶硅业务根据市场情况制定产销计划，为顺利生产和销售多晶硅产品，能源电站业务通过 EPC、PC、BT 等工程建设为新能源电站提供综合能源。管理运营团队开展太阳能、风能电站运营，能源业务采用"以销定产"的经营模式，与客户建立长期战略合作关系，签订长期订单。同时，公司加强科技研发，通过技术创新促进产品成本降低，提高产品质量，为客户提供定制化服务。2016年，全球经济格局复杂多变，中国经济发展进入"稳增长、调结构"的新标准。在全行业产能过剩的市场环境下，公司克服困难，加大市场开拓力度，加快从制造向制造服务的转型升级，取得了良好的发展。

11.2.4　新疆上市公司中排名下降的公司分析

由图11-10、表11-3可知，新疆上市公司中在2016年排名下降的有27家，分别是天润乳业、中基健康、天山生物、新疆城建、新疆众和、雪峰科技、美克家居、新研股份、麦趣尔、天富能源、准油股份、冠农股份、新疆浩源、新赛股份、光正集团、北新路桥、西部建设、天康生物、伊力特、*ST新亿、友好集团、西部牧业、天山股份、国统股份、新农开发、青松建化以及中葡股份。其中，天润乳业、中基健康、天山生物以及新疆城建下降较为明显。

排名下降最为明显的是天润乳业，由2015年的第4名下降至2016年的第43名，下降了39个位次。由表11-3可知，从评价体系的指标得分情况来看，资源和能力评价值得分较2015年都发生了下降，资源评价值得分为0.0123，较2015年下降了89.63%，能力评价值得分为0.0285，较2015年下降了11.05%。从细分指标来看，资源维度的制度评价值得分提升最大，较2015年提高了70.80%，资源维度的规模评价值得分下降最大，较2015年下降了99.06%；能力维度的偿债能力评价值得分提升最大，较2015年提高了45.26%，能力维度的治理能力评价值得分下降最大，较2015年下降了100.00%。

2016年，全球经济复苏态势趋缓，国内经济结构转型和调整带来的阵痛明显，供给侧改革成效逐步显现。乳制品行业呈现喜忧参半的趋势，2015年上半年，消费者对乳制品行业信心持续，市场销售增速低迷，加之国际市场乳制品价格低迷，国内产量增长。乳制品出口地区牛奶供应减少，内需增加，市场逐步回暖，乳制品生产和消费减少。

其次是中基健康，由2015年的第23名下降至2016年的第48名，下降了25个位次。从评价体系的指标得分情况来看，资源和能力评价值得分较2015年都发生了下降，资源评价值得分为0.0124，较2015年下降了61.95%，能力评价值得分为0.0223，较2015年下降了11.67%。从细分指标来看，资源维度的所有要素评价值得分都发生了下降，资源维度的创新评价值得分下降最大，较2015年下降了91.63%；能力维度的社会责任能力评价值得分提升最大，较2015年提高了55.99%，能力维度的治理能力评价值得分下降最大，较2015年下降了100.00%。

在2016年，中基健康收支倒挂，主营业务亏损严重。由于国内番茄酱行业生产严重过剩，番茄原料供应紧张，设备良率低，生产成本高，国际番茄酱市场价格偏低，公司番茄酱收入和成本出现逆转，主营业务持续遭受严重损失。公司因主营业务持续亏损、自身造血能力不足、银行筹资能力尚未恢复等原因，经营资金不足，经营压力较大。

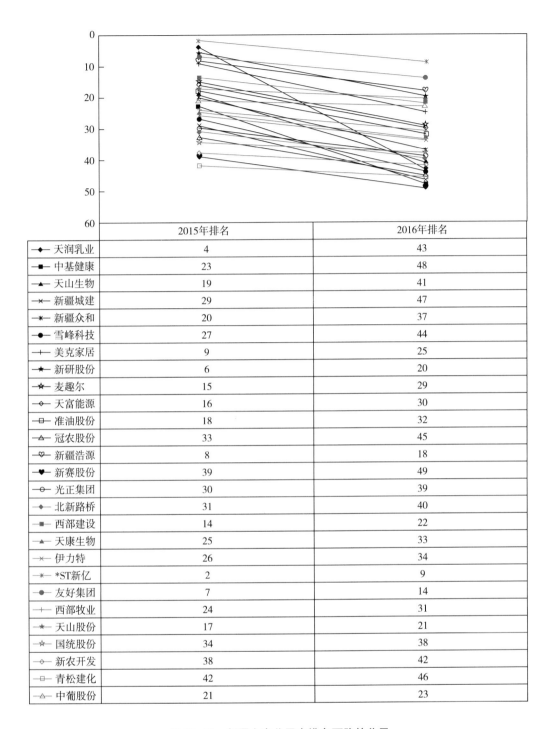

	2015年排名	2016年排名
◆ 天润乳业	4	43
■ 中基健康	23	48
▲ 天山生物	19	41
✳ 新疆城建	29	47
✳ 新疆众和	20	37
● 雪峰科技	27	44
┼ 美克家居	9	25
★ 新研股份	6	20
✦ 麦趣尔	15	29
◇ 天富能源	16	30
⊟ 准油股份	18	32
△ 冠农股份	33	45
♡ 新疆浩源	8	18
♥ 新赛股份	39	49
○ 光正集团	30	39
◆ 北新路桥	31	40
■ 西部建设	14	22
▲ 天康生物	25	33
✕ 伊力特	26	34
✳ *ST新亿	2	9
● 友好集团	7	14
┼ 西部牧业	24	31
★ 天山股份	17	21
✩ 国统股份	34	38
◇ 新农开发	38	42
⊟ 青松建化	42	46
△ 中葡股份	21	23

图 11-10　新疆上市公司中排名下降的公司

数据来源：根据国泰安数据库、Wind 数据库、上市公司年报测算。

　　天山生物由 2015 年的第 19 名下降至 2016 年的第 41 名，下降了 22 个位次。从评价体系的指标得分情况来看，资源和能力评价值得分较 2015 年都发生了下降，资源评价值得分为 0.0242，较 2015 年下降了 21.05%，能力评价值得分为 0.0180，较 2015 年下降了 42.30%。从细分指标来看，资源维度的创新评价值得分提升最大，较 2015 年提高了 217.27%，资源维度的资本评价值得分下降最大，较 2015 年下降了 64.89%；能力维度的偿债能力评价值得分提升最大，较2015年提高了47.52%，能力维度的治理能力评价值得分下降最大，较2015年下降了85.09%。

表11-3　新疆上市公司竞争力排名下降较为明显的公司

维度	公司名称 各项得分	天润乳业			中基健康		
		2015年	2016年	变动率（%）	2015年	2016年	变动率（%）
资源	资本	0.0024	0.0026	7.51	0.0111	0.0018	-84.18
	规模	0.1079	0.0010	-99.06	0.0015	0.0011	-22.83
	人力资源	0.0048	0.0039	-17.51	0.0047	0.0041	-11.81
	创新	0.0015	0.0011	-29.00	0.0083	0.0007	-91.63
	制度	0.0022	0.0037	70.80	0.0069	0.0046	-32.84
	资源合计	0.1187	0.0123	-89.63	0.0325	0.0124	-61.95
能力	盈利能力	0.0053	0.0050	-4.58	0.0037	0.0019	-49.15
	成长能力	0.0075	0.0031	-58.64	0.0050	0.0019	-62.46
	营运能力	0.0080	0.0067	-16.28	0.0026	0.0014	-46.84
	偿债能力	0.0063	0.0091	45.26	0.0034	0.0035	3.28
	治理能力	0.0018	0.0000	-100.00	0.0018	0.0000	-100.00
	社会责任能力	0.0031	0.0045	43.51	0.0087	0.0136	55.99
	能力合计	0.0320	0.0285	-11.05	0.0253	0.0223	-11.67
竞争力		0.1508	0.0408	-72.93	0.0577	0.0347	-39.95
维度	公司名称 各项得分	天山生物			新疆城建		
		2015年	2016年	变动率（%）	2015年	2016年	变动率（%）
资源	资本	0.0138	0.0048	-64.89	0.0014	0.0011	-19.57
	规模	0.0005	0.0002	-55.46	0.0028	0.0019	-31.24
	人力资源	0.0079	0.0116	47.07	0.0186	0.0092	-50.41
	创新	0.0005	0.0017	217.27	0.0014	0.0020	48.21
	制度	0.0080	0.0059	-26.69	0.0084	0.0077	-8.97
	资源合计	0.0307	0.0242	-21.05	0.0326	0.0220	-32.62
能力	盈利能力	0.0040	0.0009	-77.57	0.0039	0.0028	-28.48
	成长能力	0.0048	0.0028	-41.30	0.0032	0.0008	-75.19
	营运能力	0.0027	0.0028	0.28	0.0030	0.0014	-52.89
	偿债能力	0.0041	0.0061	47.52	0.0042	0.0018	-55.98
	治理能力	0.0129	0.0019	-85.09	0.0018	0.0016	-11.17
	社会责任能力	0.0028	0.0036	28.81	0.0024	0.0073	202.07
	能力合计	0.0313	0.0180	-42.30	0.0185	0.0157	-14.92
竞争力		0.0619	0.0423	-31.78	0.0511	0.0377	-26.22

数据来源：根据国泰安数据库、Wind数据库、上市公司年报测算。

面对复杂多变的国内外经济环境和行业形势的持续停滞，公司本着拓展业务，积极开展肉牛良种的推广和销售，"育种、育肥、屠宰、加工、销售服务"。全产业链肉牛产业完善了公司整体战略布局。但由于新市场开发的不成熟和完整产业链的建立，期内公司成本大幅增加，同时公司产品品类丰富后，产品毛利率下降变化很大，进而降低了公司的综合毛利率和业绩风险。

新疆城建由 2015 年的第 29 名下降至 2016 年的第 47 名，下降了 18 个位次。从评价体系的指标得分情况来看，资源和能力评价值得分较 2015 年都发生了下降，资源评价值得分为 0.0220，较 2015 年下降了 32.62%，能力评价值得分为 0.0157，较 2015 年下降了 14.92%。从细分指标来看，资源维度的创新评价值得分提升最大，较 2015 年提高了 48.21%，资源维度的人力资源评价值得分下降最大，较 2015 年下降了 50.41%；能力维度的社会责任能力评价值得分提升最大，较 2015 年提高了 202.07%，能力维度的成长能力评价值得分下降最大，较 2015 年下降了 75.19%。

在 2016 年，新疆城建建筑施工业务收入较去年同期下降，主营业务收入减少。近年来，大型央企、实力建筑企业进入新疆，新疆建筑行业竞争环境加剧，导致公司盈利能力下滑。

11.2.5　2016 年新疆上市公司排名变动趋势分析

（1）2016 年较 2013～2015 年竞争力排名均上升的公司分析。

由图 11-11 可知，2016 年较 2013～2015 年竞争力排名均上升的公司总共 5 家，分别为 *ST 油工、德展健康、香梨股份、国际实业以及新疆天业。其中，*ST 油工由 2013 年的第 29 名上升至 2016 年的第 2 名，上升了 27 个位次。由 2014 年的第 28 名上升至 2016 年的第 2 名，上升了 26 个位次。由 2015 年的第 32 名上升至 2016 年的第 2 名，上升了 30 个位次。德展健康由 2013 年的第 12 名上升至 2016 年的第 4 名，上升了 8 个位次。由 2014 年的第 38 名上升至 2016 年的第 4 名，上升了 34 个位次。由 2015 年的第 41 名上升至 2016 年的第 4 名，上升了 37 个位次。香梨股份由 2013 年的第 9 名上升至 2016 年的第 8 名，上升了 1 个位次。由 2014 年的第 11 名上升至 2016 年的第 8 名，上升了 3 个位次。由 2015 年的第 11 名上升至 2016 年的第 8 名，上升了 3 个位次。国际实业由 2013 年的第 36 名上升至 2016 年的第 27 名，上升了 9 个位次。由 2014 年的第 36 名上升至 2016 年的第 27 名，上升了 9 个位次。由 2015 年的第 37 名上升至 2016 年的第 27 名，上升了 10 个位次。新疆天业由 2013 年的第 37 名上升至 2016 年的第 28 名，上升了 9 个位次。由 2014 年的第 34 名上升至 2016 年的第 28 名，上升了 6 个位次。由 2015 年的第 35 名上升至 2016 年的第 28 名，上升了 7 个位次。

（2）2016 年较 2013～2015 年竞争力排名均下降的公司分析。

由图 11-12 可知，2016 年较 2013～2015 年竞争力排名均下降的公司总共 22 家，分别为新疆浩源、新研股份、天山股份、西部建设、美克家居、麦趣尔、天富能源、准油股份、天康生物、伊力特、新疆众和、国统股份、光正集团、北新路桥、天山生物、新农开发、天润乳业、冠农股份、青松建化、新疆城建、中基健康以及新赛股份。其中，新疆浩源由 2013 年的第 8 名下降至 2016 年的第 18 名，下降了 10 个位次。由 2014 年的第 7 名下降至 2016 年的第 18 名，下降了 11 个位次。由 2015 年的第 8 名下降至 2016 年的第 18 名，下降了 10 个位次。新研股份由 2013 年的第 6 名下降至 2016 年的第 20 名，下降了 14 个位次。由 2014 年的第 10 名下降至 2016 年的第 20 名，下降了 10 个位次。由 2015 年的第 6 名下降至 2016 年的第 20 名，下降了 14 个位次。天山股份由 2013 年的第 13 名下降至 2016 年的第 21 名，下降了 8 个位次。由 2014 年的第 15 名下降至 2016 年的第 21 名，下降了 6 个位次。由 2015 年的第 17 名下降至 2016 年的第 21 名，下降了 4 个位次。西部建设由 2013 年的第 14 名下降至 2016 年的第 22 名，下降了 8 个位次。由 2014 年的第 13 名下降至 2016 年的第 22 名，下降了 9 个位次。由 2015 年的第 14 名下降至 2016 年的第 22 名，下降了 8 个位次。美克家居由 2013 年的第 17 名下降至 2016 年的第 25 名，下降了 8 个位次。由 2014 年的第 8 名下降至 2016 年的第 25 名，下降了 17 个位次。由 2015 年的第 9 名下降至 2016 年的第 25 名，下降了 16 个位次。麦趣尔由 2013 年的第 19 名下降至 2016 年的第 29 名，下降了 10 个位次。由 2014 年的第 17 名下降至 2016 年的第 29 名，下降了 12 个位次。由 2015 年的第 15 名下降至 2016 年的第 29 名，下降了 14 个位次。天富能源由 2013 年的第 16 名下降至 2016 年的第 30 名，下降了 14 个位次。由 2014 年的第 21 名下降至 2016 年的第 30 名，下降了 9 个位次。由 2015 年的第 16 名下降至 2016 年的第 30 名，下降了 14 个位次。准油股份由 2013 年的第 18 名下降至 2016 年的第 32 名，下降了 14 个位次。由 2014 年的第 18 名下降至 2016 年的第 32 名，下降了 14 个位次。由 2015 年的第 18 名下降至 2016 年的第 32 名，下降了 14 个位次。天康生物由 2013 年的第 20 名下降至 2016 年的第 33 名，下降了 13 个位次。由 2014 年的第 20 名下降至 2016 年的第 33 名，下降了 13 个位次。由 2015 年的第 25 名下降至 2016 年的第 33 名，下降了 8 个位次。伊力特由 2013 年的第 31 名下降至 2016 年的第 34 名，下降了 3 个位次。由 2014 年的第 23 名下降至 2016 年的第 34 名，下降了 11 个位次。由 2015 年的第 26 名下降至 2016 年的第 34 名，下降了 8 个位次。

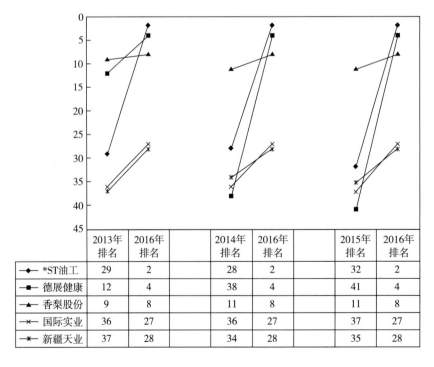

	2013年排名	2016年排名		2014年排名	2016年排名		2015年排名	2016年排名
◆ *ST油工	29	2		28	2		32	2
■ 德展健康	12	4		38	4		41	4
▲ 香梨股份	9	8		11	8		11	8
✕ 国际实业	36	27		36	27		37	27
✱ 新疆天业	37	28		34	28		35	28

图 11-11　2016 年较 2013~2015 年竞争力排名均上升的公司

数据来源：根据国泰安数据库、Wind 数据库、上市公司年报测算。

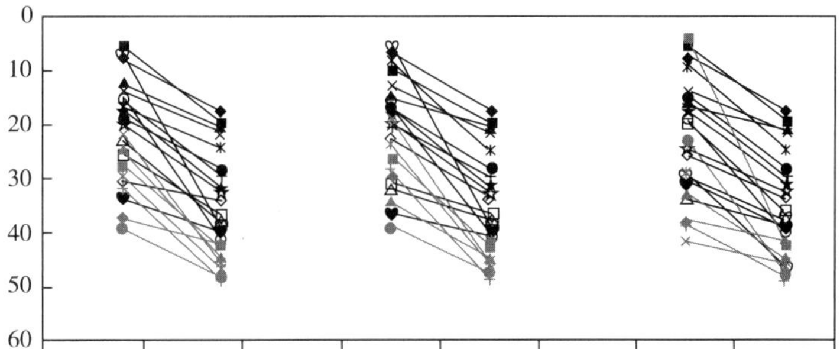

	2013年排名	2016年排名		2014年排名	2016年排名		2015年排名	2016年排名
◆ 新疆浩源	8	18		7	18		8	18
■ 新研股份	6	20		10	20		6	20
▲ 天山股份	13	21		15	21		17	21
✕ 西部建设	14	22		13	22		14	22
✻ 美克家居	17	25		8	25		9	25
● 麦趣尔	19	29		17	29		15	29
＋ 天富能源	16	30		21	30		16	30
★ 准油股份	18	32		18	32		18	32
☆ 天康生物	20	33		20	33		25	33
◇ 伊力特	31	34		23	34		26	34
□ 新疆众和	26	37		31	37		20	37
△ 国统股份	23	38		32	38		34	38
♡ 光正集团	7	39		6	39		30	39
♥ 北新路桥	34	40		37	40		31	40
○ 天山生物	15	41		16	41		19	41
◆ 新农开发	38	42		30	42		38	42
■ 天润乳业	28	43		27	43		4	43
▲ 冠农股份	25	45		35	45		33	45
✕ 青松建化	22	46		19	46		42	46
✻ 新疆城建	30	47		24	47		29	47
● 中基健康	39	48		39	48		23	48
＋ 新赛股份	32	49		29	49		39	49

图 11-12　2016 年较 2013~2015 年竞争力排名均下降的公司

数据来源：根据国泰安数据库、Wind 数据库、上市公司年报测算。

（3）2013~2016 年竞争力排名上下波动较为明显的公司分析。

由图 11-13 可知，2013~2016 年竞争力排名上下波动较为明显的公司总共 12 家，分别为 *ST 油工、德展健康、友好集团、美克家居、麦趣尔、新疆众和、光正集团、天润乳业、冠农股份、青松建化、新疆城建以及新赛股份。*ST 油工以及德展健康呈现先上升后下降再上升的趋势。友好集团、美克家居、麦趣尔、光正集团、天润乳业、青松建化、新疆城建以及新赛股份呈现先上升后下降的趋势。新疆众和以及冠农股份呈现先下降后上升再下降的趋势。

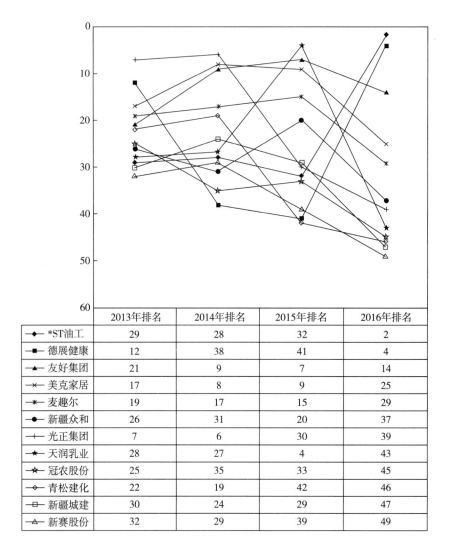

	2013年排名	2014年排名	2015年排名	2016年排名
◆ *ST油工	29	28	32	2
■ 德展健康	12	38	41	4
▲ 友好集团	21	9	7	14
✕ 美克家居	17	8	9	25
✱ 麦趣尔	19	17	15	29
● 新疆众和	26	31	20	37
┼ 光正集团	7	6	30	39
★ 天润乳业	28	27	4	43
✵ 冠农股份	25	35	33	45
◇ 青松建化	22	19	42	46
☐ 新疆城建	30	24	29	47
△ 新赛股份	32	29	39	49

图 11-13　2013~2016 年竞争力排名上下波动较为明显的公司

数据来源：根据国泰安数据库、Wind 数据库、上市公司年报测算。

（4）2013~2016 年竞争力排名基本保持不变的公司分析。

由图 11-14 可知，2013~2016 年竞争力排名基本保持不变的公司总共 19 家，分别为渤海金控、金风科技、特变电工、中泰化学、*ST 八钢、香梨股份、广汇能源、同济堂、新疆浩源、西部建设、中葡股份、中粮糖业、国际实业、新疆天业、西部牧业、伊力特、*ST 百花、北新路桥、新农开发。其中，渤海金控平均排名为 1、金风科技平均排名为 3、特变电工平均排名为 4、中泰化学平均排名为 7、*ST 八钢平均排名为 7、香梨股份平均排名为 10、广汇能源平均排名为 12、同济堂平均排名为 15、新疆浩源平均排名为 10、西部建设平均排名为 16、中葡股份平均排名为 23、中粮糖业平均排名为 26、国际实业平均排名为 34、新疆天业平均排名为 34、西部牧业平均排名为 30、伊力特平均排名为 29、*ST 百花平均排名为 38、北新路桥平均排名为 36、新农开发平均排名为 37。值得注意的是，渤海金控、金风科技、特变电工、中泰化学 2013~2016 年竞争力排名稳定在前 10，其中渤海金控、金风科技竞争力排名一直位居前 3，说明这些上市公司有较强且持续的竞争力。

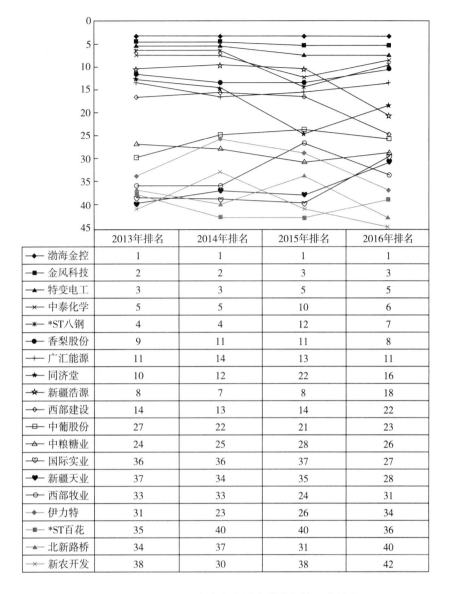

	2013年排名	2014年排名	2015年排名	2016年排名
◆— 渤海金控	1	1	1	1
■— 金风科技	2	2	3	3
▲— 特变电工	3	3	5	5
✕— 中泰化学	5	5	10	6
✳— *ST八钢	4	4	12	7
●— 香梨股份	9	11	11	8
—— 广汇能源	11	14	13	11
★— 同济堂	10	12	22	16
☆— 新疆浩源	8	7	8	18
◇— 西部建设	14	13	14	22
▱— 中葡股份	27	22	21	23
△— 中粮糖业	24	25	28	26
♡— 国际实业	36	36	37	27
♥— 新疆天业	37	34	35	28
○— 西部牧业	33	33	24	31
◆— 伊力特	31	23	26	34
■— *ST百花	35	40	40	36
▲— 北新路桥	34	37	31	40
✕— 新农开发	38	30	38	42

图 11-14　2013~2016 年竞争力排名基本保持不变的公司

数据来源：根据国泰安数据库、Wind 数据库、上市公司年报测算。

（5）2013~2016 年竞争力排名持续下降的公司分析。

由图 11-15 可知，2013~2016 年竞争力排名持续下降的公司总共 3 家，分别是天山股份、国统股份以及天山生物。天山股份由 2013 年的第 13 名下降至 2014 年的第 15 名，下降了 2 个位次，由 2014 年的第 15 名下降至 2015 年的第 17 名，下降了 2 个位次，由 2015 年的第 17 名下降至 2016 年的第 21 名，下降了 4 个位次。国统股份由 2013 年的第 23 名下降至 2014 年的第 32 名，下降了 9 个位次，由 2014 年的第 32 名下降至 2015 年的第 34 名，下降了 2 个位次，由 2015 年的第 34 名下降至 2016 年的第 38 名，下降了 4 个位次。天山生物由 2013 年的第 15 名下降至 2014 年的第 16 名，下降了 1 个位次，由 2014 年的第 16 名下降至 2015 年的第 19 名，下降了 3 个位次，由 2015 年的第 19 名下降至 2016 年的第 41 名，下降了 22 个位次。

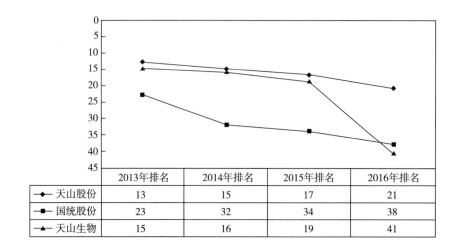

	2013年排名	2014年排名	2015年排名	2016年排名
◆ 天山股份	13	15	17	21
■ 国统股份	23	32	34	38
▲ 天山生物	15	16	19	41

图 11-15　2013~2016 年竞争力排名持续下降的公司

数据来源：根据国泰安数据库、Wind 数据库、上市公司年报测算。

11.2.6　2016 年新疆上市公司行业竞争力排名分析

（1）2016 年新疆上市公司行业竞争力分析。

由表 11-4 以及图 11-16 可知，2016 年新疆上市公司行业竞争力排名从前往后依次是：制造业，采矿业，批发和零售业，租赁和商务服务业，农、林、牧、渔业，电力、热力、燃气及水生产和供应业，信息传输、软件和信息技术服务业，交通运输、仓储和邮政业以及建筑业。

其中，制造业竞争力评价值为 1.7600，资源评价值为 0.8560，能力评价值为 0.9040，说明新疆制造业相较于资源维度，其能力维度优势更加突出。采矿业竞争力评价值为 0.4054，资源评价值为 0.1490，能力评价值为 0.2564，说明新疆采矿业相较于资源维度，其能力维度优势更加突出。批发和零售业竞争力评价值为 0.3667，资源评价值为 0.1021，能力评价值为 0.2646，说明新疆批发和零售业相较于资源维度，其能力维度优势更加突出。租赁和商务服务业竞争力评价值为 0.3578，资源评价值为 0.2302，能力评价值为 0.1276，说明新疆租赁和商务服务业相较于能力维度，其资源维度优势更加突出。农、林、牧、渔业竞争力评价值为 0.2713，资源评价值为 0.1167，能力评价值为 0.1545，说明新疆农、林、牧、渔业相较于资源维度，其能力维度优势更加突出。电力、热力、燃气及水生产和供应业竞争力评价值为 0.2571，资源评价值为 0.0744，能力评价值为 0.1827，说明新疆电力、热力、燃气及水生产和供应业相较于资源维度，其能力维度优势更加突出。信息传输、软件和信息技术服务业竞争力评价值为 0.1638，资源评价值为 0.0370，能力评价值为 0.1268，说明新疆信息传输、软件和信息技术服务业相较于资源维度，其能力维度优势更加突出。交通运输、仓储和邮政业竞争力评价值为 0.1273，资源评价值为 0.0321，能力评价值为 0.0952，说明新疆交通运输、仓储和邮政业相较于资源维度，其能力维度优势更加突出。建筑业竞争力评价值为 0.0813，资源评价值为 0.0453，能力评价值为 0.0360，说明新疆建筑业相较于能力维度，其资源维度优势更加突出。

表 11-4　2016 年新疆上市公司行业竞争力排名

行业	排名	竞争力	资源	能力
制造业	1	1.7600	0.8560	0.9040
采矿业	2	0.4054	0.1490	0.2564
批发和零售业	3	0.3667	0.1021	0.2646
租赁和商务服务业	4	0.3578	0.2302	0.1276
农、林、牧、渔业	5	0.2713	0.1167	0.1545
电力、热力、燃气及水生产和供应业	6	0.2571	0.0744	0.1827
信息传输、软件和信息技术服务业	7	0.1638	0.0370	0.1268
交通运输、仓储和邮政业	8	0.1273	0.0321	0.0952
建筑业	9	0.0813	0.0453	0.0360

数据来源：根据国泰安数据库、Wind 数据库、上市公司年报测算。

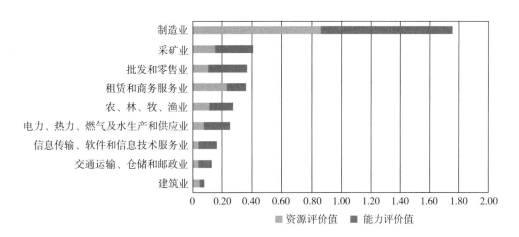

图 11-16　2016 年新疆上市公司行业竞争力排名

数据来源：根据国泰安数据库、Wind 数据库、上市公司年报测算。

（2）2016 年分行业新疆上市公司排名分析。

由表 11-5 及图 11-17 可知，2016 年农、林、牧、渔业上市公司总共 5 家，竞争力排名从前往后依次是：香梨股份、西部牧业、天山生物、新农开发以及新赛股份。其中，香梨股份在农、林、牧、渔业中排名第 1，在一产中排名第 1，在总排名中排名第 8。西部牧业在农、林、牧、渔业中排名第 2，在一产中排名第 2，在总排名中排名第 31。天山生物在农、林、牧、渔业中排名第 3，在一产中排名第 3，在总排名中排名第 41。新农开发在农、林、牧、渔业中排名第 4，在一产中排名第 4，在总排名中排名第 42。新赛股份在农、林、牧、渔业中排名第 5，在一产中排名第 5，在总排名中排名第 49。

表 11-5　2016 年新疆上市公司行业竞争力排名

行业	企业名称	总排名	细分行业排名	三产排名	竞争力	资源	能力
农、林、牧、渔业	香梨股份	8	1	1	0.1011	0.0294	0.0717
	西部牧业	31	2	2	0.0534	0.0289	0.0245
	天山生物	41	3	3	0.0423	0.0242	0.0180
	新农开发	42	4	4	0.0418	0.0198	0.0220
	新赛股份	49	5	5	0.0327	0.0145	0.0183
采矿业	德展健康	4	1	3	0.1390	0.0561	0.0829
	广汇能源	11	2	8	0.0901	0.0522	0.0380
	西部黄金	35	5	21	0.0487	0.0126	0.0362
制造业	*ST 油工	2	1	1	0.2538	0.0883	0.1655
	金风科技	3	2	2	0.2081	0.1546	0.0535
	特变电工	5	3	4	0.1198	0.0915	0.0283
	中泰化学	6	4	5	0.1125	0.0832	0.0293
	*ST 八钢	7	5	6	0.1041	0.0465	0.0576
	*ST 新亿	9	6	7	0.0955	0.0603	0.0351
	新研股份	20	7	11	0.0662	0.0241	0.0421
	天山股份	21	8	12	0.0659	0.0322	0.0337
	西部建设	22	9	13	0.0652	0.0363	0.0290
	中葡股份	23	10	14	0.0642	0.0141	0.0501
	中粮糖业	26	11	15	0.0555	0.0277	0.0277
	新疆天业	28	12	16	0.0554	0.0219	0.0336
	麦趣尔	29	13	17	0.0552	0.0097	0.0455
	天康生物	33	14	19	0.0507	0.0222	0.0285
	伊力特	34	15	20	0.0491	0.0157	0.0334
	*ST 百花	36	16	22	0.0487	0.0235	0.0253
	新疆众和	37	17	23	0.0482	0.0233	0.0249
	国统股份	38	18	24	0.0467	0.0135	0.0332
	天润乳业	43	19	27	0.0408	0.0123	0.0285
	雪峰科技	44	20	28	0.0408	0.0117	0.0291
	冠农股份	45	21	29	0.0407	0.0186	0.0220
	青松建化	46	22	30	0.0383	0.0125	0.0258
	中基健康	48	23	32	0.0347	0.0124	0.0223
电力、热力、燃气及水生产和供应业	新天然气	12	1	9	0.0874	0.0150	0.0724
	新疆浩源	18	2	10	0.0696	0.0141	0.0555
	天富能源	30	3	18	0.0549	0.0304	0.0245
	光正集团	39	4	25	0.0451	0.0149	0.0303
建筑业	北新路桥	40	1	26	0.0436	0.0233	0.0203
	新疆城建	47	2	31	0.0377	0.0220	0.0157

续表

行业	企业名称	总排名	细分行业排名	三产排名	竞争力	资源	能力
采矿业	贝肯能源	17	3	7	0.0755	0.0128	0.0626
	准油股份	32	4	12	0.0520	0.0153	0.0367
批发和零售业	汇嘉时代	10	1	2	0.0942	0.0152	0.0790
	友好集团	14	2	4	0.0822	0.0151	0.0671
	同济堂	16	3	6	0.0767	0.0235	0.0531
	美克家居	25	4	10	0.0582	0.0217	0.0365
	国际实业	27	5	11	0.0555	0.0265	0.0289
交通运输、仓储和邮政业	德新交运	19	1	8	0.0679	0.0109	0.0570
	天顺股份	24	2	9	0.0595	0.0213	0.0382
信息传输、软件和信息技术服务业	熙菱信息	13	1	3	0.0839	0.0215	0.0623
	立昂技术	15	2	5	0.0799	0.0155	0.0645
租赁和商务服务业	渤海金控	1	1	1	0.3578	0.2302	0.1276

数据来源：根据国泰安数据库、Wind 数据库、上市公司年报测算。

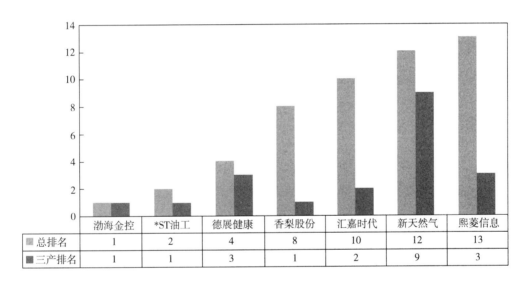

	渤海金控	*ST油工	德展健康	香梨股份	汇嘉时代	新天然气	熙菱信息
■ 总排名	1	2	4	8	10	12	13
■ 三产排名	1	1	3	1	2	9	3

图 11-17　2016 年各行业排名第 1 新疆上市公司分析

数据来源：根据国泰安数据库、Wind 数据库、上市公司年报测算。

2016 年制造业上市公司总共 23 家，竞争力排名从前往后依次是：*ST 油工、金风科技、特变电工、中泰化学、*ST 八钢、*ST 新亿、新研股份、天山股份、西部建设、中葡股份、中粮糖业、新疆天业、麦趣尔、天康生物、伊力特、*ST 百花、新疆众和、国统股份、天润乳业、雪峰科技、冠农股份、青松建化以及中基健康。其中，*ST 油工在制造业中排名第 1，在二产中排名第 1，在总排名中排名第 2。金风科技在制造业中排名第 2，在二产中排名第 2，在总排名中排名第 3。特变电工在制造业中排名第 3，在二产中排名第 4，在总排名中排名第 5。中泰化学在制造业中排名第 4，在二产中排名第 5，在总排名中排名第 6。*ST 八钢在制造业中排名第 5，在二产中排名第 6，在总排名中排名第 7。

2016 年电力、热力、燃气及水生产和供应业上市公司总共 4 家，竞争力排名从前往后依次是：新天然气、新疆浩源、天富能源以及光正集团。其中，新天然气在电力、热力、燃气及水生产和供应业中排名第1，在二产中排名第9，在总排名中排名第12。新疆浩源在电力、热力、燃气及水生产和供应业中排名第2，在二产中排名第10，在总排名中排名第18。天富能源在电力、热力、燃气及水生产和供应业中排名第3，在二产中排名第18，在总排名中排名第30。光正集团在电力、热力、燃气及水生产和供应业中排名第4，在二产中排名第25，在总排名中排名第39。

2016年建筑业上市公司总共2家，竞争力排名从前往后依次是：北新路桥以及新疆城建。其中，北新路桥在建筑业中排名第1，在二产中排名第26，在总排名中排名第40。新疆城建在建筑业中排名第2，在二产中排名第31，在总排名中排名第47。

2016年采矿业上市公司总共5家，竞争力排名从前往后依次是：德展健康、广汇能源、贝肯能源、准油股份以及西部黄金。其中，德展健康在采矿业中排名第1，在二产中排名第3，在总排名中排名第4。广汇能源在采矿业中排名第2，在二产中排名第8，在总排名中排名第11。贝肯能源在采矿业中排名第3，在三产中排名第7，在总排名中排名第17。准油股份在采矿业中排名第4，在三产中排名第12，在总排名中排名第32。西部黄金在采矿业中排名第5，在二产中排名第21，在总排名中排名第35。

2016年批发和零售业上市公司总共5家，竞争力排名从前往后依次是：汇嘉时代、友好集团、同济堂、美克家居以及国际实业。其中，汇嘉时代在批发和零售业中排名第1，在三产中排名第2，在总排名中排名第10。友好集团在批发和零售业中排名第2，在三产中排名第4，在总排名中排名第14。同济堂在批发和零售业中排名第3，在三产中排名第6，在总排名中排名第16。美克家居在批发和零售业中排名第4，在三产中排名第10，在总排名中排名第25。国际实业在批发和零售业中排名第5，在三产中排名第11，在总排名中排名第27。

2016年交通运输、仓储和邮政业上市公司总共2家，竞争力排名从前往后依次是：德新交运以及天顺股份。其中，德新交运在交通运输、仓储和邮政业中排名第1，在三产中排名第8，在总排名中排名第19。天顺股份在交通运输、仓储和邮政业中排名第2，在三产中排名第9，在总排名中排名第24。

2016年信息传输、软件和信息技术服务业上市公司总共2家，竞争力排名从前往后依次是：熙菱信息以及立昂技术。其中，熙菱信息在信息传输、软件和信息技术服务业中排名第1，在三产中排名第3，在总排名中排名第13。立昂技术在信息传输、软件和信息技术服务业中排名第2，在三产中排名第5，在总排名中排名第15。

2016年租赁和商务服务业上市公司总共1家，为渤海金控。渤海金控在租赁和商务服务业中排名第1，在三产中排名第1，在总排名中排名第1。

第 12 章
2017 年新疆上市公司竞争力排行

12.1　2017 年新疆上市公司分布特征

12.1.1　新疆上市公司数量特征

由图 12-1 可知，2017 年新疆上市公司总共 53 家，其中被证监会特别处理的 ST 或 *ST 类上市公司 4 家，占比为 7.55%；新上市公司 3 家，占比为 5.66%。

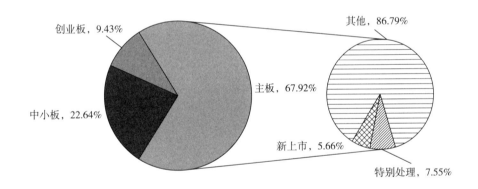

图 12-1　2017 年新疆上市公司数量特征

数据来源：Wind 数据库。

2017 年新疆上市公司在不同板块市场的数量存在差异，从小到大排序，依次为：创业板 5 家，占比约 9.43%；中小板 12 家，占比约 22.64%；主板 36 家，占比约 67.92%。说明新疆创业板、中小板的上市公司数量较少，以主板为主。

12.1.2　新疆上市公司行业分布

由图 12-2 可知，2017 年新疆上市公司各行业的数量存在较大差异，从小到大排序，依次为：租赁和商务服务业 1 家，占比为 1.89%；建筑业 1 家，占比为 1.89%；科学研究和技术服务业 1 家，占比为 1.89%；交通运输、仓储和邮政业 2 家，占比为 3.77%；

信息传输、软件和信息技术服务业2家，占比为3.77%；金融业2家，占比为3.77%；批发和零售业5家，占比为9.43%；采矿业5家，占比为9.43%；电力、热力、燃气及水生产和供应业5家，占比为9.43%；农、林、牧、渔业5家，占比为9.43%；制造业24家，占比为45.28%。

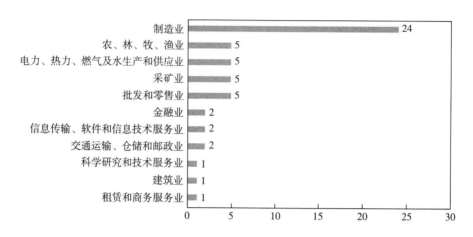

图12-2　2017年新疆上市公司行业分布

数据来源：根据国泰安数据库、Wind数据库、上市公司年报测算。

由图12-3可知，2017年新疆上市公司在一产、二产、三产的数量存在较大差异，从小到大排序，依次为：一产5家，占比为10%；三产16家，占比为30%；二产32家，占比为60%。说明新疆上市公司以二产为主。

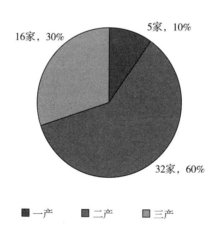

图12-3　2017年新疆上市公司三产占比

数据来源：根据国泰安数据库、Wind数据库、上市公司年报测算。

12.1.3　新疆上市公司地区分布

由图12-4可知，2017年新疆不同地区上市公司的数量存在较大差异，从大到小排序，依次为：乌鲁木齐市、克拉玛依市、昌吉回族自治州、石河子市、阿克苏地区、巴音郭楞蒙古自治州、和田地区、塔城地区、伊犁哈萨克自治州、博尔塔拉蒙古自治州、喀什地区。从地区分布来看，2017 年新疆上市公司多集中于北疆地区，为 46 家，约占总体的 86.79%，主要涉及乌鲁木齐市、克拉玛依市、昌吉回族自治州、石河子市、塔城地区、伊犁哈萨克自治州、博尔塔拉蒙古自治州。其中，乌鲁木齐市数量最多，为 32 家，约占总体的 60.38%；克拉玛依市和昌吉回族自治州次之，各为 4 家，均约占总体的 7.55%；石河子市 3 家，约占总体的 5.66%；塔城地区、伊犁哈萨克自治州和博尔塔拉蒙古自治州数量最少，各为 1 家，均约占总体的 1.89%。南疆地区分布较少，为 7 家，约占总体的 13.21%，主要有阿克苏地区、巴音郭楞蒙古自治州、和田地区、喀什地区。其中，阿克苏地区数量最多，为 3 家，约占总体的 5.66%；和田地区和喀什地区数量最少，各为 1 家，均约占总体的 1.89%。

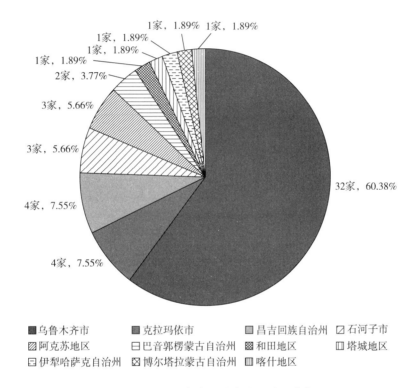

图 12-4　2017 年新疆上市公司地区分布

数据来源：Wind 数据库。

12.1.4　新疆上市公司性质分布

由图 12-5 可知，2017 年新疆上市公司性质分布存在较大差异，从小到大排序，依次为：外资企业 0 家，占比为 0.00%；其他企业 0 家，占比为 0.00%；公众企业 2 家，占比为 3.77%；中央国有企业 10 家，占比为 18.87%；地方国有企业 16 家，占比为 30.19%；民营企业 25 家，占比为 47.17%。

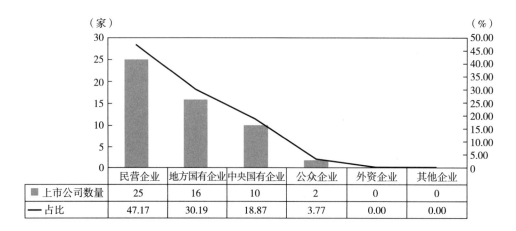

图 12-5　2017 年新疆上市公司性质分布

数据来源：Wind 数据库。

12.2　2017 年新疆上市公司竞争力排行分析

12.2.1　新疆上市公司基本情况

2017 年新疆上市公司竞争力评价值平均值为 0.0923，中位数为 0.0691，平均值大于中位数说明竞争力评价值中位数以上的企业竞争力评价值总体较大；大于竞争力评价值平均值的企业 14 家，占比 27.45%；总体极差为 0.4201，说明新疆上市公司竞争力之间存在较大差距。

12.2.2　新疆上市公司中得分前 5 的公司分析

由表 12-1 可知，2017 年新疆上市公司排名前 5 的公司从前到后排序，依次为：渤海金控、金风科技、*ST 新亿、中油工程以及特变电工。

表 12-1　2017 年新疆上市公司竞争力评价值及排名情况

股票代码	企业名称	竞争力评价值	排名	股票代码	企业名称	竞争力评价值	排名
000415	渤海金控	0.4625	1	600089	特变电工	0.1928	5
002202	金风科技	0.2443	2	600581	八一钢铁	0.1349	6
600145	*ST 新亿	0.2149	3	600506	香梨股份	0.1251	7
600339	中油工程	0.1959	4	603101	汇嘉时代	0.1233	8
300603	立昂技术	0.1185	9	600084	中葡股份	0.0636	31

续表

股票代码	企业名称	竞争力评价值	排名	股票代码	企业名称	竞争力评价值	排名
603080	新疆火炬	0.1089	10	002307	北新路桥	0.0624	32
002828	贝肯能源	0.1087	11	600197	伊力特	0.0621	33
600778	友好集团	0.1049	12	002719	麦趣尔	0.0607	34
002092	中泰化学	0.1026	13	300313	天山生物	0.0604	35
300588	熙菱信息	0.1016	14	600888	新疆众和	0.0594	36
603393	新天然气	0.0919	15	601069	西部黄金	0.0586	37
002302	西部建设	0.0891	16	600721	百花村	0.0585	38
603032	德新交运	0.0842	17	002524	光正集团	0.0582	39
600256	广汇能源	0.0824	18	002205	国统股份	0.0576	40
002800	天顺股份	0.0815	19	002207	*ST 准油	0.0558	41
002700	新疆浩源	0.0798	20	600075	新疆天业	0.0556	42
600337	美克家居	0.0791	21	000159	国际实业	0.0541	43
600545	卓郎智能	0.0755	22	300106	西部牧业	0.0524	44
000813	德展健康	0.0743	23	000633	合金投资	0.0514	45
300159	新研股份	0.0707	24	600425	*ST 青松	0.0502	46
600509	天富能源	0.0700	25	603227	雪峰科技	0.0498	47
000877	天山股份	0.0691	26	000972	*ST 中基	0.0466	48
002100	天康生物	0.0686	27	600251	冠农股份	0.0464	49
600737	中粮糖业	0.0677	28	600359	新农开发	0.0445	50
600419	天润乳业	0.0662	29	600540	新赛股份	0.0425	51
600090	同济堂	0.0659	30				

数据来源：根据国泰安数据库、Wind 数据库、上市公司年报测算。

由图 12-6 可知，渤海金控竞争力评价值为 0.4625，排名第 1。其中，能力评价值为 0.1687，资源评价值为 0.2939，无论是能力维度还是资源维度，渤海金控均排在第 1；由图 12-7 以及图 12-8 可知，渤海金控的资源维度的人力资源元素和规模、能力维度的营运能力最为突出，这说明优质的人力资源和较强的企业营运能力是渤海金控整体企业竞争力排名第 1 的主要原因。近年来，公司深入贯彻落实董事会制定的中长期发展战略，聚焦租赁主业，通过专业化的服务和精细化的管理，有效促进了公司业务的隐性增长。集装箱租赁等子行业发生了一系列并购，公司业务实现了跨越式增长。在隐性增长与扩张性并购的有机结合下，公司租赁业务的规模效应逐渐显现，盈利能力和抗风险能力显著提升。

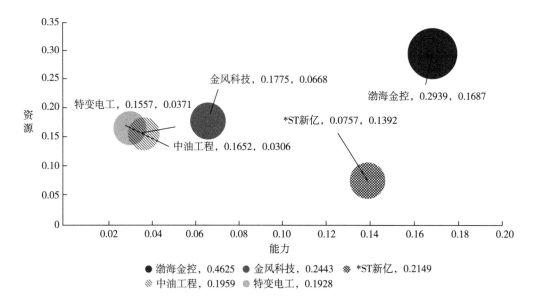

图 12-6　新疆上市公司中排名前 5 的公司竞争力维度分析

数据来源：根据国泰安数据库、Wind 数据库、上市公司年报测算。

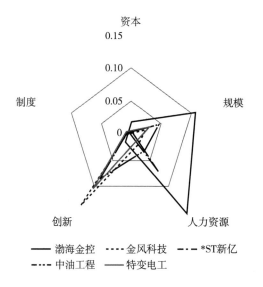

图 12-7　新疆上市公司中排名前 5 的公司资源维度五要素分析

数据来源：根据国泰安数据库、Wind 数据库、上市公司年报测算。

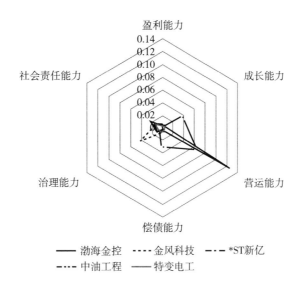

图 12-8　新疆上市公司中排名前 5 的公司能力维度六要素分析

数据来源：根据国泰安数据库、Wind 数据库、上市公司年报测算。

由图 12-6 可知，金风科技竞争力评价值为 0.2443，排名第 2。其中，能力评价值为 0.0668，排名第 3，资源评价值为 0.1775，排名第 2；由图 12-7 以及图 12-8 可知，金风科技的资源维度的创新和规模、能力维度的治理能力最为突出，这说明庞大的创新资源和较强的企业治理能力是金风科技整体企业竞争力排名第 2 的主要原因。金风科技是国内最早进入风电装备制造领域的企业之一，经过十余年的发展，逐步成长为国内领先、世界领先的风电综合解决方案提供商。公司拥有 1.5 兆瓦、2.XMW、2.5 兆瓦、3.0XMW（S）、6.XMW 永磁直驱系列机组，拥有自主知识产权，代表着世界风电领域最具发展潜力的技术路径。金风科技连续七年位居国内风电设备制造商第 1，连续三年位居全球风电市场第 3，连续多年保持行业领先地位。

由图 12-6 可知，*ST 新亿竞争力评价值为 0.2149，排名第 3。其中，能力评价值为 0.1392，排名第 2，资源评价值为 0.0757，排名第 5；由图 12-7 以及图 12-8 可知，*ST 新亿的资源维度的人力资源、能力维度的营运能力最为突出，这说明丰富的人力资源和较强的企业营运能力是*ST 新亿整体企业竞争力排名第 3 的主要原因。公司注册地是我国通往中亚、西亚乃至欧洲的门户，地处西部开放前沿，是"一带一路"建设的重点区域。塔城地区石油和矿产资源丰富，农业和畜牧业发达。作为唯一一家异地上市公司，自 2015 年 6 月迁至异地以来，得到了当地政府及相关部门的全力支持。公司依托塔城地区的区位优势，合理布局生产经营，通过相关方或第三方及时注入现代农业、大健康、物联网、矿业等多种优质资产，并逐步调整公司产业结构，确保公司具有可持续盈利能力。

由图 12-6 可知，中油工程竞争力评价值为 0.1959，排名第 4。其中，能力评价值为 0.0306，排名第 5，资源评价值为 0.1652，排名第 3；由图 12-7 以及图 12-8 可知，中油工程的资源维度的创新和规模要素、能力维度的成长能力最为突出，这说明丰富的创新资源和较强的企业成长能力是中油工程企业竞争力排名第 4 的主要原因。2017 年国际原油价格波动上涨，油气工程行业整体复苏缓慢，生产经营环境市场竞争激烈，公司不断拓展市场，降低成本，避免风险和发展专业化、综合化经营，不断整合经营管理，在此基础上，不断增收节支，提质增效，实现向高质量发展的进一步转变。公司实现营业利润553.64亿元，净利润6.7亿元（归属于上市公司股东）。上市公司资产227.3亿元，资产负债率75.05%，期末现金余额241.04亿元。

由图12-6可知，特变电工竞争力评价值为0.1928，排名第5。其中，能力评价值为0.0371，排名第4，资源评价值为0.1557，排名第4；由图12-7以及图12-8可知，特变电工的资源维度的创新和规模要素、能力维度的社会责任能力最为突出，这说明丰富的创新要素和较强的企业社会责任能力是特变电工企业竞争力排名第5的主要原因。公司主营业务拥有完整的研发、采购、生产、销售及售后服务体系。公司输变电业务以产品特性为核心，采用"以销定产"的经营模式。只有一些标准化产品是根据市场需求小批量生产，根据市场情况销售的。通过EPC总包为海外输变电业务提供设计、采购、施工、调试服务；新能源多晶硅业务根据市场情况制订产销计划，确保产销顺利。新能源电站业务通过公司多晶硅产品、EPC、PC、BT等。我们以同样的方式开发和建设风能和太阳能资源，为新能源电站提供综合能源解决方案，提供太阳能发电执行BOO发电业务。在风电、能源业务中采取"销售为主"，与客户建立长期战略合作关系，达成长期订单。

12.2.3 新疆上市公司中排名上升的公司分析

由图12-9、表12-2可知，新疆上市公司中在2017年排名上升的有20家，分别是卓郎智能、天润乳业、北新路桥、*ST新亿、立昂技术、贝肯能源、西部建设、天康生物、天山生物、天顺股份、天富能源、美克家居、汇嘉时代、友好集团、德新交运、金风科技、八一钢铁、香梨股份、伊力特以及新疆众和。其中，卓郎智能、天润乳业、北新路桥以及*ST新亿上升较为明显。

排名上升最为突出的是卓郎智能，由2016年的第47名上升至2017年的第22名，上升了25个位次。从评价体系的指标得分情况来看，资源评价值得分为0.0267，较2016年提高了21.63%，能力评价值得分为0.0487，较2016年提高了210.13%。从细分指标来看，资源维度的规模评价值得分提升最大，较2016年提高了155.78%，资源维度的制度评价值得分下降最大，较2016年下降了2.85%；能力维度的成长能力评价值得分提升最大，较2016年提高了1475.40%。

卓郎智能是全球领先的先进纺织设备及解决方案提供商，拥有100年品牌历史，主要从事智能纺织设备及关键零部件的研发、生产和销售。作为世界纺织机械行业的领先企业之一，卓郎智能在纺织机械行业形成了包括卓郎、赐来福、青泽、阿尔玛、福克曼等在内的悠久传统和世界知名品牌。卓郎智能是天然纤维纺织机械领域为数不多的公司之一，可以提供范围广泛的产品，包括清洁装置、梳理机、粗纱机、细纱机、络筒机、捻线机、双捻机和全自动转杯纺纱机。整体解决方案提供商、生产基地和销售公司遍布中国、德国、瑞士、印度等12个国家和地区，用户遍布全球130多个国家和地区，主要产品具有显著的竞争优势并在全球市场上处于领先地位。

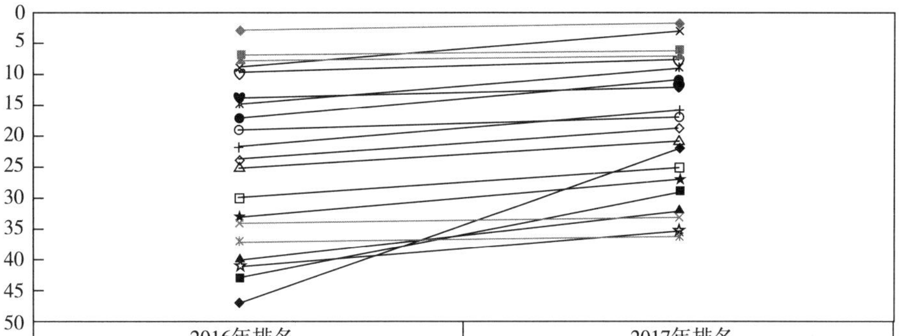

	2016年排名	2017年排名
◆ 卓郎智能	47	22
■ 天润乳业	43	29
▲ 北新路桥	40	32
✳ *ST新亿	9	3
✕ 立昂技术	15	9
● 贝肯能源	17	11
┼ 西部建设	22	16
★ 天康生物	33	27
☆ 天山生物	41	35
◇ 天顺股份	24	19
▱ 天富能源	30	25
△ 美克家居	25	21
♡ 汇嘉时代	10	8
♥ 友好集团	14	12
○ 德新交运	19	17
◆ 金风科技	3	2
▦ 八一钢铁	7	6
▲ 香梨股份	8	7
✕ 伊力特	34	33
✳ 新疆众和	37	36

图 12-9　新疆上市公司中排名上升的公司

数据来源：根据国泰安数据库、Wind 数据库、上市公司年报测算。

表 12-2　新疆上市公司竞争力排名上升较为明显的公司

维度	公司名称 各项得分	卓郎智能			天润乳业		
		2016 年	2017 年	变动率（%）	2016 年	2017 年	变动率（%）
资源	资本	0.0011	0.0012	5.01	0.0026	0.0137	436.28
	规模	0.0019	0.0050	155.78	0.0010	0.0014	34.37
	人力资源	0.0092	0.0091	-1.89	0.0039	0.0053	35.31
	创新	0.0020	0.0041	102.22	0.0011	0.0019	78.26
	制度	0.0077	0.0074	-2.85	0.0037	0.0044	16.86
	资源合计	0.0220	0.0267	21.63	0.0123	0.0266	116.45

维度	公司名称 各项得分	卓郎智能			天润乳业		
		2016 年	2017 年	变动率（%）	2016 年	2017 年	变动率（%）
能力	盈利能力	0.0028	0.0048	71.76	0.0050	0.0047	-6.33
	成长能力	0.0008	0.0124	1475.40	0.0031	0.0054	73.16
	营运能力	0.0014	0.0058	316.35	0.0067	0.0142	110.44
	偿债能力	0.0018	0.0093	402.04	0.0091	0.0082	-10.40
	治理能力	0.0016	0.0084	431.37	0.0000	0.0017	—
	社会责任能力	0.0073	0.0080	9.42	0.0045	0.0054	20.16
	能力合计	0.0157	0.0487	210.13	0.0285	0.0396	38.86
竞争力		0.0377	0.0755	100.19	0.0408	0.0662	62.27

维度	公司名称 各项得分	北新路桥			*ST 新亿		
		2016 年	2017 年	变动率（%）	2016 年	2017 年	变动率（%）
资源	资本	0.0034	0.0101	193.80	0.0019	0.0021	15.92
	规模	0.0040	0.0055	35.95	0.0001	0.0001	-5.59
	人力资源	0.0063	0.0101	60.52	0.0546	0.0691	26.46
	创新	0.0022	0.0021	-4.82	0.0000	0.0000	0.0000
	制度	0.0074	0.0070	-5.42	0.0037	0.0044	17.21
	资源合计	0.0233	0.0347	48.98	0.0603	0.0757	25.51
能力	盈利能力	0.0032	0.0030	-6.65	0.0020	0.0023	15.14
	成长能力	0.0034	0.0056	63.85	0.0048	0.0384	693.22
	营运能力	0.0023	0.0048	109.73	0.0022	0.0662	2976.37
	偿债能力	0.0016	0.0026	57.62	0.0200	0.0270	34.92
	治理能力	0.0009	0.0017	85.29	0.0037	0.0047	27.69
	社会责任能力	0.0088	0.0100	13.52	0.0024	0.0005	-77.64
	能力合计	0.0203	0.0277	36.62	0.0351	0.1392	296.01
竞争力		0.0436	0.0624	43.22	0.0955	0.2149	125.09

数据来源：根据国泰安数据库、Wind 数据库、上市公司年报测算。

其次是天润乳业，由 2016 年的第 43 名上升至 2017 年的第 29 名，上升了 14 个位次。从评价体系的指标得分情况来看，资源评价值得分为 0.0266，较 2016 年提高了 116.45%，能力评价值得分为 0.0396，较 2016 年提高了 38.86%。从细分指标来看，资源维度的资本评价值得分提升最大，较 2016 年提高了 436.28%；能力维度的营运能力评价值得分提升最大，较 2016 年提高了 110.44%，能力维度的偿债能力评价值得分下降最大，较 2016 年下降了 10.40%。天润乳业旗下拥有"加利""佳丽""天润"等品牌。公司以"天润"为核心品牌，彰显高端形象，以"加利""健力"为子品牌，实施品牌差异化发展。多年积累，天润乳业品牌在消费者中赢得了良好的口碑，形成了稳定、忠诚的客户群体。

排名第 3 的是北新路桥，由 2016 年的第 40 名上升至 2017 年的第 32 名，上升了 8 个位次。从评价体系的指标得分情况来看，资源评价值得分为 0.0347，较 2016 年提高了 48.98%，能力评价值得分为 0.0277，较 2016 年提高了 36.62%。从细分指标来看，资源维度的资本评价值得分提升最大，较 2016 年提高了 193.80%，资源维度的制度评价值得分下降最大，较 2016 年下降了 5.42%；能力维度的营运能力评价值得分提升最大，较 2016 年提高了 109.73%，能力维度的盈利能力评价值得分下降最大，较 2016 年下降了 6.65%。

北新路桥自成立以来，在保持主营业务稳定发展的基础上，凭借多年积累的项目管理经验和品牌优势，积极拓展产业链上游，不断拓展新的业务领域。公司加快从单一项目建设向设计施工总承包、技术研发、研究设计全产业链的转型升级。公司依托初步成果，主导项目建设。重庆合川 BT 项目和房地产业务也取得了长足的进步。通过上述业务转型升级，公司初步实现了从资产管理向资本管理、从低端项目向中端项目、从单一产业向多产业转型的业务布局。

排名第 4 的是*ST 新亿，由 2016 年的第 9 名上升至 2017 年的第 3 名，上升了 6 个位次。从评价体系的指标得分情况来看，资源评价值得分为 0.0757，较 2016 年提高了 25.51%，能力评价值得分为 0.1392，较 2016 年提高了 296.01%。从细分指标来看，资源维度的人力资源评价值得分提升最大，较 2016 年提高了 26.46%，资源维度的规模评价值得分下降最大，较 2016 年下降了 5.59%；能力维度的营运能力评价值得分提升最大，较 2016 年提高了 2976.37%，能力维度的社会责任能力评价值得分下降最大，较 2016 年下降了 77.64%。

*ST 新亿及控股股东正在积极甄选优质资产，开展业务初期尽职调查和洽谈业务，着力投资具有高盈利能力和增长潜力的优质资产。利用现代农业、大健康、物联网、第三方等优质资产通过多种方式改善企业经营状况和盈利能力。

12.2.4　新疆上市公司中排名下降的公司分析

由图 12-10、表 12-3 可知，新疆上市公司中在 2017 年排名下降的有 24 家，分别是德展健康、国际实业、同济堂、新疆天业、西部牧业、*ST 准油、中葡股份、新农开发、中泰化学、广汇能源、天山股份、麦趣尔、新研股份、冠农股份、新天然气、雪峰科技、中油工程、新疆浩源、中粮糖业、西部黄金、百花村、国统股份、新赛股份以及熙菱信息。其中，德展健康、国际实业、同济堂以及新疆天业下降较为明显。

由图 12-10 及表 12-3 可知，排名下降最为明显的是德展健康，由 2016 年的第 4 名下降至 2017 年的第 23 名，下降了 19 个位次。从评价体系的指标得分情况来看，资源和能力评价值得分较 2016 年都发生了下降，资源评价值得分为 0.0212，较 2016 年下降了 62.28%，能力评价值得分为 0.0532，较 2016 年下降了 35.89%。从细分指标来看，资源维度的规模评价值得分提升最大，较 2016 年提高了 42.18%，资源维度的人力资源评价值得分下降最大，较 2016 年下降了 73.43%；能力维度的治理能力评价值得分提升最大，较 2016 年提高了 44.48%，能力维度的偿债能力评价值得分下降最大，较 2016 年下降了 50.26%。

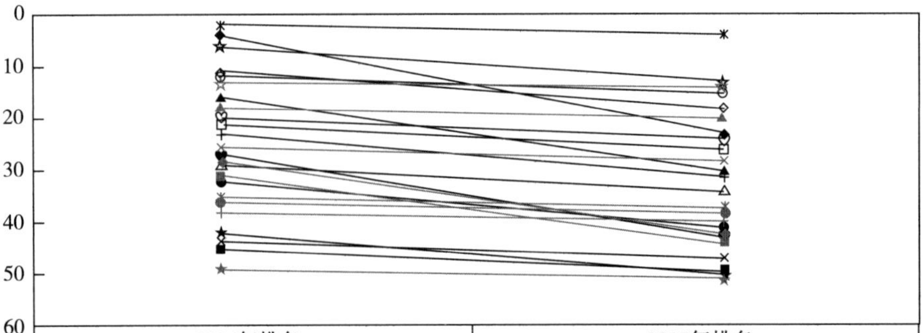

	2016年排名	2017年排名
◆ 德展健康	4	23
■ 国际实业	27	43
▲ 同济堂	16	30
✕ 新疆天业	28	42
✳ 西部牧业	31	44
● *ST准油	32	41
+ 中葡股份	23	31
★ 新农开发	42	50
✴ 中泰化学	6	13
◇ 广汇能源	11	18
▱ 天山股份	21	26
△ 麦趣尔	29	34
♡ 新研股份	20	24
♥ 冠农股份	45	49
○ 新天然气	12	15
◆ 雪峰科技	44	47
■ 中油工程	2	4
◢ 新疆浩源	18	20
✕ 中粮糖业	26	28
✳ 西部黄金	35	37
● 百花村	36	38
+ 国统股份	38	40
★ 新赛股份	49	51
✴ 熙菱信息	13	14

图 12-10　新疆上市公司中排名下降的公司

数据来源：根据国泰安数据库、Wind 数据库、上市公司年报测算。

表 12-3　新疆上市公司竞争力排名下降较为明显的公司

维度	公司名称\n各项得分	德展健康			国际实业		
		2016 年	2017 年	变动率（%）	2016 年	2017 年	变动率（%）
资源	资本	0.0029	0.0041	41.35	0.0018	0.0020	16.28
	规模	0.0009	0.0013	42.18	0.000797	0.000750	−5.88
	人力资源	0.0438	0.0116	−73.43	0.0187	0.0080	−57.14
	创新	0.0014	0.0012	−14.88	0.00004	0.00000	−100.00
	制度	0.0071	0.0029	−59.55	0.0053	0.0054	2.58
	资源合计	0.0561	0.0212	−62.28	0.0265	0.0162	−38.97

维度	公司名称 各项得分	德展健康			国际实业		
		2016 年	2017 年	变动率（%）	2016 年	2017 年	变动率（%）
能力	盈利能力	0.0094	0.0098	3.37	0.0037	0.0026	-30.54
	成长能力	0.0110	0.0059	-46.13	0.0019	0.0025	31.12
	营运能力	0.0025	0.0036	43.41	0.0010	0.0005	-48.18
	偿债能力	0.0533	0.0265	-50.26	0.0113	0.0101	-10.54
	治理能力	0.0028	0.0040	44.48	0.0009	0.0017	85.36
	社会责任能力	0.0038	0.0033	-13.35	0.0100	0.0204	103.55
	能力合计	0.0829	0.0532	-35.89	0.0289	0.0379	30.92
竞争力		0.1390	0.0743	-46.54	0.0555	0.0541	-2.50

维度	公司名称 各项得分	同济堂			新疆天业		
		2016 年	2017 年	变动率（%）	2016 年	2017 年	变动率（%）
资源	资本	0.0018	0.0023	29.99	0.0039	0.0072	83.28
	规模	0.0019	0.0020	7.31	0.0047	0.0051	9.00
	人力资源	0.0121	0.0153	26.16	0.0047	0.0067	42.78
	创新	0.0001	0.0003	117.04	0.0039	0.0024	-37.44
	制度	0.0077	0.0039	-49.59	0.0046	0.0018	-60.90
	资源合计	0.0235	0.0237	0.77	0.0219	0.0233	6.58
能力	盈利能力	0.0038	0.0037	-2.44	0.0045	0.0049	8.40
	成长能力	0.0191	0.0035	-81.62	0.0092	0.0037	-60.11
	营运能力	0.0102	0.0122	18.61	0.0062	0.0073	18.17
	偿债能力	0.0168	0.0183	9.26	0.0063	0.0061	-3.55
	治理能力	0.0018	0.0028	56.59	0.0009	0.0017	85.36
	社会责任能力	0.0014	0.0016	17.68	0.0065	0.0087	34.39
	能力合计	0.0531	0.0422	-20.66	0.0336	0.0323	-3.67
竞争力		0.0767	0.0659	-14.08	0.0554	0.0556	0.37

数据来源：根据国泰安数据库、Wind 数据库、上市公司年报测算。

德展健康嘉林有限公司生产基地建设项目、北京市行政副中心正式落户通州区，使政府的质量标准和政策越来越严格。同时，近年来，政府不断加强对"京津冀"地区的环境治理，项目建设受到越来越严格的监督和监管。因此，该项目的实际进度未达到计划进度。同时，天津嘉林原料药生产基地和研发中心建设项目定于 8 月 12 日开工。受政府对环境治理的持续重视，特别是在"京津冀"地区，项目建设受到政府部门越来越严格的监管，比如难以形容的恶劣天气期间，建设项目必须全面停工，因此天津加林原料药生产基地和研发中心建设项目的进度未达到计划进度。

其次是国际实业，由 2016 年的第 27 名下降至 2017 年的第 43 名，下降了 16 个位次。从评价体系的指标得分情况来看，资源评价值得分为 0.0162，较 2016 年下降了 38.97%，能力评价值得分为 0.0379，较 2016 年提高了 30.92%。从细分指标来看，资源维度的资本评价值得分提升最大，较 2016 年提高了 16.28%，资源维度的创新评价值得分下降最大，较

2016 年下降了 100%；能力维度的社会责任能力评价值得分提升最大，较 2016 年提高了 103.55%，能力维度的营运能力评价值得分下降最大，较 2016 年下降了 48.18%。

国际实业继续推进呼图壁生物柴油项目建设，本年度重点对污水处理进行了提标改造并已完成，因园区污水处理厂一直未投入使用，污水处理提标改造尚未完成工程验收。在吉尔吉斯斯坦的小贷公司运行平稳；参股万家基金投资收益较为稳定；证券投资业务因公允价值损益变动，对本期业绩产生不利影响。

同济堂由 2016 年的第 16 名下降至 2017 年的第 30 名，下降了 14 个位次。从评价体系的指标得分情况来看，资源评价值得分为 0.0237，较 2016 年提高了 0.77%，能力评价值得分为 0.0422，较 2016 年下降了 20.66%。从细分指标来看，资源维度的创新评价值得分提升最大，较 2016 年提高了 117.04%，资源维度的制度评价值得分下降最大，较 2016 年下降了 49.59%；能力维度的治理能力评价值得分提升最大，较 2016 年提高了 56.59%，能力维度的成长能力评价值得分下降最大，较 2016 年下降了 81.62%。

2017 年末，库存量较大且呈持续增加的趋势，符合医药流通企业的基本特征。随着营销网络的不断扩大，同济堂的库存水平将不断增加。如因政府管制或经济衰退等原因导致产品售价下降、库存药品更换为新药或缺货药品到期，公司可降低药品价格期间。

新疆天业由 2016 年的第 28 名下降至 2017 年的第 42 名，下降了 14 个位次。从评价体系的指标得分情况来看，资源评价值得分为 0.0233，较 2016 年提高了 6.58%，能力评价值得分为 0.0323，较 2016 年下降了 3.67%。从细分指标来看，资源维度的资本评价值得分提升最大，较 2016 年提高了 83.28%，资源维度的制度评价值得分下降最大，较 2016 年下降了 60.90%；能力维度的治理能力评价值得分提升最大，较 2016 年提高了 85.36%，能力维度的成长能力评价值得分下降最大，较 2016 年下降了 60.11%。

随着新疆天业聚氯乙烯树脂产品差异化先进战略的发展，公司在一定程度上削弱了影响氯碱行业的周期性因素，市场需求和产品价格存在风险。虽然原材料等直接材料在企业产品成本中占很大比例，但原材料价格会随着经济增长和市场变化而大幅波动，对企业经营成本构成一定风险。

12.2.5　2017 年新疆上市公司排名变动趋势分析

（1）2017 年较 2014～2016 年竞争力排名均上升的公司分析。

由图 12-11 可知，2017 年较 2014～2016 年竞争力排名均上升的公司总共 2 家，分别为香梨股份以及卓郎智能。其中，香梨股份由 2014 年的第 11 名上升至 2017 年的第 7 名，上升了 4 个位次；由 2015 年的第 11 名上升至 2017 年的第 7 名，上升了 4 个位次；由 2016 年的第 8 名上升至 2017 年的第 7 名，上升了 1 个位次。卓郎智能由 2014 年的第 24 名上升至 2017 年的第 22 名，上升了 2 个位次；由 2015 年的第 29 名上升至 2017 年的第 22 名，上升了 7 个位次；由 2016 年的第 47 名上升至 2017 年的第 22 名，上升了 25 个位次。

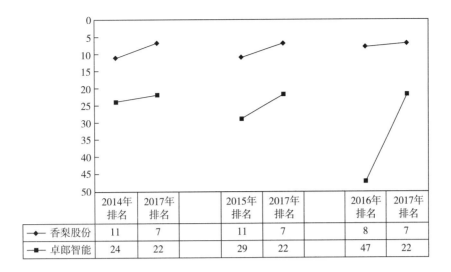

	2014年排名	2017年排名		2015年排名	2017年排名		2016年排名	2017年排名
◆ 香梨股份	11	7		11	7		8	7
■ 卓郎智能	24	22		29	22		47	22

图 12-11 2017 年较 2014~2016 年竞争力排名均上升的公司

数据来源：根据国泰安数据库、Wind 数据库、上市公司年报测算。

（2）2017 年较 2014~2016 年竞争力排名均下降的公司分析。

由图 12-12 可知，2017 年较 2014~2016 年竞争力排名均下降的公司总共 17 家，分别为中泰化学、广汇能源、新疆浩源、新研股份、天山股份、同济堂、中葡股份、麦趣尔、西部黄金、国统股份、*ST 准油、新疆天业、国际实业、西部牧业、冠农股份、新农开发以及新赛股份。其中，中泰化学由 2014 年的第 5 名下降至 2017 年的第 13 名，下降了 8 个位次；由 2015 年的第 10 名下降至 2017 年的第 13 名，下降了 3 个位次；由 2016 年的第 6 名下降至 2017 年的第 13 名，下降了 7 个位次。广汇能源由 2014 年的第 14 名下降至 2017 年的第 18 名，下降了 4 个位次；由 2015 年的第 13 名下降至 2017 年的第 18 名，下降了 5 个位次；由 2016 年的第 11 名下降至 2017 年的第 18 名，下降了 7 个位次。新疆浩源由 2014 年的第 7 名下降至 2017 年的第 20 名，下降了 13 个位次；由 2015 年的第 8 名下降至 2017 年的第 20 名，下降了 12 个位次；由 2016 年的第 18 名下降至 2017 年的第 20 名，下降了 2 个位次。新研股份由 2014 年的第 10 名下降至 2017 年的第 24 名，下降了 14 个位次；由 2015 年的第 6 名下降至 2017 年的第 24 名，下降了 18 个位次；由 2016 年的第 20 名下降至 2017 年的第 24 名，下降了 4 个位次。天山股份由 2014 年的第 15 名下降至 2017 年的第 26 名，下降了 11 个位次；由 2015 年的第 17 名下降至 2017 年的第 26 名，下降了 9 个位次；由 2016 年的第 21 名下降至 2017 年的第 26 名，下降了 5 个位次。同济堂由 2014 年的第 12 名下降至 2017 年的第 30 名，下降了 18 个位次；由 2015 年的第 22 名下降至 2017 年的第 30 名，下降了 8 个位次；由 2016 年的第 16 名下降至 2017 年的第 30 名，下降了 14 个位次。中葡股份由 2014 年的第 22 名下降至 2017 年的第 31 名，下降了 9 个位次；由 2015 年的第 21 名下降至 2017 年的第 31 名，下降了 10 个位次；由 2016 年的第 23 名下降至 2017 年的第 31 名，下降了 8 个位次。麦趣尔由 2014 年的第 17 名下降至 2017 年的第 34 名，下降了 17 个位次；由 2015 年的第 15 名下降至 2017 年的第 34 名，下降了 19 个位次；由 2016 年的第 29 名下降至 2017 年的第 34 名，下降了 5 个位次。西部黄金由 2014 年的第 26 名下降至 2017 年的第 37 名，下降了 11 个位次；由 2015 年的第 36 名下降至 2017 年的第 37 名，下降了 1 个位次；由 2016 年的第 35 名下降至 2017 年的第 37 名，下降了 2 个位次。国统股份由 2014 年的第 32 名下降至 2017 年的第 40 名，下降了 8 个位次；由 2015 年的第 34 名下降至 2017 年的第 40 名，下降了 6 个位次；由 2016 年的第 38 名下降至 2017 年的第 40 名，下降了 2 个位次。

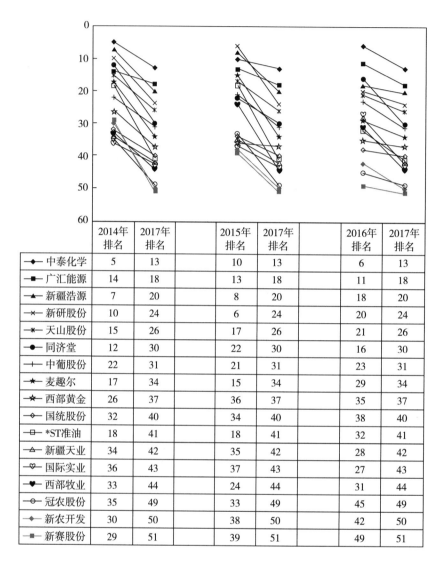

	2014年排名	2017年排名		2015年排名	2017年排名		2016年排名	2017年排名
◆ 中泰化学	5	13		10	13		6	13
■ 广汇能源	14	18		13	18		11	18
▲ 新疆浩源	7	20		8	20		18	20
✕ 新研股份	10	24		6	24		20	24
✳ 天山股份	15	26		17	26		21	26
● 同济堂	12	30		22	30		16	30
＋ 中葡股份	22	31		21	31		23	31
★ 麦趣尔	17	34		15	34		29	34
✩ 西部黄金	26	37		36	37		35	37
◇ 国统股份	32	40		34	40		38	40
☐ *ST准油	18	41		18	41		32	41
△ 新疆天业	34	42		35	42		28	42
♡ 国际实业	36	43		37	43		27	43
♥ 西部牧业	33	44		24	44		31	44
○ 冠农股份	35	49		33	49		45	49
◆ 新农开发	30	50		38	50		42	50
■ 新赛股份	29	51		39	51		49	51

图 12-12　2017 年较 2014～2016 年竞争力排名均下降的公司

数据来源：根据国泰安数据库、Wind 数据库、上市公司年报测算。

（3）2014～2017 年竞争力排名上下波动较为明显的公司分析。

由图 12-13 可知，2014～2017 年竞争力排名上下波动较为明显的公司总共 14 家，分别为中油工程、美克家居、卓郎智能、德展健康、新研股份、天富能源、天润乳业、同济堂、麦趣尔、天山生物、新疆众和、国际实业、西部牧业以及冠农股份。中油工程、德展健康、新研股份、同济堂、麦趣尔、国际实业、西部牧业以及冠农股份呈现先下降后上升再下降的趋势。美克家居、卓郎智能、天富能源、天润乳业、天山生物以及新疆众和呈现先下降后上升的趋势。

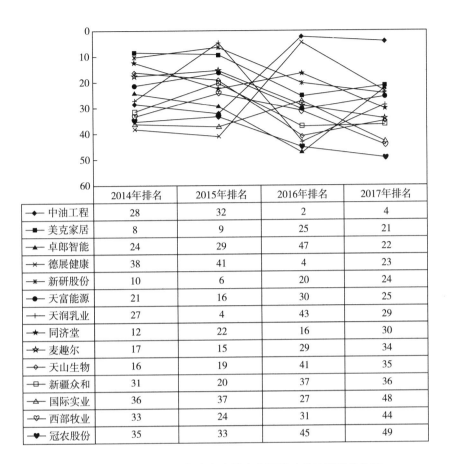

	2014年排名	2015年排名	2016年排名	2017年排名
◆ 中油工程	28	32	2	4
■ 美克家居	8	9	25	21
▲ 卓郎智能	24	29	47	22
✕ 德展健康	38	41	4	23
✳ 新研股份	10	6	20	24
● 天富能源	21	16	30	25
┼ 天润乳业	27	4	43	29
★ 同济堂	12	22	16	30
✦ 麦趣尔	17	15	29	34
◇ 天山生物	16	19	41	35
□ 新疆众和	31	20	37	36
△ 国际实业	36	37	27	48
♡ 西部牧业	33	24	31	44
♥ 冠农股份	35	33	45	49

图 12-13　2014~2017 年竞争力排名上下波动较为明显的公司

数据来源：根据国泰安数据库、Wind 数据库、上市公司年报测算。

（4）2014~2017 年竞争力排名基本保持不变的公司分析。

由图 12-14 可知，2014~2017 年竞争力排名基本保持不变的公司总共 17 家，分别为渤海金控、金风科技、特变电工、八一钢铁、香梨股份、友好集团、中泰化学、西部建设、广汇能源、天康生物、中粮糖业、中葡股份、北新路桥、伊力特、西部黄金、百花村、新疆天业；其中渤海金控平均排名为 1、金风科技平均排名为 3、特变电工平均排名为 5、八一钢铁平均排名为 7、香梨股份平均排名为 9、友好集团平均排名为 11、中泰化学平均排名为 9、西部建设平均排名为 16、广汇能源平均排名为 14、天康生物平均排名为 26、中粮糖业平均排名为 27、中葡股份平均排名为 24、北新路桥平均排名为 35、伊力特平均排名为 29、西部黄金平均排名为 34、百花村平均排名为 39、新疆天业平均排名为 35。值得注意的是，渤海金控、金风科技、特变电工 2014~2017 年竞争力排名稳定在前 10，其中渤海金控、金风科技竞争力排名一直位居前 3，说明这些上市公司有较强且持续的竞争力。

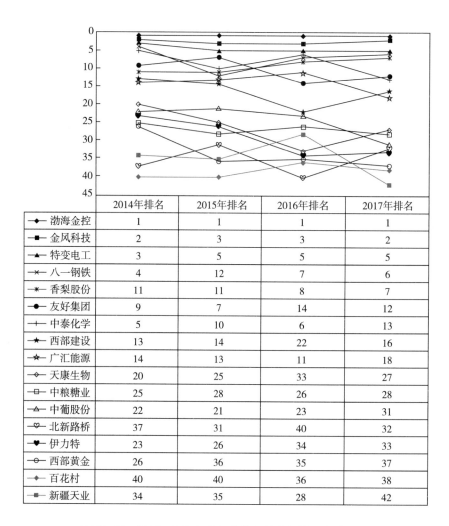

	2014年排名	2015年排名	2016年排名	2017年排名
◆ 渤海金控	1	1	1	1
■ 金风科技	2	3	3	2
▲ 特变电工	3	5	5	5
✕ 八一钢铁	4	12	7	6
✻ 香梨股份	11	11	8	7
● 友好集团	9	7	14	12
＋ 中泰化学	5	10	6	13
★ 西部建设	13	14	22	16
☆ 广汇能源	14	13	11	18
◇ 天康生物	20	25	33	27
☐ 中粮糖业	25	28	26	28
△ 中葡股份	22	21	23	31
♡ 北新路桥	37	31	40	32
♥ 伊力特	23	26	34	33
○ 西部黄金	26	36	35	37
✦ 百花村	40	40	36	38
■ 新疆天业	34	35	28	42

图 12-14　2014~2017 年竞争力排名基本保持不变的公司

数据来源：根据国泰安数据库、Wind 数据库、上市公司年报测算。

（5）2014~2017 年竞争力排名持续下降的公司分析。

由图 12-15 可知，2014~2017 年竞争力排名持续下降的公司总共 5 家，分别是新疆浩源、天山股份、国统股份、新农开发以及新赛股份。新疆浩源由 2014 年的第 7 名下降至 2015 年的第 8 名，下降了 1 个位次；由 2015 年的第 8 名下降至 2016 年的第 18 名，下降了 10 个位次；由 2016 年的第 18 名下降至 2017 年的第 20 名，下降了 2 个位次。天山股份由 2014 年的第 15 名下降至 2015 年的第 17 名，下降了 2 个位次；由 2015 年的第 17 名下降至 2016 年的第 21 名，下降了 4 个位次；由 2016 年的第 21 名下降至 2017 年的第 26 名，下降了 5 个位次。国统股份由 2014 年的第 32 名下降至 2015 年的第 34 名，下降了 2 个位次；由 2015 年的第 34 名下降至 2016 年的第 38 名，下降了 4 个位次；由 2016 年的第 38 名下降至 2017 年的第 40 名，下降了 2 个位次。新农开发由 2014 年的第 30 名下降至 2015 年的第 38 名，下降了 8 个位次；由 2015 年的第 38 名下降至 2016 年的第 42 名，下降了 4 个位次；由 2016 年的第 42 名下降至 2017 年的第 50 名，下降了 8 个位次。新赛股份由 2014 年的第 29 名下降至 2015 年的第 39 名，下降了 10 个位次；由 2015 年的第 39 名下降至 2016 年的第 49 名，下降了 10 个位次；由 2016 年的第 49 名下降至 2017 年的第 51 名，下降了 2 个位次。

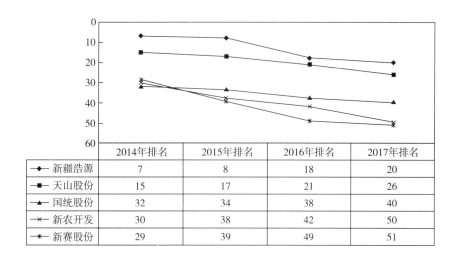

	2014年排名	2015年排名	2016年排名	2017年排名
◆ 新疆浩源	7	8	18	20
■ 天山股份	15	17	21	26
▲ 国统股份	32	34	38	40
✕ 新农开发	30	38	42	50
✱ 新赛股份	29	39	49	51

图 12-15 2014~2017 年竞争力排名持续下降的公司

数据来源：根据国泰安数据库、Wind 数据库、上市公司年报测算。

12.2.6 2017 年新疆上市公司行业竞争力排名分析

（1）2017 年新疆上市公司行业竞争力分析。

由表 12-4 以及图 12-16 可知，2017 年新疆上市公司行业竞争力排名从前往后依次是：制造业，采矿业，租赁和商务服务业，批发和零售业，电力、热力、燃气及水生产和供应业，农、林、牧、渔业，信息传输、软件和信息技术服务业，交通运输、仓储和邮政业，建筑业以及科学研究和技术服务业。

其中，制造业竞争力评价值为 2.0742，资源评价值为 0.9582，能力评价值为 1.1159，说明新疆制造业相较于资源维度，其能力维度优势更加突出。采矿业竞争力评价值为 0.5014，资源评价值为 0.2611，能力评价值为 0.2403，说明新疆采矿业相较于能力维度，其资源维度优势更加突出。租赁和商务服务业竞争力评价值为 0.4625，资源评价值为 0.2939，能力评价值为 0.1687，说明新疆租赁和商务服务业相较于能力维度，其资源维度优势更加突出。批发和零售业竞争力评价值为 0.4272，资源评价值为 0.1143，能力评价值为 0.3130，说明新疆批发和零售业相较于资源维度，其能力维度优势更加突出。电力、热力、燃气及水生产和供应业竞争力评价值为 0.4088，资源评价值为 0.1088，能力评价值为 0.3000，说明新疆电力、热力、燃气及水生产和供应业相较于资源维度，其能力维度优势更加突出。农、林、牧、渔业竞争力评价值为 0.3249，资源评价值为 0.1323，能力评价值为 0.1926，说明新疆农、林、牧、渔业相较于资源维度，其能力维度优势更加突出。信息传输、软件和信息技术服务业竞争力评价值为 0.2201，资源评价值为 0.0459，能力评价值为 0.1742，说明新疆信息传输、软件和信息技术服务业相较于资源维度，其能力维度优势更加突出。交通运输、仓储和邮政业竞争力评价值为 0.1656，资源评价值为 0.0426，能力评价值为 0.1231，说明新疆交通运输、仓储和邮政业相较于资源维度，其能力维度优势更加突出。建筑业竞争力评价值为 0.0624，资源评价值为 0.0347，能力评价值为 0.0277，说明新疆建筑业相较于能力维度，其资源维度优势更加突出。科学研究和技术服务业竞争力评价值为 0.0585，资源评价值为 0.0346，能力评价值为 0.0239，说明新疆科学研究和技术服务业相较于能力维度，其资源维度优势更加突出。

表 12-4　2017 年新疆上市公司行业竞争力排名

行业	排名	竞争力评价值	资源评价值	能力评价值
制造业	1	2.0742	0.9582	1.1159
采矿业	2	0.5014	0.2611	0.2403
租赁和商务服务业	3	0.4625	0.2939	0.1687
批发和零售业	4	0.4272	0.1143	0.3130
电力、热力、燃气及水生产和供应业	5	0.4088	0.1088	0.3000
农、林、牧、渔业	6	0.3249	0.1323	0.1926
信息传输、软件和信息技术服务业	7	0.2201	0.0459	0.1742
交通运输、仓储和邮政业	8	0.1656	0.0426	0.1231
建筑业	9	0.0624	0.0347	0.0277
科学研究和技术服务业	10	0.0585	0.0346	0.0239

数据来源：根据国泰安数据库、Wind 数据库、上市公司年报测算。

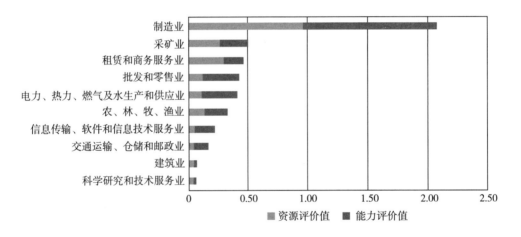

图 12-16　2017 年新疆上市公司行业竞争力排名

数据来源：根据国泰安数据库、Wind 数据库、上市公司年报测算。

（2）2017 年分行业新疆上市公司排名分析。

2017 年新疆一产包括农、林、牧、渔业 1 个细分行业，二产包括采矿业，制造业，电力、热力、燃气及水生产和供应业以及建筑业 4 个细分行业，三产包括批发和零售业，交通运输、仓储和邮政业，信息传输、软件和信息技术服务业，租赁和商务服务业以及科学研究和技术服务业 5 个细分行业。

由表 12-5 及图 12-17 可知，2017 年农、林、牧、渔业上市公司总共 5 家，竞争力排名从前往后依次是：香梨股份、天山生物、西部牧业、新农开发以及新赛股份。其中，香梨股份在农、林、牧、渔业中排名第 1，在一产中排名第 1，在总排名中排名第 7。天山生物在农、林、牧、渔业中排名第 2，在一产中排名第 2，在总排名中排名第 35。西部牧业在农、林、牧、渔业中排名第 3，在一产中排名第 3，在总排名中排名第 44。新农开发在农、林、牧、渔业中排名第 4，在一产中排名第 4，在总排名中排名第 50。新赛股份在农、林、牧、渔业中排名第 5，在一产中排名第 5，在总排名中排名第 51。

2017 年制造业上市公司总共 24 家，竞争力排名从前往后依次是：金风科技、*ST 新亿、特变电工、八一钢铁、中泰化学、西部建设、卓郎智能、德展健康、新研股份、天山股份、天康生物、中粮糖业、天润乳业、中葡股份、伊力特、麦趣尔、新疆众和、国统股份、新疆天业、合金投资、*ST 青松、雪峰科技、*ST 中基以及冠农股份。其中，金风科技在制造业中排名第 1，在二产中排名第 1，在总排名中排名第 2。*ST 新亿在制造业中排名第 2，在二产中排名第 2，在总排名中排名第 3。特变电工在制造业中排名第 3，在二产中排名第 3，在总排名中排名第 5。八一钢铁在制造业中排名第 4，在二产中排名第 4，在总排名中排名第 6。中泰化学在制造业中排名第 5，在二产中排名第 6，在总排名中排名第 13。

2017 年电力、热力、燃气及水生产和供应业上市公司总共 5 家，竞争力排名从前往后依次是：新疆火炬、新天然气、新疆浩源、天富能源以及光正集团。其中，新疆火炬在电力、热力、燃气及水生产和供应业中排名第 1，在二产中排名第 5，在总排名中排名第 10。新天然气在电力、热力、燃气及水生产和供应业中排名第 2，在二产中排名第 7，在总排名中排名第 15。新疆浩源在电力、热力、燃气及水生产和供应业中排名第 3，在二产中排名第 10，在总排名中排名第 20。天富能源在电力、热力、燃气及水生产和供应业中排名第 4，在二产中排名第 14，在总排名中排名第 25。光正集团在电力、热力、燃气及水生产和供应业中排名第 5，在二产中排名第 25，在总排名中排名第 39。

2017 年建筑业上市公司总共 1 家，为北新路桥。北新路桥在建筑业中排名第 1，在二产中排名第 20，在总排名中排名第 32。

2017 年采矿业上市公司总共 5 家，竞争力排名从前往后依次是：中油工程、贝肯能源、广汇能源、西部黄金以及*ST 准油。其中，中油工程在采矿业中排名第 1，在三产中排名第 2，在总排名中排名第 4。贝肯能源在采矿业中排名第 2，在三产中排名第 5，在总排名中排名第 11。广汇能源在采矿业中排名第 3，在二产中排名第 9，在总排名中排名第 18。西部黄金在采矿业中排名第 4，在二产中排名第 24，在总排名中排名第 37。*ST 准油在采矿业中排名第 5，在三产中排名第 13，在总排名中排名第 41。

2017 年批发和零售业上市公司总共 5 家，竞争力排名从前往后依次是：汇嘉时代、友好集团、美克家居、同济堂以及国际实业。其中，汇嘉时代在批发和零售业中排名第 1，在三产中排名第 3，在总排名中排名第 8。友好集团在批发和零售业中排名第 2，在三产中排名第 6，在总排名中排名第 12。美克家居在批发和零售业中排名第 3，在三产中排名第 10，在总排名中排名第 21。同济堂在批发和零售业中排名第 4，在三产中排名第 11，在总排名中排名第 30。国际实业在批发和零售业中排名第 5，在三产中排名第 14，在总排名中排名第 43。

2017 年交通运输、仓储和邮政业上市公司总共 2 家，竞争力排名从前往后依次是：德新交运以及天顺股份。其中，德新交运在交通运输、仓储和邮政业中排名第 1，在三产中排名第 8，在总排名中排名第 17。天顺股份在交通运输、仓储和邮政业中排名第 2，在三产中排名第 9，在总排名中排名第 19。

2017 年信息传输、软件和信息技术服务业上市公司总共 2 家，竞争力排名从前往后依次是：立昂技术以及熙菱信息。其中，立昂技术在信息传输、软件和信息技术服务业中排名第 1，在三产中排名第 4，在总排名中排名第 9。熙菱信息在信息传输、软件和信息技术服务业中排名第 2，在三产中排名第 7，在总排名中排名第 14。

2017年租赁和商务服务业上市公司总共1家，为渤海金控。渤海金控在租赁和商务服务业中排名第1，在三产中排名第1，在总排名中排名第1。

2017年科学研究和技术服务业上市公司总共1家，为百花村。百花村在科学研究和技术服务业中排名第1，在三产中排名第12，在总排名中排名第38。

表12-5　2017年新疆上市公司行业竞争力排名

行业	企业名称	总排名	细分行业排名	三产排名	竞争力	资源	能力
农、林、牧、渔业	香梨股份	7	1	1	0.1251	0.0549	0.0702
	天山生物	35	2	2	0.0604	0.0223	0.0381
	西部牧业	44	3	3	0.0524	0.0220	0.0304
	新农开发	50	4	4	0.0445	0.0171	0.0274
	新赛股份	51	5	5	0.0425	0.0160	0.0265
采矿业	广汇能源	18	3	9	0.0824	0.0334	0.0490
	西部黄金	37	4	24	0.0586	0.0144	0.0442
制造业	金风科技	2	1	1	0.2443	0.1775	0.0668
	*ST新亿	3	2	2	0.2149	0.0757	0.1392
	特变电工	5	3	3	0.1928	0.1557	0.0371
	八一钢铁	6	4	4	0.1349	0.0417	0.0932
	中泰化学	13	5	6	0.1026	0.0686	0.0340
	西部建设	16	6	8	0.0891	0.0453	0.0438
	卓郎智能	22	7	11	0.0755	0.0267	0.0487
	德展健康	23	8	12	0.0743	0.0212	0.0532
	新研股份	24	9	13	0.0707	0.0323	0.0383
	天山股份	26	10	15	0.0691	0.0247	0.0445
	天康生物	27	11	16	0.0686	0.0347	0.0339
	中粮糖业	28	12	17	0.0677	0.0316	0.0361
	天润乳业	29	13	18	0.0662	0.0266	0.0396
	中葡股份	31	14	19	0.0636	0.0124	0.0512
	伊力特	33	15	21	0.0621	0.0207	0.0414
	麦趣尔	34	16	22	0.0607	0.0142	0.0465
	新疆众和	36	17	23	0.0594	0.0254	0.0341
	国统股份	40	18	26	0.0576	0.0172	0.0404
	新疆天业	42	19	27	0.0556	0.0233	0.0323
	合金投资	45	20	28	0.0514	0.0177	0.0337
	*ST青松	46	21	29	0.0502	0.0142	0.0360
	雪峰科技	47	22	30	0.0498	0.0161	0.0336
	*ST中基	48	23	31	0.0466	0.0155	0.0311
	冠农股份	49	24	32	0.0464	0.0192	0.0272

续表

行业	企业名称	总排名	细分行业排名	三产排名	竞争力	资源	能力
电力、热力、燃气及水生产和供应业	新疆火炬	10	1	5	0.1089	0.0284	0.0805
	新天然气	15	2	7	0.0919	0.0151	0.0767
	新疆浩源	20	3	10	0.0798	0.0144	0.0655
	天富能源	25	4	14	0.0700	0.0333	0.0367
	光正集团	39	5	25	0.0582	0.0176	0.0406
建筑业	北新路桥	32	1	20	0.0624	0.0347	0.0277
采矿业	中油工程	4	1	2	0.1959	0.1652	0.0306
	贝肯能源	11	2	5	0.1087	0.0334	0.0753
	*ST 准油	41	5	13	0.0558	0.0147	0.0411
批发和零售业	汇嘉时代	8	1	3	0.1233	0.0214	0.1019
	友好集团	12	2	6	0.1049	0.0234	0.0815
	美克家居	21	3	10	0.0791	0.0296	0.0495
	同济堂	30	4	11	0.0659	0.0237	0.0422
	国际实业	43	5	14	0.0541	0.0162	0.0379
交通运输、仓储和邮政业	德新交运	17	1	8	0.0842	0.0120	0.0721
	天顺股份	19	2	9	0.0815	0.0305	0.0509
信息传输、软件和信息技术服务业	立昂技术	9	1	4	0.1185	0.0274	0.0911
	熙菱信息	14	2	7	0.1016	0.0186	0.0831
租赁和商务服务业	渤海金控	1	1	1	0.4625	0.2939	0.1687
科学研究和技术服务业	百花村	38	1	12	0.0585	0.0346	0.0239

数据来源：根据国泰安数据库、Wind 数据库、上市公司年报测算。

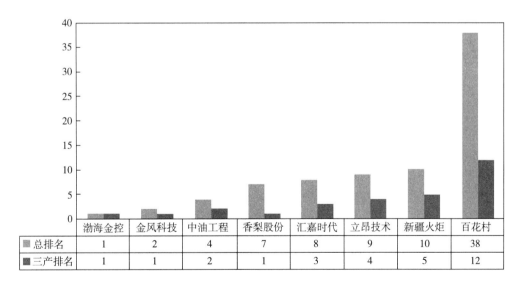

图 12-17　2017 年各行业排名第 1 新疆上市公司分析

数据来源：根据国泰安数据库、Wind 数据库、上市公司年报测算。

第 13 章
2018 年新疆上市公司竞争力排行

13.1 2018 年新疆上市公司分布特征

13.1.1 新疆上市公司数量特征

由图 13-1 可知，2018 年新疆上市公司总共 55 家，其中被证监会特别处理的 ST 或 *ST 类上市公司 4 家，占比约 7.27%；新上市公司 3 家，占比约 5.45%。

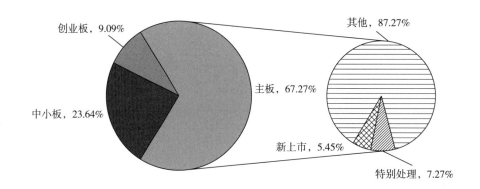

创业板，9.09%　　　　　　　　　　　　　　　　其他，87.27%

主板，67.27%

中小板，23.64%

新上市，5.45%

特别处理，7.27%

图 13-1　2018 年新疆上市公司数量特征

数据来源：Wind 数据库。

2018 年新疆上市公司在不同板块市场的数量存在差异，从小到大排序，依次为：创业板 5 家，占比约 9.09%；中小板 13 家，占比约 23.64%；主板 37 家，占比约 67.27%。说明新疆创业板、中小板的上市公司数量较少，以主板为主。

13.1.2 新疆上市公司行业分布

由图 13-2 可知，2018 年新疆上市公司各行业的数量存在较大差异，从小到大排序，依次为：科学研究和技术服务业 1 家，占比为 1.82%；租赁和商务服务业 2 家，占比为 3.64%；建筑业 2 家，占比为 3.64%；交通运输、仓储和邮政业 2 家，占比为 3.64%；信息传输、软件和信息技术服务业 2 家，占比为 3.64%；金融业 2 家，占比为 3.64%；农、林、牧、渔业 4 家，占比为 7.27%；批发和零售业 5 家，占比为 9.09%；采矿业 5 家，占比为 9.09%；电力、热力、燃气及水生产和供应业 6 家，占比为 10.91%；制造业 24 家，占比为 43.64%；

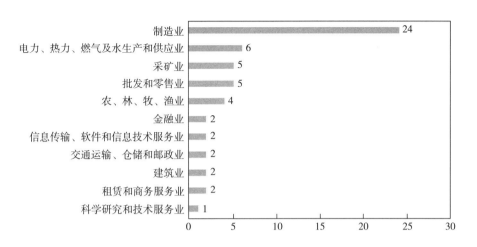

图 13-2　2018 年新疆上市公司行业分布

数据来源：Wind 数据库。

由图 13-3 可知，2018 年新疆上市公司在一产、二产、三产的数量存在较大差异，从小到大排序，依次为：一产 4 家，占比为 7%；三产 17 家，占比为 31%；二产 34 家，占比为 62%。说明新疆上市公司以二产为主。

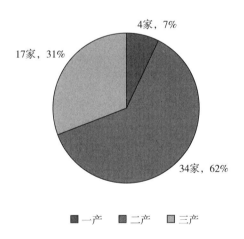

图 13-3　2018 年新疆上市公司三产占比

数据来源：Wind 数据库。

13.1.3　新疆上市公司地区分布

由图 13-4 可知，2018 年新疆上市公司不同地区的数量存在较大差异，从大到小排序，依次为：乌鲁木齐市、昌吉回族自治州、克拉玛依市、石河子市、阿克苏地区、巴音郭楞蒙古自治州、和田地区、塔城地区、伊犁哈萨克自治州、博尔塔拉蒙古自治州、喀什地区。从地区分布来看，2018年新疆上市公司多集中于北疆地区，为48家，约占总体的87.27%，主要涉及乌鲁木齐市、昌吉回族自治州、克拉玛依市、石河子市、塔城地区、伊犁哈萨克自治州、博尔塔拉蒙古自治州。其中，乌鲁木齐市数量最多，为33家，约占总体的60.00%；昌吉回族自治州次之，为5家，约占总体的9.09%；克拉玛依市4家，约占总体的7.27%；石河子市3家，约占总体的5.45%；塔城地区、伊犁哈萨克自治州和博尔塔拉蒙古自治州数量最少，各为1家，分别约占总体的1.82%。南疆地区分布较少，为7家，约占总体的12.73%，主要有阿克苏地区、巴音郭楞蒙古自治州、和田地区、喀什地区。其中，阿克苏地区数量最多，为3家，约占总体的5.45%；和田地区和喀什地区数量最少，各为1家，分别约占总体的1.82%。

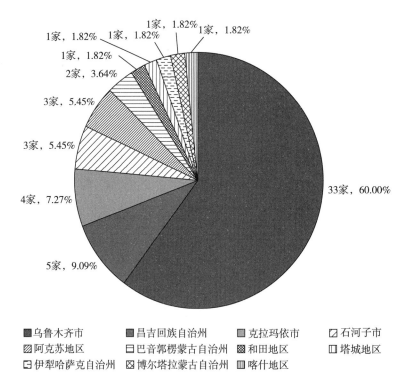

图 13-4　2018 年新疆上市公司地区分布

数据来源：Wind 数据库。

13.1.4　新疆上市公司性质分布

由图13-5可知，2018年新疆上市公司性质分布存在较大差异，从小到大排序，依次为：外资企业0家，占比为0.00%；其他企业0家，占比为0.00%；公众企业2家，占比为3.64%；中央国有企业10家，占比为18.18%；地方国有企业17家，占比为30.91%；民营企业26家，占比为47.27%。

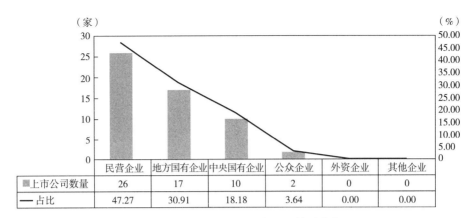

图 13-5　2018 年新疆上市公司性质分布

数据来源：Wind 数据库。

13.2　2018 年新疆上市公司竞争力排行分析

13.2.1　新疆上市公司基本情况

2018 年新疆上市公司竞争力评价值平均值为 0.0957，中位数为 0.0811，平均值大于中位数说明竞争力评价值中位数以上的企业竞争力评价值总体较大；大于竞争力评价值平均值的企业 18 家，占比 33.96%；总体极差为 0.4166，说明新疆上市公司竞争力之间存在较大差距。

13.2.2　新疆上市公司中得分前 5 的公司分析

由表 13-1 可知，2018 年新疆上市公司排名前 5 的公司从前到后排序，依次为：渤海租赁、金风科技、中油工程、八一钢铁以及特变电工。

表 13-1　2018 年新疆上市公司竞争力评价值及排名情况

股票代码	企业名称	竞争力评价值	排名	股票代码	企业名称	竞争力评价值	排名
000415	渤海租赁	0.4570	1	603393	新天然气	0.1098	11
002202	金风科技	0.3266	2	002302	西部建设	0.1064	12
600339	中油工程	0.1722	3	300588	熙菱信息	0.1055	13
600581	八一钢铁	0.1409	4	600256	广汇能源	0.1055	14
600089	特变电工	0.1351	5	300603	立昂技术	0.1053	15
603101	汇嘉时代	0.1280	6	603706	东方环宇	0.1038	16
600506	香梨股份	0.1276	7	600888	新疆众和	0.0997	17
300159	新研股份	0.1268	8	600145	*ST 新亿	0.0961	18
600778	*ST 友好	0.1250	9	002828	贝肯能源	0.0949	19
002092	中泰化学	0.1141	10	603080	新疆火炬	0.0933	20

股票代码	企业名称	竞争力评价值	排名	股票代码	企业名称	竞争力评价值	排名
600337	美克家居	0.0930	21	002307	北新路桥	0.0633	38
600197	伊力特	0.0903	22	600090	同济堂	0.0631	39
300106	西部牧业	0.0893	23	600075	新疆天业	0.0611	40
002700	新疆浩源	0.0857	24	601069	西部黄金	0.0609	41
600545	卓郎智能	0.0817	25	600359	新农开发	0.0608	42
300313	天山生物	0.0814	26	002941	新疆交建	0.0597	43
002800	天顺股份	0.0811	27	002719	麦趣尔	0.0596	44
603032	德新交运	0.0760	28	600721	百花村	0.0557	45
000813	德展健康	0.0760	29	600251	冠农股份	0.0551	46
000877	天山股份	0.0754	30	000159	国际实业	0.0551	47
600084	中葡股份	0.0741	31	603227	雪峰科技	0.0550	48
600737	中粮糖业	0.0719	32	600425	青松建化	0.0548	49
600419	天润乳业	0.0674	33	002207	ST准油	0.0530	50
600509	天富能源	0.0668	34	000633	合金投资	0.0466	51
002205	国统股份	0.0658	35	600540	新赛股份	0.0464	52
002100	天康生物	0.0656	36	000972	ST中基	0.0404	53
002524	光正集团	0.0654	37				

数据来源：根据国泰安数据库、Wind数据库、上市公司年报测算。

由图13-6可知，渤海租赁竞争力评价值为0.4570，排名第1。其中，能力评价值为0.1594，资源评价值为0.2976，无论是能力维度还是资源维度，渤海金控均排名第1；由图13-7以及图13-8可知，渤海租赁的规模、人力资源和营运能力最为突出，这说明优质的人力资源和较强的企业营运能力是渤海租赁整体企业竞争力排名第1的主要原因。近年来，公司在飞机租赁和集装箱租赁方面的领先地位进一步巩固，规模效应越来越明显，租赁行业上下游议价能力不断提升，经营效益、可持续性和盈利能力持续改善。截至本年度末公司拥有、管理和订购飞机共计1005架，以382万个CEU为全球第三大飞机租赁公司和全球第二大集装箱租赁公司。作为公司的全资子公司，天津渤海的注册资本位居中国第一，在飞机租赁、基础设施租赁等相关业务领域具有显著的竞争优势。

由图13-6可知，金风科技竞争力评价值为0.3266，排名第2。其中，能力评价值为0.0738，排名第3，资源评价值为0.2528，排名第2；由图13-7以及图13-8可知，金风科技的创新和治理能力最为突出，这说明较强的创新资源和企业治理能力是金风科技整体企业竞争力排名第2的主要原因。在2018年，金风科技经营业绩稳步增长，2018年公司实现营业利润2873060.73万元，同比增长14.33%，实现归属于母公司的净利润321660.39万元，同比增长5.30%。公司以超过30%的市场份额稳居国内风力发电市场第一，订单量超过18GW，同比增长16.27%，再创佳绩。

由图13-6可知，中油工程竞争力评价值为0.1722，排名第3。其中，能力评价值为0.0329，排名第5，资源评价值为0.1393，排名第3；由图13-7以及图13-8可知，中油工程的创新、规模和社会责任能力最为突出，这说明较强的创新资源和企业社会责任能力是中油工程整体企业竞争力排名第 3 的主要原因。公司各成员公司拥有从事油气工程建设所需的 440 余项不同资质，涵盖工程勘察、设计、施工、监理等全价值链。拥有工程测量资质和综合工程设计甲级资质的企业 5 家，石油化工工程施工总资质企业 2 家，一般技术监督资质企业 3 家，高级专业承包施工资质多项，拥有海洋石油工程、隧道工程、钢结构工程等专业承包合同。

由图 13-6 可知，八一钢铁竞争力评价值为 0.1409，排名第 4。其中，能力评价值为 0.0787，排名第 2，资源评价值为 0.0621，排名第 5；由图 13-7 以及图 13-8 可知，八一钢铁的创新、规模和营运能力最为突出，这说明较强的创新资源和企业营运能力是八一钢铁整体企业竞争力排名第 4 的主要原因。2018 年，公司坚持思想与认识相结合、贯彻新发展理念、稳中求发展的工作方针，着力克服新疆基建项目大幅缩减、建材需求下降、原材料结构恶化等不利因素，加大改革创新转型发展力度，保持了稳健发展的良好势头，为公司打造最具竞争力的铁矿奠定了坚实基础。在中国西部和中亚地区的钢铁企业中，整体经营亮点突出，经营管理效果显著。

由图 13-6 可知，特变电工竞争力评价值为 0.1351，排名第 5。其中，能力评价值为 0.0358，排名第 4，资源评价值为 0.0993，排名第 4；由图 13-7 以及图 13-8 可知，特变电工的创新、规模和营运能力最为突出，这说明较强的创新资源和企业营运能力是特变电工整体企业竞争力排名第 5 的主要原因。2018 年公司持续开展质量管理体系达标建设，并深化质量管理体系运行，提升管控水平，加强全过程质量管理，全面提升产品质量、服务质量、工程质量，以质量求生存、以质量谋发展。2018 年公司变压器和线缆产品整体一次送试合格率保持在 99% 以上；多晶硅产品品质、逆变器等产品质量稳步提升；公司工程建设质量再获肯定，如公司参与承建的塔吉克斯坦杜尚别-2 号火电站二期 2×150 兆瓦机组工程、安哥拉 SK 变电站工程获得 2018 年中国建设工程鲁班奖（境外工程）、2018 年度中国电力优质工程奖。

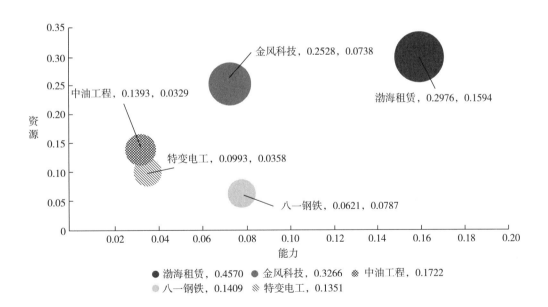

图 13-6　新疆上市公司中排名前 5 的公司竞争力维度分析

数据来源：根据国泰安数据库、Wind 数据库、上市公司年报测算。

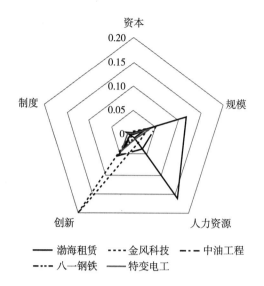

图 13-7　新疆上市公司中排名前 5 的公司资源维度五要素分析
数据来源：根据国泰安数据库、Wind 数据库、上市公司年报测算。

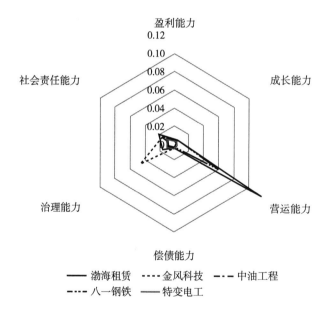

图 13-8　新疆上市公司中排名前 5 的公司能力维度六要素分析
数据来源：根据国泰安数据库、Wind 数据库、上市公司年报测算。

13.2.3　新疆上市公司中排名上升的公司分析

由图 13-9 及表 13-2 可知，新疆上市公司中在 2018 年排名上升的有 19 家，分别是西部牧业、新疆众和、新研股份、伊力特、天山生物、新农开发、国统股份、新天然气、西部建设、广汇能源、*ST 友好、中泰化学、冠农股份、八一钢铁、汇嘉时代、光正集团、新疆天业、中油工程以及熙菱信息。其中西部牧业、新疆众和、新研股份以及伊力特上升较为明显。

排名上升最为突出的是西部牧业，由 2017 年的第 44 名上升至 2018 年的第 23 名，上升了 21 个位次。从评价体系的指标得分情况来看，资源评价值得分为 0.0378，较 2017 年提高了 71.62%，能力评价值得分为 0.0515，较 2017 年提高了 69.42%。从细分指标来看，资源维度的创新评价值得分提升最大，较 2017 年提高了 412.44%，资源维度的资本评价值得分下降最大，较 2017 年下降了 44.80%；能力维度的盈利能力评价值得分提升最大，较 2017 年提高了 165.96%。

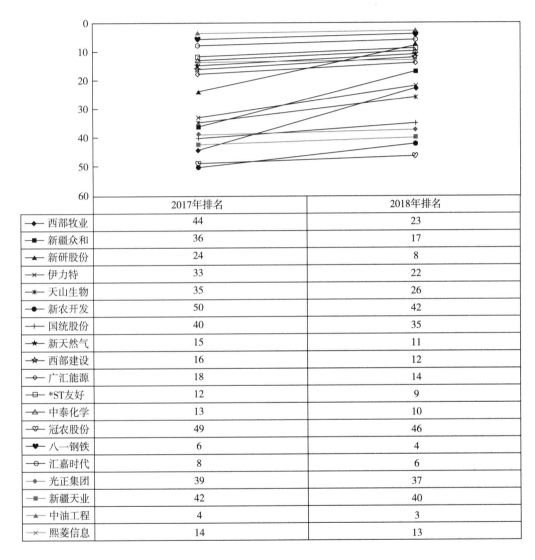

	2017年排名	2018年排名
◆ 西部牧业	44	23
■ 新疆众和	36	17
▲ 新研股份	24	8
✕ 伊力特	33	22
✳ 天山生物	35	26
● 新农开发	50	42
+ 国统股份	40	35
★ 新天然气	15	11
✬ 西部建设	16	12
◇ 广汇能源	18	14
□ *ST友好	12	9
△ 中泰化学	13	10
♡ 冠农股份	49	46
♥ 八一钢铁	6	4
○ 汇嘉时代	8	6
◆ 光正集团	39	37
■ 新疆天业	42	40
▲ 中油工程	4	3
✕ 熙菱信息	14	13

图 13-9　新疆上市公司中排名上升的公司

数据来源：根据国泰安数据库、Wind 数据库、上市公司年报测算。

表 13-2　新疆上市公司竞争力排名上升较为明显的公司

维度	各项得分 \ 公司名称	西部牧业			新疆众和		
		2017年	2018年	变动率（%）	2017年	2018年	变动率（%）
资源	资本	0.0059	0.0033	-44.80	0.0028	0.0032	16.82
	规模	0.0012	0.0007	-38.13	0.0045	0.0052	15.89
	人力资源	0.0083	0.0104	24.59	0.0078	0.0058	-25.97
	创新	0.0025	0.0127	412.44	0.0062	0.0389	530.78
	制度	0.0041	0.0108	160.42	0.0041	0.0085	105.22
	资源合计	0.0220	0.0378	71.62	0.0254	0.0616	142.81
能力	盈利能力	0.0011	0.0030	165.96	0.0032	0.0031	-1.85
	成长能力	0.0022	0.0025	15.00	0.0039	0.0035	-10.07
	营运能力	0.0024	0.0045	85.06	0.0066	0.0061	-6.57
	偿债能力	0.0034	0.0067	97.68	0.0056	0.0048	-15.73
	治理能力	0.0027	0.0038	43.24	0.0060	0.0102	71.59
	社会责任能力	0.0186	0.0310	66.52	0.0087	0.0103	17.55
	能力合计	0.0304	0.0515	69.42	0.0341	0.0381	11.83
竞争力		0.0524	0.0893	70.35	0.0594	0.0997	67.74

维度	各项得分 \ 公司名称	新研股份			伊力特		
		2017年	2018年	变动率（%）	2017年	2018年	变动率（%）
资源	资本	0.0127	0.0030	-76.69	0.0076	0.0062	-18.72
	规模	0.0030	0.0035	19.31	0.0017	0.0020	17.20
	人力资源	0.0068	0.0070	2.02	0.0079	0.0104	32.39
	创新	0.0070	0.0679	871.74	0.0012	0.0002	-78.70
	制度	0.0029	0.0063	120.49	0.0023	0.0058	147.90
	资源合计	0.0323	0.0876	171.14	0.0207	0.0246	19.16
能力	盈利能力	0.0058	0.0036	-37.62	0.0054	0.0038	-30.25
	成长能力	0.0041	0.0039	-6.52	0.0045	0.0040	-10.17
	营运能力	0.0021	0.0024	15.83	0.0092	0.0265	187.15
	偿债能力	0.0102	0.0082	-19.11	0.0125	0.0119	-4.80
	治理能力	0.0090	0.0093	3.37	0.0039	0.0061	56.19
	社会责任能力	0.0071	0.0117	63.82	0.0059	0.0133	126.04
	能力合计	0.0383	0.0392	2.10	0.0414	0.0657	58.48
竞争力		0.0707	0.1268	79.42	0.0621	0.0903	45.39

数据来源：根据国泰安数据库、Wind 数据库、上市公司年报测算。

经过多年的发展，西部牧业已形成从饲料资源开发与综合利用及牛羊养殖到乳制品、肉制品加工的完整产业链。同时，构建从"物料源头到销售终端"的全过程管控体系，对产品质量进行全过程管控，提高源头管控能力，规范生产过程中的风险管控，加强销售与分销衔接管理，提高产品质量。食品产业链全过程跟踪体系建设不断深化。最终将原料端、生产端、运输端、流程端、监管端等环节完美衔接，确保和实现产品质量的可追溯性。最后，形成了一批深受消费者欢迎和信赖的产品品牌，尽可能保证产品质量和食品安全。

其次是新疆众和，由 2017 年的第 36 名上升至 2018 年的第 17 名，上升了 19 个位次。从评价体系的指标得分情况来看，资源评价值得分为 0.0616，较 2017 年提高了 142.81%，能力评价值得分为 0.0381，较 2017 年提高了 11.83%。从细分指标来看，资源维度的创新评价值得分提升最大，较 2017 年提高了 530.78%，资源维度的人力资源评价值得分下降最大，较 2017 年下降了 25.97%；能力维度的治理能力评价值得分提升最大，较 2017 年提高了 71.59%，能力维度的偿债能力评价值得分下降最大，较 2017 年下降了 15.73%。

作为"中国电子元件百强企业"之一，新疆众和是全球最大的电容器用高纯铝和电子铝箔研发生产基地之一。公司具有较强的规模化生产供应能力，可有效实现规模效应，降低生产经营成本。凭借过硬的产品质量和优质的客户服务，新疆众和成功在国内高纯铝及电子铝箔产品市场占据领先地位，并大大拓展了国际市场。具体的定价举措：下游客户对电子材料和高纯铝材料的质量要求非常严格，需要较长的开发周期和认证周期，而且一旦确定，更换供应商通常并不容易。公司通过长期考察与合作，先后与桂米工、尼吉康、松下、三洋、乐龙电子、台湾金山及格力电器、爱励铝业、航天科技、中航发展等多家国际国内知名厂商合作航空航天研究所建立密切的合作伙伴关系，以帮助公司扩大市场并保持市场竞争力。

排名第 3 的是新研股份，由 2017 年的第 24 名上升至 2018 年的第 8 名，上升了 16 个位次。从评价体系的指标得分情况来看，资源评价值得分为 0.0876，较 2017 年提高了 171.14%，能力评价值得分为 0.0392，较 2017 年提高了 2.10%。从细分指标来看，资源维度的创新评价值得分提升最大，较 2017 年提高了 871.74%，资源维度的资本评价值得分下降最大，较 2017 年下降了 76.69%；能力维度的社会责任能力评价值得分提升最大，较 2017 年提高了 63.82%，能力维度的盈利能力评价值得分下降最大，较 2017 年下降了 37.62%。

新研股份有限公司所在行业具有较高的产业吸引力，公司在航天、航空、航空发动机、航天发动机、燃气轮机等行业具有一定的竞争力，具有较强的可持续发展能力。发展早、市场意识强、生存风险意识强、机制灵活、反应速度快等优势也是持续快速发展的强大动力。依托航天综合制造技术、规模效应和品牌优势，着力提升飞机轻量化技术开发产业的开发能力，在相关衍生产品的研发制造领域处于领先地位。

排名第 4 的是伊力特，由 2017 年的第 33 名上升至 2018 年的第 22 名，上升了 11 个位次。从评价体系的指标得分情况来看，资源评价值得分为 0.0246，较 2017 年提高了 19.16%，能力评价值得分为 0.0657，较 2017 年提高了 58.48%。从细分指标来看，资源维度的制度评价值得分提升最大，较 2017 年提高了 147.90%，资源维度的创新评价值得分下降最大，较 2017 年下降了 78.70%；能力维度的营运能力评价值得分提升最大，较 2017 年提高了 187.15%，能力维度的盈利能力评价值得分下降最大，较 2017 年下降了 30.25%。

2018 年，伊力特充分利用互联网和大数据，实现线上线下融合，进一步加强与京东、天猫、酒仙、1919 等大型电商合作。努力打通线上渠道，向亿元目标迈进。加强重点终端门口广告，全面推进展示工作，强化重点战略品牌高端定位，推动伊力特家族的发展壮大，形成更强大的品牌集群。

13.2.4　新疆上市公司中排名下降的公司分析

由图 13-10 及表 13-3 可知，新疆上市公司中在 2018 年排名下降的有 26 家，分别是

＊ST 新亿、德新交运、新疆火炬、麦趣尔、天富能源、天康生物、同济堂、ST 准油、贝肯能源、天顺股份、百花村、立昂技术、德展健康、北新路桥、合金投资、ST 中基、新疆浩源、天山股份、中粮糖业、天润乳业、西部黄金、国际实业、卓郎智能、青松建化、雪峰科技以及新赛股份。其中，＊ST 新亿、德新交运、新疆火炬以及麦趣尔下降较为明显。

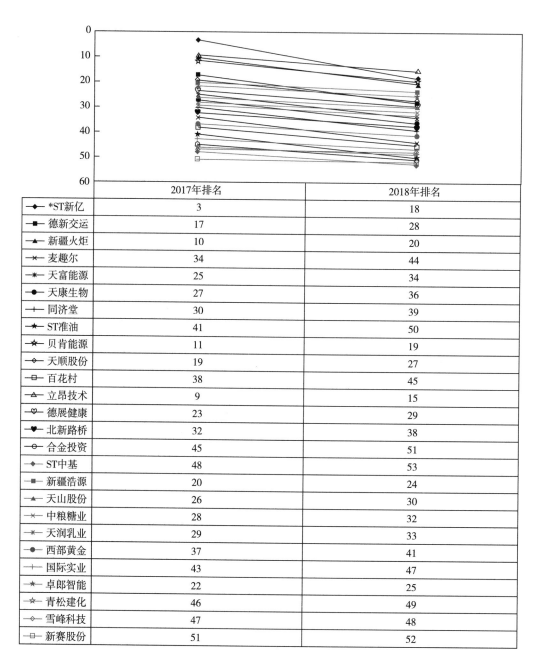

	2017年排名	2018年排名
◆ ＊ST新亿	3	18
■ 德新交运	17	28
▲ 新疆火炬	10	20
✕ 麦趣尔	34	44
✳ 天富能源	25	34
● 天康生物	27	36
┼ 同济堂	30	39
★ ST准油	41	50
✩ 贝肯能源	11	19
◇ 天顺股份	19	27
⊟ 百花村	38	45
△ 立昂技术	9	15
♡ 德展健康	23	29
♥ 北新路桥	32	38
○ 合金投资	45	51
◆ ST中基	48	53
■ 新疆浩源	20	24
▲ 天山股份	26	30
✕ 中粮糖业	28	32
✳ 天润乳业	29	33
● 西部黄金	37	41
┼ 国际实业	43	47
★ 卓郎智能	22	25
✩ 青松建化	46	49
◇ 雪峰科技	47	48
⊟ 新赛股份	51	52

图 13-10　新疆上市公司中排名下降的公司

数据来源：根据国泰安数据库、Wind 数据库、上市公司年报测算。

　　排名下降最为明显的是＊ST 新亿，由 2017 年的第 3 名下降至 2018 年的第 18 名，下降了 15 个位次。从评价体系的指标得分情况来看，资源和能力评价值得分较 2017 年都发生了下降，资源评价值得分为 0.0390，较 2017 年下降了 48.43%，能力评价值得分为 0.0571，较 2017 年下降了 58.97%。从细分指标来看，资源维度的规模评价值得分提升最大，较 2017 年提高了 75.83%，资源维度的制度评价值得分下降最大，较 2017 年下降了 52.17%；能力维度的社会责任能力评价值得分提升最大，较 2017 年提高了 264.09%，能力维度的成长能力评价值得分下降最大，较 2017 年下降了 91.22%。2018 年新亿股份由于处在停牌状态，公司的重整计划已经基本执行完毕。公司仍处于调查和破产重组阶段，关联方无法注入资产。2018 年度，公司无新增有收入预测的资产或项目，也无资产或项目处于收入预测期。

表 13-3　新疆上市公司竞争力排名下降较为明显的公司

维度	公司名称／各项得分	*ST 新亿			德新交运		
		2017 年	2018 年	变动率（%）	2017 年	2018 年	变动率（%）
资源	资本	0.0021	0.0024	13.20	0.0032	0.0037	15.92
	规模	0.0001	0.0001	75.83	0.0007	0.0008	14.45
	人力资源	0.0691	0.0344	−50.26	0.0049	0.0046	−5.11
	创新	0.0000	0.0000	0.00	0.0000	0.0001	0.00
	制度	0.0044	0.0021	−52.17	0.0033	0.0071	113.19
	资源合计	0.0757	0.0390	−48.43	0.0120	0.0162	34.96
能力	盈利能力	0.0023	0.0031	31.46	0.0052	0.0041	−21.60
	成长能力	0.0384	0.0034	−91.22	0.0031	0.0053	72.77
	营运能力	0.0662	0.0345	−47.83	0.0050	0.0062	23.23
	偿债能力	0.0270	0.0072	−73.53	0.0383	0.0259	−32.39
	治理能力	0.0047	0.0070	48.63	0.0112	0.0064	−43.11
	社会责任能力	0.0005	0.0019	264.09	0.0093	0.0119	27.87
	能力合计	0.1392	0.0571	−58.97	0.0721	0.0598	−17.12
竞争力		0.2149	0.0961	−55.26	0.0842	0.0760	−9.67
维度	公司名称／各项得分	新疆火炬			麦趣尔		
		2017 年	2018 年	变动率（%）	2017 年	2018 年	变动率（%）
资源	资本	0.0162	0.0062	−61.76	0.0037	0.0049	32.79
	规模	0.0004	0.0005	23.82	0.0014	0.0016	10.54
	人力资源	0.0079	0.0091	16.03	0.0032	0.0032	0.31
	创新	0.0000	0.0000	0.0000	0.0002	0.0004	60.98
	制度	0.0039	0.0049	26.04	0.0057	0.0056	−2.21
	资源合计	0.0284	0.0208	−26.91	0.0142	0.0155	9.73
能力	盈利能力	0.0058	0.0038	−34.25	0.0055	0.0036	−35.19
	成长能力	0.0103	0.0042	−59.49	0.0036	0.0034	−7.50
	营运能力	0.0042	0.0036	−13.87	0.0040	0.0051	26.47
	偿债能力	0.0174	0.0127	−27.40	0.0136	0.0092	−32.51
	治理能力	0.0391	0.0415	6.27	0.0106	0.0095	−10.76
	社会责任能力	0.0037	0.0068	83.45	0.0092	0.0134	45.90
	能力合计	0.0805	0.0726	−9.85	0.0465	0.0440	−5.39
竞争力		0.1089	0.0933	−14.30	0.0607	0.0596	−1.86

数据来源：根据国泰安数据库、Wind 数据库、上市公司年报测算。

其次是德新交运，由 2017 年的第 17 名下降至 2018 年的第 28 名，下降了 11 个位次。从评价体系的指标得分情况来看，资源评价值得分为 0.0162，较 2017 年提高了 34.96%，能力评价值得分为 0.0598，较 2017 年下降了 17.12%。从细分指标来看，资源维度的制度评价值得分提升最大，较 2017 年提高了 113.19%，资源维度的人力资源评价值得分下降最大，较 2017 年下降了 5.11%；能力维度的成长能力评价值得分提升最大，较 2017 年提高了 72.77%，能力维度的治理能力评价值得分下降最大，较 2017 年下降了 43.11%。2018 年，受国内外宏观经济条件和市场环境的影响，自治区交通客运结构更加分化，高铁、民航客运高速持续增长与竞争。公司资产重组置换导致公司经营区位发生变化，原有客流市场环境崩溃，新客运站运营面临 2~3 年的市场开拓期，利润急剧下降。

新疆火炬由 2017 年的第 10 名下降至 2018 年的第 20 名，下降了 10 个位次。从评价体系的指标得分情况来看，资源和能力评价值得分较 2017 年都发生了下降，资源评价值得分为 0.0208，较 2017 年下降了 26.91%，能力评价值得分为 0.0726，较 2017 年下降了 9.85%。从细分指标来看，资源维度的制度评价值得分提升最大，较 2017 年提高了 26.04%，资源维度的资本评价值得分下降最大，较 2017 年下降了 61.76%；能力维度的社会责任能力评价值得分提升最大，较 2017 年提高了 83.45%，能力维度的成长能力评价值得分下降最大，较 2017 年下降了 59.49%。新疆火炬深耕城市燃气领域多年，积累了丰富的行业经验。但是，公司目前的业务结构并不适合跨越单一结构的战略目标。目前，公司天然气由中石油旗下子公司供应，并与上游供气公司建立了良好的合作关系。根据国家发改委新修订的《天然气利用政策》，明确城市燃气在天然气利用中的优先顺序，上游燃气供应商在资源配置中优先保障城市燃气需求，总体而言，公司用气满足需求。但由于天然气市场供需季节性矛盾明显，冬季供气需求增加，上层供气企业无法及时调整供气计划，给生产经营带来一定风险。

麦趣尔由 2017 年的第 34 名下降至 2018 年的第 44 名，下降了 10 个位次。从评价体系的指标得分情况来看，资源评价值得分为 0.0155，较 2017 年提高了 9.73%，能力评价值得分为 0.0440，较 2017 年下降了 5.39%。从细分指标来看，资源维度的创新评价值得分提升最大，较 2017 年提高了 60.98%，资源维度的制度评价值得分下降最大，较 2017 年下降了 2.21%；能力维度的社会责任能力评价值得分提升最大，较 2017 年提高了 45.90%，能力维度的盈利能力评价值得分下降最大，较 2017 年下降了 35.19%。麦趣尔面包连锁店基本上是租赁的，大部分门店都是租用 1~3 年。店铺装修完成后出租现有店铺的风险，影响公司正常经营。因此，公司存在无法成功续租并产生潜在损失的风险。

13.2.5　2018 年新疆上市公司排名变动趋势分析

（1）2018 年较 2015~2017 年竞争力排名均下降的公司分析。

由图 13-11 可知，2018 年较 2015~2017 年竞争力排名均上升的公司总共 5 家，分别为八一钢铁、西部建设、新疆众和、伊力特以及西部牧业。其中，八一钢铁由 2015 年的第 12 名上升至 2018 年的第 4 名，上升了 8 个位次。由 2016 年的第 7 名上升至 2018 年的第 4 名，上升了 3 个位次。由 2017 年的第 6 名上升至 2018 年的第 4 名，上升了 2 个位次。西部建设由 2015 年的第 14 名上升至 2018 年的第 12 名，上升了 2 个位次。由 2016 年的第 22 名上升至 2018 年的第 12 名，上升了 10 个位次。由 2017 年的第 16 名上升至 2018 年的第 12 名，上升了 4 个位次。新疆众和由 2015 年的第 20 名上升至 2018 年的第 17 名，上升了 3 个位次。由 2016 年的第 37 名上升至 2018 年的第 17 名，上升了 20 个位次。由 2017 年的第 36 名上升至 2018 年的第 17 名，上升了 19 个位次。伊力特由 2015 年的第 26 名上升至 2018 年的第 22 名，上升了 4 个位次。由 2016 年的第 34 名上升至 2018 年的第 22 名，上升了 12 个位次。由 2017 年的第 33 名上升至 2018 年的第 22 名，上升了 11 个位次。西部牧业由 2015 年的第 24 名上升至 2018 年的第 23 名，上升了 1 个位次。由 2016 年的第 31 名上升至 2018 年的第 23 名，上升了 8 个位次。由 2017 年的第 44 名上升至 2018 年的第 23 名，上升了 21 个位次。

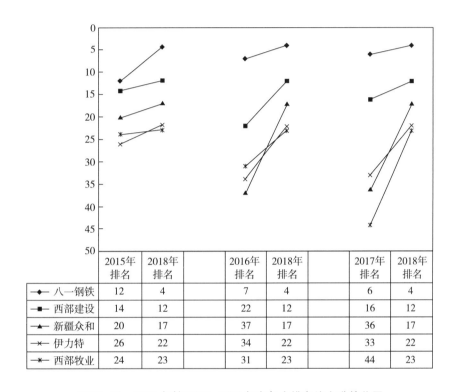

	2015年排名	2018年排名		2016年排名	2018年排名		2017年排名	2018年排名
◆ 八一钢铁	12	4		7	4		6	4
■ 西部建设	14	12		22	12		16	12
▲ 新疆众和	20	17		37	17		36	17
✕ 伊力特	26	22		34	22		33	22
✳ 西部牧业	24	23		31	23		44	23

图 13-11　2018 年较 2015~2017 年竞争力排名均上升的公司

数据来源：根据国泰安数据库、Wind 数据库、上市公司年报测算。

（2）2018 年较 2015~2017 年竞争力排名均下降的公司分析。

由图 13-12 可知，2018 年较 2015~2017 年竞争力排名均下降的公司总共 16 家，分别为 *ST 新亿、新疆浩源、天山股份、中粮糖业、天富能源、天康生物、同济堂、西部黄金、麦趣尔、百花村、国际实业、雪峰科技、青松建化、ST 准油、新赛股份以及 ST 中基。其中，*ST 新亿由 2015 年的第 2 名下降至 2018 年的第 18 名，下降了 16 个位次；由 2016 年的第 9 名下降至 2018 年的第 18 名，下降了 9 个位次；由 2017 年的第 3 名下降至 2018 年的第 18 名，下降了 15 个位次。新疆浩源由 2015 年的第 8 名下降至 2018 年的第 24 名，下降了 16 个位次；由 2016 年的第 18 名下降至 2018 年的第 24 名，下降了 6 个位次；由 2017 年的第 20 名下降至 2018 年的第 24 名，下降了 4 个位次。天山股份由 2015 年的第 17 名下降至 2018 年的第 30 名，下降了 13 个位次；由 2016 年的第 21 名下降至 2018 年的第 30 名，下降了 9 个位次；由 2017 年的第 26 名下降至 2018 年的第 30 名，下降了 4 个位次。中粮糖业由 2015 年

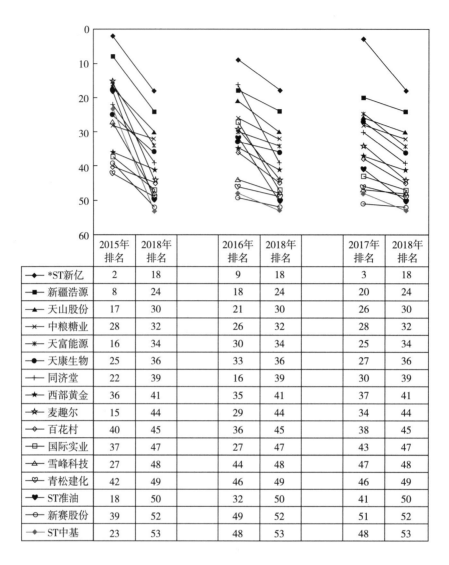

	2015年排名	2018年排名		2016年排名	2018年排名		2017年排名	2018年排名
*ST新亿	2	18		9	18		3	18
新疆浩源	8	24		18	24		20	24
天山股份	17	30		21	30		26	30
中粮糖业	28	32		26	32		28	32
天富能源	16	34		30	34		25	34
天康生物	25	36		33	36		27	36
同济堂	22	39		16	39		30	39
西部黄金	36	41		35	41		37	41
麦趣尔	15	44		29	44		34	44
百花村	40	45		36	45		38	45
国际实业	37	47		27	47		43	47
雪峰科技	27	48		44	48		47	48
青松建化	42	49		46	49		46	49
ST准油	18	50		32	50		41	50
新赛股份	39	52		49	52		51	52
ST中基	23	53		48	53		48	53

图 13-12　2018 年较 2015~2017 年竞争力排名均下降的公司

数据来源：根据国泰安数据库、Wind 数据库、上市公司年报测算。

的第 28 名下降至 2018 年的第 32 名，下降了 4 个位次；由 2016 年的第 26 名下降至 2018 年的第 32 名，下降了 6 个位次；由 2017 年的第 28 名下降至 2018 年的第 32 名，下降了 4 个位次。天富能源由 2015 年的第 16 名下降至 2018 年的第 34 名，下降了 18 个位次；由 2016 年的第 30 名下降至 2018 年的第 34 名，下降了 4 个位次；由 2017 年的第 25 名下降至 2018 年的第 34 名，下降了 9 个位次。天康生物由 2015 年的第 25 名下降至 2018 年的第 36 名，下降了 11 个位次；由 2016 年的第 33 名下降至 2018 年的第 36 名，下降了 3 个位次；由 2017 年的第 27 名下降至 2018 年的第 36 名，下降了 9 个位次。同济堂由 2015 年的第 22 名下降至 2018 年的第 39 名，下降了 17 个位次；由 2016 年的第 16 名下降至 2018 年的第 39 名，下降了 23 个位次；由 2017 年的第 30 名下降至 2018 年的第 39 名，下降了 9 个位次。西部黄金由 2015 年的第 36 名下降至 2018 年的第 41 名，下降了 5 个位次；由 2016 年的第 35 名下降至 2018 年的第 41 名，下降了 6 个位次；由 2017 年的第 37 名下降至 2018 年的第 41 名，下降了 4 个位次。麦趣尔由 2015 年的第 15 名下降至 2018 年的第 44 名，下降了 29 个位次；由

2016 年的第 29 名下降至 2018 年的第 44 名，下降了 15 个位次；由 2017 年的第 34 名下降至 2018 年的第 44 名，下降了 10 个位次。百花村由 2015 年的第 40 名下降至 2018 年的第 45 名，下降了 5 个位次；由 2016 年的第 36 名下降至 2018 年的第 45 名，下降了 9 个位次；由 2017 年的第 38 名下降至 2018 年的第 45 名，下降了 7 个位次。

（3）2015～2018 年竞争力排名上下波动较为明显的公司分析。

由图 13-13 可知，2015～2018 年竞争力排名上下波动较为明显的公司总共 14 家，分别为中油工程、新研股份、新疆众和、*ST 新亿、西部牧业、卓郎智能、天山生物、德展健康、天润乳业、天富能源、同济堂、新疆天业、冠农股份以及国际实业。中油工程以及新疆天业呈现先上升后下降再上升的趋势。新研股份、新疆众和、西部牧业、天山生物以及冠农股份呈现先下降后上升的趋势。*ST 新亿、卓郎智能、天润乳业以及天富能源呈现先下降后上升再下降的趋势。德展健康、同济堂以及国际实业呈现先上升后下降的趋势。

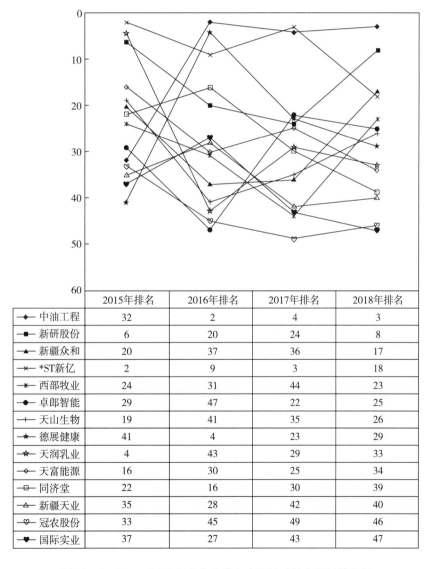

	2015年排名	2016年排名	2017年排名	2018年排名
中油工程	32	2	4	3
新研股份	6	20	24	8
新疆众和	20	37	36	17
*ST新亿	2	9	3	18
西部牧业	24	31	44	23
卓郎智能	29	47	22	25
天山生物	19	41	35	26
德展健康	41	4	23	29
天润乳业	4	43	29	33
天富能源	16	30	25	34
同济堂	22	16	30	39
新疆天业	35	28	42	40
冠农股份	33	45	49	46
国际实业	37	27	43	47

图 13-13　2015～2018 年竞争力排名上下波动较为明显的公司

数据来源：根据国泰安数据库、Wind 数据库、上市公司年报测算。

（4）2015～2018 年竞争力排名基本保持不变的公司分析。

由图 13-14 可知，2015～2018 年竞争力排名基本保持不变的公司总共 19 家，分别为渤海租赁、金风科技、特变电工、香梨股份、*ST 友好、中泰化学、西部建设、广汇能源、伊力特、中葡股份、中粮糖业、国统股份、天康生物、光正集团、北新路桥、西部黄金、新农开发、百花村、青松建化；其中渤海租赁平均排名为 1、金风科技平均排名为 3、特变电工平均排名为 5、香梨股份平均排名为 8、*ST 友好平均排名为 11、中泰化学平均排名为 10、西部建设平均排名为 16、广汇能源平均排名为 14、伊力特平均排名为 29、中葡股份平均排名为 27、中粮糖业平均排名为 29、国统股份平均排名为 37、天康生物平均排名为 30、光正集团平均排名为 36、北新路桥平均排名为 35、西部黄金平均排名为 37、新农开发平均排名为 43、百花村平均排名为 40、青松建化平均排名为 46。值得注意的是，渤海租赁、金风科技、特变电工 2015～2018 年竞争力排名稳定在前 10，其中渤海租赁、金风科技竞争力排名一直位居前 3，说明这些上市公司有较强且持续的竞争力。

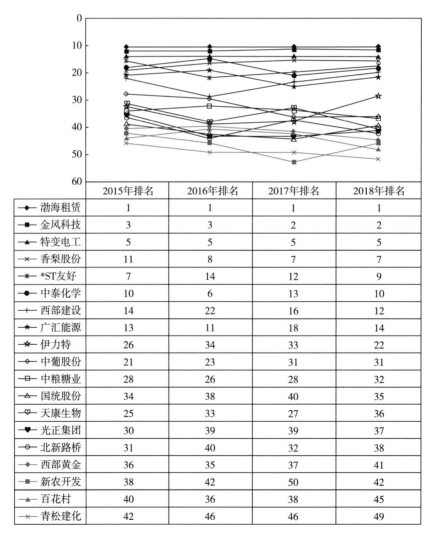

	2015年排名	2016年排名	2017年排名	2018年排名
渤海租赁	1	1	1	1
金风科技	3	3	2	2
特变电工	5	5	5	5
香梨股份	11	8	7	7
*ST友好	7	14	12	9
中泰化学	10	6	13	10
西部建设	14	22	16	12
广汇能源	13	11	18	14
伊力特	26	34	33	22
中葡股份	21	23	31	31
中粮糖业	28	26	28	32
国统股份	34	38	40	35
天康生物	25	33	27	36
光正集团	30	39	39	37
北新路桥	31	40	32	38
西部黄金	36	35	37	41
新农开发	38	42	50	42
百花村	40	36	38	45
青松建化	42	46	46	49

图 13-14　2015～2018 年竞争力排名基本保持不变的公司

数据来源：根据国泰安数据库、Wind 数据库、上市公司年报测算。

（5）2015~2018 年竞争力排名持续下降的公司分析

由图 13-15 可知，2015~2018 年竞争力排名持续下降的公司总共 6 家，分别是新疆浩源、天山股份、麦趣尔、雪峰科技、ST 准油以及新赛股份。新疆浩源由 2015 年的第 8 名下降至 2016 年的第 18 名，下降了 10 个位次；由 2016 年的第 18 名下降至 2017 年的第 20 名，下降了 2 个位次；由 2017 年的第 20 名下降至 2018 年的第 24 名，下降了 4 个位次。天山股份由 2015 年的第 17 名下降至 2016 年的第 21 名，下降了 4 个位次；由 2016 年的第 21 名下降至 2017 年的第 26 名，下降了 5 个位次；由 2017 年的第 26 名下降至 2018 年的第 30 名，下降了 4 个位次。麦趣尔由 2015 年的第 15 名下降至 2016 年的第 29 名，下降了 14 个位次；由 2016 年的第 29 名下降至 2017 年的第 34 名，下降了 5 个位次；由 2017 年的第 34 名下降至 2018 年的第 44 名，下降了 10 个位次。雪峰科技由 2015 年的第 27 名下降至 2016 年的第 44 名，下降了 17 个位次；由 2016 年的第 44 名下降至 2017 年的第 47 名，下降了 3 个位次；由 2017 年的第 47 名下降至 2018 年的第 48 名，下降了 1 个位次。ST 准油由 2015 年的第 18 名下降至 2016 年的第 32 名，下降了 14 个位次；由 2016 年的第 32 名下降至 2017 年的第 41 名，下降了 9 个位次；由 2017 年的第 41 名下降至 2018 年的第 50 名，下降了 9 个位次。新赛股份由 2015 年的第 39 名下降至 2016 年的第 49 名，下降了 10 个位次；由 2016 年的第 49 名下降至 2017 年的第 51 名，下降了 2 个位次；由 2017 年的第 51 名下降至 2018 年的第 52 名，下降了 1 个位次。

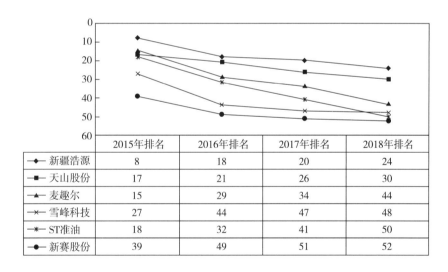

	2015年排名	2016年排名	2017年排名	2018年排名
新疆浩源	8	18	20	24
天山股份	17	21	26	30
麦趣尔	15	29	34	44
雪峰科技	27	44	47	48
ST准油	18	32	41	50
新赛股份	39	49	51	52

图 13-15　2015~2018 年竞争力排名持续下降的公司

数据来源：根据国泰安数据库、Wind 数据库、上市公司年报测算。

13.2.6　2018 年新疆上市公司行业竞争力排名分析

（1）2018 年新疆上市公司行业竞争力分析。

由表 13-4 以及图 13-16 可知，2018 年新疆上市公司行业竞争力排名从前往后依次是：制造业，租赁和商务服务业，电力、热力、燃气及水生产和供应业，采矿业，批发和零售业，农、林、牧、渔业，信息传输、软件和信息技术服务业，交通运输、仓储和邮政业，建筑业以及科学研究和技术服务业。

表13-4 2018年新疆上市公司行业竞争力排名

行业	排名	竞争力评价值	资源评价值	能力评价值
制造业	1	2.1866	1.1323	1.0543
租赁和商务服务业	2	0.5385	0.3301	0.2084
电力、热力、燃气及水生产和供应业	3	0.5249	0.1391	0.3859
采矿业	4	0.4865	0.2566	0.2300
批发和零售业	5	0.4642	0.1412	0.3230
农、林、牧、渔业	6	0.3241	0.1274	0.1968
信息传输、软件和信息技术服务业	7	0.2109	0.0497	0.1612
交通运输、仓储和邮政业	8	0.1571	0.0496	0.1075
建筑业	9	0.1230	0.0589	0.0641
科学研究和技术服务业	10	0.0557	0.0238	0.0319

数据来源：根据国泰安数据库、Wind数据库、上市公司年报测算。

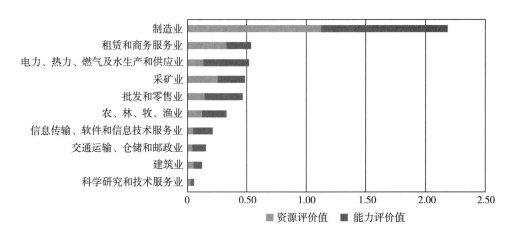

图13-16 2018年新疆上市公司行业竞争力排名

数据来源：根据国泰安数据库、Wind数据库、上市公司年报测算。

其中，制造业竞争力评价值为2.1866，资源评价值为1.1323，能力评价值为1.0543，说明新疆制造业相较于能力维度，其资源维度优势更加突出。租赁和商务服务业竞争力评价值为0.5385，资源评价值为0.3301，能力评价值为0.2084，说明新疆租赁和商务服务业相较于能力维度，其资源维度优势更加突出。电力、热力、燃气及水生产和供应业竞争力评价值为0.5249，资源评价值为0.1391，能力评价值为0.3859，说明新疆电力、热力、燃气及水生产和供应业相较于资源维度，其能力维度优势更加突出。采矿业竞争力评价值为0.4865，资源评价值为0.2566，能力评价值为0.2300，说明新疆采矿业相较于能力维度，其资源维度优势更加突出。批发和零售业竞争力评价值为0.4642，资源评价值为0.1412，能力评价值为0.3230，说明新疆批发和零售业相较于资源维度，其能力维度优势更加突出。农、林、牧、渔业竞争力评价值为0.3241，资源评价值为0.1274，能力评价值为0.1968，说明新疆农、林、牧、渔业相较于资源维度，其能力维度优势更加突出。信息传输、软件和信息技术服务业竞争力评价值为 0.2109，资源评价值为 0.0497，能力评价值为 0.1612，说明新疆信息传输、软件和信息技术服务业相较于资源维度，其能力维度优势更加突出。交通运输、仓储和邮政业竞争力评价值为 0.1571，资源评价值为 0.0496，能力评价值为 0.1075，说明新疆交通运输、仓储和邮政业相较于资源维度，其能力维度优势更加突出。建筑业竞争力评价值为 0.1230，资源评价值为 0.0589，能力评价值为 0.0641，说明新疆建筑业相较于资源维度，其能力维度优势更加突出。科学研究和技术服务业竞争力评价值为 0.0557，资源评价值为 0.0238，能力评价值为 0.0319，说明新疆科学研究和技术服务业相较于资源维度，其能力维度优势更加突出。

（2）2018 年分行业新疆上市公司排名分析。

2018 年新疆一产包括农、林、牧、渔业 1 个细分行业，二产包括采矿业，制造业，电力、热力、燃气及水生产和供应业以及建筑业 4 个细分行业，三产包括批发和零售业，交通运输、仓储和邮政业，信息传输、软件和信息技术服务业，租赁和商务服务业以及科学研究和技术服务业 5 个细分行业。

由表 13-5 及图 13-17 可知，2018 年农、林、牧、渔业上市公司总共 4 家，竞争力排名从前往后依次是：香梨股份、西部牧业、新农开发以及新赛股份。其中，香梨股份在农、林、牧、渔业中排名第 1，在一产中排名第 1，在总排名中排名第 7。西部牧业在农、林、牧、渔业中排名第 2，在一产中排名第 2，在总排名中排名第 23。新农开发在农、林、牧、渔业中排名第 3，在一产中排名第 3，在总排名中排名第 42。新赛股份在农、林、牧、渔业中排名第 4，在一产中排名第 4，在总排名中排名第 52。

表 13-5　2018 年新疆上市公司行业竞争力排名

行业	企业名称	总排名	细分行业排名	三产排名	竞争力	资源	能力
农、林、牧、渔业	香梨股份	7	1	1	0.1276	0.0423	0.0854
	西部牧业	23	2	2	0.0893	0.0378	0.0515
	新农开发	42	3	3	0.0608	0.0253	0.0355
	新赛股份	52	4	4	0.0464	0.0220	0.0243
采矿业	广汇能源	14	2	8	0.1055	0.0563	0.0492
	西部黄金	41	4	27	0.0609	0.0178	0.0431
制造业	金风科技	2	1	1	0.3266	0.2528	0.0738
	八一钢铁	4	2	2	0.1409	0.0621	0.0787
	特变电工	5	3	3	0.1351	0.0993	0.0358
	新研股份	8	4	4	0.1268	0.0876	0.0392
	中泰化学	10	5	5	0.1141	0.0763	0.0378
	西部建设	12	6	7	0.1064	0.0598	0.0467
	新疆众和	17	7	10	0.0997	0.0616	0.0381
	*ST 新亿	18	8	11	0.0961	0.0390	0.0571
	伊力特	22	9	13	0.0903	0.0246	0.0657
	卓郎智能	25	10	15	0.0817	0.0436	0.0380

续表

行业	企业名称	总排名	细分行业排名	三产排名	竞争力	资源	能力
制造业	德展健康	29	11	16	0.0760	0.0202	0.0558
	天山股份	30	12	17	0.0754	0.0280	0.0475
	中葡股份	31	13	18	0.0741	0.0173	0.0568
	中粮糖业	32	14	19	0.0719	0.0344	0.0375
	天润乳业	33	15	20	0.0674	0.0290	0.0384
	国统股份	35	16	22	0.0658	0.0188	0.0471
	天康生物	36	17	23	0.0656	0.0364	0.0291
	新疆天业	40	18	26	0.0611	0.0288	0.0323
	麦趣尔	44	19	29	0.0596	0.0155	0.0440
	冠农股份	46	20	30	0.0551	0.0241	0.0311
	雪峰科技	48	21	31	0.0550	0.0196	0.0354
	青松建化	49	22	32	0.0548	0.0179	0.0369
	合金投资	51	23	33	0.0466	0.0186	0.0281
	ST中基	53	24	34	0.0404	0.0169	0.0235
电力、热力、燃气及水生产和供应业	新天然气	11	1	6	0.1098	0.0234	0.0864
	东方环宇	16	2	9	0.1038	0.0214	0.0824
	新疆火炬	20	3	12	0.0933	0.0208	0.0726
	新疆浩源	24	4	14	0.0857	0.0183	0.0674
	天富能源	34	5	21	0.0668	0.0346	0.0322
	光正集团	37	6	24	0.0654	0.0205	0.0449
建筑业	北新路桥	38	1	25	0.0633	0.0368	0.0265
	新疆交建	43	2	28	0.0597	0.0221	0.0376
采矿业	中油工程	3	1	2	0.1722	0.1393	0.0329
	贝肯能源	19	3	7	0.0949	0.0226	0.0724
	ST准油	50	5	15	0.0530	0.0206	0.0324
批发和零售业	汇嘉时代	6	1	3	0.1280	0.0296	0.0984
	*ST友好	9	2	4	0.1250	0.0171	0.1079
	美克家居	21	3	8	0.0930	0.0488	0.0443
	同济堂	39	4	12	0.0631	0.0245	0.0385
	国际实业	47	5	14	0.0551	0.0212	0.0339
交通运输、仓储和邮政业	天顺股份	27	1	10	0.0811	0.0334	0.0477
	德新交运	28	2	11	0.0760	0.0162	0.0598
信息传输、软件和信息技术服务业	熙菱信息	13	1	5	0.1055	0.0244	0.0811
	立昂技术	15	2	6	0.1053	0.0253	0.0801
租赁和商务服务业	渤海租赁	1	1	1	0.4570	0.2976	0.1594
	天山生物	26	2	9	0.0814	0.0325	0.0490
科学研究和技术服务业	百花村	45	1	13	0.0557	0.0238	0.0319

数据来源：根据国泰安数据库、Wind数据库、上市公司年报测算。

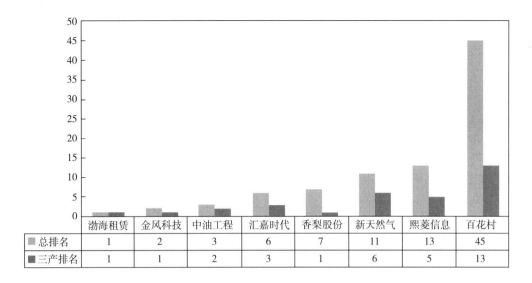

	渤海租赁	金风科技	中油工程	汇嘉时代	香梨股份	新天然气	熙菱信息	百花村
总排名	1	2	3	6	7	11	13	45
三产排名	1	1	2	3	1	6	5	13

图 13-17　2018 年各行业排名第 1 新疆上市公司分析

数据来源：根据国泰安数据库、Wind 数据库、上市公司年报测算。

2018 年采矿业上市公司总共 2 家，竞争力排名从前往后依次是：广汇能源、西部黄金。其中，广汇能源在采矿业中排名第 2，在二产中排名第 8，在总排名中排名第 14。西部黄金在采矿业中排名第 4，在二产中排名第 27，在总排名中排名第 41。

2018 年制造业上市公司总共 24 家，竞争力排名从前往后依次是：金风科技、八一钢铁、特变电工、新研股份、中泰化学、西部建设、新疆众和、*ST 新亿、伊力特、卓郎智能、德展健康、天山股份、中葡股份、中粮糖业、天润乳业、国统股份、天康生物、新疆天业、麦趣尔、冠农股份、雪峰科技、青松建化、合金投资以及 ST 中基。其中，金风科技在制造业中排名第 1，在二产中排名第 1，在总排名中排名第 2。八一钢铁在制造业中排名第 2，在二产中排名第 2，在总排名中排名第 4。特变电工在制造业中排名第 3，在二产中排名第 3，在总排名中排名第 5。新研股份在制造业中排名第 4，在二产中排名第 4，在总排名中排名第 8。中泰化学在制造业中排名第 5，在二产中排名第 5，在总排名中排名第 10。

2018 年电力、热力、燃气及水生产和供应业上市公司总共 6 家，竞争力排名从前往后依次是：新天然气、东方环宇、新疆火炬、新疆浩源、天富能源以及光正集团。其中，新天然气在电力、热力、燃气及水生产和供应业中排名第 1，在二产中排名第 6，在总排名中排名第 11。东方环宇在电力、热力、燃气及水生产和供应业中排名第 2，在二产中排名第 9，在总排名中排名第 16。新疆火炬在电力、热力、燃气及水生产和供应业中排名第 3，在二产中排名第 12，在总排名中排名第 20。新疆浩源在电力、热力、燃气及水生产和供应业中排名第 4，在二产中排名第 14，在总排名中排名第 24。天富能源在电力、热力、燃气及水生产和供应业中排名第 5，在二产中排名第 21，在总排名中排名第 34。

2018 年建筑业上市公司总共 2 家，竞争力排名从前往后依次是：北新路桥以及新疆交建。其中，北新路桥在建筑业中排名第 1，在二产中排名第 25，在总排名中排名第 38。新疆交建在建筑业中排名第 2，在二产中排名第 28，在总排名中排名第 43。

2018 年采矿业上市公司总共 5 家，竞争力排名从前往后依次是：中油工程、广汇能源、贝肯能源、西部黄金以及 ST 准油。其中，中油工程在采矿业中排名第 1，在三产中排名第

2，在总排名中排名第 3。广汇能源在采矿业中排名第 2，在二产中排名第 8，在总排名中排名第 14。贝肯能源在采矿业中排名第 3，在三产中排名第 7，在总排名中排名第 19。西部黄金在采矿业中排名第 4，在二产中排名第 27，在总排名中排名第 41。ST 准油在采矿业中排名第 5，在三产中排名第 15，在总排名中排名第 50。

2018 年批发和零售业上市公司总共 5 家，竞争力排名从前往后依次是：汇嘉时代、*ST 友好、美克家居、同济堂以及国际实业。其中，汇嘉时代在批发和零售业中排名第 1，在三产中排名第 3，在总排名中排名第 6。*ST 友好在批发和零售业中排名第 2，在三产中排名第 4，在总排名中排名第 9。美克家居在批发和零售业中排名第 3，在三产中排名第 8，在总排名中排名第 21。同济堂在批发和零售业中排名第 4，在三产中排名第 12，在总排名中排名第 39。国际实业在批发和零售业中排名第 5，在三产中排名第 14，在总排名中排名第 47。

2018 年交通运输、仓储和邮政业上市公司总共 2 家，竞争力排名从前往后依次是：天顺股份以及德新交运。其中，天顺股份在交通运输、仓储和邮政业中排名第 1，在三产中排名第 10，在总排名中排名第 27。德新交运在交通运输、仓储和邮政业中排名第 2，在三产中排名第 11，在总排名中排名第 28。

2018 年信息传输、软件和信息技术服务业上市公司总共 2 家，竞争力排名从前往后依次是：熙菱信息以及立昂技术。其中，熙菱信息在信息传输、软件和信息技术服务业中排名第 1，在三产中排名第 5，在总排名中排名第 13。立昂技术在信息传输、软件和信息技术服务业中排名第 2，在三产中排名第 6，在总排名中排名第 15。

2018 年租赁和商务服务业上市公司总共 2 家，竞争力排名从前往后依次是：渤海租赁以及天山生物。其中，渤海租赁在租赁和商务服务业中排名第 1，在三产中排名第 1，在总排名中排名第 1。天山生物在租赁和商务服务业中排名第 2，在三产中排名第 9，在总排名中排名第 26。

2018 年科学研究和技术服务业上市公司总共 1 家，为百花村。百花村在科学研究和技术服务业中排名第 1，在三产中排名第 13，在总排名中排名第 45。

第 14 章
2019 年新疆上市公司竞争力排行

14.1　2019 年新疆上市公司分布特征

14.1.1　新疆上市公司数量特征

由图 14-1 可知，2019 年新疆上市公司总共 55 家，其中被证监会特别处理的 ST 或 *ST 类上市公司 5 家，占比为 9.09%；新上市公司 0 家，占比为 0.00%。

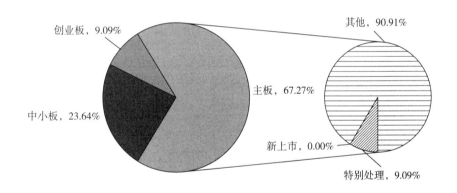

图 14-1　2019 年新疆上市公司数量特征

数据来源：Wind 数据库。

2019 年新疆上市公司在不同板块市场的数量存在差异，从小到大排序，依次为：创业板 5 家，占比约 9.09%；中小板 13 家，占比约 23.64%；主板 37 家，占比约 67.27%。说明新疆创业板、中小板的上市公司数量较少，以主板为主。

14.1.2　新疆上市公司行业分布

由图 14-2 可知，2019 年新疆上市公司各行业的数量存在较大差异，从小到大排序，依次为：租赁和商务服务业 1 家，占比为 1.82%；卫生和社会工作业 1 家，占比为 1.82%；科学研究和技术服务业 1 家，占比为 1.82%；建筑业 2 家，占比为 3.64%；交通运输、仓储和邮政业 2 家，占比为 3.64%；信息传输、软件和信息技术服务业 2 家，占比为 3.64%；金融业 2 家，占比为 3.64%；批发和零售业 5 家，占比为 9.09%；采矿业 5 家，占比为 9.09%；电力、热力、燃气及水生产和供应业 5 家，占比为 9.09%；农、林、牧、渔业 5 家，占比为 9.09%；制造业 24 家，占比为 43.64%。

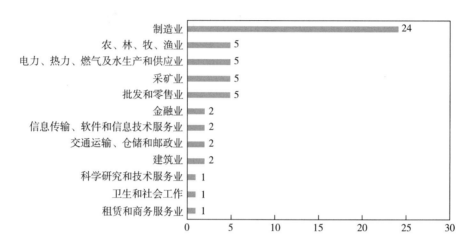

图 14-2　2019 年新疆上市公司行业分布

数据来源：Wind 数据库。

由图 14-3 可知，2019 年新疆上市公司在一产、二产、三产的数量存在较大差异，从小到大排序，依次为：一产 5 家，占比为 9.09%；三产 17 家，占比为 30.91%；二产 33 家，占比为 60.00%。说明新疆上市公司以二产为主。

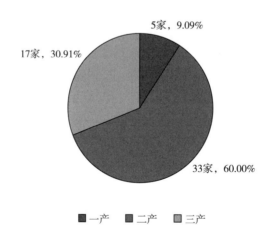

图 14-3　2019 年新疆上市公司三产占比

数据来源：Wind 数据库。

14.1.3　新疆上市公司地区分布

由图 14-4 可知，2019 年新疆上市公司不同地区的数量存在较大差异，从大到小排序，

250

依次为：乌鲁木齐市、昌吉回族自治州、克拉玛依市、石河子市、阿克苏地区、巴音郭楞蒙古自治州、和田地区、塔城地区、伊犁哈萨克自治州、博尔塔拉蒙古自治州、喀什地区。从地区分布来看，2019 年新疆上市公司多集中于北疆地区，为 48 家，约占总体的 87.27%，主要涉及乌鲁木齐市、昌吉回族自治州、克拉玛依市、石河子市、塔城地区、伊犁哈萨克自治州、博尔塔拉蒙古自治州。其中，乌鲁木齐市数量最多，为 33 家，约占总体的 60.00%；昌吉回族自治州次之，为 5 家，约占总体的 9.09%；克拉玛依市 4 家，约占总体的 7.27%；石河子市 3 家，约占总体的 5.45%；塔城地区、伊犁哈萨克自治州和博尔塔拉蒙古自治州数量最少，各为 1 家，分别约占总体的 1.82%；南疆地区分布较少，为 7 家，约占总体的 12.73%，主要有阿克苏地区、巴音郭楞蒙古自治州、和田地区、喀什地区。其中，阿克苏地区数量最多，为 3 家，约占总体的 5.45%；和田地区和喀什地区数量最少，各为 1 家，分别约占总体的 1.82%。

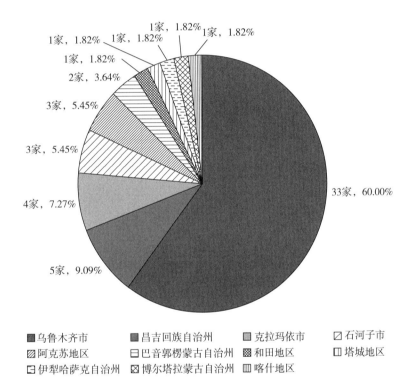

图 14-4　2019 年新疆上市公司地区分布

数据来源：Wind 数据库。

14.1.4　新疆上市公司性质分布

由图 14-5 可知，2019 年新疆上市公司性质分布存在较大差异，从小到大排序，依次为：其他企业 0 家，占比为 0.00%；外资企业 1 家，占比为 1.82%；公众企业 2 家，占比为 3.64%；中央国有企业 10 家，占比为 18.18%；地方国有企业 15 家，占比为 27.27%；民营企业 27 家，占比为 49.09%。

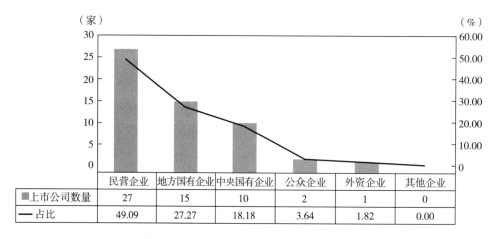

图 14-5　2019 年新疆上市公司性质分布

数据来源：Wind 数据库。

14.2　2019 年新疆上市公司竞争力排行分析

14.2.1　新疆上市公司基本情况

2019 年新疆上市公司竞争力评价值平均值为 0.0976，中位数为 0.0780，平均值大于中位数说明竞争力评价值中位数以上的企业竞争力评价值总体较大；大于竞争力评价值平均值的企业 20 家，占比为 37.74%；总体极差为 0.3534，说明新疆上市公司竞争力之间存在较大差距。

由表 14-1 可知，2019 年新疆上市公司排名前 5 的公司从前到后排序，依次为：渤海租赁、金风科技、特变电工、中油工程以及八一钢铁。

表 14-1　2019 年新疆上市公司竞争力评价值及排名情况

股票代码	企业名称	竞争力评价值	排名	股票代码	企业名称	竞争力评价值	排名
000415	渤海租赁	0.4001	1	603706	东方环宇	0.1135	12
002202	金风科技	0.2922	2	600337	美克家居	0.1066	13
600089	特变电工	0.1867	3	600778	友好集团	0.1062	14
600339	中油工程	0.1652	4	000813	德展健康	0.1060	15
600581	八一钢铁	0.1554	5	002700	新疆浩源	0.1053	16
600197	伊力特	0.1405	6	603032	德新交运	0.1049	17
300603	立昂技术	0.1343	7	002302	西部建设	0.1042	18
300588	熙菱信息	0.1307	8	002828	贝肯能源	0.1004	19
600506	香梨股份	0.1259	9	603080	新疆火炬	0.1001	20
002092	中泰化学	0.1255	10	000972	ST 中基	0.0944	21
601069	西部黄金	0.1201	11	000877	天山股份	0.0857	22

续表

股票代码	企业名称	竞争力评价值	排名	股票代码	企业名称	竞争力评价值	排名
600256	广汇能源	0.0857	23	603101	汇嘉时代	0.0649	39
600084	*ST 中葡	0.0853	24	000633	合金投资	0.0643	40
600888	新疆众和	0.0829	25	600509	天富能源	0.0633	41
002207	ST 准油	0.0803	26	002941	新疆交建	0.0608	42
002800	天顺股份	0.0780	27	600721	*ST 百花	0.0607	43
600419	天润乳业	0.0775	28	600425	青松建化	0.0599	44
002100	天康生物	0.0769	29	600251	冠农股份	0.0598	45
002719	麦趣尔	0.0735	30	600075	新疆天业	0.0598	46
300159	新研股份	0.0731	31	600359	新农开发	0.0587	47
002524	光正集团	0.0727	32	603227	雪峰科技	0.0576	48
002307	北新路桥	0.0726	33	600090	同济堂	0.0575	49
600737	中粮糖业	0.0694	34	000159	国际实业	0.0574	50
600545	卓郎智能	0.0683	35	600540	新赛股份	0.0531	51
300313	天山生物	0.0668	36	600145	*ST 新亿	0.0469	52
603393	新天然气	0.0663	37	300106	西部牧业	0.0467	53
002205	国统股份	0.0662	38				

数据来源：根据国泰安数据库、Wind 数据库、上市公司年报测算。

14.2.2　新疆上市公司中得分前 5 的公司分析

由图 14-6 可知，渤海租赁竞争力评价值为 0.4001，排名第 1。其中，能力评价值为 0.1330，资源评价值为 0.2671，无论是能力维度还是资源维度，渤海租赁均排在第 1 位。由图 14-7 以及图 14-8 可知，渤海租赁的人力资源、规模和营运能力最为突出，这表明，高质量的人才和良好的运营管理是影响该公司综合竞争优势的重要因素。渤海租赁公司以打造"世界一流租赁企业"为宗旨，立足于为企业提供优质的金融产品，顺应时代发展的要求，在租赁、集装箱租赁等领域确立了了行业龙头的领先地位。截至 2020 年末，公司已在海外建立起以 Avolon、GSCL 为主要支柱的专业租赁行业平台，并在国内建立起以天津渤海和横琴为主的平台网络，在全球设有 30 个经营机构，业务涵盖 6 个大陆，为超过 80 个国家和区域的 900 个客户提供飞机、集装箱、基础设施、高端设备及新能源等多样化的租赁服务。

由图 14-6 可知，金风科技竞争力评价值为 0.2922，排名第 2。其中，能力评价值为 0.0742，排名第 3，资源评价值为 0.2180，排名第 2。由图 14-7 以及图 14-8 可知，金风科技的创新、规模和治理能力最为突出，这说明较强的创新资源和较强的企业治理能力是金风科技整体企业竞争力排名第 2 的主要原因。金风科技是国内最早进入风力发电设备制造领域的企业之一，经过 20 年发展，逐步成长为国内领军和全球领先的风电整体解决方案提供商。公司拥有自主知识产权的 1.5MW、2S、2.5S、3S 和 6S 永磁直驱系列化机组，代表着全球风力发电领域最具前景的技术路线。金风科技在国内风电市场占有率连续九年排名第 1，在 2019 年全球风电市场排名第 3，在行业内多年保持领先地位。

由图14-6可知，特变电工竞争力评价值为0.1867，排名第3。其中，能力评价值为0.0398，排名第4，资源评价值为0.1468，排名第3。由图14-7以及图14-8可知，特变电工的创新、规模和营运能力最为突出，这说明较强的创新资源和较强的企业营运能力是特变电工整体企业竞争力排名第3的主要原因。在输变电产业方面，特变电工通过强化重大客户服务和重大项目调度管控，在保持行业市场领先地位持续稳固的同时，积极加大产业链延伸市场开拓力度。2019年输变电产业国内签约近210亿元。公司输变电产业国际业务单机市场、成套市场开拓稳步推进，截至2019年12月底，公司国际成套系统集成业务正在执行尚未确认收入及待履约项目的合同金额超过60亿美元。

由图14-6可知，中油工程竞争力评价值为0.1652，排名第4。其中，能力评价值为0.0314，排名第5，资源评价值为0.1337，排名第4。由图14-7以及图14-8可知，中油工程的创新、规模和成长能力最为突出，这说明较强的创新资源和较强的企业成长能力是中油工程整体企业竞争力排名第4的主要原因。随着我国油气产业的不断发展，公司已在油田地面、储运和炼油化学等方面建立了一套完整的技术体系。石油和天然气的地面工程、长输管道工程、油气储库工程的设计和施工水平均居全国前列。掌握油气加工、长输管道、成品油顺序输送、千万吨炼油、百万吨乙烯、天然气液化、LNG接收站等工艺设计和施工技术。公司年产原油2000万吨，天然气产能300亿立方米，长输管道8000千米，原油储罐2600万立方米，石油储罐1600万立方米，千万吨级原油2座，具备千万吨级乙烯工程EPC工程施工能力。

由图14-6可知，八一钢铁竞争力评价值为0.1554，排名第5。其中，能力评价值为0.0770，排名第2，资源评价值为0.0784，排名第5。由图14-7以及图14-8可知，八一钢铁的创新、规模和营运能力最为突出，这说明较强的创新资源和较强的企业营运能力是八一钢铁整体企业竞争力排名第5的主要原因。2019年，八一钢铁主导产品的实物质量已达到国际公认的高精度产品的标准，"互力"螺纹钢获得"冶金产品质量金杯奖"，并获得了首批国家质量免检认证。公司将在新疆、西北、中亚地区拓展市场，进一步拓展市场份额，抢占更好的市场和战略地位。

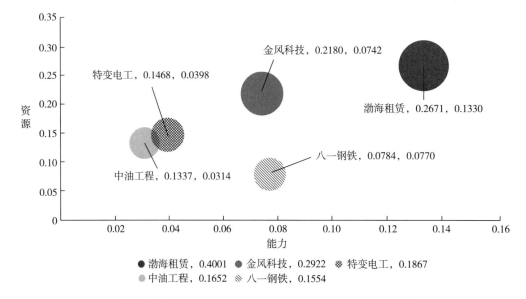

图14-6　新疆上市公司中得分前5的公司竞争力维度分析

数据来源：根据国泰安数据库、Wind数据库、上市公司年报测算。

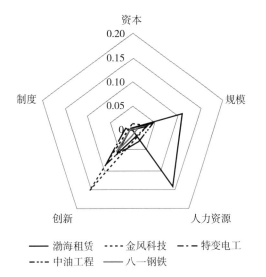

图 14-7　新疆上市公司中排名前 5 的公司资源维度五要素分析

数据来源：根据国泰安数据库、Wind 数据库、上市公司年报测算。

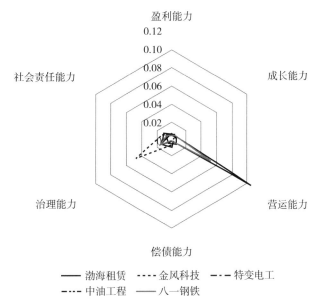

图 14-8　新疆上市公司中排名前 5 的公司能力维度六要素分析

数据来源：根据国泰安数据库、Wind 数据库、上市公司年报测算。

14.2.3　新疆上市公司中排名上升的公司分析

由图 14-9 以及表 14-2 可知，新疆上市公司中在 2019 年排名上升的有 25 家，分别是 ST 中基、西部黄金、ST 准油、伊力特、德展健康、麦趣尔、德新交运、合金投资、立昂技术、美克家居、新疆浩源、天山股份、*ST 中葡、天康生物、熙菱信息、天润乳业、光正集团、北新路桥、青松建化、东方环宇、特变电工、*ST 百花、新疆交建、冠农股份以及新赛股份。其中，ST 中基、西部黄金、ST 准油以及伊力特上升较为明显。

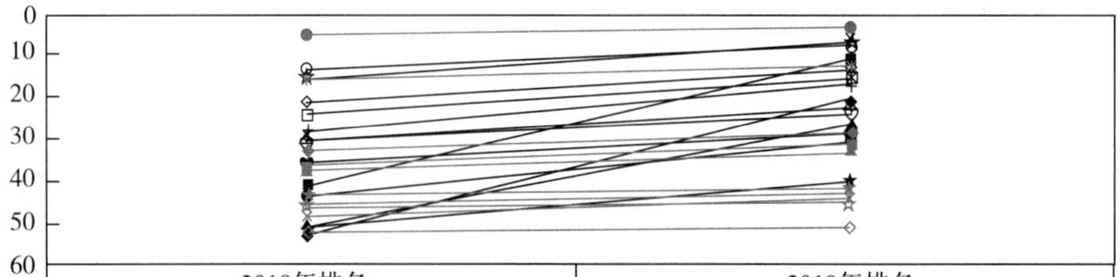

	2018年排名	2019年排名
◆ ST中基	53	21
■ 西部黄金	41	11
▲ ST准油	50	26
✱ 伊力特	22	6
✻ 德展健康	29	15
● 麦趣尔	44	30
─┼─ 德新交运	28	17
★ 合金投资	51	40
✦ 立昂技术	15	7
◇ 美克家居	21	13
☐ 新疆浩源	24	16
△ 天山股份	30	22
♡ *ST中葡	31	24
♥ 天康生物	36	29
⊖ 熙菱信息	13	8
─ 天润乳业	33	28
■ 光正集团	37	32
▲ 北新路桥	38	33
✱ 青松建化	49	44
─ 东方环宇	16	12
● 特变电工	5	3
─┼─ *ST百花	45	43
★ 新疆交建	43	42
✦ 冠农股份	46	45
◇ 新赛股份	52	51

图14-9 新疆上市公司中排名上升的公司

数据来源：根据国泰安数据库、Wind数据库、上市公司年报测算。

排名上升最为突出的是ST中基，由2018年的第53名上升至2019年的第21名，上升了32个位次。从评价体系的指标得分情况来看，资源评价值得分为0.0649，较2018年提高了283.90%，能力评价值得分为0.0294，较2018年提高了25.16%。从细分指标来看，资源维度的人力资源评价值得分提升最大，较2018年提高了479.26%，资源维度的创新评价值得分下降最大，较2018年下降了80.39%；能力维度的偿债能力评价值得分提升最大，较2018年提高了123.55%，能力维度的营运能力评价值得分下降最大，较2018年下降了35.26%。2019年，为适应公司未来战略发展及转型升级的需要，公司将下属全资子公司中基红色番茄部分工厂停机停产。"停机停产、止血止损"，有利于公司进一步改善资产结构，整合优化资源，降低公司负担，推进业务转型，符合公司未来战略发展及转型升级的需要。

其次是西部黄金，由2018年的第41名上升至2019年的第11名，上升了30个位次。从评价体系的指标得分情况来看，资源评价值得分为0.0212，较2018年提高了19.07%，能力评价值得分为0.0989，较2018年提高了129.33%。从细分指标来看，资源维度的资本评价值得分提升最大，较 2018 年提高了 27.38%，资源维度的创新评价值得分下降最大，较 2018 年下降了 19.12%；能力维度的营运能力评价值得分提升最大，较 2018 年提高了 357.21%，能力维度的社会责任能力评价值得分下降最大，较 2018 年下降了 70.14%。2019 年，公司在产业链、管理、技术、人力等方面的优势没有明显改变。作为目前西北地区最大的现代化黄金采选冶企业，长期专注于黄金矿山开采与冶炼，拥有集矿山勘探、开采、选矿、冶炼、精炼、销售于一体的完整产业链，拥有自己独特的生产技术和丰富的管理经验。

表 14-2 新疆上市公司竞争力排名上升较为明显的公司

维度	公司名称 各项得分	ST 中基			西部黄金		
		2018 年	2019 年	变动率（%）	2018 年	2019 年	变动率（%）
资源	资本	0.0026	0.0027	1.13	0.0055	0.0071	27.38
	规模	0.0008	0.0002	−71.65	0.0020	0.0019	−4.17
	人力资源	0.0090	0.0520	479.26	0.0054	0.0065	20.68
	创新	0.0002	0.0000	−80.39	0.0009	0.0007	−19.12
	制度	0.0043	0.0100	133.79	0.0040	0.0050	25.60
	资源合计	0.0169	0.0649	283.90	0.0178	0.0212	19.07
能力	盈利能力	0.0020	0.0024	18.94	0.0033	0.0027	−18.71
	成长能力	0.0023	0.0021	−11.28	0.0035	0.0093	166.02
	营运能力	0.0035	0.0023	−35.26	0.0155	0.0706	357.21
	偿债能力	0.0040	0.0089	123.55	0.0060	0.0081	35.32
	治理能力	0.0045	0.0048	6.28	0.0035	0.0048	35.44
	社会责任能力	0.0071	0.0089	25.88	0.0114	0.0034	−70.14
	能力合计	0.0235	0.0294	25.16	0.0431	0.0989	129.33
竞争力		0.0404	0.0944	133.47	0.0609	0.1201	97.14
维度	公司名称 各项得分	ST 准油			伊力特		
		2018 年	2019 年	变动率（%）	2018 年	2019 年	变动率（%）
资源	资本	0.0058	0.0111	89.15	0.0062	0.0215	248.12
	规模	0.0006	0.0006	2.27	0.0020	0.0022	8.31
	人力资源	0.0073	0.0057	−21.43	0.0104	0.0080	−23.68
	创新	0.0001	0.0003	482.87	0.0002	0.0009	282.50
	制度	0.0068	0.0101	48.23	0.0058	0.0034	−41.22
	资源合计	0.0206	0.0278	34.90	0.0246	0.0360	45.95
能力	盈利能力	0.0016	0.0045	184.95	0.0038	0.0053	39.96
	成长能力	0.0020	0.0142	603.06	0.0040	0.0056	39.99
	营运能力	0.0056	0.0128	128.31	0.0265	0.0588	121.49
	偿债能力	0.0013	0.0026	105.87	0.0119	0.0173	44.62
	治理能力	0.0034	0.0043	28.28	0.0061	0.0071	17.04
	社会责任能力	0.0185	0.0141	−23.77	0.0133	0.0104	−21.88
	能力合计	0.0324	0.0525	62.26	0.0657	0.1045	59.08
竞争力		0.0530	0.0803	51.61	0.0903	0.1405	55.50

排名第 3 的是 ST 准油，由 2018 年的第 50 名上升至 2019 年的第 26 名，上升了 24 个位次。从评价体系的指标得分情况来看，资源评价值得分为 0.0278，较 2018 年提高了 34.90%，能力评价值得分为 0.0525，较 2018 年提高了 62.26%。从细分指标来看，资源维度的创新评价值得分提升最大，较 2018 年提高了 482.87%，资源维度的人力资源评价值得分下降最大，较 2018 年下降了 21.43%；能力维度的成长能力评价值得分提升最大，较 2018 年提高了 603.06%，能力维度的社会责任能力评价值得分下降最大，较 2018 年下降了 23.77%。该公司是一家为油气企业进行油田动态监测和技术改造的专门企业，目前已经具备了对油气井资料接收、资料解释与应用、治理方案编制、增产措施施工和效果评估等方面的技术支持。公司主要经营项目为石油技术服务，建筑安装，运输服务，化学制品的营销，一些业务会因当地的天气状况而呈现出显著的季节性特征。

排名第 4 的是伊力特，由 2018 年的第 22 名上升至 2019 年的第 6 名，上升了 16 个位次。从评价体系的指标得分情况来看，资源评价值得分为 0.0360，较 2018 年提高了 45.95%，能力评价值得分为 0.1045，较 2018 年提高了 59.08%。从细分指标来看，资源维度的创新评价值得分提升最大，较 2018 年提高了 282.50%，资源维度的制度评价值得分下降最大，较 2018 年下降了 41.22%；能力维度的营运能力评价值得分提升最大，较 2018 年提高了 121.49%，能力维度的社会责任能力评价值得分下降最大，较 2018 年下降了 21.88%。近年来，公司在科技研发方面获得了诸多奖项。《改造和优化酿酒关键微生物提升酒质绵柔风格的研究》和《白酒储存、勾兑控制系统的自动化、信息化研究与应用》，荣获中国第二届白酒科学技术大会优秀科技成果奖；《生物酶法制备白酒调味液的研究》获得兵团科技进步三等奖及四师科技进步一等奖；《45 度伊力王酒的研制》项目获得四师科技进步一等奖；"一种酿酒窖池"获得实用新型专利授权；"陈贮、勾兑、品评信息化管理系统"获得计算机软件著作权登记证书；《传统酿酒企业全员技术创新驱动战略管理》成果，获得新疆企业管理现代化创新成果一等奖；《伊力特浓酱复合香型白酒的研制》项目荣获四师可克达拉市科技进步一等奖。

14.2.4 新疆上市公司中排名下降的公司分析

由图 14-10、表 14-3 可知，新疆上市公司中在 2019 年排名下降的有 21 家，分别是 *ST 新亿、汇嘉时代、西部牧业、新天然气、新研股份、卓郎智能、天山生物、同济堂、广汇能源、新疆众和、天富能源、西部建设、新疆天业、友好集团、新农开发、国统股份、国际实业、香梨股份、中粮糖业、中油工程以及八一钢铁。其中 *ST 新亿、汇嘉时代、西部牧业以及新天然气下降较为明显。

排名下降最为明显的是 *ST 新亿，由 2018 年的第 18 名下降至 2019 年的第 52 名，下降了 34 个位次。从评价体系的指标得分情况来看，资源和能力评价值得分较 2018 年都发生了下降，资源评价值得分为 0.0098，较 2018 年下降了 74.93%，能力评价值得分为 0.0371，较 2018 年下降了 35.05%。从细分指标来看，资源维度的制度评价值得分提升最大，较 2018 年提高了 78.82%，资源维度的人力资源评价值得分下降最大，较 2018 年下降了 90.05%；能力维度的社会责任能力评价值得分提升最大，较 2018 年提高了 430.19%，能力维度的营运能力评价值得分下降最大，较 2018 年下降了 99.54%。公司重组方案于 2019 年基本完成。公司同时也在积极选择优秀的企业，以各种途径来改善公司的运营和获利。重组完成后，新疆万源汇金集团及其关联方将及时调整公司的产业布局，并适当安排生产经营，向关联方或第三方注入各类高质量的资产，如大农业、大消费等。

其次是汇嘉时代，由 2018 年的第 6 名下降至 2019 年的第 39 名，下降了 33 个位次。从评价体系的指标得分情况来看，资源和能力评价值得分较 2018 年都发生了下降，资源评价值得分为 0.0215，较 2018 年下降了 27.15%，能力评价值得分为 0.0434，较 2018 年下降了 55.91%。从细分指标来看，资源维度的制度评价值得分提升最大，较 2018 年提高了 2.60%，资源维度的资本评价值得分下降最大，较 2018 年下降了 63.29%；能力维度的偿债能力评价值得分提升最大，较 2018 年提高了 19.74%，能力维度的治理能力评价值得分下降最大，较 2018 年下降了 93.39%。

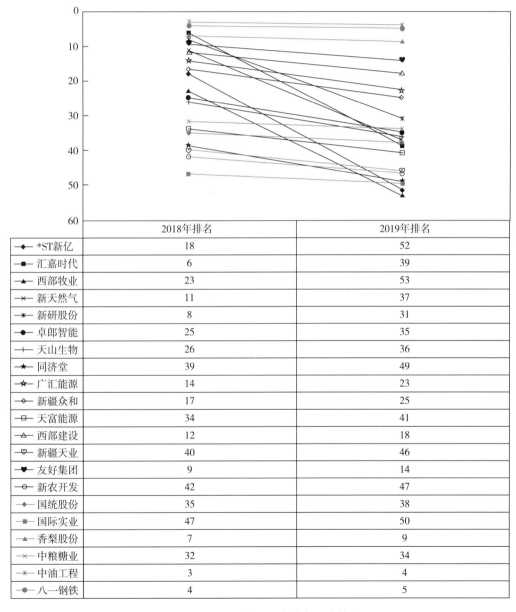

	2018年排名	2019年排名
*ST新亿	18	52
汇嘉时代	6	39
西部牧业	23	53
新天然气	11	37
新研股份	8	31
卓郎智能	25	35
天山生物	26	36
同济堂	39	49
广汇能源	14	23
新疆众和	17	25
天富能源	34	41
西部建设	12	18
新疆天业	40	46
友好集团	9	14
新农开发	42	47
国统股份	35	38
国际实业	47	50
香梨股份	7	9
中粮糖业	32	34
中油工程	3	4
八一钢铁	4	5

图 14-10　新疆上市公司中排名下降的公司

数据来源：根据国泰安数据库、Wind 数据库、上市公司年报测算。

表 14-3　新疆上市公司竞争力排名下降较为明显的公司

维度	各项得分　公司名称	*ST 新亿			汇嘉时代		
		2018 年	2019 年	变动率（%）	2018 年	2019 年	变动率（%）
资源	资本	0.0024	0.0024	0.51	0.0127	0.0047	-63.29
	规模	0.0001	0.0002	12.53	0.0036	0.0032	-11.90
	人力资源	0.0344	0.0034	-90.05	0.0040	0.0039	-1.75
	创新	0.0000	0.0000	0.0000	0.0000	0.0003	0.00
	制度	0.0021	0.0038	78.82	0.0093	0.0096	2.60
	资源合计	0.0390	0.0098	-74.93	0.0296	0.0215	-27.15
能力	盈利能力	0.0031	0.0076	147.34	0.0032	0.0033	4.11
	成长能力	0.0034	0.0039	16.24	0.0053	0.0044	-17.66
	营运能力	0.0345	0.0002	-99.54	0.0194	0.0226	16.62
	偿债能力	0.0072	0.0097	35.20	0.0032	0.0039	19.74
	治理能力	0.0070	0.0054	-22.74	0.0606	0.0040	-93.39
	社会责任能力	0.0019	0.0103	430.19	0.0067	0.0052	-22.34
	能力合计	0.0571	0.0371	-35.05	0.0984	0.0434	-55.91
竞争力		0.0961	0.0469	-51.25	0.1280	0.0649	-49.26

维度	各项得分　公司名称	西部牧业			新天然气		
		2018 年	2019 年	变动率（%）	2018 年	2019 年	变动率（%）
资源	资本	0.0033	0.0047	43.91	0.0079	0.0053	-33.02
	规模	0.0007	0.0007	-11.49	0.0021	0.0021	1.01
	人力资源	0.0104	0.0053	-49.01	0.0090	0.0083	-7.08
	创新	0.0127	0.0010	-91.73	0.0008	0.0001	-83.89
	制度	0.0108	0.0042	-61.04	0.0037	0.0038	3.40
	资源合计	0.0378	0.0159	-58.00	0.0234	0.0197	-15.92
能力	盈利能力	0.0030	0.0028	-7.68	0.0039	0.0060	53.35
	成长能力	0.0025	0.0032	28.59	0.0108	0.0054	-49.80
	营运能力	0.0045	0.0074	66.12	0.0049	0.0065	31.49
	偿债能力	0.0067	0.0086	28.08	0.0140	0.0166	18.02
	治理能力	0.0038	0.0050	31.49	0.0391	0.0053	-86.54
	社会责任能力	0.0310	0.0038	-87.63	0.0137	0.0069	-49.50
	能力合计	0.0515	0.0308	-40.12	0.0864	0.0466	-46.05
竞争力		0.0893	0.0467	-47.69	0.1098	0.0663	-39.64

数据来源：根据国泰安数据库、Wind 数据库、上市公司年报测算。

西部牧业由 2018 年的第 23 名下降至 2019 年的第 53 名，下降了 30 个位次。从评价体系的指标得分情况来看，资源和能力评价值得分较 2018 年都发生了下降，资源评价值得分为 0.0159，较 2018 年下降了 58.00%，能力评价值得分为 0.0308，较 2018 年下降了 40.12%。从细分指标来看，资源维度的资本评价值得分提升最大，较 2018 年提高了 43.91%，资源维度的创新评价值得分下降最大，较 2018 年下降了 91.73%；能力维度的营运能力评价值得分提升最大，较 2018 年提高了 66.12%，能力维度的社会责任能力评价值得分下降最大，较 2018 年下降了 87.63%。2019 年，公司的发展受到了人才短缺的影响，尤其是在营销领域，企业的发展受到了很大的限制。当前管理创新人才、技术创新人才、技能操作人才都十分紧缺，人才资源相对不足，人才资源相对短缺，人才问题已经成为制约公司发展的瓶颈。

新天然气由 2018 年的第 11 名下降至 2019 年的第 37 名，下降了 26 个位次。从评价体系的指标得分情况来看，资源和能力评价值得分较 2018 年都发生了下降，资源评价值得分为 0.0197，较 2018 年下降了 15.92%，能力评价值得分为 0.0466，较 2018 年下降了 46.05%。从细分指标来看，资源维度的制度评价值得分提升最大，较 2018 年提高了 3.40%，资源维度的创新评价值得分下降最大，较 2018 年下降了 83.89%；能力维度的盈利能力评价值得分提升最大，较 2018 年提高了 53.35%，能力维度的治理能力评价值得分下降最大，较 2018 年下降了 86.54%。公司的 CNG 汽车加气站业务在市场中竞争较为激烈，目前公司存在着一定的竞争优势。公司在新疆已经建成 20 个加气点，但新疆也有其他公司的 CNG、汽车加气厂，而且不排除将来会有更多的公司进驻公司的现有业务领域从事 CNG 和汽车加气站的生产。公司拥有的 CNG 燃气以自身的管线输送为主，而周边地区其他公司 CNG 车辆用气以车载运输为主，相比而言，公司有一定的运输价格和人才优势。但是，若公司未能保持高水平的管理和优质的服务，将会在 CNG 的汽车加油站市场中处于劣势，进而对公司的经营产生一定的影响。

14.2.5　2019 年新疆上市公司排名变动趋势分析

（1）2019 年较 2016~2018 年竞争力排名均上升的公司分析。

由图 14-11 可知，2019 年较 2016~2018 年竞争力排名均上升的公司总共 12 家，分别为特变电工、伊力特、立昂技术、熙菱信息、西部黄金、美克家居、新疆浩源、ST 中基、ST 准油、天润乳业、光正集团以及青松建化。其中，特变电工由 2016 年的第 5 名上升至 2019 年的第 3 名，上升了 2 个位次；由 2017 年的第 5 名上升至 2019 年的第 3 名，上升了 2 个位次；由 2018 年的第 5 名上升至 2019 年的第 3 名，上升了 2 个位次。伊力特由 2016 年的第 34 名上升至 2019 年的第 6 名，上升了 28 个位次；由 2017 年的第 33 名上升至 2019 年的第 6 名，上升了 27 个位次；由 2018 年的第 22 名上升至 2019 年的第 6 名，上升了 16 个位次。立昂技术由 2016 年的第 15 名上升至 2019 年的第 7 名，上升了 8 个位次；由 2017 年的第 9 名上升至 2019 年的第 7 名，上升了 2 个位次；由 2018 年的第 15 名上升至 2019 年的第 7 名，上升了 8 个位次。熙菱信息由 2016 年的第 13 名上升至 2019 年的第 8 名，上升了 5 个位次；由 2017 年的第 14 名上升至 2019 年的第 8 名，上升了 6 个位次；由 2018 年的第 13 名上升至 2019 年的第 8 名，上升了 5 个位次。西部黄金由 2016 年的第 35 名上升至 2019 年的第 11 名，上升了 24 个位次；由 2017 年的第 37 名上升至 2019 年的第 11 名，上升了 26 个位次；由 2018 年的第 41 名上升至 2019 年的第 11 名，上升了 30 个位次。美克家居由 2016 年的第 25 名上升至 2019 年的第 13 名，上升了 12 个位次；由 2017 年的第 21 名上升至 2019 年的第 13 名，上升了 8 个位次；由 2018 年的第 21 名上升至 2019 年的第 13 名，上升了 8 个位次。新疆浩源由 2016 年的第 18 名上升至 2019 年的第 16 名，上升了 2 个位次；由 2017 年的第 20 名上升至 2019 年的第 16 名，上升了 4 个位次；由 2018 年的第 24 名上升至 2019 年的第 16 名，上升了 8 个位次。ST 中基由 2016 年的第 48 名上升至 2019 年的第 21 名，上升了 27 个位次；由 2017 年的第 48 名上升至 2019 年的第 21 名，上升了 27 个位次；由 2018 年的第 53 名上升至 2019 年的第 21 名，上升了 32 个位次。ST 准油由 2016 年的第 32 名上升至 2019

年的第 26 名，上升了 6 个位次；由 2017 年的第 41 名上升至 2019 年的第 26 名，上升了 15 个位次；由 2018 年的第 50 名上升至 2019 年的第 26 名，上升了 24 个位次。天润乳业由 2016 年的第 43 名上升至 2019 年的第 28 名，上升了 15 个位次；由 2017 年的第 29 名上升至 2019 年的第 28 名，上升了 1 个位次；由 2018 年的第 33 名上升至 2019 年的第 28 名，上升了 5 个位次。光正集团由 2016 年的第 39 名上升至 2019 年的第 32 名，上升了 7 个位次；由 2017 年的第 39 名上升至 2019 年的第 32 名，上升了 7 个位次；由 2018 年的第 37 名上升至 2019 年的第 32 名，上升了 5 个位次。青松建化由 2016 年的第 46 名上升至 2019 年的第 44 名，上升了 2 个位次；由 2017 年的第 46 名上升至 2019 年的第 44 名，上升了 2 个位次；由 2018 年的第 49 名上升至 2019 年的第 44 名，上升了 5 个位次。

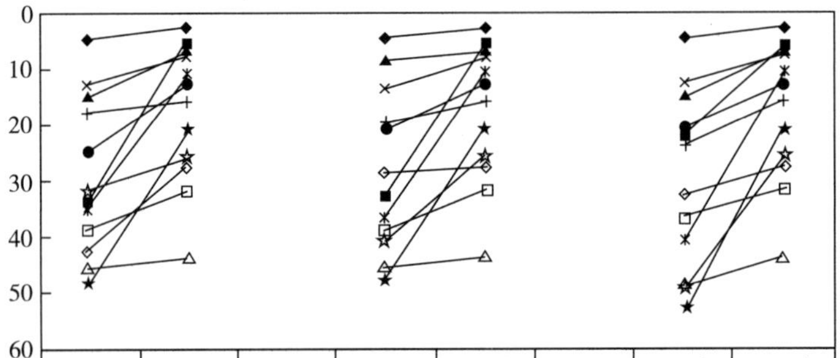

	2016年排名	2019年排名		2017年排名	2019年排名		2018年排名	2019年排名
◆ 特变电工	5	3		5	3		5	3
■ 伊力特	34	6		33	6		22	6
▲ 立昂技术	15	7		9	7		15	7
✕ 熙菱信息	13	8		14	8		13	8
✳ 西部黄金	35	11		37	11		41	11
● 美克家居	25	13		21	13		21	13
＋ 新疆浩源	18	16		20	16		24	16
★ ST中基	48	21		48	21		53	21
✩ ST准油	32	26		41	26		50	26
◇ 天润乳业	43	28		29	28		33	28
☐ 光正集团	39	32		39	32		37	32
△ 青松建化	46	44		46	44		49	44

图 14-11　2019 年较 2016~2018 年竞争力排名均上升的公司

数据来源：根据国泰安数据库、Wind 数据库、上市公司年报测算。

（2）2019 年较 2016~2018 年竞争力排名均下降的公司分析。

由图 14-12 可知，2019 年较 2016~2018 年竞争力排名均下降的公司总共 12 家，分别为香梨股份、广汇能源、新研股份、中粮糖业、新天然气、汇嘉时代、天富能源、新疆天业、同济堂、国际实业、*ST 新亿以及西部牧业。其中，香梨股份由 2016 年的第 8 名下降至 2019 年的第 9 名，下降了 1 个位次；由 2017 年的第 7 名下降至 2019 年的第 9 名，下降了 2 个位次；由 2018 年的第 7 名下降至 2019 年的第 9 名，下降了 2 个位次。广汇能源由 2016 年的第 11 名下降至 2019 年的第 23 名，下降了 12 个位次；由 2017 年的第 18 名下降至 2019 年的第 23 名，下降了 5 个位次；由 2018 年的第 14 名下降至 2019 年的第 23 名，下降了 9 个位次。新研股份由 2016 年的第 20 名下降至 2019 年的第 31 名，下降了 11 个位次；由 2017 年的第 24 名下降至 2019 年的第 31 名，下降了 7 个位次；由 2018 年的第 8 名下降至 2019 年的第 31 名，下降了 23

个位次。中粮糖业由 2016 年的第 26 名下降至 2019 年的第 34 名，下降了 8 个位次；由 2017 年的第 28 名下降至 2019 年的第 34 名，下降了 6 个位次；由 2018 年的第 32 名下降至 2019 年的第 34 名，下降了 2 个位次。新天然气由 2016 年的第 12 名下降至 2019 年的第 37 名，下降了 25 个位次；由 2017 年的第 15 名下降至 2019 年的第 37 名，下降了 22 个位次；由 2018 年的第 11 名下降至 2019 年的第 37 名，下降了 26 个位次。汇嘉时代由 2016 年的第 10 名下降至 2019 年的第 39 名，下降了 29 个位次；由 2017 年的第 8 名下降至 2019 年的第 39 名，下降了 31 个位次；由 2018 年的第 6 名下降至 2019 年的第 39 名，下降了 33 个位次。天富能源由 2016 年的第 30 名下降至 2019 年的第 41 名，下降了 11 个位次；由 2017 年的第 25 名下降至 2019 年的第 41 名，下降了 16 个位次；由 2018 年的第 34 名下降至 2019 年的第 41 名，下降了 7 个位次。新疆天业由 2016 年的第 28 名下降至 2019 年的第 46 名，下降了 18 个位次；由 2017 年的第 42 名下降至 2019 年的第 46 名，下降了 4 个位次；由 2018 年的第 40 名下降至 2019 年的第 46 名，下降了 6 个位次。同济堂由 2016 年的第 16 名下降至 2019 年的第 49 名，下降了 33 个位次；由 2017 年的第 30 名下降至 2019 年的第 49 名，下降了 19 个位次；由 2018 年的第 39 名下降至 2019 年的第 49 名，下降了 10 个位次。国际实业由 2016 年的第 27 名下降至 2019 年的第 50 名，下降了 23 个位次；由 2017 年的第 43 名下降至 2019 年的第 50 名，下降了 7 个位次；由 2018 年的第 47 名下降至 2019 年的第 50 名，下降了 3 个位次。

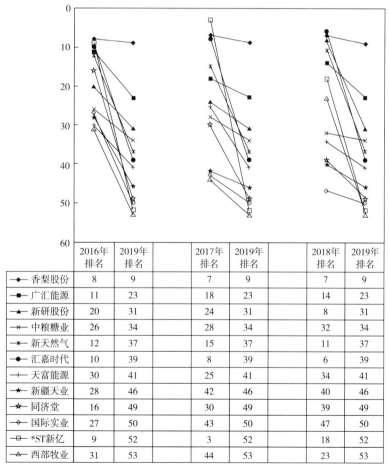

	2016年排名	2019年排名		2017年排名	2019年排名		2018年排名	2019年排名
香梨股份	8	9		7	9		7	9
广汇能源	11	23		18	23		14	23
新研股份	20	31		24	31		8	31
中粮糖业	26	34		28	34		32	34
新天然气	12	37		15	37		11	37
汇嘉时代	10	39		8	39		6	39
天富能源	30	41		25	41		34	41
新疆天业	28	46		42	46		40	46
同济堂	16	49		30	49		39	49
国际实业	27	50		43	50		47	50
*ST新亿	9	52		3	52		18	52
西部牧业	31	53		44	53		23	53

图 14-12　2019 年较 2016~2018 年竞争力排名均下降的公司

数据来源：根据国泰安数据库、Wind 数据库、上市公司年报测算。

（3）2016~2019年竞争力排名上下波动较为明显的公司分析。

由图14-13可知，2016~2019年竞争力排名上下波动较为明显的公司总共15家，分别为西部黄金、德展健康、新疆众和、ST准油、天润乳业、麦趣尔、新研股份、卓郎智能、天山生物、新天然气、汇嘉时代、天富能源、新疆天业、*ST新亿以及西部牧业。西部黄金、德展健康、ST准油、麦趣尔等呈现先下降后上升的趋势。新疆众和、卓郎智能、天山生物、汇嘉时代、天富能源以及*ST新亿呈现先上升后下降的趋势。天润乳业呈现先上升后下降再上升的趋势。

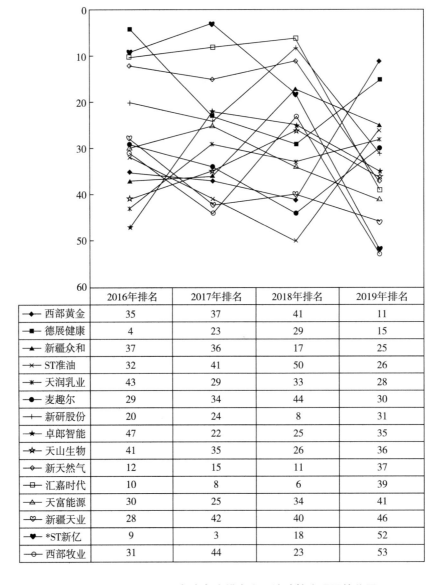

	2016年排名	2017年排名	2018年排名	2019年排名
◆ 西部黄金	35	37	41	11
■ 德展健康	4	23	29	15
▲ 新疆众和	37	36	17	25
✳ ST准油	32	41	50	26
✶ 天润乳业	43	29	33	28
● 麦趣尔	29	34	44	30
＋ 新研股份	20	24	8	31
★ 卓郎智能	47	22	25	35
✦ 天山生物	41	35	26	36
◇ 新天然气	12	15	11	37
▱ 汇嘉时代	10	8	6	39
△ 天富能源	30	25	34	41
♡ 新疆天业	28	42	40	46
♥ *ST新亿	9	3	18	52
○ 西部牧业	31	44	23	53

图14-13　2016~2019年竞争力排名上下波动较为明显的公司

数据来源：根据国泰安数据库、Wind数据库、上市公司年报测算。

（4）2016~2019年竞争力排名基本保持不变的公司分析。

由图14-14可知，2016~2019年竞争力排名基本保持不变的公司总共29家，分别为渤海租赁、金风科技、特变电工、中油工程、八一钢铁、立昂技术、熙菱信息、香梨股份、中泰化学、美克家居、友好集团、新疆浩源、德新交运、西部建设、贝肯能源、天山股份、广汇能源、*ST中葡、天顺股份、天康生物、光正集团、北新路桥、国统股份、*ST百花、青松建化、冠农股份、新农开发、雪峰科技、新赛股份。其中，渤海租赁平均排名为 1、金风科技平均排名为 2、特变电工平均排名为 5、中油工程平均排名为 3、八一钢铁平均排名为 6、立昂技术平均排名为 12、熙菱信息平均排名为 12、香梨股份平均排名为 8、中泰化学平均

	2016年排名	2017年排名	2018年排名	2019年排名
◆ 渤海租赁	1	1	1	1
■ 金风科技	3	2	2	2
▲ 特变电工	5	5	5	3
× 中油工程	2	4	3	4
✳ 八一钢铁	7	6	4	5
● 立昂技术	15	9	15	7
+ 熙菱信息	13	14	13	8
★ 香梨股份	8	7	7	9
✡ 中泰化学	6	13	10	10
◇ 美克家居	25	21	21	13
□ 友好集团	14	12	9	14
△ 新疆浩源	18	20	24	16
♡ 德新交运	19	17	28	17
♥ 西部建设	22	16	12	18
○ 贝肯能源	17	11	19	19
◆ 天山股份	21	26	30	22
■ 广汇能源	11	18	14	23
▲ *ST中葡	23	31	31	24
× 天顺股份	24	19	27	27
✳ 天康生物	33	27	36	29
● 光正集团	39	39	37	32
+ 北新路桥	40	32	38	33
★ 国统股份	38	40	35	38
✡ *ST百花	36	38	45	43
◇ 青松建化	46	46	49	44
□ 冠农股份	45	49	46	45
△ 新农开发	42	50	42	47
♡ 雪峰科技	44	47	48	48
♥ 新赛股份	49	51	52	51

图 14-14　2016~2019 年竞争力排名基本保持不变的公司

数据来源：根据国泰安数据库、Wind 数据库、上市公司年报测算。

排名为10、美克家居平均排名为20、友好集团平均排名为12、新疆浩源平均排名为20、德新交运平均排名为20、西部建设平均排名为17、贝肯能源平均排名为17、天山股份平均排名为25、广汇能源平均排名为17、*ST中葡平均排名为27、天顺股份平均排名为24、天康生物平均排名为31、光正集团平均排名为37、北新路桥平均排名为36、国统股份平均排名为38、*ST百花平均排名为41、青松建化平均排名为46、冠农股份平均排名为46、新农开发平均排名为45、雪峰科技平均排名为47、新赛股份平均排名为51。值得注意的是，渤海租赁、金风科技、特变电工、中油工程、八一钢铁、香梨股份2016~2019年竞争力排名稳定在前10，其中渤海租赁、金风科技竞争力排名一直位居前3，说明这些上市公司有较强且持续的竞争力。

（5）2016~2019年竞争力排名持续下降的公司分析。

由图14-15可知，2016~2019年竞争力排名持续下降的公司总共3家，分别是中粮糖业、同济堂以及国际实业。中粮糖业由2016年的第26名下降至2017年的第28名，下降了2个位次；由2017年的第28名下降至2018年的第32名，下降了4个位次；由2018年的第32名下降至2019年的第34名，下降了2个位次。同济堂由2016年的第16名下降至2017年的第30名，下降了14个位次；由2017年的第30名下降至2018年的第39名，下降了9个位次；由2018年的第39名下降至2019年的第49名，下降了10个位次。国际实业由2016年的第27名下降至2017年的第43名，下降了16个位次；由2017年的第43名下降至2017年的第47名，下降了4个位次；由2018年的第47名下降至2019年的第50名，下降了3个位次。

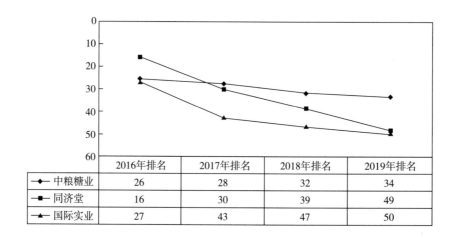

	2016年排名	2017年排名	2018年排名	2019年排名
◆ 中粮糖业	26	28	32	34
■ 同济堂	16	30	39	49
▲ 国际实业	27	43	47	50

图14-15　2016~2019年竞争力排名持续下降的公司

数据来源：根据国泰安数据库、Wind数据库、上市公司年报测算。

14.2.6　2019年新疆上市公司行业竞争力排名分析

（1）2019年新疆上市公司行业竞争力分析。

由表14-4以及图14-16可知，2019年新疆上市公司行业竞争力排名从前往后依次是：制造业，采矿业，电力、热力、燃气及水生产和供应业，租赁和商务服务业，批发和零售业，农、林、牧、渔业，信息传输、软件和信息技术服务业，交通运输、仓储和邮政业，建筑业，卫生和社会工作以及科学研究和技术服务业。

表 14-4　2019 年新疆上市公司行业竞争力排名

行业	排名	竞争力评价值	资源评价值	能力评价值
制造业	1	2.3116	1.1134	1.1982
采矿业	2	0.5516	0.2500	0.3016
电力、热力、燃气及水生产和供应业	3	0.4486	0.1119	0.3366
租赁和商务服务业	4	0.4001	0.2671	0.1330
批发和零售业	5	0.3926	0.1363	0.2563
农、林、牧、渔业	6	0.3512	0.1236	0.2277
信息传输、软件和信息技术服务业	7	0.2650	0.0543	0.2107
交通运输、仓储和邮政业	8	0.1829	0.0465	0.1363
建筑业	9	0.1334	0.0696	0.0638
卫生和社会工作	10	0.0727	0.0220	0.0507
科学研究和技术服务业	11	0.0607	0.0201	0.0406

数据来源：根据国泰安数据库、Wind 数据库、上市公司年报测算。

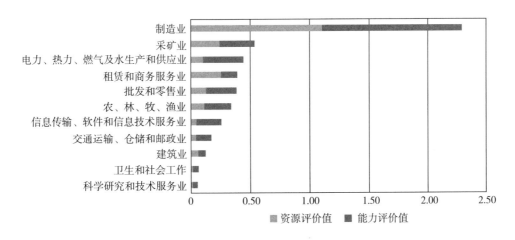

图 14-16　2019 年新疆上市公司行业竞争力排名

数据来源：根据国泰安数据库、Wind 数据库、上市公司年报测算。

其中，制造业竞争力评价值为 2.3116，资源评价值为 1.1134，能力评价值为 1.1982，说明新疆制造业相较于资源维度，其能力维度优势更加突出。采矿业竞争力评价值为 0.5516，资源评价值为 0.2500，能力评价值为 0.3016，说明新疆采矿业相较于资源维度，其能力维度优势更加突出。电力、热力、燃气及水生产和供应业竞争力评价值为 0.4486，资源评价值为 0.1119，能力评价值为 0.3366，说明新疆电力、热力、燃气及水生产和供应业相较于资源维度，其能力维度优势更加突出。租赁和商务服务业竞争力评价值为 0.4001，资源评价值为 0.2671，能力评价值为 0.1330，说明新疆租赁和商务服务业相较于能力维度，其资源维度优势更加突出。批发和零售业竞争力评价值为 0.3926，资源评价值为 0.1363，能力评价值为0.2563，说明新疆批发和零售业相较于资源维度，其能力维度优势更加突出。农、林、牧、渔业竞争力评价值为0.3512，资源评价值为0.1236，能力评价值为0.2277，说明新疆农、林、牧、渔业相较于资源维度，其能力维度优势更加突出。信息传输、软件和信息技术服务业竞争力评价值为0.2650，资源评价值为0.0543，能力评价值为0.2107，说明新疆信息传输、软件和信息技术服务业相较于资源维度，其能力维度优势更加突出。交通运输、仓储和邮政业竞争力评价值为0.1829，资源评价值为0.0465，能力评价值为0.1363，说明新疆交通运输、仓储和邮政业相较于资源维度，其能力维度优势更加突出。建筑业竞争力评价值为0.1334，资源评价值为0.0696，能力评价值为0.0638，说明新疆建筑业相较于能力维度，其资源维度优势更加突出。卫生和社会工作竞争力评价值为0.0727，资源评价值为0.0220，能力评价值为0.0507，说明新疆卫生和社会工作相较于资源维度，其能力维度优势更加突出。科学研究和技术服务业竞争力评价值为0.0607，资源评价值为0.0201，能力评价值为0.0406，说明新疆科学研究和技术服务业相较于资源维度，其能力维度优势更加突出。

（2）2019年分行业新疆上市公司排名分析。

2019年新疆一产包括农、林、牧、渔业1个细分行业。二产包括采矿业，制造业，电力、热力、燃气及水生产和供应业以及建筑业4个细分行业。三产包括批发和零售业，交通运输、仓储和邮政业，信息传输、软件和信息技术服务业等7个细分行业。

由表14-5及图14-17可知，2019年农、林、牧、渔业上市公司总共5家，竞争力排名从前往后依次是：香梨股份、天山生物、新农开发、新赛股份以及西部牧业。其中，香梨股份在农、林、牧、渔业中排名第1，在一产中排名第1，在总排名中排名第9。天山生物在农、林、牧、渔业中排名第2，在一产中排名第2，在总排名中排名第36。新农开发在农、林、牧、渔业中排名第3，在一产中排名第3，在总排名中排名第47。新赛股份在农、林、牧、渔业中排名第4，在一产中排名第4，在总排名中排名第51。西部牧业在农、林、牧、渔业中排名第5，在一产中排名第5，在总排名中排名第53。

表14-5　2019年新疆上市公司行业竞争力排名

行业	企业名称	总排名	细分行业排名	三产排名	竞争力	资源	能力
农、林、牧、渔业	香梨股份	9	1	1	0.1259	0.0343	0.0916
	天山生物	36	2	2	0.0668	0.0276	0.0392
	新农开发	47	3	3	0.0587	0.0257	0.0330
	新赛股份	51	4	4	0.0531	0.0201	0.0330
	西部牧业	53	5	5	0.0467	0.0159	0.0308
采矿业	西部黄金	11	2	6	0.1201	0.0212	0.0989
	广汇能源	23	4	14	0.0857	0.0382	0.0474
制造业	金风科技	2	1	1	0.2922	0.2180	0.0742
	特变电工	3	2	2	0.1867	0.1468	0.0398
	八一钢铁	5	3	3	0.1554	0.0784	0.0770
	伊力特	6	4	4	0.1405	0.0360	0.1045
	中泰化学	10	5	5	0.1255	0.0839	0.0416

续表

行业	企业名称	总排名	细分行业排名	三产排名	竞争力	资源	能力
制造业	德展健康	15	6	8	0.1060	0.0193	0.0867
	西部建设	18	7	10	0.1042	0.0531	0.0511
	ST 中基	21	8	12	0.0944	0.0649	0.0294
	天山股份	22	9	13	0.0857	0.0297	0.0561
	*ST 中葡	24	10	15	0.0853	0.0144	0.0709
	新疆众和	25	11	16	0.0829	0.0396	0.0432
	天润乳业	28	12	17	0.0775	0.0311	0.0464
	天康生物	29	13	18	0.0769	0.0404	0.0365
	麦趣尔	30	14	19	0.0735	0.0224	0.0511
	新研股份	31	15	20	0.0731	0.0390	0.0340
	中粮糖业	34	16	22	0.0694	0.0300	0.0394
	卓郎智能	35	17	23	0.0683	0.0285	0.0397
	国统股份	38	18	25	0.0662	0.0256	0.0406
	合金投资	40	19	26	0.0643	0.0157	0.0485
	青松建化	44	20	29	0.0599	0.0187	0.0412
	冠农股份	45	21	30	0.0598	0.0247	0.0352
	新疆天业	46	22	31	0.0598	0.0231	0.0367
	雪峰科技	48	23	32	0.0576	0.0203	0.0373
	*ST 新亿	52	24	33	0.0469	0.0098	0.0371
电力、热力、燃气及水生产和供应业	东方环宇	12	1	7	0.1135	0.0198	0.0938
	新疆浩源	16	2	9	0.1053	0.0189	0.0864
	新疆火炬	20	3	11	0.1001	0.0179	0.0822
	新天然气	37	4	24	0.0663	0.0197	0.0466
	天富能源	41	5	27	0.0633	0.0356	0.0277
建筑业	北新路桥	33	1	21	0.0726	0.0433	0.0293
	新疆交建	42	2	28	0.0608	0.0263	0.0345
采矿业	中油工程	4	1	2	0.1652	0.1337	0.0314
	贝肯能源	19	3	8	0.1004	0.0290	0.0713
	ST 准油	26	5	9	0.0803	0.0278	0.0525
批发和零售业	美克家居	13	1	5	0.1066	0.0593	0.0473
	友好集团	14	2	6	0.1062	0.0185	0.0877
	汇嘉时代	39	3	12	0.0649	0.0215	0.0434
	同济堂	49	4	14	0.0575	0.0181	0.0393
	国际实业	50	5	15	0.0574	0.0188	0.0386
交通运输、仓储和邮政业	德新交运	17	1	7	0.1049	0.0193	0.0856
	天顺股份	27	2	10	0.0780	0.0273	0.0507
信息传输、软件和信息技术服务业	立昂技术	7	1	3	0.1343	0.0326	0.1017
	熙菱信息	8	2	4	0.1307	0.0217	0.1090
租赁和商务服务业	渤海租赁	1	1	1	0.4001	0.2671	0.1330

续表

行业	企业名称	总排名	细分行业排名	三产排名	竞争力	资源	能力
科学研究和技术服务业	*ST 百花	43	1	13	0.0607	0.0201	0.0406
卫生和社会工作	光正集团	32	1	11	0.0727	0.0220	0.0507

数据来源：根据国泰安数据库、Wind 数据库、上市公司年报测算。

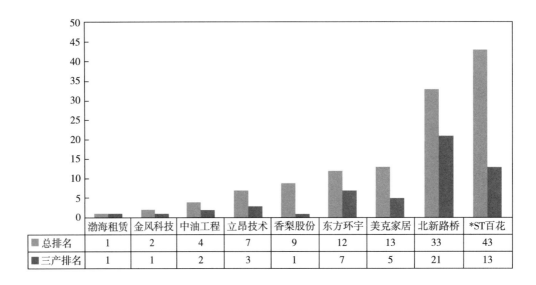

	渤海租赁	金风科技	中油工程	立昂技术	香梨股份	东方环宇	美克家居	北新路桥	*ST百花
■总排名	1	2	4	7	9	12	13	33	43
■三产排名	1	1	2	3	1	7	5	21	13

图 14-17　2019 年各行业排名第 1 新疆上市公司分析

数据来源：根据国泰安数据库、Wind 数据库、上市公司年报测算。

2019 年采矿业上市公司总共 5 家，竞争力排名从前往后依次是：中油工程、西部黄金、贝肯能源、广汇能源以及 ST 准油。其中，中油工程在采矿业中排名第 1，在三产中排名第 2，在总排名中排名第 4。西部黄金在采矿业中排名第 2，在二产中排名第 6，在总排名中排名第 11。贝肯能源在采矿业中排名第 3，在三产中排名第 8，在总排名中排名第 19。广汇能源在采矿业中排名第 4，在二产中排名第 14，在总排名中排名第 23。ST 准油在采矿业中排名第 5，在三产中排名第 9，在总排名中排名第 26。

2019 年制造业上市公司总共 24 家，竞争力排名从前往后依次是：金风科技、特变电工、八一钢铁、伊力特、中泰化学、德展健康、西部建设、ST 中基、天山股份、*ST 中葡、新疆众和、天润乳业、天康生物、麦趣尔、新研股份、中粮糖业、卓郎智能、国统股份、合金投资、青松建化、冠农股份、新疆天业、雪峰科技以及 *ST 新亿。其中，金风科技在制造业中排名第 1，在二产中排名第 1，在总排名中排名第 2。特变电工在制造业中排名第 2，在二产中排名第 2，在总排名中排名第 3。八一钢铁在制造业中排名第 3，在二产中排名第 3，在总排名中排名第 5。伊力特在制造业中排名第 4，在二产中排名第 4，在总排名中排名第 6。中泰化学在制造业中排名第 5，在二产中排名第 5，在总排名中排名第 10。

2019 年电力、热力、燃气及水生产和供应业上市公司总共 5 家，竞争力排名从前往后依次是：东方环宇、新疆浩源、新疆火炬、新天然气以及天富能源。其中，东方环宇在电力、热力、燃气及水生产和供应业中排名第 1，在二产中排名第 7，在总排名中排名第 12。新疆浩源在电力、热力、燃气及水生产和供应业中排名第 2，在二产中排名第 9，在总排名中排名第 16。新疆火炬在电力、热力、燃气及水生产和供应业中排名第 3，在二产中排名第11，在总排名中排名第 20。新天然气在电力、热力、燃气及水生产和供应业中排名第 4，在二产中排名第 24，在总排名中排名第 37。天富能源在电力、热力、燃气及水生产和供应业中排名第 5，在二产中排名第 27，在总排名中排名第 41。

2019 年建筑业上市公司总共 2 家，竞争力排名从前往后依次是：北新路桥以及新疆交建。其中，北新路桥在建筑业中排名第 1，在二产中排名第 21，在总排名中排名第 33。新疆交建在建筑业中排名第 2，在二产中排名第 28，在总排名中排名第 42。

2019 年批发和零售业上市公司总共 5 家，竞争力排名从前往后依次是：美克家居、友好集团、汇嘉时代、同济堂以及国际实业。其中，美克家居在批发和零售业中排名第 1，在三产中排名第 5，在总排名中排名第 13。友好集团在批发和零售业中排名第 2，在三产中排名第 6，在总排名中排名第 14。汇嘉时代在批发和零售业中排名第 3，在三产中排名第 12，在总排名中排名第 39。同济堂在批发和零售业中排名第 4，在三产中排名第 14，在总排名中排名第 49。国际实业在批发和零售业中排名第 5，在三产中排名第 15，在总排名中排名第 50。

2019 年交通运输、仓储和邮政业上市公司总共 2 家，竞争力排名从前往后依次是：德新交运以及天顺股份。其中，德新交运在交通运输、仓储和邮政业中排名第 1，在三产中排名第 7，在总排名中排名第 17。天顺股份在交通运输、仓储和邮政业中排名第 2，在三产中排名第 10，在总排名中排名第 27。

2019 年信息传输、软件和信息技术服务业上市公司总共 2 家，竞争力排名从前往后依次是：立昂技术以及熙菱信息。其中，立昂技术在信息传输、软件和信息技术服务业中排名第 1，在三产中排名第 3，在总排名中排名第 7。熙菱信息在信息传输、软件和信息技术服务业中排名第 2，在三产中排名第 4，在总排名中排名第 8。

第 15 章
2020 年新疆上市公司竞争力排行

15.1 2020 年新疆上市公司分布特征

15.1.1 新疆上市公司数量特征

由图 15-1 可知，2020 年新疆上市公司总共 59 家，其中被证监会特别处理的 ST 或 *ST 类上市公司 8 家，占比为 13.56%；新上市公司 2 家，占比为 3.39%。

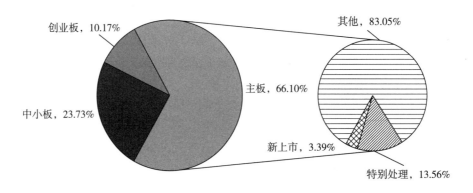

图 15-1 2020 年新疆上市公司数量特征

数据来源：Wind 数据库。

2020 年新疆上市公司在不同板块市场的数量存在差异，从小到大排序，依次为：创业板 6 家，占比约 10.17%；中小板 14 家，占比约 23.73%；主板 39 家，占比约 66.10%。说明新疆创业板、中小板的上市公司数量较少，以主板为主。

15.1.2 新疆上市公司行业分布

由图 15-2 可知，2020 年新疆上市公司各行业的数量存在较大差异，从小到大排序，依次为：租赁和商务服务业 1 家，占比为 1.69%；卫生和社会工作 1 家，占比为 1.69%；水利、环境和公共设施管理业 1 家，占比为 1.69%；科学研究和技术服务业 1 家，占比为 1.69%；建筑业 2 家，占比为 3.39%；交通运输、仓储和邮政业 2 家，占比为 3.39%；金融业 2 家，占比为 3.39%；信息传输、软件和信息技术服务业 3 家，占比为 5.08%；批发和零售业 5 家，占比为 8.47%；采矿业 5 家，占比为 8.47%；农、林、牧、渔业 5 家，占比为 8.47%；电力、热力、燃气及水生产和供应业 6 家，占比为 10.17%；制造业 25 家，占比为 42.37%。

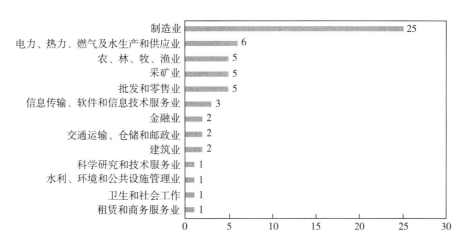

图 15-2　2020 年新疆上市公司行业分布

数据来源：Wind 数据库。

由图 15-3 可知，2020 年新疆上市公司在一产、二产、三产的数量存在较大差异，从小到大排序，依次为：一产 5 家，占比为 9%；三产 19 家，占比为 32%；二产 35 家，占比为 59%。说明新疆上市公司以二产为主。

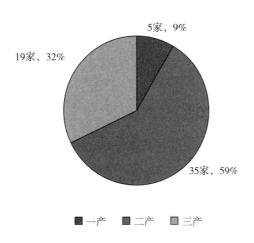

图 15-3　2020 年新疆上市公司三产占比

数据来源：Wind 数据库。

15.1.3　新疆上市公司地区分布

由图 15-4 可知，2020 年新疆上市公司不同地区的数量存在较大差异，从大到小排序，依次为：乌鲁木齐市、昌吉回族自治州、克拉玛依市、石河子市、阿克苏地区、巴音郭楞蒙古自治州、伊犁哈萨克自治州、和田地区、塔城地区、博尔塔拉蒙古自治州、喀什地区。从地区分布来看，2020 年新疆上市公司多集中于北疆地区，为 51 家，约占总体的 86.44%，主要涉及乌鲁木齐市、昌吉回族自治州、克拉玛依市、石河子市、伊犁哈萨克自治州、塔城地区、博尔塔拉蒙古自治州。其中，乌鲁木齐市数量最多，为 34 家，约占总体的 57.63%；昌吉回族自治州次之，为 6 家，约占总体的 10.17%；克拉玛依市 4 家，约占总体的 6.78%；石河子市 3 家，约占总体的 5.08%；伊犁哈萨克自治州 2 家，约占总体的 3.39%；塔城地区和博尔塔拉蒙古自治州数量最少，各为 1 家，分别约占总体的 1.69%。南疆地区分布较少，为 8 家，约占总体的 13.56%，主要有阿克苏地区、巴音郭楞蒙古自治州、和田地区、喀什地区。其中，阿克苏地区和巴音郭楞蒙古自治州数量最多，各为 3 家，分别约占总体的 5.08%；和田地区和喀什地区数量最少，各为 1 家，分别约占总体的 1.69%。

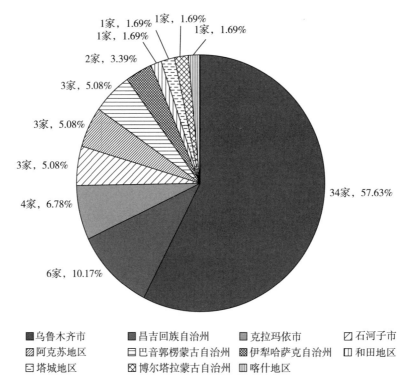

图 15-4　2020 年新疆上市公司地区分布

数据来源：Wind 数据库。

15.1.4　新疆上市公司性质分布

由图 15-5 可知，2020 年新疆上市公司性质分布存在较大差异，从小到大排序，依次为：外资企业 1 家，占比为 1.69%；其他企业 1 家，占比为 1.69%；公众企业 2 家，占比为 3.39%；中央国有企业 9 家，占比为 15.25%；地方国有企业 16 家，占比为 27.12%；民营企业 30 家，占比为 50.85%。

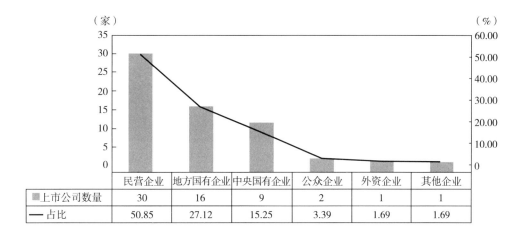

图 15-5　2020 年新疆上市公司性质分布

	民营企业	地方国有企业	中央国有企业	公众企业	外资企业	其他企业
▨ 上市公司数量	30	16	9	2	1	1
─ 占比	50.85	27.12	15.25	3.39	1.69	1.69

数据来源：Wind 数据库。

15.2　2020 年新疆上市公司竞争力排行分析

15.2.1　新疆上市公司基本情况

2020 年新疆上市公司竞争力评价值平均值为 0.0946，中位数为 0.0826，平均值大于中位数说明竞争力评价值中位数以上的企业竞争力评价值总体较大；大于竞争力评价值平均值的企业 15 家，占比为 26.32%；总体极差为 0.3749，说明新疆上市公司竞争力之间存在较大差距。

由表 15-1 可知，2020 年新疆上市公司排名前 5 的公司从前到后排序，依次为：渤海租赁、金风科技、特变电工、中泰化学以及洪通燃气。

表 15-1　2020 年新疆上市公司竞争力评价值及排名情况

股票代码	企业名称	竞争力评价值	排名	股票代码	企业名称	竞争力评价值	排名
000415	渤海租赁	0.4186	1	600581	八一钢铁	0.1169	10
002202	金风科技	0.2644	2	000972	ST 中基	0.1151	11
600089	特变电工	0.1880	3	002700	ST 浩源	0.1074	12
002092	中泰化学	0.1441	4	603706	东方环宇	0.1053	13
605169	洪通燃气	0.1413	5	600256	广汇能源	0.0982	14
600506	香梨股份	0.1303	6	002302	西部建设	0.0975	15
600339	中油工程	0.1271	7	300588	熙菱信息	0.0940	16
600197	伊力特	0.1267	8	603032	德新交运	0.0940	17
601069	西部黄金	0.1210	9	600075	新疆天业	0.0932	18

股票代码	企业名称	竞争力评价值	排名	股票代码	企业名称	竞争力评价值	排名
000813	德展健康	0.0920	19	002207	准油股份	0.0710	39
002100	天康生物	0.0912	20	002719	*ST麦趣	0.0701	40
600251	冠农股份	0.0909	21	300159	新研股份	0.0682	41
603080	新疆火炬	0.0894	22	603393	新天然气	0.0682	42
300603	立昂技术	0.0880	23	002524	光正眼科	0.0672	43
002307	北新路桥	0.0857	24	603101	汇嘉时代	0.0668	44
600337	美克家居	0.0852	25	600545	卓郎智能	0.0663	45
300859	西域旅游	0.0849	26	300313	天山生物	0.0650	46
600084	ST中葡	0.0843	27	002941	新疆交建	0.0629	47
603157	*ST拉夏	0.0836	28	600778	友好集团	0.0615	48
600145	*ST新亿	0.0826	29	000159	国际实业	0.0592	49
000877	天山股份	0.0813	30	600359	新农开发	0.0571	50
603227	雪峰科技	0.0808	31	002205	国统股份	0.0570	51
600888	新疆众和	0.0807	32	600540	新赛股份	0.0565	52
600419	天润乳业	0.0797	33	002464	众应互联	0.0563	53
002828	贝肯能源	0.0793	34	000633	合金投资	0.0536	54
002800	天顺股份	0.0757	35	600425	青松建化	0.0518	55
600737	中粮糖业	0.0752	36	300106	西部牧业	0.0462	56
600721	ST百花	0.0746	37	600090	*ST济堂	0.0436	57
600509	天富能源	0.0735	38				

数据来源：根据国泰安数据库、Wind数据库、上市公司年报测算。

15.2.2 新疆上市公司中得分前5的公司分析

由图15-6可知，渤海租赁竞争力评价值为0.4186，排名第1。其中，能力评价值为0.1450，资源评价值为0.2736，无论是能力维度还是资源维度，渤海租赁均排在第1位。由图15-7以及图15-8可知，渤海租赁的规模和人力资源、营运能力最为突出，这说明优质的人力资源和较强的企业营运能力是渤海租赁整体企业竞争力排名第1的主要原因。2020年，公司下属集装箱租赁子公司GSCL灵活应对复杂多变的全球航运及集装箱租赁市场环境，在严控风险的前提下，审时度势，紧抓市场机遇，集装箱租赁业务经营业绩与上年同期基本持平。截至2020年末，公司整体箱队出租率达到历史最好水平。

由图15-6可知，金风科技竞争力评价值为0.2644，排名第2。其中，能力评价值为0.0663，排名第3，资源评价值为0.1982，排名第2。由图15-7以及图15-8可知，金风科技的创新、规模和治理能力最为突出，这说明丰富的创新资源和较强的企业治理能力是金风科技整体企业竞争力排名第2的主要原因。2020年公司通过设计方案前置并优化、采购模式优化、建设期成本管控等多种措施，实现项目全成本、工期管控，形成了度电成本指标的持续优化机制，缩短工期、降低投资成本取得显著效果，突破实现100万千瓦以上容量项目并网；同时公司在项目建设管理方面始终保持精益求精的态度，对建设项目进行严格的质量把控。公司的木垒老君庙风电项目、瓜州安北第二风电场 C 区项目获得由中国质量协会颁发的"现场管理成熟度五星级"风电场荣誉；天等县牛头岭风电场项目获得由中环联合认证中心颁发的国内首个"五星级绿色风电场"评价证书；翁牛特旗和平营子风电项目获得由中国安装协会颁发的"中国安装之星优质工程奖"。

由图 15-6 可知，特变电工竞争力评价值为 0.1880，排名第 3。其中，能力评价值为 0.0367，排名第 5，资源评价值为 0.1514，排名第 3。由图 15-7 以及图 15-8 可知，特变电工的创新、规模和治理能力最为突出，这说明丰富的创新资源和较强的企业治理能力是特变电工整体企业竞争力排名第 3 的主要原因。公司各个业务领域都具有完整的研发、采购、生产、销售和售后服务体系。公司的输变电业务，在产品特性的基础上，采用了"以销定产"的管理方式。公司主要是以 EPC 总包的形式，开展输变电国际成套系统集成业务的设计、采购、施工、安装、调试和维护服务。

由图 15-6 可知，中泰化学竞争力评价值为 0.1441，排名第 4。其中，能力评价值为 0.0373，排名第 4，资源评价值为 0.1068，排名第 4。由图 15-7 以及图 15-8 可知，中泰化学的创新、规模和营运能力最为突出，这说明丰富的创新资源和较强的企业营运能力是中泰化学整体企业竞争力排名第 4 的主要原因。氯碱作为基础化工原料工业，其对产业链具有高度的依赖性，公司不断完善自身产业链条，打造循环经济体系，目前已成为国内氯碱化工行业少数拥有完整产业链的龙头企业，已初步形成了一个完整的产业链。公司通过"招、拍、挂"、兼并重组等手段，控制氯碱工业的煤炭、原盐、石灰石等资源，降低原料的供给成本，进一步扩大黏胶纤维、黏胶纱的生产规模，实现烧碱、黏胶纤维等产品的生产，逐步提高自治区内部的消费比重，降低产业链的运输成本，延伸下游产业，实现资源、能源的就地高效转化，打造智能化、集群化、园区化的氯碱化工、纺织工业生产基地，有效实现环境、经济和生态效益的协调发展。

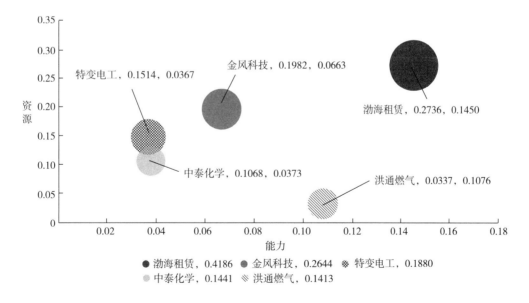

图 15-6　新疆上市公司中排名前 5 的公司竞争力维度分析

数据来源：根据国泰安数据库、Wind 数据库、上市公司年报测算。

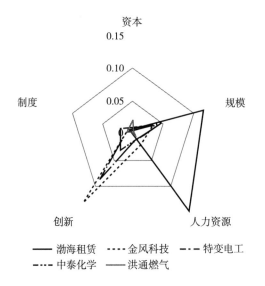

图15-7　新疆上市公司中排名前5的公司资源维度五要素分析

数据来源：根据国泰安数据库、Wind 数据库、上市公司年报测算。

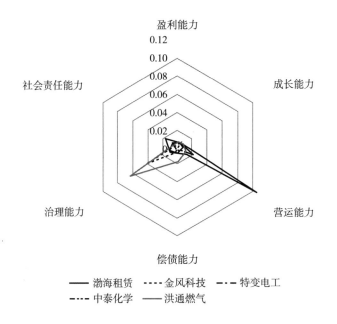

图15-8　新疆上市公司中排名前5的公司能力维度六要素分析

数据来源：根据国泰安数据库、Wind 数据库、上市公司年报测算。

由图15-6可知，洪通燃气竞争力评价值为0.1413，排名第5。其中，能力评价值为0.1076，排名第2，资源评价值为0.0337，排名第5。由图15-7以及图15-8可知，洪通燃气的资本、人力资源和治理能力是中泰化学整体企业竞争力排名第5的主要原因。公司位于新疆，国家在新疆实施了一系列的税收和工业政策，包括"西部开发""西气东输"和"一带一路"。近几年，随着国家政策的扶持，以前制约公司发展的交通环境也在逐渐改善，为公司的持续发展打下了坚实的基础。

15.2.3　新疆上市公司中排名上升的公司分析

由图 15-9 以及表 5-2 可知，新疆上市公司中在 2020 年排名上升的有 16 家，分别是新疆天业、冠农股份、*ST 新亿、雪峰科技、ST 中基、广汇能源、天康生物、北新路桥、中泰化学、ST 百花、ST 浩源、香梨股份、西部建设、天富能源、西部黄金以及国际实业。其中，新疆天业、冠农股份、*ST 新亿以及雪峰科技上升较为明显。

排名上升最为突出的是新疆天业，由 2019 年的第 46 名上升至 2020 年的第 18 名，上升了 28 个位次。从评价体系的指标得分情况来看，资源评价值得分为 0.0510，较 2019 年提高了 120.46%，能力评价值得分为 0.0422，较 2019 年提高了 15.21%。从细分指标来看，资源维度的创新评价值得分提升最大，较 2019 年提高了 808.72%，资源维度的资本评价值得分下降最大，较 2019 年下降了 58.46%；能力维度的成长能力评价值得分提升最大，较 2019 年提高了 73.75%，能力维度的偿债能力评价值得分下降最大，较 2019 年下降了 34.36%。2020 年度，公司完成天能化工、天伟水泥股权收购工作，天能化工、天伟水泥合并入公司报表核算，并对上年同期数据进行追溯调整。2020 年 1~12 月，公司实现营业收入 899257.99 万元，较上年同期的 450373.78 万元增长 99.67%，较调整后的上年同期的 854764.27 万元增长 5.21%；实现利润总额 106885.69 万元，较上年同期的 5939.58 万元增长 1699.55%，较调整后的上年同期的 75330.16 万元增长 41.89%；实现归属于母公司所有者的净利润 88652.20 万元，较上年同期的 2904.01 万元增长 2952.75%，较调整后的上年同期的 54383.58 万元增长 63.01%。外贸出口聚氯乙烯树脂 12.32 万吨，烧碱 17.53 万吨，实现外贸进出口总额 17164.19 万美元，较去年同期的 23685.08 万美元下降 27.53%。

其次是冠农股份，由 2019 年的第 45 名上升至 2020 年的第 21 名，上升了 24 个位次。从评价体系的指标得分情况来看，资源评价值得分为 0.0584，较 2019 年提高了 136.97%，能力评价值得分为 0.0325，较 2019 年下降了 7.69%。从细分指标来看，资源维度的创新评价值得分提升最大，较 2019 年提高了 865.67%，能力维度的盈利能力评价值得分提升最大，较 2019 年提高了 58.58%，能力维度的营运能力评价值得分下降最大，较 2019 年下降了 26.58%。2020 年，面对错综复杂的国际形势、新冠疫情的严重冲击和艰巨繁重的改革发展任务，公司坚持稳中求进工作总基调和新发展理念，聚焦主业、精准施策、奋力而为，努力适应"以国内大循环为主、国内国际双循环相互促进的新发展格局"，以"逆水行舟"昂扬上进之势，确保了各项工作取得较好成绩。2020 年度，公司实现营业收入 27.7 亿元，较上年同期下降 14.97%，归属于母公司所有者的净利润 2.47 亿元，较上年同期增长 45.55%。

排名第 3 的是*ST 新亿，由 2019 年的第 52 名上升至 2020 年的第 29 名，上升了 23 个位次。从评价体系的指标得分情况来看，资源评价值得分为 0.0122，较 2019 年提高了 24.73%，能力评价值得分为 0.0703，较 2019 年提高了 89.70%。从细分指标来看，资源维度的人力资源评价值得分提升最大，较 2019 年提高了 66.30%，资源维度的制度评价值得分下降最大，较 2019 年下降了 8.37%；能力维度的社会责任能力评价值得分提升最大，较 2019 年提高了 379.88%，能力维度的营运能力评价值得分下降最大，较 2019 年下降了 79.54%。*ST 新亿主要依托设立在山东临邑地区的控股子公司山东亿翔源化工有限公司，该子公司致力于专用化学产品制造、化工产品销售、成品油批发、基础化学原料制造、石油制品销售等领域，抓住国内外化工产品价格均呈现上涨趋势的有利时机，在国家相关政策的支持下，参与国内结构性短缺的部分化工产品的生产和销售，形成公司新的利润增长点。

排名第 4 的是雪峰科技，由 2019 年的第 48 名上升至 2020 年的第 31 名，上升了 17 个位次。从评价体系的指标得分情况来看，资源评价值得分为 0.0476，较 2019 年提高了 134.40%，能力评价值得分为 0.0332，较 2019 年下降了 10.92%。从细分指标来看，资源维度的创新评价值得分提升最大，较 2019 年提高了 32736.34%，资源维度的制度评价值得分下降最大，较 2019 年下降了 4.35%；能力维度的盈利能力评价值得分提升最大，较 2019 年提高了 33.21%，能力维度的营运能力评价值得分下降最大，较 2019 年下降了 27.48%。雪峰科技以入选科改示范行动国企改革专项工程为契机，坚持问题导向、目标导向、结果导向，围绕完善公司治理、健全市场化选人用人机制、强化市场化激励约束机制、提升自主创新能力、加强党的建设等方面，绘制了改革路线图，明确了任务时间表。2020 年度，在集团层面完成了经理层成员任期制与契约化签约，在公司层面开展了职业经理人试点，在员工层面建立了全员绩效考核体系，畅通了能进能出通道，企业活力得以不断提升。

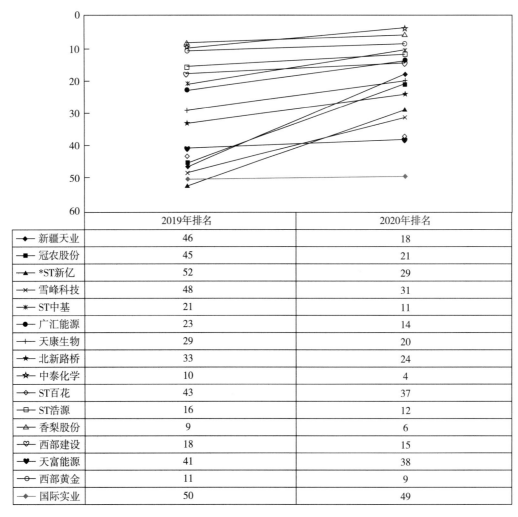

	2019年排名	2020年排名
◆ 新疆天业	46	18
■ 冠农股份	45	21
▲ *ST新亿	52	29
✕ 雪峰科技	48	31
✳ ST中基	21	11
● 广汇能源	23	14
✛ 天康生物	29	20
★ 北新路桥	33	24
☆ 中泰化学	10	4
◇ ST百花	43	37
▢ ST浩源	16	12
△ 香梨股份	9	6
♡ 西部建设	18	15
♥ 天富能源	41	38
○ 西部黄金	11	9
◆ 国际实业	50	49

图 15-9　新疆上市公司中排名上升的公司

数据来源：根据国泰安数据库、Wind 数据库、上市公司年报测算。

表 15-2　新疆上市公司竞争力排名上升较为明显的公司

维度	公司名称 各项得分	新疆天业			冠农股份		
		2019 年	2020 年	变动率（%）	2019 年	2020 年	变动率（%）
资源	资本	0.0034	0.0014	−58.46	0.0020	0.0053	165.22
	规模	0.0049	0.0105	112.35	0.0015	0.0019	31.48
	人力资源	0.0054	0.0061	12.87	0.01028	0.01031	0.33
	创新	0.0025	0.0227	808.72	0.0023	0.0219	865.67
	制度	0.0069	0.0103	50.08	0.0086	0.0190	119.44
	资源合计	0.0231	0.0510	120.46	0.0247	0.0584	136.97
能力	盈利能力	0.0035	0.0049	40.99	0.0031	0.0049	58.58
	成长能力	0.0037	0.0065	73.75	0.0048	0.0040	−17.02
	营运能力	0.0113	0.0142	25.50	0.0066	0.0048	−26.58
	偿债能力	0.0075	0.0049	−34.36	0.0074	0.0056	−24.99
	治理能力	0.0034	0.0055	64.41	0.0082	0.0076	−7.83
	社会责任能力	0.0072	0.0061	−15.11	0.0052	0.0057	10.85
	能力合计	0.0367	0.0422	15.21	0.0352	0.0325	−7.69
竞争力		0.0598	0.0932	55.92	0.0598	0.0909	51.90
维度	公司名称 各项得分	*ST 新亿			雪峰科技		
		2019 年	2020 年	变动率（%）	2019 年	2020 年	变动率（%）
资源	资本	0.0024	0.0029	18.35	0.0070	0.0068	−2.25
	规模	0.0002	0.0002	11.74	0.0027	0.0031	15.51
	人力资源	0.0034	0.0057	66.30	0.0037	0.0038	2.88
	创新	0.0000	0.0000	0.00	0.0001	0.0273	32736.34
	制度	0.0038	0.0034	−8.37	0.0069	0.0066	−4.35
	资源合计	0.0098	0.0122	24.73	0.0203	0.0476	134.40
能力	盈利能力	0.0076	0.0033	−56.93	0.0036	0.0048	33.21
	成长能力	0.0039	0.0025	−35.34	0.0047	0.0038	−18.33
	营运能力	0.0002	0.0000	−79.54	0.0080	0.0058	−27.48
	偿债能力	0.0097	0.0098	1.72	0.0078	0.0064	−18.14
	治理能力	0.0054	0.0052	−5.30	0.0040	0.0042	3.86
	社会责任能力	0.0103	0.0495	379.88	0.0093	0.0083	−10.38
	能力合计	0.0371	0.0703	89.70	0.0373	0.0332	−10.92
竞争力		0.0469	0.0826	76.13	0.0576	0.0808	40.27

数据来源：根据国泰安数据库、Wind 数据库、上市公司年报测算。

15.2.4　新疆上市公司中排名下降的公司分析

由图 15-10 以及表 15-3 可知，新疆上市公司中在 2020 年排名下降的有 33 家，分别是友好集团、立昂技术、贝肯能源、合金投资、准油股份、国统股份、美克家居、光正眼科、青松建化、*ST 麦趣、新研股份、卓郎智能、天山生物、熙菱信息、天山股份、天顺股份、*ST济堂、新疆众和、八一钢铁、天润乳业、新天然气、汇嘉时代、新疆交建、德展健康、中油工程、ST中葡、新农开发、西部牧业、伊力特、新疆火炬、中粮糖业、东方环宇以及新赛股份。其中友好集团、立昂技术、贝肯能源以及合金投资下降较为明显。

排名下降最为明显的是友好集团，由2019年的第14名下降至2020年的第48名，下降了34个位次。从评价体系的指标得分情况来看，资源和能力评价值得分较2019年都发生了下降，资源评价值得分为0.0180，较2019年下降了2.82%，能力评价值得分为0.0435，较2019年下降了50.41%。从细分指标来看，资源维度的创新评价值得分提升最大，较2019年提高了38.30%，资源维度的人力资源评价值得分下降最大，较2019年下降了12.16%；能力维度的社会责任能力评价值得分提升最大，较2019年提高了79.46%，能力维度的营运能力评价值得分下降最大，较2019年下降了78.95%。由于所在地发生的两场疫情，公司的主营业务收入出现了下降，公司对供应商、租赁商户等合作伙伴减免了疫情防控期间的租金和欠标款，公司利润相应减少；受消费增速持续放缓、实体门店竞争加剧、网上销售及社区团购分流的影响，公司主营业务销售有所下降，公司利润相应减少；为消除潜在经营风险，公司对2020年末各类资产进行了全面清查，按照资产减值测试结果计提资产减值准备共计31166.65万元；2020年度公司全资子公司利通物流公司收到房屋征收补偿款12693.20万元，产生资产处置利得11197.19万元。

其次是立昂技术，由2019年的第7名下降至2020年的第23名，下降了16个位次。从评价体系的指标得分情况来看，资源和能力评价值得分较2019年都发生了下降，资源评价值得分为0.0323，较2019年下降了0.85%，能力评价值得分为0.0557，较2019年下降了45.25%。从细分指标来看，资源维度的创新评价值得分提升最大，较2019年提高了503.80%，资源维度的资本评价值得分下降最大，较2019年下降了30.36%；能力维度的所有要素评价值得分都发生了下降，能力维度的成长能力评价值得分下降最大，较2019年下降了88.40%。2020年在新冠疫情蔓延、国际贸易不稳定的形势下，全球经济按下"暂停键"，疫情之下的数字化转型升级加速，但线下业务受到不同程度影响，企业发展也面临诸多困难和挑战，其中西北基地先后受两次疫情影响，上游、下游企业的复工进度推迟，招标、项目实施、产品交货等都有一定程度的延误。

贝肯能源由2019年的第19名下降至2020年的第34名，下降了15个位次。从评价体系的指标得分情况来看，资源和能力评价值得分较2019年都发生了下降，资源评价值得分为0.0206，较2019年下降了29.20%，能力评价值得分为0.0587，较2019年下降了17.66%。从细分指标来看，资源维度的创新评价值得分提升最大，较2019年提高了81.08%，资源维度的资本评价值得分下降最大，较2019年下降了53.99%；能力维度的盈利能力评价值得分提升最大，较2019年提高了41.14%，能力维度的营运能力评价值得分下降最大，较2019年下降了50.41%。公司在新疆塔里木油田、西南页岩气、乌克兰等地区拓展业务，提高了公司的经营水平。随着公司的发展和国外市场的不断扩展，将会极大提高企业的组织管理体系、决策效率和风险控制能力，以及企业的管理、内部控制、资源整合、协同工作能力，对企业的管理能力的要求也越来越高。

合金投资由2019年的第40名下降至2020年的第54名，下降了14个位次。从评价体系的指标得分情况来看，资源评价值得分为0.0168，较2019年提高了6.51%，能力评价值得分为0.0369，较2019年下降了24.00%。从细分指标来看，资源维度的资本评价值得分提升最大，较 2019 年提高了 32.37%，资源维度的规模评价值得分下降最大，较 2019 年下降了 49.14%；能力维度的偿债能力评价值得分提升最大，较 2019 年提高了 372.63%，能力维度的社会责任能力评价值得分下降最大，较 2019 年下降了 84.03%。主要原材料电解镍的价格波动比较大，对公司的主营业务产生了很大的影响；公司的高附加值产品数量不多，导致公司的利润水平偏低；现有的生产工艺和管理制度制约着公司的产品成材率，从而使生产成本居高不下。

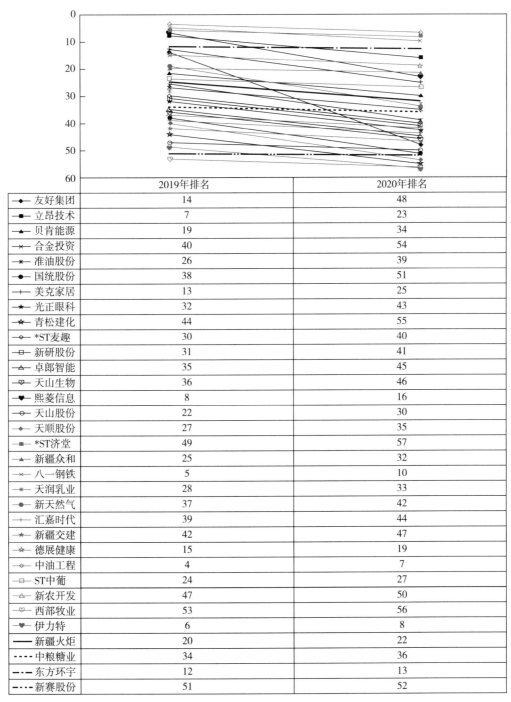

	2019年排名	2020年排名
◆ 友好集团	14	48
■ 立昂技术	7	23
▲ 贝肯能源	19	34
✕ 合金投资	40	54
✳ 准油股份	26	39
● 国统股份	38	51
＋ 美克家居	13	25
★ 光正眼科	32	43
✰ 青松建化	44	55
◇ *ST麦趣	30	40
□ 新研股份	31	41
△ 卓郎智能	35	45
♡ 天山生物	36	46
♥ 熙菱信息	8	16
○ 天山股份	22	30
◆ 天顺股份	27	35
■ *ST济堂	49	57
▲ 新疆众和	25	32
✕ 八一钢铁	5	10
✳ 天润乳业	28	33
● 新天然气	37	42
＋ 汇嘉时代	39	44
★ 新疆交建	42	47
✰ 德展健康	15	19
◇ 中油工程	4	7
□ ST中葡	24	27
△ 新农开发	47	50
♡ 西部牧业	53	56
♥ 伊力特	6	8
── 新疆火炬	20	22
---- 中粮糖业	34	36
–·–· 东方环宇	12	13
---- 新赛股份	51	52

图 15-10　新疆上市公司中排名下降的公司

数据来源：根据国泰安数据库、Wind 数据库、上市公司年报测算。

表 15-3　新疆上市公司竞争力排名下降较为明显的公司

维度	公司名称 各项得分	友好集团			立昂技术		
		2019 年	2020 年	变动率（%）	2019 年	2020 年	变动率（%）
资源	资本	0.0031	0.0028	−7.79	0.0085	0.0060	−30.36
	规模	0.0035	0.0036	2.98	0.0012	0.0011	−5.14
	人力资源	0.0054	0.0047	−12.16	0.0093	0.0081	−13.01
	创新	0.0006	0.0008	38.30	0.0007	0.0042	503.80
	制度	0.0060	0.0060	0.67	0.0128	0.0129	0.96
	资源合计	0.0185	0.0180	−2.82	0.0326	0.0323	−0.85
能力	盈利能力	0.0040	0.0040	0.38	0.0045	0.0028	−38.21
	成长能力	0.0049	0.0026	−46.93	0.0245	0.0028	−88.40
	营运能力	0.0599	0.0126	−78.95	0.0057	0.0031	−45.86
	偿债能力	0.0020	0.0021	1.77	0.0108	0.0078	−27.08
	治理能力	0.0122	0.0138	12.98	0.0465	0.0306	−34.10
	社会责任能力	0.0047	0.0084	79.46	0.0098	0.0085	−12.92
	能力合计	0.0877	0.0435	−50.41	0.1017	0.0557	−45.25
竞争力		0.1062	0.0615	−42.11	0.1343	0.0880	−34.48

维度	公司名称 各项得分	贝肯能源			合金投资		
		2019 年	2020 年	变动率（%）	2019 年	2020 年	变动率（%）
资源	资本	0.0180	0.0083	−53.99	0.0025	0.0033	32.37
	规模	0.0017	0.0017	−1.42	0.0003	0.0002	−49.14
	人力资源	0.0042	0.0045	5.85	0.0070	0.0066	−6.73
	创新	0.0023	0.0041	81.08	0.0012	0.0007	−39.23
	制度	0.0028	0.0020	−30.23	0.0047	0.0060	27.44
	资源合计	0.0290	0.0206	−29.20	0.0157	0.0168	6.51
能力	盈利能力	0.0033	0.0046	41.14	0.0029	0.0047	63.66
	成长能力	0.0061	0.0033	−45.28	0.0037	0.0032	−13.86
	营运能力	0.0064	0.0032	−50.41	0.0030	0.0038	28.22
	偿债能力	0.0068	0.0058	−15.40	0.0034	0.0160	372.63
	治理能力	0.0376	0.0320	−15.01	0.0040	0.0042	3.86
	社会责任能力	0.0111	0.0098	−11.45	0.0316	0.0050	−84.03
	能力合计	0.0713	0.0587	−17.66	0.0485	0.0369	−24.00
竞争力		0.1004	0.0793	−21.00	0.0643	0.0536	−16.53

数据来源：根据国泰安数据库、Wind 数据库、上市公司年报测算。

15.2.5　2020 年新疆上市公司排名变动趋势分析

（1）2020 年较 2017~2019 年竞争力排名均上升的公司分析。

由图 15-11 可知，2020 年较 2017~2019 年竞争力排名均上升的公司总共 11 家，分别为中泰化学、香梨股份、西部黄金、ST 中基、ST 浩源、新疆天业、天康生物、冠农股份、北新路桥、雪峰科技以及 ST 百花。其中，中泰化学由 2017 年的第 13 名上升至 2020 年的第 4 名，上升了 9 个位次；由 2018 年的第 10 名上升至 2020 年的第 4 名，上升了 6 个位次；由 2019 年的第 10 名上升至 2020 年的第 4 名，上升了 6 个位次。香梨股份由 2017 年的第 7 名上升至 2020 年的第 6 名，上升了 1 个位次；由 2018 年的第 7 名上升至 2020 年的第 6 名，上升了 1 个位次；由 2019 年的第 9 名上升至 2020 年的第 6 名，上升了 3 个位次。西部黄金由 2017 年的第 37 名上升至 2020 年的第 9 名，上升了 28 个位次；由 2018 年的第 41 名上升至 2020 年的第 9 名，上升了 32 个位次；由 2019 年的第 11 名上升至 2020 年的第 9 名，上升了 2 个位次。ST 中基由 2017 年的第 48 名上升至 2020 年的第 11 名，上升了 37 个位次；由 2018 年的第 53 名上升至 2020 年的第 11 名，上升了 42 个位次；由 2019 年的第 21 名上升至 2020 年的第 11 名，上升了 10 个位次。ST 浩源由 2017 年的第 20 名上升至 2020 年的第 12 名，上升了 8 个位次；由 2018 年的第 24 名上升至 2020 年的第 12 名，上升了 12 个位次；由 2019 年的第 16 名上升至 2020 年的第 12 名，上升了 4 个位次。新疆天业由 2017 年的第 42 名上升至 2020 年的第 18 名，上升了 24 个位次；由 2018 年的第 40 名上升至 2020 年的第 18 名，上升了 22 个位次；由 2019 年的第 46 名上升至 2020 年的第 18 名，上升了 28 个位次。天康生物由 2017 年的第 27 名上升至 2020 年的第 20 名，上升了 7 个位次；由 2018 年的第 36 名上升至 2020 年的第 20 名，上升了 16 个位次；由 2019 年的第 29 名上升至 2020 年的第 20 名，上升了 9 个位次。冠农股份由 2017 年的第 49 名上升至 2020 年的第 21 名，上升了 28 个位次；由 2018 年的第 46 名上升至 2020 年的第 21 名，上升了 25 个位次；由 2019 年的第

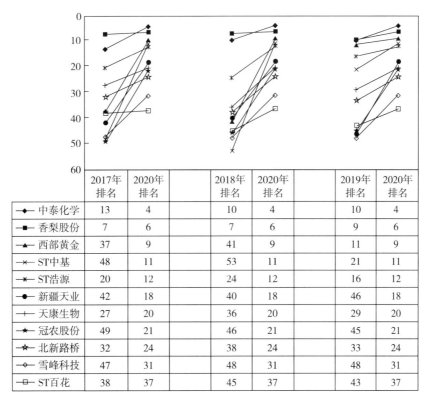

	2017年排名	2020年排名		2018年排名	2020年排名		2019年排名	2020年排名
◆ 中泰化学	13	4		10	4		10	4
■ 香梨股份	7	6		7	6		9	6
▲ 西部黄金	37	9		41	9		11	9
✕ ST中基	48	11		53	11		21	11
✳ ST浩源	20	12		24	12		16	12
● 新疆天业	42	18		40	18		46	18
＋ 天康生物	27	20		36	20		29	20
★ 冠农股份	49	21		46	21		45	21
☆ 北新路桥	32	24		38	24		33	24
◇ 雪峰科技	47	31		48	31		48	31
□ ST百花	38	37		45	37		43	37

图 15-11　2020 年较 2017~2019 年竞争力排名均上升的公司

数据来源：根据国泰安数据库、Wind 数据库、上市公司年报测算。

45 名上升至 2020 年的第 21 名，上升了 24 个位次。北新路桥由 2017 年的第 32 名上升至 2020 年的第 24 名，上升了 8 个位次；由 2018 年的第 38 名上升至 2020 年的第 24 名，上升了 14 个位次；由 2019 年的第 33 名上升至 2020 年的第 24 名，上升了 9 个位次。雪峰科技由 2017 年的第 47 名上升至 2020 年的第 31 名，上升了 16 个位次；由 2018 年的第 48 名上升至 2020 年的第 31 名，上升了 17 个位次；由 2019 年的第 48 名上升至 2020 年的第 31 名，上升了 17 个位次。ST 百花由 2017 年的第 38 名上升至 2020 年的第 37 名，上升了 1 个位次；由 2018 年的第 45 名上升至 2020 年的第 37 名，上升了 8 个位次；由 2019 年的第 43 名上升至 2020 年的第 37 名，上升了 6 个位次。

（2）2020 年较 2017~2019 年竞争力排名均下降的公司分析。

由图 15-12 可知，2020 年较 2017~2019 年竞争力排名均下降的公司总共 21 家，分别为中油工程、八一钢铁、熙菱信息、新疆火炬、立昂技术、美克家居、贝肯能源、天顺股份、中粮糖业、新研股份、新天然气、光正眼科、汇嘉时代、卓郎智能、天山生物、友好集团、国统股份、合金投资、青松建化、西部牧业以及 *ST 济堂。其中，中油工程由 2017 年的第 4 名下降至 2020 年的第 7 名，下降了 3 个位次；由 2018 年的第 3 名下降至 2020 年的第 7 名，下降了 4 个位次；由 2019 年的第 4 名下降至 2020 年的第 7 名，下降了 3 个位次。八一钢铁由 2017 年的第 6 名下降至 2020 年的第 10 名，下降了 4 个位次；由 2018 年的第 4 名下降至 2020 年的第 10 名，下降了 6 个位次；由 2019 年的第 5 名下降至 2020 年的第 10 名，下降了 5 个位次。熙菱信息由 2017 年的第 14 名下降至 2020 年的第 16 名，下降了 2 个位次；由 2018 年的第 13 名下降至 2020 年的第 16 名，下降了 3 个位次；由 2019 年的第 8 名下降至 2020 年的第 16 名，下降了 8 个位次。新疆火炬由 2017 年的第 10 名下降至 2020 年的第 22 名，下降了 12 个位次；由 2018 年的第 20 名下降至 2020 年的第 22 名，下降了 2 个位次；由 2019 年的第 20 名下降至 2020 年的第 22 名，下降了 2 个位次。立昂技术由 2017 年的第 9 名下降至 2020 年的第 23 名，下降了 14 个位次；由 2018 年的第 15 名下降至 2020 年的第 23 名，下降了 8 个位次；由 2019 年的第 7 名下降至 2020 年的第 23 名，下降了 16 个位次。美克家居由 2017 年的第 21 名下降至 2020 年的第 25 名，下降了 4 个位次；由 2018 年的第 21 名下降至 2020 年的第 25 名，下降了 4 个位次；由 2019 年的第 13 名下降至 2020 年的第 25 名，下降了 12 个位次。贝肯能源由 2017 年的第 11 名下降至 2020 年的第 34 名，下降了 23 个位次；由 2018 年的第 19 名下降至 2020 年的第 34 名，下降了 15 个位次；由 2019 年的第 19 名下降至 2020 年的第 34 名，下降了 15 个位次。天顺股份由 2017 年的第 19 名下降至 2020 年的第 35 名，下降了 16 个位次；由 2018 年的第 27 名下降至 2020 年的第 35 名，下降了 8 个位次；由 2019 年的第 27 名下降至 2020 年的第 35 名，下降了 8 个位次。中粮糖业由 2017 年的第 28 名下降至 2020 年的第 36 名，下降了 8 个位次；由 2018 年的第 32 名下降至 2020 年的第 36 名，下降了 4 个位次；由 2019 年的第 34 名下降至 2020 年的第 36 名，下降了 2 个位次；新研股份由 2017 年的第 24 名下降至 2020 年的第 41 名，下降了 17 个位次；由 2018 年的第 8 名下降至 2020 年的第 41 名，下降了 33 个位次；由 2019 年的第 31 名下降至 2020 年的第 41 名，下降了 10 个位次。

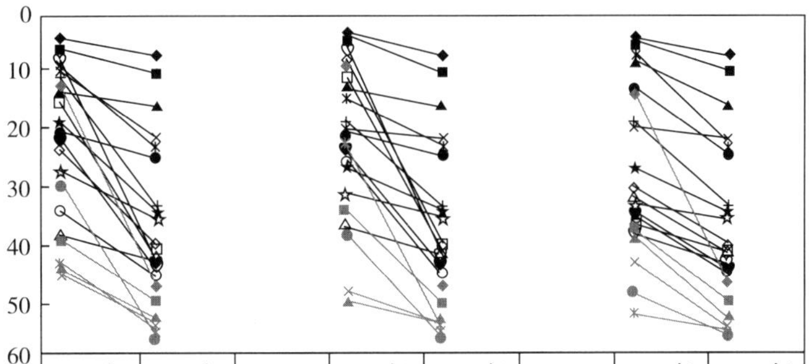

	2017年排名	2020年排名		2018年排名	2020年排名		2019年排名	2020年排名
◆ 中油工程	4	7		3	7		4	7
■ 八一钢铁	6	10		4	10		5	10
▲ 熙菱信息	14	16		13	16		8	16
✕ 新疆火炬	10	22		20	22		20	22
＊ 立昂技术	9	23		15	23		7	23
● 美克家居	21	25		21	25		13	25
＋ 贝肯能源	11	34		19	34		19	34
★ 天顺股份	19	35		27	35		27	35
✩ 中粮糖业	28	36		32	36		34	36
◇ 新研股份	24	41		8	41		31	41
▱ 新天然气	15	42		11	42		37	42
△ 光正眼科	39	43		37	43		32	43
♡ 汇嘉时代	8	44		6	44		39	44
♥ 卓郎智能	22	45		25	45		35	45
○ 天山生物	35	46		26	46		36	46
◆ 友好集团	12	48		9	48		14	48
■ 国统股份	40	51		35	51		38	51
▲ 合金投资	45	54		51	54		40	54
✕ 青松建化	46	55		49	55		44	55
＊ 西部牧业	44	56		23	56		53	56
● *ST济堂	30	57		39	57		49	57

图 15-12　2020 年较 2017~2019 年竞争力排名均下降的公司

数据来源：根据国泰安数据库、Wind 数据库、上市公司年报测算。

（3）2017~2020 年竞争力排名上下波动较为明显的公司分析。

由图 15-13 可知，2017~2020 年竞争力排名上下波动较为明显的公司总共 21 家，分别为伊力特、西部黄金、ST 中基、新疆天业、德展健康、天康生物、立昂技术、北新路桥、*ST 新亿、新疆众和、天富能源、准油股份、*ST 麦趣、新研股份、新天然气、汇嘉时代、天山生物、友好集团、国统股份、合金投资以及西部牧业。伊力特、新疆众和、新研股份、新天然气、汇嘉时代、天山生物、友好集团、国统股份以及西部牧业呈现先上升后下降的趋势。西部黄金、ST 中基、天康生物、北新路桥、*ST 新亿以及天富能源呈现先下降后上升的趋势。新疆天业呈现先上升后下降再上升的趋势。德展健康、立昂技术、准油股份、*ST 麦趣以及合金投资呈现先下降后上升再下降的趋势。

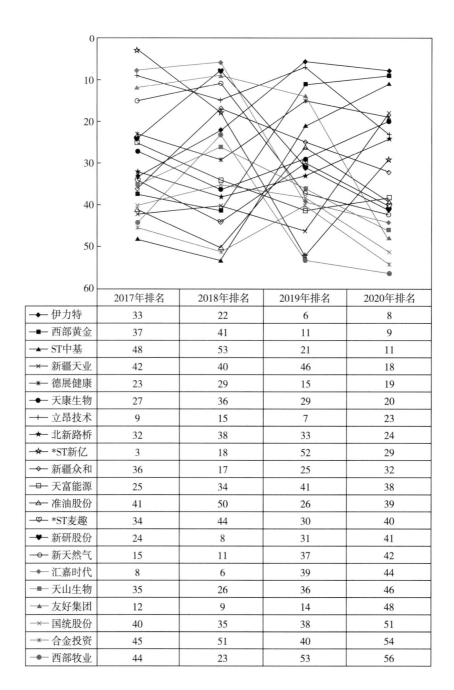

	2017年排名	2018年排名	2019年排名	2020年排名
◆ 伊力特	33	22	6	8
■ 西部黄金	37	41	11	9
▲ ST中基	48	53	21	11
✕ 新疆天业	42	40	46	18
✱ 德展健康	23	29	15	19
● 天康生物	27	36	29	20
─┼ 立昂技术	9	15	7	23
★ 北新路桥	32	38	33	24
☆ *ST新亿	3	18	52	29
◇ 新疆众和	36	17	25	32
▱ 天富能源	25	34	41	38
△ 准油股份	41	50	26	39
♡ *ST麦趣	34	44	30	40
♥ 新研股份	24	8	31	41
○ 新天然气	15	11	37	42
◆ 汇嘉时代	8	6	39	44
■ 天山生物	35	26	36	46
▲ 友好集团	12	9	14	48
✕ 国统股份	40	35	38	51
✱ 合金投资	45	51	40	54
● 西部牧业	44	23	53	56

图 15-13　2017~2020 年竞争力排名上下波动较为明显的公司

数据来源：根据国泰安数据库、Wind 数据库、上市公司年报测算。

（4）2017~2020 年竞争力排名基本保持不变的公司分析。

由图 15-14 可知，2017~2020 年竞争力排名基本保持不变的公司总共 23 家，分别为渤海租赁、金风科技、特变电工、中泰化学、香梨股份、中油工程、八一钢铁、ST 浩源、广汇能源、西部建设、熙菱信息、德新交运、新疆火炬、美克家居、ST 中葡、天山股份、天润乳业、ST 百花、光正眼科、国际实业、新农开发、新赛股份、青松建化。其中，渤海租赁平均排名为 1、金风科技平均排名为 2、特变电工平均排名为 4、中泰化学平均排名为 9、香梨股份平均排名为 7、中油工程平均排名为 5、八一钢铁平均排名为 6、ST 浩源平均排名为 18、广汇能源平均排名为 17、西部建设平均排名为 15、熙菱信息平均排名为 13、德新交运平均排名为 20、新疆火炬平均排名为 18、美克家居平均排名为 20、ST 中葡平均排名为 28、天山股份平均排名为 27、天润乳业平均排名为 31、ST 百花平均排名为 41、光正眼科平均排名为 38、国际实业平均排名为 47、新农开发平均排名为 47、新赛股份平均排名为 52、青松建化平均排名为 49。值得注意的是，渤海租赁、金风科技、特变电工、香梨股份、中油工程、八一钢铁 2017~2020 年竞争力排名稳定在前 10，其中渤海租赁、金风科技竞争力排名一直位居前 3，说明这些上市公司有较强且持续的竞争力。

	2017年排名	2018年排名	2019年排名	2020年排名
渤海租赁	1	1	1	1
金风科技	2	2	2	2
特变电工	5	5	3	3
中泰化学	13	10	10	4
八一钢铁	7	6	4	5
立昂技术	15	9	15	7
熙菱信息	13	14	13	8
香梨股份	8	7	7	9
中泰化学	6	13	10	10
美克家居	25	21	21	13
友好集团	14	12	9	14
新疆浩源	18	20	24	16
德新交运	19	17	28	17
西部建设	22	16	12	18
贝肯能源	17	11	19	19
天山股份	21	26	30	22
广汇能源	11	18	14	23
*ST中葡	23	31	31	24
天顺股份	24	19	27	27
天康生物	33	27	36	29
光正集团	39	39	37	32
北新路桥	40	32	28	33
国统股份	38	40	35	38
*ST百花	36	38	45	43
青松建化	46	46	49	44
冠农股份	45	49	46	45
新农开发	42	50	42	47
雪峰科技	44	47	48	48
新赛股份	49	51	52	51

图 15-14   2017~2020 年竞争力排名基本保持不变的公司

数据来源：根据国泰安数据库、Wind 数据库、上市公司年报测算。

（5）2017~2020年竞争力排名持续下降的公司分析。

由图15-15可知，2017~2020年竞争力排名持续下降的公司总共3家，分别是中粮糖业、卓郎智能以及*ST济堂。中粮糖业由2017年的第28名下降至2018年的第32名，下降了4个位次；由2018年的第32名下降至2019年的第34名，下降了2个位次；由2019年的第34名下降至2020年的第36名，下降了2个位次。卓郎智能由2017年的第22名下降至2018年的第25名，下降了3个位次；由2018年的第25名下降至2019年的第35名，下降了10个位次；由2019年的第35名下降至2020年的第45名，下降了10个位次。*ST济堂由2017年的第30名下降至2018年的第39名，下降了9个位次；由2018年的第39名下降至2019年的第49名，下降了10个位次；由2019年的第49名下降至2020年的第57名，下降了8个位次。

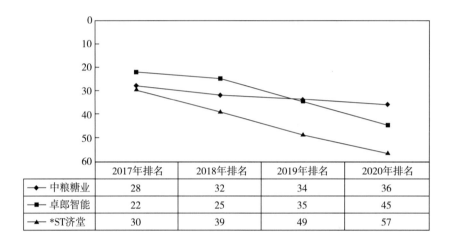

图15-15　2017~2020年竞争力排名持续下降的公司

数据来源：根据国泰安数据库、Wind数据库、上市公司年报测算。

15.2.6　2020年新疆上市公司行业竞争力排名分析

（1）2020年新疆上市公司行业竞争力分析。

由表15-4以及图15-16可知，2020年新疆上市公司行业竞争力排名从前往后依次是：制造业，电力、热力、燃气及水生产和供应业，采矿业，租赁和商务服务业，农、林、牧、渔业，批发和零售业，信息传输、软件和信息技术服务业，交通运输、仓储和邮政业，建筑业，水利、环境和公共设施管理业，科学研究和技术服务业以及卫生和社会工作。

表15-4　2020年新疆上市公司行业竞争力排名

行业	排名	竞争力评价值	资源评价值	能力评价值
制造业	1	2.4354	1.2354	1.2000
电力、热力、燃气及水生产和供应业	2	0.5851	0.1840	0.4011
采矿业	3	0.4965	0.2147	0.2819

续表

行业	排名	竞争力评价值	资源评价值	能力评价值
租赁和商务服务业	4	0.4186	0.2736	0.1450
农、林、牧、渔业	5	0.3550	0.1360	0.2190
批发和零售业	6	0.3164	0.1373	0.1791
信息传输、软件和信息技术服务业	7	0.2383	0.0838	0.1545
交通运输、仓储和邮政业	8	0.1697	0.0503	0.1194
建筑业	9	0.1486	0.0863	0.0623
水利、环境和公共设施管理业	10	0.0849	0.0228	0.0620
科学研究和技术服务业	11	0.0746	0.0209	0.0537
卫生和社会工作	12	0.0672	0.0274	0.0398

数据来源：根据国泰安数据库、Wind 数据库、上市公司年报测算。

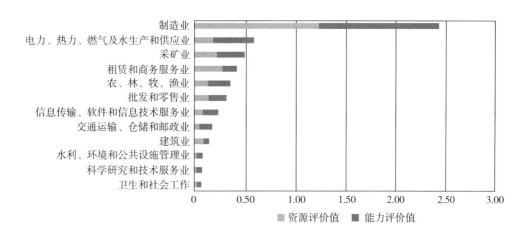

图 15-16　2020 年新疆上市公司行业竞争力排名

数据来源：根据国泰安数据库、Wind 数据库、上市公司年报测算。

　　其中，制造业竞争力评价值为 2.4354，资源评价值为 1.2354，能力评价值为 1.2000，说明新疆制造业相较于能力维度，其资源维度优势更加突出。电力、热力、燃气及水生产和供应业竞争力评价值为 0.5851，资源评价值为 0.1840，能力评价值为 0.4011，说明新疆电力、热力、燃气及水生产和供应业相较于资源维度，其能力维度优势更加突出。采矿业竞争力评价值为 0.4965，资源评价值为 0.2147，能力评价值为 0.2819，说明新疆采矿业相较于资源维度，其能力维度优势更加突出。租赁和商务服务业竞争力评价值为 0.4186，资源评价值为 0.2736，能力评价值为 0.1450，说明新疆租赁和商务服务业相较于能力维度，其资源维度优势更加突出。农、林、牧、渔业竞争力评价值为 0.3550，资源评价值为 0.1360，能力评价值为 0.2190，说明新疆农、林、牧、渔业相较于资源维度，其能力维度优势更加突出。批发和零售业竞争力评价值为 0.3164，资源评价值为 0.1373，能力评价值为 0.1791，说明新疆批发和零售业相较于资源维度，其能力维度优势更加突出。信息传输、软件和信息技术服务业竞争力评价值为 0.2383，资源评价值为 0.0838，能力评价值为 0.1545，说明新疆信息传输、软件和信息技术服务业相较于资源维度，其能力维度优势更加突出。交通运输、仓储和邮政业竞争力评价值为 0.1697，资源评价值为 0.0503，能力评价值为 0.1194，说明新疆交通运输、仓储和邮政业相较于资源维度，其能力维度优势更加突出。建筑业竞争力评价值为 0.1486，资源评价值为 0.0863，能力评价值为 0.0623，说明新疆建筑业相较于能力维度，其资源维度优势更加突出。水利、环境和公共设施管理业竞争力评价值为 0.0849，资源评价值为 0.0228，能力评价值为 0.0620，说明新疆水利、环境和公共设施管理业相较于资源维度，其能力维度优势更加突出。科学研究和技术服务业竞争力评价值为 0.0746，资源评价值为 0.0209，能力评价值为 0.0537，说明新疆科学研究和技术服务业相较于资源维度，其能力维度优势更加突出。卫生和社会工作竞争力评价值为 0.0672，资源评价值为 0.0274，能力评价值为 0.0398，说明新疆卫生和社会工作相较于资源维度，其能力维度优势更加突出。

（2）2020 年分行业新疆上市公司排名分析。

2020 年新疆一产包括农、林、牧、渔业 1 个细分行业。二产包括采矿业，制造业，电力、热力、燃气及水生产和供应业以及建筑业 4 个细分行业。三产包括批发和零售业，交通运输、仓储和邮政业，信息传输、软件和信息技术服务业等 8 个细分行业。

由表 15-5 及图 15-17 可知，2020 年农、林、牧、渔业上市公司总共 5 家，竞争力排名从前往后依次是：香梨股份、天山生物、新农开发、新赛股份以及西部牧业。其中，香梨股份在农、林、牧、渔业中排名第 1，在一产中排名第 1，在总排名中排名第 6。天山生物在农、林、牧、渔业中排名第 2，在一产中排名第 2，在总排名中排名第 46。新农开发在农、林、牧、渔业中排名第 3，在一产中排名第 3，在总排名中排名第 50。新赛股份在农、林、牧、渔业中排名第 4，在一产中排名第 4，在总排名中排名第 52。西部牧业在农、林、牧、渔业中排名第 5，在一产中排名第 5，在总排名中排名第 56。

表 15-5 2020 年新疆上市公司行业竞争力排名

行业	企业名称	总排名	细分行业排名	三产排名	竞争力	资源	能力
农、林、牧、渔业	香梨股份	6	1	1	0.1303	0.0478	0.0825
	天山生物	46	2	2	0.0650	0.0257	0.0393
	新农开发	50	3	3	0.0571	0.0250	0.0321
	新赛股份	52	4	4	0.0565	0.0234	0.0331
	西部牧业	56	5	5	0.0462	0.0141	0.0320
采矿业	西部黄金	9	2	6	0.1210	0.0177	0.1033
	广汇能源	14	3	11	0.0982	0.0557	0.0425
制造业	金风科技	2	1	1	0.2644	0.1982	0.0663
	特变电工	3	2	2	0.1880	0.1514	0.0367
	中泰化学	4	3	3	0.1441	0.1068	0.0373
	伊力特	8	4	5	0.1267	0.0266	0.1001
	八一钢铁	10	5	7	0.1169	0.0528	0.0641
	ST中基	11	6	8	0.1151	0.0691	0.0460
	西部建设	15	7	12	0.0975	0.0500	0.0476
	新疆天业	18	8	13	0.0932	0.0510	0.0422

行业	企业名称	总排名	细分行业排名	三产排名	竞争力	资源	能力
制造业	德展健康	19	9	14	0.0920	0.0193	0.0727
	天康生物	20	10	15	0.0912	0.0570	0.0341
	冠农股份	21	11	16	0.0909	0.0584	0.0325
	ST 中葡	27	12	19	0.0843	0.0173	0.0670
	*ST 拉夏	28	13	20	0.0836	0.0287	0.0549
	*ST 新亿	29	14	21	0.0826	0.0122	0.0703
	天山股份	30	15	22	0.0813	0.0311	0.0502
	雪峰科技	31	16	23	0.0808	0.0476	0.0332
	新疆众和	32	17	24	0.0807	0.0405	0.0403
	天润乳业	33	18	25	0.0797	0.0416	0.0381
	中粮糖业	36	19	26	0.0752	0.0353	0.0399
	*ST 麦趣	40	20	28	0.0701	0.0266	0.0436
	新研股份	41	21	29	0.0682	0.0324	0.0358
	卓郎智能	45	22	31	0.0663	0.0251	0.0412
	国统股份	51	23	33	0.0570	0.0232	0.0338
	合金投资	54	24	34	0.0536	0.0168	0.0369
	青松建化	55	25	35	0.0518	0.0166	0.0352
电力、热力、燃气及水生产和供应业	洪通燃气	5	1	4	0.1413	0.0337	0.1076
	ST 浩源	12	2	9	0.1074	0.0444	0.0630
	东方环宇	13	3	10	0.1053	0.0191	0.0862
	新疆火炬	22	4	17	0.0894	0.0203	0.0691
	天富能源	38	5	27	0.0735	0.0388	0.0347
	新天然气	42	6	30	0.0682	0.0278	0.0404
建筑业	北新路桥	24	1	18	0.0857	0.0574	0.0283
	新疆交建	47	2	32	0.0629	0.0290	0.0340
采矿业	中油工程	7	1	2	0.1271	0.0962	0.0309
	贝肯能源	34	4	8	0.0793	0.0206	0.0587
	准油股份	39	5	11	0.0710	0.0245	0.0465
批发和零售业	美克家居	25	1	6	0.0852	0.0437	0.0415
	汇嘉时代	44	2	13	0.0668	0.0361	0.0307
	友好集团	48	3	14	0.0615	0.0180	0.0435
	国际实业	49	4	15	0.0592	0.0188	0.0404
	*ST 济堂	57	5	17	0.0436	0.0207	0.0230
交通运输、仓储和邮政业	德新交运	17	1	4	0.0940	0.0193	0.0747
	天顺股份	35	2	9	0.0757	0.0311	0.0447
信息传输、软件和信息技术服务业	熙菱信息	16	1	3	0.0940	0.0199	0.0741
	立昂技术	23	2	5	0.0880	0.0323	0.0557
	众应互联	53	3	16	0.0563	0.0316	0.0247
租赁和商务服务业	渤海租赁	1	1	1	0.4186	0.2736	0.1450

行业	企业名称	总排名	细分行业排名	三产排名	竞争力	资源	能力
科学研究和技术服务业	*ST百花	37	1	10	0.0746	0.0209	0.0537
水利、环境和公共设施管理业	西域旅游	26	1	7	0.0849	0.0228	0.0620
卫生和社会工作	光正眼科	43	1	12	0.0672	0.0274	0.0398

数据来源：根据国泰安数据库、Wind数据库、上市公司年报测算。

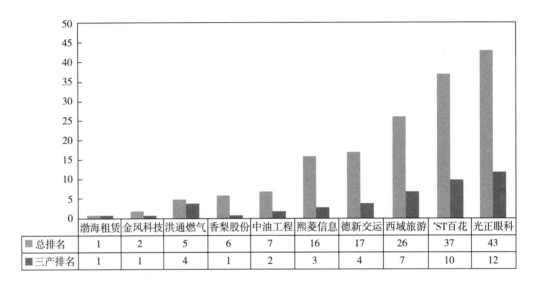

图15-17　2020年各行业排名第1新疆上市公司分析

数据来源：根据国泰安数据库、Wind数据库、上市公司年报测算。

　　2020年采矿业上市公司总共5家，竞争力排名从前往后依次是：中油工程、西部黄金、广汇能源、贝肯能源以及准油股份。其中，中油工程在采矿业中排名第1，在三产中排名第2，在总排名中排名第7。西部黄金在采矿业中排名第2，在二产中排名第6，在总排名中排名第9。广汇能源在采矿业中排名第3，在二产中排名第11，在总排名中排名第14。贝肯能源在采矿业中排名第4，在三产中排名第8，在总排名中排名第34。准油股份在采矿业中排名第5，在三产中排名第11，在总排名中排名第39。

　　2020年制造业上市公司总共25家，竞争力排名从前往后依次是：金风科技、特变电工、中泰化学、伊力特、八一钢铁、ST中基、西部建设、新疆天业、德展健康、天康生物、冠农股份、ST中葡、*ST拉夏、*ST新亿、天山股份、雪峰科技、新疆众和、天润乳业、中粮糖业、*ST麦趣、新研股份、卓郎智能、国统股份、合金投资以及青松建化。其中，金风科技在制造业中排名第1，在二产中排名第1，在总排名中排名第2。特变电工在制造业中排名第2，在二产中排名第2，在总排名中排名第3。中泰化学在制造业中排名第3，在二产中排名第3，在总排名中排名第4。伊力特在制造业中排名第4，在二产中排名第5，在总排名中排名第8。八一钢铁在制造业中排名第5，在二产中排名第7，在总排名中排名第10。

　　2020年电力、热力、燃气及水生产和供应业上市公司总共6家，竞争力排名从前往后依次是：洪通燃气、ST浩源、东方环宇、新疆火炬、天富能源以及新天然气。其中，洪通燃气在电力、热力、燃气及水生产和供应业中排名第 1，在二产中排名第 4，在总排名中排名第 5。ST 浩源在电力、热力、燃气及水生产和供应业中排名第 2，在二产中排名第 9，在总排名中排名第 12。东方环宇在电力、热力、燃气及水生产和供应业中排名第 3，在二产中排名第 10，在总排名中排名第 13。新疆火炬在电力、热力、燃气及水生产和供应业中排名第 4，在二产中排名第 17，在总排名中排名第 22。天富能源在电力、热力、燃气及水生产和供应业中排名第 5，在二产中排名第 27，在总排名中排名第 38。

2020 年建筑业上市公司总共 2 家，竞争力排名从前往后依次是：北新路桥以及新疆交建。其中，北新路桥在建筑业中排名第 1，在二产中排名第 18，在总排名中排名第 24。新疆交建在建筑业中排名第 2，在二产中排名第 32，在总排名中排名第 47。

2020 年批发和零售业上市公司总共 5 家，竞争力排名从前往后依次是：美克家居、汇嘉时代、友好集团、国际实业以及 *ST 济堂。其中，美克家居在批发和零售业中排名第 1，在三产中排名第 6，在总排名中排名第 25。汇嘉时代在批发和零售业中排名第 2，在三产中排名第 13，在总排名中排名第 44。友好集团在批发和零售业中排名第 3，在三产中排名第 14，在总排名中排名第 48。国际实业在批发和零售业中排名第 4，在三产中排名第 15，在总排名中排名第 49。*ST 济堂在批发和零售业中排名第 5，在三产中排名第 17，在总排名中排名第 57。

2020 年交通运输、仓储和邮政业上市公司总共 2 家，竞争力排名从前往后依次是：德新交运以及天顺股份。其中，德新交运在交通运输、仓储和邮政业中排名第 1，在三产中排名第 4，在总排名中排名第 17。天顺股份在交通运输、仓储和邮政业中排名第 2，在三产中排名第 9，在总排名中排名第 35。

2020 年信息传输、软件和信息技术服务业上市公司总共 3 家，竞争力排名从前往后依次是：熙菱信息、立昂技术以及众应互联。其中，熙菱信息在信息传输、软件和信息技术服务业中排名第 1，在三产中排名第 3，在总排名中排名第 16。立昂技术在信息传输、软件和信息技术服务业中排名第 2，在三产中排名第 5，在总排名中排名第 23。众应互联在信息传输、软件和信息技术服务业中排名第 3，在三产中排名第 16，在总排名中排名第 53。

第16章
结论与启示

随着"一带一路"倡议的推进、新疆企业一方面面临着前所未有的发展机遇，另一方面也面对着国内外激烈竞争的挑战，因此企业亟须强化自身竞争力、突出竞争优势，力争走向更大的世界舞台。新疆经济发展在很大程度上依赖于新疆企业的发展，其中新疆上市公司是推动新疆经济增长、提高创新能力、增加就业岗位的重要力量。因此，以新疆上市公司为研究对象，探究其分布特征和竞争力现状及时序变化情况，可以为制定推动新疆经济发展的政策提供参考。本书讨论了新疆2011~2020年上市公司的分布现状及对新疆经济发展的贡献，通过熵权法构建新疆上市公司竞争力评价体系，对新疆上市公司2011~2020年十年总体和各年的竞争力进行评价，同时分析各企业的竞争力排名时序变动情况，并对提升新疆上市公司竞争力提出了相应的对策。面对错综复杂的国际形势、新冠疫情的严重冲击和艰巨繁重的改革发展任务，科学地评价新疆上市公司竞争力的现状，并找出企业的竞争优势和劣势以及制约企业发展的关键因素，为企业制定发展战略提供参考，对于不确定环境下企业强化自身竞争力有重要现实意义。

16.1　主要结论

16.1.1　新疆上市公司概况

（1）上市公司数量总体上升，主要分布在沪市主板。截至2020年12月31日，新疆上市公司数量达到了59家，其中，2020年沪市主板31家，中小板14家，深市主板8家，创业板6家。2016年增长最快，增长率为14%，明显高于历年平均数据，这主要是受益于国家给予新疆企业上市"绿色通道"，使得新疆企业迎来一轮上市高峰。2020年共实现营业总收入5284.78亿元，占新疆2020年地区生产总值的38.3%；净利润148.9亿元，占全年规模以上工业企业利润总额的23.66%，市值累计为0.61万亿元，其中，13家上市公司市值超100亿元，3家上市公司市值超500亿元，1家上市公司市值超1000亿元。新疆上市公司中有26家在深圳证券交易所上市，29家在上海证券交易所上市。新疆上市公司在充分发挥资本市场资源配置、投融资和风险管理功能之下，已经成为新疆经济中极富创造力和竞争力的市场主体。

（2）地域分布严重不平衡，高度集中于经济较发达地区。新疆上市公司主要分布在北

疆且大部分集中在区域经济比较发达的乌鲁木齐市、昌吉回族自治州和克拉玛依市，2020
年占比达到 77.97%。乌鲁木齐市有 33 家，占比为 55.93%；昌吉回族自治州有 6 家，占比
为 10.17%；克拉玛依市有 4 家，占比为 6.78%；石河子市有 3 家，占比为 5.08%；阿克苏
地区、巴音郭楞蒙古自治州、伊犁哈萨克自治州各有 2 家，占比为均为 3.39%；阿拉尔市、
博尔塔拉蒙古自治州、和田地区、喀什地区、塔城地区、铁门关市、五家渠市各有 1 家，占
比均为 1.69%。新疆上市公司分布地区严重不平衡，且多数集中在经济水平相对发达的地
区。同时说明上市公司数量越多，能够助力地区经济更好地发展。

（3）二产是新疆上市公司主体，主要集中在制造业。新疆上市公司主要分布在二产，
具体为二产中的制造业，电力、热力、燃气及水生产和供应业，采矿业等；其次分布在三
产，主要为三产中的批发和零售业，信息传输、软件和信息技术服务业，金融业等；分布最
少的为一产，为农、林、牧、渔业。2020 年，新疆上市公司在制造业中有 25 家，占比为
42.37%；在电气、热力、燃气及水生产和供应业有 6 家，占比为 10.17%；在批发和零售业
中有 5 家，占比为 8.47%，在农、林、牧、渔业中有 5 家，占比为 8.47%；在采矿业中有 5
家，占比为 8.47%。新疆上市公司在制造业中分布最多，历年占比均在 40% 以上，但占比
呈下降趋势。经营稳定的上市公司中制造业公司的数量占总体的 54.83%，制造业上市公司
是对新疆经济社会发展贡献最大的行业，这一结论在经济、税收和就业贡献三个细分项均成
立；采矿业上市公司对经济和就业的贡献仅次于制造业，但在税收贡献方面，金融业上市公
司高于采矿业。新疆上市公司从事资源开发的占比较大，反映出新疆整体经济结构的主要
特征。

（4）民营企业数量占比不断上升，国有企业地区贡献突出。新疆上市公司主要以国有
企业和民营企业为主。从 2011 年开始，国有企业数量均在 25 家以上，整体数量波动不大；
民营企业呈现"直线上升"趋势，从 2011 年的 9 家一直上升到 2020 年的 27 家，其相应占
比从 24.32% 上升到 50.85%，民营企业得到了较大的增长。2011~2020 年新疆经营稳定的上
市公司中，国有企业的数量有 18 家，民营企业数量 10 家。国有企业是国民经济的中流砥
柱。新疆民营企业在改革开放和西部大开发以来，实现了较快的发展，其数量不断增多，规
模不断扩大，成为推动新疆经济发展的重要动力。根据国务院国资委官网公布的最新"双
百企业"名单，449 家企业入选，其中新疆有 7 家企业上榜。国有企业混合所有制在新疆稳
步推进，并且自治区国资委将改制上市作为推进混改的重要方式，推进国有企业和民营企业
进行优势互补。新疆上市公司对地区经济社会发展的贡献逐年提升，2014~2016 年是增长较
快的三年；此外，新疆上市公司对经济和税收的贡献高于对就业的贡献。中央国有企业对新
疆经济社会发展贡献最大，这一结论在经济、税收和就业贡献三个细分项均成立；民营企业
对税收和就业的贡献仅次于中央国有企业，但在经济贡献方面，地方国有企业高于民营
企业。

16.1.2　新疆上市公司竞争力概况

（1）人力资源、创新、营运能力和治理能力对新疆上市公司竞争力影响较大。本书从
资源和能力两个维度构建了上市公司竞争力评价体系，分别用资本、规模、人力资源、创
新、制度、盈利能力、成长能力、营运能力、偿债能力、治理能力和社会责任能力因素来评

价企业竞争力。从2011~2020年整体上市公司平均竞争力评价值的各项维度中可以看出，人力资源、创新、营运能力和治理能力在各年平均竞争力评价值中占比较高，因此说明这4个维度是新疆上市公司竞争力提升的关键因素。

（2）新疆上市公司竞争力受政策、外部环境影响波动较大。2011~2020年新疆上市公司整体平均竞争力评价值呈现"M"型变动，主要有2次明显的波动。2015年新疆上市公司整体平均竞争力评价值明显下滑，这是因为国家供给侧结构性改革以及"三去一降一补"政策对新疆制造业企业产生了较大冲击，并在2016年达到低谷[①]。去产能方面，2016年新疆钢铁工业投资同比下降46.4%，煤炭开采和洗选业下降45.3%，水泥制造业下降34.7%；去库存方面，新疆规模以上工业企业产成品存货下降3.5%，自2015年11月以来已连续14个月下降；降成本方面，工业企业利润总额降幅大幅收窄，规模以上工业企业利息支出下降3.9%。企业面对政策压力积极进行转型升级，经过战略调整后，2017~2019年新疆上市公司整体评价竞争力评价值呈上升趋势，但2020年受新冠疫情冲击出现明显下滑。因此如何应对疫情影响，保持并提升企业竞争力是新疆上市公司需要共同面对的重要问题。

（3）渤海租赁、金风科技、特变电工、八一钢铁、中泰化学在新疆上市公司中竞争力领先。在2011~2020年经营稳定的新疆上市公司中，渤海租赁、金风科技、特变电工、八一钢铁、中泰化学平均竞争力评价值按大小排名前5。这些公司十年来都保持着较高的竞争力评价值，且排名相对稳定，说明这些公司具有较强的维持竞争优势的能力。但各个竞争力维度中评价值存在着高低差异，且在不同维度中各有领先。进一步对这些公司的竞争优势或发展战略进行分析后发现，排名较高的上市公司通常具有明确的目标和灵活的发展规划以及足以辐射全国甚至全球市场的竞争优势，且发展战略与公司竞争优势之间存在较高的相关性。

（4）制造业是新疆上市公司行业中具有竞争优势的行业，各行业竞争力领先企业排名稳定。2011~2020年排名较高的上市公司主要集中于制造业，且制造业中上市公司的数量远多于其他行业，说明制造业是新疆经济的主体，是新疆经济发展的重要动力。各行业竞争力领先企业排名稳定，制造业中金风科技、特变电工、中泰化学、八一钢铁是排名稳定的优势企业，采矿业中中油工程、西部黄金、广汇能源、贝肯能源、准油股份竞争力较强，电力、热力、燃气及水生产和供应业中新疆浩源、天富能源在行业中每年竞争力排名前5，批发和零售业中美克家居、国际实业、友好集团、汇嘉时代、同济堂竞争力表现良好。从行业竞争优势来源看，与制造业中的企业不同，农、林、牧、渔业中的上市公司通常依托于新疆本土的自然资源优势来打造核心竞争力，在创新维度上与领先的制造业上市公司存在着较大差距。批发和零售业上市公司的竞争优势和发展战略则更加的多元化，友好集团扎根新疆，全面占领新疆本土零售业各级市场；美克家居则放眼全国、发展渠道、品牌和技术优势；国际实业则是以主营的油品经营业务为中心，建立稳定的供应商和客户群体。

（5）不存在占据绝对优势的企业性质，多种类型企业健康发展。2011~2020年新疆经营稳定的上市公司平均竞争力前5中有两家为国有企业。可以看出，长期以来国有企业依然是经济社会发展的重要战略支撑力量，同时民营、公众以及其他性质的企业占据了2011~2020年平均竞争力评价值前3的位置，说明随着我国经济体制的改革和社会主义市场经济

---

① 《2016年新疆维吾尔自治区国民经济和社会发展统计公报》。

的渐进发展，我国各种类型的企业都得到了不断的成长和壮大，带动了经济的整体增长。进一步对国有企业和民营企业的竞争优势或发展战略进行分析后发现，与民营企业不同，国有企业通常承担着国家使命，其发展战略通常与国家及地方的整体经济规划存在着更为密切的联系，这也说明了国有企业在稳定经济社会基本盘，稳就业、促发展、保民生、保稳定等方面发挥着重要作用。

16.1.3　新疆上市公司竞争优势来源

（1）区位优势。新疆具有独特的政策和地缘优势，作为丝绸之路经济带核心区这一战略地位提出后更加说明新疆的发展潜力巨大。这些优势和发展潜力也充分体现在上市公司的发展战略中，从上市公司主营业务来看，大部分都与新疆所承载的资源优势与核心区功能定位相关。比如，中泰化学、八一钢铁、香梨股份和西部牧业等上市公司依托产业政策和新疆地区丰富的煤炭、天然气、原盐、石灰石等自然资源大力发展，并不断完善和延伸产业链。从事交通运输业的德新交运、天顺股份、新疆交建、北新路桥等上市公司主营业务就与新疆丝绸之路经济带核心区交通枢纽中心的定位相对应，这充分说明新疆区位优势正在转化为经济优势。

（2）创新优势。提高自主创新能力是增强企业竞争力的关键手段。新疆上市公司中金风科技和特变电工等公司在创新维度得分较高，也是它们获取竞争优势的重要原因。金风科技在创新维度中具有领先地位，围绕产品和技术领先战略，坚持创新驱动发展理念。金风科技是国内最早进入风力发电设备制造领域的企业之一，金风科技一直重视研发创新投入，并通过知识产权保护核心技术。经过 20 年发展金风科技在国内风电市场中占有率连续十年排名第 1，已逐步成长为提供风电整体解决方案的国内领军和全球领先企业。由此可见，企业技术创新能力在很大程度上影响着企业的市场竞争力，认识和提高企业的技术创新能力对于企业的生存和发展至关重要。随着企业自主创新能力不断提升，科技创新对新疆经济社会发展的支撑引领作用也在持续增强。

（3）环境机遇。国家政策和市场变动给企业带来新的机遇与挑战，新疆在"丝绸之路经济带"核心区的区位优势正逐步转变为经济优势，其业务发展与新疆所承担的功能定位相对应，具有独特的政策优势。除此之外，针对具体行业的政策也极大影响着企业的发展方向。如特变电工在国家电网和分布式光伏计划补贴的指引下，抓住机遇进入能源、新能源行业。在打通上下级产业链、增加产品多样性的同时，也因为自己供热供电降低了生产成本，再加上国家政策扶持给予的补贴，特变电工在能源和新能源领域迅速发展。企业的发展与国家宏观经济密切相关，由于政策的制定不可避免地有滞后性，且进一步的实施也是长期且复杂的，因此企业成长进程中需要根据政策及时调整发展战略，积极了解国家及国际经济动态，灵活应对环境不确定因素来转变发展方式，才可能抓住市场机遇持续发展。

（4）治理能力。从 2011~2020 年整体上市公司平均竞争力评价值的各项维度中可以看出，治理能力是新疆上市公司竞争力提升的关键因素。企业治理能力的提升一方面能够提高资源配置效率，高效地提供产品或服务，高效地投资可收获可观的回报。另一方面加强企业的治理能力有利于维护公司和股东的整体利益，有效地约束和激励经营者，更进一步地提升企业应对动态环境和危机的能力。随着外部环境变化加剧，公司治理能力的提升有助于企业更好地应对管理中的问题，是构建企业持续竞争力的关键所在。

16.2 启示与建议

16.2.1 发挥新疆区位优势，打造独特竞争能力

借助政策发挥区位优势，新疆在"丝绸之路经济带"核心区的区位优势正逐步转变为经济优势，其业务发展与新疆所承担的功能定位相对应，具有独特的政策优势。新疆是资源大省，长期以来受到"资源开发型的发展方式"思维定式的影响，有较强的资源依赖性。按照"资源诅咒"理论，一个地区或者国家，拥有大量的自然资源却反而形成工业化低落、产业难以转型、过度依赖单一经济结构的窘境。上市公司作为新疆经济社会的重要组成部分，优秀企业的代表，应不断提升企业创新科技水平，不断实现真正的高质量的经济增长。

16.2.2 加强企业创新能力，稳固和提升竞争优势

一是对企业数字化转型进行顶层设计，制定企业数字化转型发展战略规划。通过对实施数字变革和革新的有效剖析，改善和完善现有的数字生产模式，提高企业的经营过程，从而达到持续的数字转变。

二是综合运用财税、金融等政策措施来扶持企业的创新。主要内容有：增加科研经费的加计抵扣、对科研项目的税收减免、完善促进科研事业发展的特殊税收优惠、健全政府购买等。

三是加强知识产权保护。解决科技与经济"两张皮"的问题，通过知识产权融合经济社会发展，让知识产权深入经济社会的各个行业、各个领域和各个层面，加快建设我国现代经济体系，形成新发展格局。

16.2.3 提升企业治理能力，赢得可持续竞争力

要建设可持续竞争能力，必须强化制度、运行机制、运行模式，从关系到公司长远发展的关键环节，结合外部环境变化和企业内部改革需要，建立与市场相适应的，推动企业稳健发展的新型管理体制与配套运行机制。可以通过对机构结构进行调整，探索建立分层的授权经营方法；建立清晰的管理界面，准确定位功能，高效决策执行，通过信息化实现最优管理。在新冠疫情的影响下，公司需要进行机构优化和基本经营成本削减。在管理机构过多、管理费用过高的情况下，可以借此机会精简机构，压缩管理人员和管理费用。

16.2.4 引进优秀人才，保障企业长期发展

在激烈的行业竞争中，人才对于企业的重要性不言而喻，人才是发展的核心竞争力。一

个企业想要快速发展、扩张，需要有充足的人才保障，想要实现盈利，必须有优秀的管理人才和技术人才来支撑。甚至可以说很多时候人才是企业的第一资本。而企业之间的竞争同样也是人才的竞争，有了人才，企业才能从市场竞争中取得优势。如果不重视人才系统的建设，可能出现人才断层，导致人才供应不能满足企业运营和发展需要的情况出现。

16.2.5　及时调整企业战略，应对新环境挑战

一是受新冠疫情影响，宏观和消费的恢复会有较大的影响，因此，公司必须把重点放在增加支出和保证资金流动的安全性上。同时也存在着大量的机遇，如闲置的市场、资源等。资金充足的公司，也需要密切留意市场机遇。减少不必要的基本广告宣传支出，增加网络营销支出，要适时地占领"制高点"。二是对线下营销渠道进行战略的重新定位，增加或减少成本。总的来说，在此次新冠疫情过后，线上销售额会有很大的提升。而对资金充裕，但尚未形成完整的线上渠道的公司，则要借此机会加强线上渠道的建立。在这场新冠疫情过后，可能会获得稀有的线下资源，如客户资源，店面资源等。三是对公司的战略进行分阶段的调整。一些产业在受疫情影响的情况下，因购买力的降低导致了消费水平的降低。所以，要时刻注意市场的变动，及时地进行产品结构的优化，以满足疫情过后的消费者需求。但应留意，针对定位高档的品牌，切勿因一时之需求而影响品牌的定位，以免造成损失。四是通过对网络营销策略的优化，开发网络营销队伍和网络营销服务，实现"线上与线下"的无缝对接。在新冠疫情过后，许多产业都会对消费者的购买方式做出永久性的调整，其中最大的变化就是在线购买。在此次新冠疫情过后，大部分产业都要加强网络营销。这种变动并非只是由于短期的资金流动，而是由于无法逆转的营销方式。根据客户需求和政府的政策和规章，对公司的产品策略和供应链策略进行优化。

附　录

表 1　2011 年新疆上市公司竞争力排名及各项评价值得分

股票代码	企业名称	资源维度					能力维度						竞争力评价值得分	排名
		资本	规模	人力资源	创新	制度	盈利能力	成长能力	营运能力	偿债能力	治理能力	社会责任能力		
000415	渤海租赁	0.0149	0.0101	0.1433	0.0038	0.0066	0.0078	0.0828	0.0003	0.0111	0.0134	0.0071	0.3013	1
600089	特变电工	0.0048	0.0305	0.0116	0.1156	0.0124	0.0051	0.0045	0.0060	0.0063	0.0063	0.0082	0.2112	2
600581	八一钢铁	0.0024	0.0119	0.0128	0.0490	0.0062	0.0039	0.0040	0.1061	0.0027	0.0063	0.0030	0.2081	3
002524	光正钢构	0.0083	0.1112	0.0203	0.0025	0.0094	0.0045	0.0038	0.0060	0.0118	0.0092	0.0055	0.1925	4
002202	金风科技	0.0030	0.0214	0.0158	0.0516	0.0088	0.0047	0.0028	0.0028	0.0067	0.0453	0.0126	0.1754	5
300159	新研股份	0.0050	0.0008	0.0113	0.0075	0.0042	0.0072	0.0049	0.0030	0.0354	0.0855	0.0055	0.1703	6
000877	天山股份	0.0091	0.0104	0.0176	0.0293	0.0111	0.0067	0.0061	0.0106	0.0036	0.0132	0.0085	0.1260	7
600888	新疆众和	0.0117	0.0072	0.0085	0.0340	0.0066	0.0057	0.0069	0.0039	0.0113	0.0052	0.0098	0.1106	8
002092	中泰化学	0.0155	0.0140	0.0089	0.0071	0.0125	0.0054	0.0070	0.0155	0.0068	0.0024	0.0077	0.1030	9
002207	准油股份	0.0070	0.0013	0.0117	0.0000	0.0009	0.0050	0.0034	0.0127	0.0072	0.0312	0.0139	0.0943	10
600506	ST香梨	0.0047	0.0000	0.0331	0.0000	0.0056	0.0049	0.0067	0.0098	0.0182	0.0080	0.0030	0.0941	11
002302	西部建设	0.0108	0.0030	0.0084	0.0012	0.0142	0.0048	0.0064	0.0274	0.0063	0.0042	0.0049	0.0914	12
600256	广汇股份	0.0079	0.0143	0.0078	0.0031	0.0104	0.0065	0.0057	0.0051	0.0082	0.0069	0.0083	0.0843	13
600425	青松建化	0.0122	0.0069	0.0046	0.0114	0.0073	0.0066	0.0050	0.0056	0.0046	0.0013	0.0107	0.0761	14

续表

股票代码	企业名称	资源维度					能力维度						竞争力评价值得分	排名
		资本	规模	人力资源	创新	制度	盈利能力	成长能力	营运能力	偿债能力	治理能力	社会责任能力		
600509	天富热电	0.0031	0.0087	0.0054	0.0074	0.0137	0.0062	0.0041	0.0029	0.0056	0.0054	0.0106	0.0731	15
600778	友好集团	0.0158	0.0057	0.0082	0.0001	0.0110	0.0051	0.0077	0.0069	0.0031	0.0036	0.0057	0.0728	16
600337	美克股份	0.0052	0.0051	0.0033	0.0063	0.0095	0.0081	0.0034	0.0051	0.0075	0.0085	0.0104	0.0725	17
600737	中粮屯河	0.0034	0.0106	0.0082	0.0053	0.0081	0.0049	0.0056	0.0044	0.0031	0.0059	0.0113	0.0707	18
600339	天利高新	0.0039	0.0039	0.0137	0.0036	0.0037	0.0044	0.0042	0.0150	0.0022	0.0019	0.0123	0.0688	19
000159	国际实业	0.0026	0.0021	0.0136	0.0010	0.0089	0.0066	0.0051	0.0024	0.0088	0.0079	0.0098	0.0688	20
002205	国统股份	0.0036	0.0016	0.0070	0.0055	0.0056	0.0056	0.0039	0.0031	0.0104	0.0098	0.0107	0.0669	21
002307	北新路桥	0.0037	0.0030	0.0153	0.0019	0.0110	0.0039	0.0057	0.0063	0.0058	0.0023	0.0061	0.0651	22
000090	啤酒花	0.0067	0.0034	0.0045	0.0010	0.0045	0.0065	0.0041	0.0175	0.0037	0.0024	0.0093	0.0638	23
002100	天康生物	0.0068	0.0027	0.0096	0.0017	0.0066	0.0046	0.0046	0.0124	0.0052	0.0048	0.0037	0.0626	24
600197	伊力特	0.0068	0.0026	0.0095	0.0005	0.0046	0.0072	0.0044	0.0054	0.0045	0.0032	0.0112	0.0600	25
600721	百花村	0.0052	0.0051	0.0046	0.0007	0.0046	0.0069	0.0055	0.0055	0.0025	0.0013	0.0160	0.0579	26
600251	冠农股份	0.0037	0.0023	0.0081	0.0072	0.0070	0.0051	0.0057	0.0030	0.0034	0.0006	0.0113	0.0574	27
600084	ST中葡	0.0045	0.0020	0.0084	0.0036	0.0036	0.0059	0.0029	0.0005	0.0039	0.0013	0.0206	0.0573	28
600359	新农开发	0.0046	0.0092	0.0097	0.0019	0.0066	0.0024	0.0008	0.0030	0.0020	0.0032	0.0115	0.0548	29
600075	新疆天业	0.0024	0.0060	0.0065	0.0037	0.0066	0.0047	0.0033	0.0074	0.0038	0.0013	0.0092	0.0548	30
600545	新疆城建	0.0028	0.0034	0.0145	0.0002	0.0088	0.0048	0.0041	0.0023	0.0047	0.0013	0.0076	0.0545	31
600540	新赛股份	0.0040	0.0080	0.0060	0.0029	0.0080	0.0023	0.0029	0.0045	0.0034	0.0032	0.0092	0.0544	32
600419	ST天宏	0.0048	0.0008	0.0067	0.0020	0.0076	0.0032	0.0036	0.0166	0.0043	0.0013	0.0030	0.0539	33
300106	西部牧业	0.0060	0.0007	0.0090	0.0008	0.0085	0.0049	0.0038	0.0028	0.0089	0.0025	0.0055	0.0533	34
000972	新中基	0.0026	0.0045	0.0054	0.0012	0.0073	0.0000	0.0015	0.0018	0.0008	0.0007	0.0269	0.0527	35
000813	天山纺织	0.0059	0.0014	0.0025	0.0018	0.0055	0.0050	0.0034	0.0027	0.0072	0.0013	0.0114	0.0481	36

表 2 2012 年新疆上市公司竞争力排名及各项评价值得分

股票代码	企业名称	资源维度					能力维度								竞争力评价值得分	排名
		资本	规模	人力资源	创新	制度	盈利能力	成长能力	营运能力	偿债能力	治理能力	社会责任能力				
000415	渤海租赁	0.0230	0.0180	0.1383	0.0064	0.0057	0.0141	0.0099	0.0014	0.0038	0.0104	0.0091			0.2402	1
600089	特变电工	0.0012	0.0376	0.0114	0.1183	0.0118	0.0068	0.0059	0.0078	0.0068	0.0076	0.0087			0.2238	2
600581	八一钢铁	0.0021	0.0136	0.0149	0.0496	0.0036	0.0048	0.0049	0.1144	0.0033	0.0066	0.0041			0.2219	3
300159	新研股份	0.0062	0.0008	0.0171	0.0096	0.0063	0.0112	0.0054	0.0041	0.0561	0.0825	0.0053			0.2046	4
002202	金风科技	0.0003	0.0211	0.0215	0.0712	0.0025	0.0061	0.0045	0.0034	0.0097	0.0437	0.0146			0.1985	5
600084	中葡股份	0.0048	0.1244	0.0111	0.0028	0.0098	0.0104	0.0053	0.0011	0.0045	0.0016	0.0165			0.1922	6
002700	新疆浩源	0.0154	0.0005	0.0160	0.0000	0.0017	0.0143	0.0221	0.0114	0.0213	0.0765	0.0081			0.1873	7
300313	天山生物	0.0112	0.0003	0.0216	0.0034	0.0062	0.0121	0.0194	0.0023	0.0393	0.0117	0.0108			0.1383	8
000877	天山股份	0.0020	0.0170	0.0086	0.0342	0.0106	0.0074	0.0072	0.0122	0.0041	0.0096	0.0131			0.1259	9
002207	准油股份	0.0104	0.0015	0.0156	0.0000	0.0054	0.0071	0.0051	0.0216	0.0076	0.0328	0.0151			0.1222	10
600256	广汇能源	0.0006	0.0186	0.0164	0.0099	0.0142	0.0105	0.0052	0.0070	0.0052	0.0078	0.0130			0.1083	11
002302	西部建设	0.0046	0.0043	0.0148	0.0024	0.0072	0.0070	0.0059	0.0240	0.0074	0.0122	0.0156			0.1052	12
002524	光正钢构	0.0179	0.0006	0.0263	0.0009	0.0097	0.0064	0.0058	0.0082	0.0083	0.0103	0.0062			0.1007	13
600425	青松建化	0.0192	0.0113	0.0042	0.0068	0.0059	0.0064	0.0111	0.0046	0.0101	0.0016	0.0192			0.1003	14
002092	中泰化学	0.0013	0.0208	0.0174	0.0013	0.0103	0.0071	0.0055	0.0196	0.0037	0.0030	0.0093			0.0993	15
600888	新疆众和	0.0110	0.0081	0.0055	0.0006	0.0054	0.0071	0.0053	0.0049	0.0082	0.0056	0.0135			0.0984	16
600509	天富热电	0.0075	0.0095	0.0076	0.0224	0.0135	0.0087	0.0060	0.0074	0.0084	0.0023	0.0115			0.0941	17
600778	友好集团	0.0134	0.0089	0.0102	0.0117	0.0105	0.0095	0.0094	0.0148	0.0034	0.0080	0.0038			0.0941	18
600506	香梨股份	0.0055	0.0001	0.0333	0.0021	0.0023	0.0041	0.0034	0.0029	0.0189	0.0088	0.0050			0.0922	19
600337	美克股份	0.0031	0.0075	0.0174	0.0080	0.0095	0.0112	0.0049	0.0080	0.0079	0.0090	0.0123			0.0922	20
600090	啤酒花	0.0092	0.0036	0.0055	0.0013	0.0072	0.0096	0.0060	0.0240	0.0056	0.0101	0.0085			0.0899	21
002100	天康生物	0.0065	0.0032	0.0137	0.0006	0.0063	0.0068	0.0058	0.0185	0.0063	0.0045	0.0036			0.0844	22
600737	中粮屯河	0.0044	0.0114	0.0083	0.0091	0.0065	0.0029	0.0020	0.0043	0.0026	0.0073	0.0203			0.0796	23

续表

股票代码	企业名称	资源维度					能力维度						竞争力评价值得分	排名
		资本	规模	人力资源	创新	制度	盈利能力	成长能力	营运能力	偿债能力	治理能力	社会责任能力		
002307	北新路桥	0.0024	0.0043	0.0240	0.0042	0.0100	0.0053	0.0066	0.0076	0.0056	0.0016	0.0056	0.0772	24
002205	国统股份	0.0048	0.0019	0.0085	0.0086	0.0041	0.0084	0.0042	0.0027	0.0116	0.0084	0.0131	0.0763	25
600339	天利高新	0.0038	0.0061	0.0100	0.0027	0.0017	0.0025	0.0045	0.0264	0.0023	0.0059	0.0100	0.0759	26
600540	新赛股份	0.0079	0.0055	0.0087	0.0028	0.0156	0.0041	0.0062	0.0118	0.0053	0.0016	0.0058	0.0752	27
600197	伊力特	0.0045	0.0031	0.0149	0.0003	0.0051	0.0102	0.0069	0.0104	0.0053	0.0040	0.0089	0.0736	28
600359	*ST新农	0.0057	0.0065	0.0047	0.0034	0.0115	0.0058	0.0045	0.0036	0.0030	0.0040	0.0184	0.0711	29
600075	新疆天业	0.0031	0.0065	0.0076	0.0124	0.0036	0.0051	0.0049	0.0123	0.0050	0.0016	0.0079	0.0699	30
600545	新疆城建	0.0027	0.0046	0.0180	0.0050	0.0075	0.0060	0.0063	0.0027	0.0050	0.0016	0.0093	0.0688	31
300106	西部牧业	0.0109	0.0012	0.0095	0.0010	0.0068	0.0067	0.0074	0.0061	0.0064	0.0049	0.0073	0.0683	32
600251	冠农股份	0.0042	0.0023	0.0142	0.0021	0.0057	0.0080	0.0061	0.0050	0.0047	0.0016	0.0126	0.0666	33
000159	国际实业	0.0029	0.0020	0.0164	0.0004	0.0096	0.0062	0.0051	0.0044	0.0115	0.0016	0.0063	0.0665	34
000813	天山纺织	0.0085	0.0015	0.0033	0.0014	0.0054	0.0048	0.0039	0.0034	0.0104	0.0009	0.0198	0.0633	35
000972	*ST中基	0.0029	0.0037	0.0083	0.0014	0.0060	0.0070	0.0140	0.0029	0.0008	0.0016	0.0141	0.0627	36
600721	百花村	0.0046	0.0054	0.0058	0.0007	0.0031	0.0093	0.0046	0.0069	0.0025	0.0023	0.0168	0.0620	37
600419	新疆天宏	0.0057	0.0008	0.0045	0.0004	0.0025	0.0000	0.0012	0.0116	0.0043	0.0016	0.0089	0.0415	38

表 3　2013 年新疆上市公司竞争力排名及各项评价值得分

股票代码	企业名称	资源维度					能力维度						竞争力评价值得分	排名
		资本	规模	人力资源	创新	制度	盈利能力	成长能力	营运能力	偿债能力	治理能力	社会责任能力		
002202	金风科技	0.0004	0.0188	0.0217	0.0976	0.0043	0.0059	0.0044	0.0025	0.0063	0.0401	0.0109	0.2130	1
600089	特变电工	0.0010	0.0358	0.0171	0.1095	0.0080	0.0047	0.0058	0.0060	0.0044	0.0062	0.0079	0.2064	2
600581	八一钢铁	0.0016	0.0168	0.0126	0.0444	0.0043	0.0025	0.0058	0.0905	0.0010	0.0057	0.0059	0.1911	3
002092	中泰化学	0.0013	0.0932	0.0099	0.0175	0.0113	0.0061	0.0063	0.0114	0.0046	0.0024	0.0074	0.1714	4
300159	新研股份	0.0055	0.0008	0.0185	0.0088	0.0015	0.0097	0.0055	0.0039	0.0219	0.0749	0.0051	0.1563	5
002524	光正集团	0.0148	0.0596	0.0116	0.0005	0.0082	0.0045	0.0090	0.0026	0.0074	0.0066	0.0109	0.1357	6
002700	新疆浩源	0.0104	0.0005	0.0140	0.0002	0.0028	0.0137	0.0048	0.0035	0.0141	0.0668	0.0042	0.1350	7
600506	香梨股份	0.0049	0.0000	0.0414	0.0000	0.0029	0.0032	0.0058	0.0034	0.0617	0.0078	0.0029	0.1342	8
600090	啤酒花	0.0107	0.0565	0.0062	0.0005	0.0069	0.0093	0.0043	0.0162	0.0062	0.0087	0.0084	0.1339	9
600256	广汇能源	0.0006	0.0191	0.0194	0.0296	0.0097	0.0097	0.0057	0.0022	0.0030	0.0068	0.0171	0.1228	10
000877	天山股份	0.0024	0.0206	0.0060	0.0375	0.0094	0.0062	0.0044	0.0058	0.0034	0.0107	0.0118	0.1181	11
002302	西部建设	0.0020	0.0085	0.0147	0.0183	0.0092	0.0039	0.0200	0.0155	0.0059	0.0075	0.0061	0.1117	12
300313	天山生物	0.0107	0.0008	0.0245	0.0004	0.0029	0.0123	0.0049	0.0003	0.0108	0.0110	0.0269	0.1056	13
600509	天富热电	0.0137	0.0091	0.0088	0.0260	0.0110	0.0075	0.0053	0.0027	0.0053	0.0012	0.0149	0.1054	14
600337	美克股份	0.0031	0.0072	0.0150	0.0124	0.0104	0.0142	0.0040	0.0073	0.0069	0.0078	0.0102	0.0984	15
002207	准油股份	0.0079	0.0014	0.0148	0.0010	0.0075	0.0058	0.0051	0.0048	0.0088	0.0232	0.0163	0.0964	16
002719	麦趣尔	0.0057	0.0007	0.0148	0.0006	0.0059	0.0112	0.0044	0.0083	0.0079	0.0197	0.0078	0.0870	17
002100	天康生物	0.0071	0.0031	0.0147	0.0089	0.0118	0.0051	0.0049	0.0158	0.0056	0.0060	0.0030	0.0859	18
600778	友好集团	0.0055	0.0078	0.0139	0.0052	0.0090	0.0073	0.0042	0.0200	0.0034	0.0028	0.0032	0.0823	19
600425	青松建化	0.0074	0.0096	0.0045	0.0184	0.0030	0.0037	0.0043	0.0016	0.0044	0.0012	0.0194	0.0775	20
002205	国统股份	0.0085	0.0023	0.0066	0.0096	0.0054	0.0081	0.0071	0.0037	0.0069	0.0069	0.0117	0.0767	21
600737	中粮屯河	0.0026	0.0107	0.0110	0.0053	0.0071	0.0029	0.0106	0.0120	0.0049	0.0000	0.0079	0.0749	22
600251	冠农股份	0.0052	0.0018	0.0141	0.0189	0.0073	0.0031	0.0043	0.0049	0.0045	0.0003	0.0097	0.0741	23

续表

股票代码	企业名称	资源维度					能力维度						竞争力评价值得分	排名
		资本	规模	人力资源	创新	制度	盈利能力	成长能力	营运能力	偿债能力	治理能力	社会责任能力		
600888	新疆众和	0.0057	0.0072	0.0097	0.0100	0.0031	0.0041	0.0060	0.0057	0.0057	0.0054	0.0080	0.0705	24
600084	中葡股份	0.0040	0.0020	0.0105	0.0011	0.0062	0.0132	0.0038	0.0005	0.0037	0.0012	0.0218	0.0679	25
600419	新疆天宏	0.0045	0.0006	0.0095	0.0007	0.0062	0.0077	0.0074	0.0022	0.0072	0.0012	0.0199	0.0672	26
600339	天利高新	0.0033	0.0051	0.0111	0.0029	0.0008	0.0032	0.0035	0.0188	0.0022	0.0016	0.0100	0.0625	27
600545	新疆城建	0.0023	0.0044	0.0212	0.0010	0.0096	0.0026	0.0065	0.0043	0.0037	0.0012	0.0056	0.0625	28
600197	伊力特	0.0040	0.0025	0.0121	0.0004	0.0022	0.0104	0.0032	0.0098	0.0079	0.0026	0.0073	0.0624	29
600540	新赛股份	0.0124	0.0047	0.0058	0.0037	0.0097	0.0022	0.0030	0.0049	0.0035	0.0012	0.0078	0.0591	30
300106	西部牧业	0.0057	0.0014	0.0072	0.0062	0.0059	0.0050	0.0044	0.0035	0.0045	0.0054	0.0083	0.0577	31
002307	北新路桥	0.0026	0.0063	0.0075	0.0038	0.0129	0.0030	0.0061	0.0059	0.0032	0.0012	0.0050	0.0576	32
600721	百花村	0.0052	0.0046	0.0056	0.0010	0.0056	0.0070	0.0041	0.0038	0.0025	0.0016	0.0155	0.0566	33
600075	新疆天业	0.0032	0.0055	0.0079	0.0030	0.0047	0.0027	0.0038	0.0094	0.0038	0.0016	0.0089	0.0546	34
600359	新农开发	0.0032	0.0026	0.0054	0.0026	0.0076	0.0048	0.0035	0.0042	0.0020	0.0012	0.0085	0.0458	35
000972	新中基	0.0031	0.0023	0.0074	0.0009	0.0043	0.0009	0.0006	0.0023	0.0056	0.0012	0.0101	0.0387	36

表4 2014年新疆上市公司竞争力排名及各项评价值得分

股票代码	企业名称	资源维度					能力维度						竞争力评价值得分	排名
		资本	规模	人力资源	创新	制度	盈利能力	成长能力	营运能力	偿债能力	治理能力	社会责任能力		
000415	渤海租赁	0.0000	0.0274	0.1349	0.0104	0.0136	0.0106	0.0066	0.1061	0.0034	0.0131	0.0179	0.3440	1
002202	金风科技	0.0003	0.0228	0.0284	0.1042	0.0082	0.0081	0.0071	0.0034	0.0063	0.0405	0.0073	0.2366	2
600089	特变电工	0.0009	0.0378	0.0158	0.0761	0.0128	0.0063	0.0065	0.0057	0.0060	0.0067	0.0059	0.1806	3
600581	八一钢铁	0.0019	0.0147	0.0129	0.0561	0.0033	0.0009	0.0016	0.0670	0.0002	0.0064	0.0063	0.1714	4
002092	中泰化学	0.0011	0.0981	0.0091	0.0145	0.0124	0.0074	0.0061	0.0073	0.0036	0.0024	0.0071	0.1690	5
002524	光正集团	0.0102	0.0874	0.0135	0.0007	0.0066	0.0042	0.0051	0.0027	0.0060	0.0077	0.0094	0.1534	6
002700	新疆浩源	0.0119	0.0007	0.0100	0.0000	0.0030	0.0125	0.0065	0.0041	0.0143	0.0847	0.0044	0.1520	7
600337	美克家居	0.0070	0.0074	0.0159	0.0590	0.0114	0.0126	0.0052	0.0068	0.0088	0.0080	0.0086	0.1506	8
600778	友好集团	0.0106	0.0080	0.0103	0.0015	0.0082	0.0070	0.0048	0.0753	0.0046	0.0035	0.0038	0.1377	9
300159	新研股份	0.0052	0.0010	0.0125	0.0012	0.0053	0.0106	0.0053	0.0032	0.0330	0.0527	0.0047	0.1347	10
600506	香梨股份	0.0200	0.0000	0.0401	0.0000	0.0048	0.0028	0.0043	0.0062	0.0394	0.0109	0.0020	0.1306	11
600090	啤酒花	0.0088	0.0592	0.0061	0.0004	0.0042	0.0089	0.0044	0.0150	0.0089	0.0023	0.0058	0.1239	12
002302	西部建设	0.0021	0.0090	0.0159	0.0315	0.0074	0.0056	0.0061	0.0100	0.0074	0.0091	0.0061	0.1102	13
600256	广汇能源	0.0057	0.0226	0.0116	0.0182	0.0076	0.0093	0.0071	0.0034	0.0035	0.0063	0.0144	0.1096	14
000877	天山股份	0.0014	0.0189	0.0044	0.0346	0.0075	0.0064	0.0046	0.0042	0.0038	0.0079	0.0118	0.1055	15
300313	天山生物	0.0222	0.0009	0.0220	0.0022	0.0076	0.0086	0.0063	0.0012	0.0101	0.0103	0.0100	0.1014	16
002719	麦趣尔	0.0082	0.0009	0.0091	0.0006	0.0056	0.0101	0.0089	0.0039	0.0196	0.0248	0.0074	0.0992	17
002207	准油股份	0.0150	0.0012	0.0117	0.0003	0.0071	0.0053	0.0056	0.0042	0.0094	0.0254	0.0104	0.0956	18
600425	青松建化	0.0081	0.0107	0.0035	0.0306	0.0057	0.0035	0.0049	0.0026	0.0048	0.0012	0.0128	0.0885	19
002100	天康生物	0.0087	0.0053	0.0105	0.0090	0.0084	0.0073	0.0053	0.0144	0.0074	0.0061	0.0034	0.0859	20
600509	天富能源	0.0149	0.0100	0.0092	0.0051	0.0076	0.0077	0.0061	0.0033	0.0037	0.0023	0.0131	0.0831	21
600084	中葡股份	0.0036	0.0021	0.0068	0.0012	0.0089	0.0118	0.0091	0.0002	0.0100	0.0062	0.0183	0.0780	22
600197	伊力特	0.0035	0.0024	0.0130	0.0005	0.0040	0.0111	0.0049	0.0120	0.0120	0.0056	0.0062	0.0752	23

续表

股票代码	企业名称	资源维度					能力维度						竞争力评价值得分	排名
		资本	规模	人力资源	创新	制度	盈利能力	成长能力	营运能力	偿债能力	治理能力	社会责任能力		
600545	新疆城建	0.0033	0.0044	0.0283	0.0007	0.0094	0.0050	0.0059	0.0046	0.0048	0.0012	0.0062	0.0739	24
600737	中粮屯河	0.0037	0.0108	0.0107	0.0056	0.0063	0.0048	0.0052	0.0061	0.0053	0.0037	0.0069	0.0693	25
601069	西部黄金	0.0039	0.0026	0.0061	0.0007	0.0101	0.0086	0.0049	0.0125	0.0043	0.0012	0.0127	0.0676	26
600419	天润乳业	0.0154	0.0006	0.0069	0.0007	0.0030	0.0075	0.0100	0.0086	0.0093	0.0012	0.0042	0.0673	27
600339	天利高新	0.0082	0.0047	0.0112	0.0023	0.0030	0.0033	0.0038	0.0181	0.0019	0.0007	0.0094	0.0666	28
600540	新赛股份	0.0057	0.0051	0.0054	0.0068	0.0111	0.0032	0.0067	0.0031	0.0057	0.0021	0.0099	0.0648	29
600359	新农开发	0.0031	0.0027	0.0056	0.0093	0.0066	0.0059	0.0092	0.0023	0.0055	0.0047	0.0097	0.0646	30
600888	新疆众和	0.0035	0.0069	0.0069	0.0064	0.0079	0.0028	0.0054	0.0068	0.0060	0.0058	0.0054	0.0637	31
002205	国统股份	0.0052	0.0020	0.0060	0.0033	0.0066	0.0074	0.0043	0.0030	0.0106	0.0073	0.0077	0.0636	32
300106	西部牧业	0.0060	0.0016	0.0096	0.0035	0.0082	0.0058	0.0076	0.0045	0.0051	0.0031	0.0063	0.0613	33
600075	*ST新业	0.0030	0.0037	0.0082	0.0055	0.0069	0.0046	0.0043	0.0098	0.0063	0.0021	0.0057	0.0600	34
600251	冠农股份	0.0069	0.0023	0.0076	0.0026	0.0066	0.0063	0.0068	0.0031	0.0063	0.0000	0.0092	0.0579	35
000159	国际实业	0.0029	0.0016	0.0128	0.0002	0.0053	0.0056	0.0051	0.0030	0.0133	0.0012	0.0055	0.0566	36
002307	北新路桥	0.0030	0.0071	0.0072	0.0024	0.0085	0.0045	0.0059	0.0051	0.0036	0.0012	0.0061	0.0547	37
000813	天山纺织	0.0077	0.0019	0.0046	0.0014	0.0030	0.0093	0.0049	0.0043	0.0063	0.0012	0.0079	0.0525	38
000972	新中基	0.0048	0.0018	0.0050	0.0004	0.0031	0.0067	0.0028	0.0011	0.0043	0.0012	0.0184	0.0495	39
600721	百花村	0.0046	0.0041	0.0050	0.0023	0.0025	0.0012	0.0023	0.0039	0.0021	0.0035	0.0147	0.0462	40

表 5　2015 年新疆上市公司竞争力排名及各项评价值得分

股票代码	企业名称	资源维度					能力维度						竞争力评价值得分	排名
		资本	规模	人力资源	创新	制度	盈利能力	成长能力	营运能力	偿债能力	治理能力	社会责任能力		
000415	渤海金控	0.0292	0.0286	0.1207	0.0122	0.0123	0.0060	0.0065	0.0957	0.0050	0.0118	0.0030	0.3311	1
600145	*ST新亿	0.0024	0.0001	0.0998	0.0000	0.0082	0.0248	0.0547	0.0000	0.0245	0.0043	0.1025	0.3214	2
002202	金风科技	0.0004	0.0160	0.0273	0.1132	0.0020	0.0050	0.0047	0.0049	0.0048	0.0368	0.0047	0.2198	3
600419	天润乳业	0.0024	0.1079	0.0048	0.0015	0.0022	0.0053	0.0075	0.0080	0.0063	0.0018	0.0031	0.1508	4
600089	特变电工	0.0006	0.0272	0.0132	0.0508	0.0093	0.0045	0.0039	0.0044	0.0047	0.0076	0.0047	0.1309	5
300159	新研股份	0.0014	0.0030	0.0067	0.0054	0.0037	0.0056	0.0170	0.0029	0.0108	0.0593	0.0034	0.1191	6
600778	友好集团	0.0060	0.0058	0.0059	0.0159	0.0043	0.0045	0.0028	0.0568	0.0034	0.0070	0.0026	0.1151	7
002700	新疆浩源	0.0064	0.0005	0.0062	0.0000	0.0026	0.0061	0.0040	0.0041	0.0104	0.0697	0.0038	0.1138	8
600337	美克家居	0.0044	0.0059	0.0036	0.0512	0.0043	0.0066	0.0039	0.0058	0.0055	0.0077	0.0056	0.1044	9
002092	中泰化学	0.0006	0.0178	0.0065	0.0336	0.0131	0.0045	0.0043	0.0071	0.0033	0.0032	0.0038	0.0977	10
600506	香梨股份	0.0029	0.0000	0.0229	0.0000	0.0063	0.0037	0.0027	0.0099	0.0328	0.0098	0.0036	0.0946	11
600581	八一钢铁	0.0020	0.0082	0.0074	0.0202	0.0024	0.0023	0.0017	0.0209	0.0008	0.0054	0.0084	0.0796	12
600256	广汇能源	0.0011	0.0136	0.0086	0.0231	0.0050	0.0047	0.0031	0.0025	0.0023	0.0062	0.0078	0.0779	13
002302	西部建设	0.0023	0.0067	0.0132	0.0114	0.0054	0.0042	0.0037	0.0072	0.0055	0.0124	0.0051	0.0770	14
002719	麦趣尔	0.0059	0.0022	0.0024	0.0014	0.0039	0.0059	0.0062	0.0037	0.0115	0.0228	0.0052	0.0711	15
600509	天富能源	0.0166	0.0071	0.0076	0.0063	0.0076	0.0050	0.0037	0.0036	0.0026	0.0023	0.0077	0.0700	16
000877	天山股份	0.0013	0.0120	0.0029	0.0143	0.0080	0.0038	0.0027	0.0033	0.0026	0.0098	0.0065	0.0673	17
002207	准油股份	0.0053	0.0009	0.0075	0.0016	0.0046	0.0015	0.0019	0.0028	0.0042	0.0225	0.0121	0.0648	18
300313	天山生物	0.0138	0.0005	0.0079	0.0005	0.0080	0.0040	0.0048	0.0027	0.0041	0.0129	0.0028	0.0619	19
600888	新疆众和	0.0018	0.0045	0.0074	0.0114	0.0065	0.0038	0.0040	0.0081	0.0050	0.0057	0.0027	0.0608	20
600084	中葡股份	0.0025	0.0013	0.0118	0.0010	0.0116	0.0059	0.0029	0.0005	0.0094	0.0044	0.0091	0.0606	21
600090	啤酒花	0.0034	0.0019	0.0049	0.0005	0.0046	0.0051	0.0036	0.0203	0.0084	0.0034	0.0042	0.0602	22
000972	新中基	0.0111	0.0015	0.0047	0.0083	0.0069	0.0037	0.0050	0.0026	0.0034	0.0018	0.0087	0.0577	23

续表

股票代码	企业名称	资源维度					能力维度						竞争力评价值得分	排名
		资本	规模	人力资源	创新	制度	盈利能力	成长能力	营运能力	偿债能力	治理能力	社会责任能力		
300106	西部牧业	0.0032	0.0014	0.0104	0.0149	0.0058	0.0038	0.0036	0.0025	0.0030	0.0031	0.0049	0.0567	24
002100	天康生物	0.0048	0.0029	0.0108	0.0035	0.0035	0.0048	0.0041	0.0109	0.0062	0.0023	0.0017	0.0554	25
600197	伊力特	0.0028	0.0017	0.0095	0.0006	0.0016	0.0057	0.0035	0.0098	0.0104	0.0033	0.0050	0.0540	26
603227	雪峰科技	0.0069	0.0027	0.0037	0.0005	0.0060	0.0051	0.0047	0.0035	0.0071	0.0060	0.0076	0.0539	27
600737	中粮屯河	0.0025	0.0074	0.0100	0.0039	0.0048	0.0040	0.0039	0.0062	0.0040	0.0031	0.0020	0.0519	28
600545	新疆城建	0.0014	0.0028	0.0186	0.0014	0.0084	0.0039	0.0032	0.0030	0.0042	0.0018	0.0024	0.0511	29
002524	光正集团	0.0048	0.0012	0.0061	0.0011	0.0043	0.0051	0.0031	0.0029	0.0049	0.0085	0.0062	0.0483	30
002307	北新路桥	0.0014	0.0049	0.0067	0.0027	0.0086	0.0039	0.0041	0.0033	0.0041	0.0022	0.0054	0.0472	31
600339	天利高新	0.0023	0.0032	0.0076	0.0063	0.0022	0.0010	0.0022	0.0120	0.0004	0.0045	0.0055	0.0472	32
600251	冠农股份	0.0032	0.0016	0.0071	0.0054	0.0052	0.0043	0.0039	0.0037	0.0043	0.0018	0.0024	0.0429	33
002205	国统股份	0.0020	0.0010	0.0045	0.0010	0.0028	0.0039	0.0024	0.0016	0.0079	0.0071	0.0076	0.0419	34
600075	新疆天业	0.0018	0.0019	0.0072	0.0034	0.0041	0.0039	0.0026	0.0049	0.0051	0.0018	0.0047	0.0414	35
601069	西部黄金	0.0020	0.0018	0.0047	0.0007	0.0031	0.0049	0.0036	0.0077	0.0040	0.0018	0.0063	0.0407	36
000159	国际实业	0.0018	0.0010	0.0069	0.0017	0.0050	0.0045	0.0027	0.0018	0.0097	0.0018	0.0038	0.0406	37
600359	新农开发	0.0020	0.0024	0.0035	0.0008	0.0071	0.0045	0.0035	0.0022	0.0031	0.0033	0.0059	0.0384	38
600540	新赛股份	0.0026	0.0034	0.0050	0.0029	0.0028	0.0030	0.0032	0.0035	0.0040	0.0036	0.0037	0.0376	39
600721	百花村	0.0028	0.0027	0.0046	0.0032	0.0018	0.0016	0.0027	0.0030	0.0014	0.0023	0.0085	0.0345	40
000813	天山纺织	0.0038	0.0012	0.0033	0.0009	0.0007	0.0051	0.0032	0.0040	0.0042	0.0018	0.0057	0.0339	41
600425	青松建化	0.0021	0.0062	0.0023	0.0015	0.0011	0.0021	0.0026	0.0020	0.0031	0.0018	0.0079	0.0326	42

表 6　2016 年新疆上市公司竞争力排名及各项评价值得分

股票代码	企业名称	资源维度					能力维度						竞争力评价值得分	排名
		资本	规模	人力资源	创新	制度	盈利能力	成长能力	营运能力	偿债能力	治理能力	社会责任能力		
000415	渤海金控	0.0167	0.0736	0.1057	0.0223	0.0119	0.0053	0.0051	0.0945	0.0016	0.0085	0.0126	0.3578	1
600339	*ST 油工	0.0005	0.0370	0.0079	0.0356	0.0074	0.0033	0.1417	0.0049	0.0014	0.0035	0.0106	0.2538	2
002202	金风科技	0.0042	0.0188	0.0161	0.1115	0.0040	0.0049	0.0025	0.0025	0.0055	0.0309	0.0072	0.2081	3
000813	德展健康	0.0029	0.0009	0.0438	0.0014	0.0071	0.0094	0.0110	0.0025	0.0533	0.0028	0.0038	0.1390	4
600089	特变电工	0.0028	0.0253	0.0077	0.0479	0.0077	0.0040	0.0025	0.0029	0.0054	0.0067	0.0068	0.1198	5
002092	中泰化学	0.0030	0.0222	0.0053	0.0430	0.0098	0.0046	0.0055	0.0058	0.0051	0.0024	0.0059	0.1125	6
600581	*ST 八钢	0.0012	0.0051	0.0060	0.0301	0.0040	0.0032	0.0017	0.0424	0.0009	0.0047	0.0047	0.1041	7
600506	香梨股份	0.0022	0.0000	0.0243	0.0000	0.0028	0.0024	0.0014	0.0012	0.0563	0.0082	0.0022	0.1011	8
600145	*ST 新亿	0.0019	0.0001	0.0546	0.0000	0.0037	0.0020	0.0048	0.0022	0.0200	0.0037	0.0024	0.0955	9
603101	汇嘉时代	0.0034	0.0014	0.0036	0.0003	0.0065	0.0039	0.0025	0.0161	0.0072	0.0459	0.0034	0.0942	10
600256	广汇能源	0.0015	0.0137	0.0035	0.0288	0.0046	0.0045	0.0021	0.0019	0.0029	0.0051	0.0215	0.0901	11
603393	新天然气	0.0033	0.0008	0.0041	0.0018	0.0049	0.0053	0.0041	0.0048	0.0205	0.0344	0.0033	0.0874	12
300588	熙菱信息	0.0021	0.0002	0.0086	0.0072	0.0033	0.0044	0.0035	0.0039	0.0074	0.0375	0.0056	0.0839	13
600778	友好集团	0.0018	0.0038	0.0030	0.0009	0.0055	0.0033	0.0008	0.0516	0.0011	0.0066	0.0037	0.0822	14
300603	立昂技术	0.0033	0.0003	0.0064	0.0026	0.0028	0.0043	0.0032	0.0031	0.0072	0.0368	0.0098	0.0799	15
600090	同济堂	0.0018	0.0019	0.0121	0.0001	0.0077	0.0038	0.0191	0.0102	0.0168	0.0018	0.0014	0.0767	16
002828	贝肯能源	0.0031	0.0006	0.0060	0.0032	0.0000	0.0048	0.0022	0.0020	0.0132	0.0306	0.0098	0.0755	17
002700	新疆浩源	0.0040	0.0005	0.0051	0.0001	0.0043	0.0058	0.0020	0.0023	0.0159	0.0250	0.0044	0.0696	18
603032	德新交运	0.0022	0.0007	0.0029	0.0000	0.0050	0.0055	0.0032	0.0052	0.0272	0.0090	0.0069	0.0679	19
300159	新研股份	0.0039	0.0026	0.0051	0.0076	0.0049	0.0051	0.0027	0.0016	0.0133	0.0144	0.0051	0.0662	20
000877	天山股份	0.0009	0.0117	0.0027	0.0080	0.0089	0.0040	0.0021	0.0026	0.0041	0.0074	0.0136	0.0659	21
002302	西部建设	0.0013	0.0054	0.0084	0.0141	0.0071	0.0034	0.0025	0.0042	0.0055	0.0059	0.0074	0.0652	22
600084	中葡股份	0.0015	0.0009	0.0039	0.0001	0.0077	0.0063	0.0019	0.0005	0.0135	0.0043	0.0238	0.0642	23
002800	天顺股份	0.0023	0.0001	0.0149	0.0011	0.0028	0.0037	0.0030	0.0050	0.0122	0.0113	0.0031	0.0595	24

续表

股票代码	企业名称	资源维度					能力维度					社会责任能力	竞争力评价值得分	排名
		资本	规模	人力资源	创新	制度	盈利能力	成长能力	营运能力	偿债能力	治理能力			
600337	美克家居	0.0034	0.0044	0.0017	0.0049	0.0074	0.0068	0.0026	0.0052	0.0086	0.0062	0.0071	0.0582	25
600737	中粮糖业	0.0026	0.0074	0.0073	0.0019	0.0086	0.0037	0.0043	0.0045	0.0050	0.0044	0.0058	0.0555	26
000159	国际实业	0.0018	0.0008	0.0187	0.0000	0.0053	0.0037	0.0019	0.0010	0.0113	0.0009	0.0100	0.0555	27
600075	新疆天业	0.0039	0.0047	0.0047	0.0039	0.0046	0.0045	0.0092	0.0062	0.0063	0.0009	0.0065	0.0554	28
002719	麦趣尔	0.0026	0.0014	0.0017	0.0012	0.0028	0.0057	0.0021	0.0025	0.0153	0.0119	0.0079	0.0552	29
600509	天富能源	0.0053	0.0080	0.0041	0.0048	0.0083	0.0048	0.0025	0.0027	0.0038	0.0017	0.0089	0.0549	30
300106	西部牧业	0.0039	0.0012	0.0057	0.0124	0.0059	0.0028	0.0021	0.0018	0.0054	0.0013	0.0111	0.0534	31
002207	准油股份	0.0020	0.0006	0.0059	0.0007	0.0062	0.0014	0.0018	0.0016	0.0049	0.0086	0.0184	0.0520	32
002100	天康生物	0.0024	0.0022	0.0088	0.0033	0.0055	0.0047	0.0027	0.0071	0.0088	0.0025	0.0027	0.0507	33
600197	伊力特	0.0021	0.0012	0.0078	0.0006	0.0040	0.0056	0.0024	0.0060	0.0124	0.0016	0.0054	0.0491	34
601069	西部黄金	0.0041	0.0016	0.0034	0.0007	0.0028	0.0053	0.0027	0.0114	0.0080	0.0009	0.0078	0.0487	35
600721	*ST百花	0.0018	0.0006	0.0095	0.0066	0.0050	0.0030	0.0030	0.0020	0.0115	0.0014	0.0043	0.0487	36
600888	新疆众和	0.0016	0.0041	0.0041	0.0110	0.0025	0.0031	0.0021	0.0039	0.0059	0.0045	0.0053	0.0482	37
002205	国统股份	0.0038	0.0009	0.0043	0.0008	0.0037	0.0041	0.0033	0.0016	0.0065	0.0066	0.0112	0.0467	38
002524	光正集团	0.0031	0.0009	0.0047	0.0007	0.0056	0.0038	0.0017	0.0021	0.0063	0.0070	0.0094	0.0451	39
002307	北新路桥	0.0034	0.0040	0.0063	0.0022	0.0074	0.0032	0.0034	0.0023	0.0016	0.0009	0.0088	0.0436	40
300313	天山生物	0.0048	0.0002	0.0116	0.0017	0.0059	0.0009	0.0028	0.0028	0.0061	0.0019	0.0036	0.0423	41
600359	新农开发	0.0044	0.0020	0.0057	0.0018	0.0059	0.0028	0.0040	0.0044	0.0021	0.0024	0.0064	0.0418	42
600419	天润乳业	0.0026	0.0010	0.0039	0.0011	0.0037	0.0050	0.0031	0.0067	0.0091	0.0000	0.0045	0.0408	43
603227	雪峰科技	0.0028	0.0020	0.0023	0.0013	0.0031	0.0042	0.0021	0.0020	0.0085	0.0014	0.0110	0.0408	44
600251	冠农股份	0.0022	0.0013	0.0051	0.0048	0.0052	0.0034	0.0021	0.0026	0.0076	0.0009	0.0053	0.0407	45
600425	青松建化	0.0015	0.0055	0.0017	0.0020	0.0018	0.0025	0.0021	0.0018	0.0054	0.0009	0.0131	0.0383	46
600545	新疆城建	0.0011	0.0019	0.0092	0.0020	0.0077	0.0028	0.0008	0.0014	0.0018	0.0016	0.0073	0.0377	47
000972	中基健康	0.0018	0.0011	0.0041	0.0007	0.0046	0.0019	0.0019	0.0014	0.0035	0.0000	0.0136	0.0347	48
600540	新赛股份	0.0017	0.0023	0.0035	0.0023	0.0046	0.0004	0.0017	0.0023	0.0019	0.0009	0.0110	0.0327	49

表7　2017年新疆上市公司竞争力排名及各项评价值得分

股票代码	企业名称	资源维度					能力维度						竞争力评价值得分	排名
		资本	规模	人力资源	创新	制度	盈利能力	成长能力	营运能力	偿债能力	治理能力	社会责任能力		
000415	渤海金控	0.0180	0.1060	0.1481	0.0161	0.0057	0.0056	0.0056	0.1237	0.0018	0.0106	0.0213	0.4625	1
002202	金风科技	0.0006	0.0217	0.0188	0.1336	0.0028	0.0049	0.0042	0.0032	0.0052	0.0377	0.0118	0.2443	2
600145	*ST新亿	0.0021	0.0001	0.0691	0.0000	0.0044	0.0023	0.0384	0.0662	0.0270	0.0047	0.0005	0.2149	3
600339	中油工程	0.0009	0.0433	0.0322	0.0843	0.0046	0.0030	0.0044	0.0046	0.0041	0.0017	0.0128	0.1959	4
600089	特变电工	0.0052	0.0290	0.0110	0.1026	0.0079	0.0040	0.0043	0.0042	0.0062	0.0064	0.0119	0.1928	5
600581	八一钢铁	0.0013	0.0112	0.0083	0.0158	0.0051	0.0040	0.0104	0.0627	0.0009	0.0057	0.0095	0.1349	6
600506	香梨股份	0.0114	0.0000	0.0391	0.0000	0.0044	0.0026	0.0037	0.0019	0.0514	0.0084	0.0022	0.1251	7
603101	汇嘉时代	0.0086	0.0017	0.0056	0.0007	0.0049	0.0036	0.0044	0.0235	0.0055	0.0602	0.0047	0.1233	8
300603	立昂技术	0.0111	0.0006	0.0099	0.0006	0.0051	0.0042	0.0126	0.0080	0.0050	0.0483	0.0131	0.1185	9
603080	新疆火炬	0.0162	0.0004	0.0079	0.0000	0.0039	0.0058	0.0103	0.0042	0.0174	0.0391	0.0037	0.1089	10
002828	贝肯能源	0.0200	0.0009	0.0075	0.0006	0.0044	0.0048	0.0054	0.0040	0.0094	0.0390	0.0127	0.1087	11
600778	友好集团	0.0023	0.0036	0.0066	0.0039	0.0069	0.0026	0.0019	0.0615	0.0005	0.0080	0.0069	0.1049	12
002092	中泰化学	0.0077	0.0279	0.0099	0.0125	0.0106	0.0039	0.0056	0.0115	0.0046	0.0024	0.0060	0.1026	13
300588	熙菱信息	0.0025	0.0004	0.0126	0.0006	0.0023	0.0049	0.0068	0.0074	0.0060	0.0487	0.0094	0.1016	14
603393	新天然气	0.0057	0.0010	0.0066	0.0000	0.0018	0.0053	0.0042	0.0050	0.0207	0.0369	0.0047	0.0919	15
002302	西部建设	0.0024	0.0066	0.0120	0.0186	0.0057	0.0030	0.0060	0.0079	0.0069	0.0096	0.0104	0.0891	16
603032	德新交运	0.0032	0.0007	0.0049	0.0000	0.0033	0.0052	0.0031	0.0050	0.0383	0.0112	0.0093	0.0842	17
600256	广汇能源	0.0029	0.0151	0.0067	0.0038	0.0049	0.0051	0.0052	0.0057	0.0031	0.0073	0.0228	0.0824	18
002800	天顺股份	0.0078	0.0002	0.0197	0.0000	0.0028	0.0033	0.0056	0.0122	0.0106	0.0169	0.0023	0.0815	19
002700	新疆浩源	0.0040	0.0005	0.0069	0.0003	0.0026	0.0054	0.0038	0.0036	0.0176	0.0299	0.0052	0.0798	20
600337	美克家居	0.0096	0.0056	0.0039	0.0024	0.0080	0.0065	0.0063	0.0074	0.0125	0.0076	0.0091	0.0791	21
600545	卓郎智能	0.0012	0.0050	0.0091	0.0041	0.0074	0.0048	0.0124	0.0058	0.0093	0.0084	0.0080	0.0755	22
000813	德展健康	0.0041	0.0013	0.0116	0.0012	0.0029	0.0098	0.0059	0.0036	0.0265	0.0040	0.0033	0.0743	23

续表

股票代码	企业名称	资源维度					能力维度						竞争力评价值得分	排名
		资本	规模	人力资源	创新	制度	盈利能力	成长能力	营运能力	偿债能力	治理能力	社会责任能力		
300159	新研股份	0.0127	0.0030	0.0068	0.0070	0.0029	0.0058	0.0041	0.0021	0.0102	0.0090	0.0071	0.0707	24
600509	天富能源	0.0063	0.0105	0.0068	0.0038	0.0059	0.0044	0.0043	0.0040	0.0046	0.0034	0.0159	0.0700	25
000877	天山股份	0.0013	0.0115	0.0053	0.0016	0.0049	0.0045	0.0053	0.0060	0.0050	0.0108	0.0129	0.0691	26
002100	天康生物	0.0134	0.0029	0.0114	0.0037	0.0034	0.0044	0.0051	0.0095	0.0089	0.0017	0.0043	0.0686	27
600737	中粮糖业	0.0037	0.0076	0.0116	0.0020	0.0067	0.0037	0.0037	0.0106	0.0060	0.0046	0.0074	0.0677	28
600419	天润乳业	0.0137	0.0014	0.0053	0.0019	0.0044	0.0047	0.0054	0.0142	0.0082	0.0017	0.0054	0.0662	29
600090	同济堂	0.0023	0.0020	0.0153	0.0003	0.0039	0.0037	0.0035	0.0122	0.0183	0.0028	0.0016	0.0659	30
600084	中葡股份	0.0024	0.0008	0.0053	0.0005	0.0033	0.0048	0.0026	0.0008	0.0137	0.0103	0.0190	0.0636	31
002307	北新路桥	0.0101	0.0055	0.0101	0.0021	0.0070	0.0030	0.0056	0.0048	0.0026	0.0017	0.0100	0.0624	32
600197	伊力特	0.0076	0.0017	0.0079	0.0012	0.0023	0.0054	0.0045	0.0092	0.0125	0.0039	0.0059	0.0621	33
002719	麦趣尔	0.0037	0.0014	0.0032	0.0002	0.0057	0.0055	0.0036	0.0040	0.0136	0.0106	0.0092	0.0607	34
300313	天山生物	0.0041	0.0003	0.0121	0.0001	0.0057	0.0054	0.0017	0.0028	0.0056	0.0017	0.0209	0.0604	35
600888	新疆众和	0.0028	0.0045	0.0078	0.0062	0.0041	0.0032	0.0039	0.0066	0.0056	0.0060	0.0087	0.0594	36
601069	西部黄金	0.0018	0.0017	0.0047	0.0015	0.0046	0.0043	0.0033	0.0198	0.0077	0.0017	0.0074	0.0586	37
600721	百花村	0.0036	0.0006	0.0254	0.0003	0.0046	0.0026	0.0004	0.0019	0.0108	0.0021	0.0061	0.0585	38
002524	光正集团	0.0048	0.0007	0.0076	0.0011	0.0034	0.0035	0.0038	0.0041	0.0060	0.0083	0.0149	0.0582	39
002205	国统股份	0.0033	0.0012	0.0061	0.0030	0.0036	0.0038	0.0051	0.0029	0.0056	0.0081	0.0149	0.0576	40
002207	*ST准油	0.0030	0.0005	0.0061	0.0000	0.0051	0.0027	0.0025	0.0023	0.0060	0.0053	0.0223	0.0558	41
600075	新疆天业	0.0072	0.0051	0.0067	0.0024	0.0018	0.0049	0.0037	0.0073	0.0061	0.0017	0.0087	0.0556	42
000159	国际实业	0.0020	0.0008	0.0080	0.0000	0.0054	0.0026	0.0025	0.0005	0.0101	0.0017	0.0204	0.0541	43
300106	西部牧业	0.0059	0.0012	0.0083	0.0025	0.0041	0.0011	0.0022	0.0024	0.0034	0.0027	0.0186	0.0524	44
000633	合金投资	0.0023	0.0003	0.0105	0.0000	0.0046	0.0031	0.0035	0.0001	0.0108	0.0018	0.0144	0.0514	45
600425	*ST青松	0.0029	0.0055	0.0040	0.0001	0.0018	0.0035	0.0035	0.0034	0.0049	0.0034	0.0173	0.0502	46

续表

股票代码	企业名称	资源维度				能力维度						竞争力评价值得分	排名
		资本	规模	人力资源	创新	制度	盈利能力	成长能力	营运能力	偿债能力	治理能力	社会责任能力		
603227	雪峰科技	0.0049	0.0026	0.0036	0.0020	0.0031	0.0039	0.0037	0.0045	0.0084	0.0023	0.0108	0.0498	47
000972	*ST 中基	0.0024	0.0011	0.0068	0.0006	0.0046	0.0037	0.0036	0.0016	0.0042	0.0017	0.0163	0.0466	48
600251	冠农股份	0.0027	0.0016	0.0064	0.0046	0.0039	0.0034	0.0052	0.0033	0.0062	0.0017	0.0074	0.0464	49
600359	新农开发	0.0044	0.0014	0.0069	0.0000	0.0044	0.0027	0.0026	0.0045	0.0046	0.0032	0.0099	0.0445	50
600540	新赛股份	0.0036	0.0026	0.0054	0.0014	0.0031	0.0030	0.0031	0.0040	0.0030	0.0023	0.0111	0.0425	51

表 8 2018 年新疆上市公司竞争力排名及各项评价值得分

股票代码	企业名称	资源维度					能力维度						竞争力评价值得分	排名
		资本	规模	人力资源	创新	制度	盈利能力	成长能力	营运能力	偿债能力	治理能力	社会责任能力		
000415	渤海租赁	0.0040	0.1186	0.1587	0.0008	0.0155	0.0037	0.0042	0.1151	0.0039	0.0135	0.0191	0.4570	1
002202	金风科技	0.0060	0.0272	0.0184	0.1966	0.0046	0.0035	0.0041	0.0041	0.0046	0.0430	0.0146	0.3266	2
600339	中油工程	0.0010	0.0502	0.0336	0.0530	0.0014	0.0030	0.0038	0.0052	0.0043	0.0027	0.0140	0.1722	3
600581	八一钢铁	0.0023	0.0126	0.0081	0.0342	0.0050	0.0031	0.0041	0.0557	0.0019	0.0072	0.0068	0.1409	4
600089	特变电工	0.0038	0.0356	0.0094	0.0392	0.0113	0.0033	0.0040	0.0045	0.0058	0.0086	0.0097	0.1351	5
603101	汇嘉时代	0.0127	0.0036	0.0040	0.0000	0.0093	0.0032	0.0053	0.0194	0.0032	0.0606	0.0067	0.1280	6
600506	香梨股份	0.0031	0.0000	0.0349	0.0000	0.0043	0.0029	0.0033	0.0017	0.0620	0.0109	0.0047	0.1276	7
300159	新研股份	0.0030	0.0035	0.0070	0.0679	0.0063	0.0036	0.0039	0.0024	0.0082	0.0093	0.0117	0.1268	8
600778	*ST 友好	0.0022	0.0038	0.0068	0.0006	0.0036	0.0034	0.0035	0.0811	0.0018	0.0120	0.0062	0.1250	9
002092	中泰化学	0.0057	0.0351	0.0122	0.0110	0.0122	0.0031	0.0045	0.0176	0.0040	0.0037	0.0049	0.1141	10
603393	新天然气	0.0079	0.0021	0.0090	0.0008	0.0037	0.0039	0.0108	0.0049	0.0140	0.0391	0.0137	0.1098	11
002302	西部建设	0.0019	0.0078	0.0144	0.0291	0.0066	0.0030	0.0041	0.0094	0.0060	0.0144	0.0098	0.1064	12
300588	熙菱信息	0.0031	0.0005	0.0088	0.0073	0.0048	0.0034	0.0036	0.0050	0.0056	0.0500	0.0136	0.1055	13
600256	广汇能源	0.0033	0.0186	0.0073	0.0180	0.0091	0.0037	0.0046	0.0116	0.0031	0.0117	0.0146	0.1055	14
300603	立昂技术	0.0039	0.0007	0.0106	0.0025	0.0075	0.0034	0.0034	0.0040	0.0049	0.0472	0.0172	0.1053	15
603706	东方环宇	0.0074	0.0006	0.0095	0.0000	0.0040	0.0037	0.0060	0.0045	0.0181	0.0436	0.0065	0.1038	16
600888	新疆众和	0.0032	0.0052	0.0058	0.0389	0.0085	0.0031	0.0035	0.0061	0.0048	0.0102	0.0103	0.0997	17
600145	*ST 新亿	0.0024	0.0001	0.0344	0.0000	0.0021	0.0031	0.0034	0.0345	0.0072	0.0070	0.0019	0.0961	18
002828	贝肯能源	0.0087	0.0016	0.0058	0.0010	0.0054	0.0033	0.0047	0.0051	0.0063	0.0416	0.0113	0.0949	19
603080	新疆火炬	0.0062	0.0005	0.0091	0.0000	0.0049	0.0038	0.0042	0.0036	0.0127	0.0415	0.0068	0.0933	20
600337	美克家居	0.0062	0.0075	0.0036	0.0208	0.0105	0.0041	0.0044	0.0075	0.0073	0.0085	0.0125	0.0930	21
600197	伊力特	0.0062	0.0020	0.0104	0.0002	0.0058	0.0038	0.0040	0.0265	0.0119	0.0061	0.0133	0.0903	22
300106	西部牧业	0.0033	0.0007	0.0104	0.0127	0.0108	0.0030	0.0025	0.0045	0.0067	0.0038	0.0310	0.0893	23

续表

股票代码	企业名称	资源维度					能力维度						竞争力评价值得分	排名
		资本	规模	人力资源	创新	制度	盈利能力	成长能力	营运能力	偿债能力	治理能力	社会责任能力		
002700	新疆浩源	0.0076	0.0007	0.0070	0.0001	0.0030	0.0036	0.0041	0.0047	0.0152	0.0319	0.0079	0.0857	24
600545	卓郎智能	0.0045	0.0059	0.0091	0.0198	0.0043	0.0035	0.0036	0.0056	0.0073	0.0099	0.0080	0.0817	25
300313	天山生物	0.0036	0.0004	0.0209	0.0016	0.0059	0.0015	0.0042	0.0018	0.0016	0.0146	0.0254	0.0814	26
002800	天顺股份	0.0044	0.0003	0.0219	0.0002	0.0065	0.0030	0.0041	0.0093	0.0072	0.0188	0.0052	0.0811	27
603032	德新交运	0.0037	0.0008	0.0046	0.0001	0.0071	0.0041	0.0053	0.0062	0.0259	0.0064	0.0119	0.0760	28
000813	德展健康	0.0026	0.0018	0.0098	0.0022	0.0037	0.0051	0.0046	0.0049	0.0247	0.0079	0.0086	0.0760	29
000877	天山股份	0.0014	0.0125	0.0066	0.0013	0.0062	0.0037	0.0037	0.0082	0.0050	0.0135	0.0134	0.0754	30
600084	中葡股份	0.0028	0.0009	0.0078	0.0003	0.0055	0.0035	0.0033	0.0013	0.0108	0.0174	0.0204	0.0741	31
600737	中粮糖业	0.0029	0.0086	0.0131	0.0034	0.0065	0.0032	0.0034	0.0112	0.0057	0.0070	0.0070	0.0719	32
600419	天润乳业	0.0186	0.0019	0.0057	0.0003	0.0024	0.0035	0.0045	0.0159	0.0053	0.0027	0.0066	0.0674	33
600509	天富能源	0.0052	0.0117	0.0064	0.0038	0.0074	0.0033	0.0040	0.0055	0.0039	0.0043	0.0113	0.0668	34
002205	国统股份	0.0038	0.0015	0.0050	0.0026	0.0059	0.0033	0.0042	0.0031	0.0041	0.0104	0.0220	0.0658	35
002100	天康生物	0.0082	0.0039	0.0105	0.0054	0.0085	0.0033	0.0048	0.0086	0.0058	0.0020	0.0047	0.0656	36
002524	光正集团	0.0038	0.0022	0.0051	0.0004	0.0091	0.0035	0.0063	0.0076	0.0046	0.0133	0.0096	0.0654	37
002307	北新路桥	0.0102	0.0073	0.0087	0.0033	0.0073	0.0030	0.0042	0.0048	0.0029	0.0027	0.0089	0.0633	38
600090	同济堂	0.0053	0.0026	0.0136	0.0001	0.0030	0.0032	0.0042	0.0124	0.0122	0.0039	0.0026	0.0631	39
600075	新疆天业	0.0041	0.0056	0.0065	0.0074	0.0053	0.0035	0.0036	0.0087	0.0052	0.0027	0.0087	0.0611	40
601069	西部黄金	0.0055	0.0020	0.0054	0.0009	0.0040	0.0033	0.0035	0.0155	0.0060	0.0035	0.0114	0.0609	41
600359	新农开发	0.0031	0.0016	0.0063	0.0070	0.0073	0.0031	0.0025	0.0033	0.0036	0.0046	0.0184	0.0608	42
002941	新疆交建	0.0026	0.0030	0.0108	0.0014	0.0042	0.0031	0.0042	0.0046	0.0042	0.0080	0.0136	0.0597	43
002719	麦趣尔	0.0049	0.0016	0.0032	0.0004	0.0056	0.0036	0.0034	0.0051	0.0092	0.0095	0.0134	0.0596	44
600721	百花村	0.0042	0.0007	0.0130	0.0019	0.0040	0.0034	0.0024	0.0031	0.0092	0.0033	0.0106	0.0557	45
600251	冠农股份	0.0023	0.0019	0.0089	0.0038	0.0073	0.0031	0.0045	0.0040	0.0047	0.0073	0.0076	0.0551	46

续表

股票代码	企业名称	资源维度				能力维度						竞争力评价值得分	排名
		资本	规模	人力资源	创新	制度	盈利能力	成长能力	营运能力	偿债能力	治理能力	社会责任能力	
000159	国际实业	0.0020	0.0007	0.0126	0.0001	0.0058	0.0032	0.0040	0.0023	0.0101	0.0027	0.0117	0.0551	47
603227	雪峰科技	0.0076	0.0028	0.0040	0.0004	0.0049	0.0032	0.0046	0.0080	0.0063	0.0027	0.0106	0.0550	48
600425	青松建化	0.0029	0.0057	0.0037	0.0021	0.0035	0.0035	0.0035	0.0053	0.0043	0.0036	0.0168	0.0548	49
002207	ST准油	0.0058	0.0006	0.0073	0.0001	0.0068	0.0016	0.0020	0.0056	0.0013	0.0034	0.0185	0.0530	50
000633	合金投资	0.0032	0.0003	0.0104	0.0003	0.0043	0.0034	0.0044	0.0020	0.0013	0.0058	0.0111	0.0466	51
600540	新赛股份	0.0022	0.0009	0.0133	0.0000	0.0056	0.0030	0.0033	0.0063	0.0033	0.0035	0.0049	0.0464	52
000972	ST中基	0.0026	0.0008	0.0090	0.0002	0.0043	0.0020	0.0023	0.0035	0.0040	0.0045	0.0071	0.0404	53

表 9 2019年新疆上市公司竞争力排名及各项评价值得分

股票代码	企业名称	资源维度					能力维度						竞争力评价值得分	排名
		资本	规模	人力资源	创新	制度	盈利能力	成长能力	营运能力	偿债能力	治理能力	社会责任能力		
000415	渤海租赁	0.0067	0.1110	0.1444	0.0000	0.0050	0.0048	0.0039	0.1009	0.0036	0.0134	0.0064	0.4001	1
002202	金风科技	0.0128	0.0297	0.0160	0.1529	0.0066	0.0036	0.0061	0.0048	0.0053	0.0447	0.0096	0.2922	2
600089	特变电工	0.0006	0.0381	0.0082	0.0862	0.0137	0.0036	0.0046	0.0041	0.0079	0.0092	0.0104	0.1867	3
600339	中油工程	0.0005	0.0489	0.0257	0.0562	0.0024	0.0027	0.0044	0.0062	0.0052	0.0035	0.0095	0.1652	4
600581	八一钢铁	0.0036	0.0115	0.0072	0.0519	0.0042	0.0027	0.0043	0.0499	0.0019	0.0120	0.0062	0.1554	5
600197	伊力特	0.0215	0.0022	0.0080	0.0009	0.0034	0.0053	0.0056	0.0588	0.0173	0.0071	0.0104	0.1405	6
300603	立昂技术	0.0085	0.0012	0.0093	0.0007	0.0128	0.0045	0.0245	0.0057	0.0108	0.0465	0.0098	0.1343	7
300588	熙菱信息	0.0040	0.0003	0.0108	0.0025	0.0040	0.0044	0.0030	0.0023	0.0084	0.0704	0.0205	0.1307	8
600506	香梨股份	0.0035	0.0000	0.0266	0.0000	0.0042	0.0016	0.0030	0.0025	0.0654	0.0120	0.0070	0.1259	9
002092	中泰化学	0.0080	0.0329	0.0110	0.0195	0.0125	0.0026	0.0048	0.0213	0.0051	0.0044	0.0034	0.1255	10
601069	西部黄金	0.0071	0.0019	0.0065	0.0007	0.0050	0.0027	0.0093	0.0706	0.0081	0.0048	0.0034	0.1201	11
603706	东方环宇	0.0051	0.0006	0.0077	0.0007	0.0057	0.0052	0.0046	0.0047	0.0177	0.0554	0.0062	0.1135	12
600337	美克家居	0.0071	0.0092	0.0049	0.0296	0.0085	0.0060	0.0040	0.0084	0.0089	0.0105	0.0096	0.1066	13
600778	友好集团	0.0031	0.0035	0.0054	0.0006	0.0060	0.0040	0.0049	0.0599	0.0020	0.0122	0.0047	0.1062	14
000813	德展健康	0.0027	0.0017	0.0075	0.0038	0.0035	0.0080	0.0035	0.0026	0.0606	0.0066	0.0053	0.1060	15
002700	新疆浩源	0.0040	0.0006	0.0067	0.0034	0.0042	0.0042	0.0050	0.0061	0.0202	0.0452	0.0056	0.1053	16
603032	德新交运	0.0047	0.0006	0.0035	0.0036	0.0069	0.0035	0.0034	0.0067	0.0417	0.0131	0.0171	0.1049	17
002302	西部建设	0.0026	0.0082	0.0115	0.0252	0.0056	0.0030	0.0060	0.0120	0.0084	0.0138	0.0079	0.1042	18
002828	贝肯能源	0.0180	0.0017	0.0042	0.0023	0.0028	0.0033	0.0061	0.0064	0.0068	0.0376	0.0111	0.1004	19
603080	新疆火炬	0.0060	0.0010	0.0055	0.0001	0.0054	0.0051	0.0059	0.0055	0.0106	0.0501	0.0051	0.1001	20
000972	ST中基	0.0027	0.0002	0.0520	0.0000	0.0100	0.0024	0.0021	0.0023	0.0089	0.0048	0.0089	0.0944	21
000877	天山股份	0.0022	0.0109	0.0057	0.0045	0.0065	0.0051	0.0047	0.0130	0.0085	0.0158	0.0089	0.0857	22
600256	广汇能源	0.0065	0.0188	0.0064	0.0024	0.0042	0.0044	0.0042	0.0096	0.0043	0.0139	0.0111	0.0857	23

续表

股票代码	企业名称	资源维度					能力维度					社会责任能力	竞争力评价值得分	排名
		资本	规模	人力资源	创新	制度	盈利能力	成长能力	营运能力	偿债能力	治理能力			
600084	*ST中葡	0.0024	0.0007	0.0082	0.0003	0.0028	0.0054	0.0033	0.0012	0.0412	0.0035	0.0163	0.0853	24
600888	新疆众和	0.0048	0.0053	0.0061	0.0173	0.0061	0.0031	0.0052	0.0065	0.0064	0.0126	0.0094	0.0829	25
002207	ST准油	0.0111	0.0006	0.0057	0.0003	0.0101	0.0045	0.0142	0.0128	0.0026	0.0043	0.0141	0.0803	26
002800	天顺股份	0.0031	0.0002	0.0183	0.0000	0.0057	0.0028	0.0044	0.0118	0.0102	0.0187	0.0029	0.0780	27
600419	天润乳业	0.0190	0.0020	0.0047	0.0000	0.0054	0.0043	0.0050	0.0177	0.0067	0.0064	0.0062	0.0775	28
002100	天康生物	0.0156	0.0049	0.0109	0.0026	0.0064	0.0042	0.0076	0.0103	0.0078	0.0034	0.0032	0.0769	29
002719	麦趣尔	0.0108	0.0015	0.0029	0.0000	0.0072	0.0040	0.0036	0.0065	0.0111	0.0170	0.0090	0.0735	30
300159	新研股份	0.0030	0.0031	0.0046	0.0172	0.0110	0.0021	0.0014	0.0017	0.0084	0.0041	0.0164	0.0731	31
002524	光正集团	0.0037	0.0014	0.0098	0.0003	0.0069	0.0051	0.0032	0.0087	0.0082	0.0161	0.0095	0.0727	32
002307	北新路桥	0.0134	0.0078	0.0079	0.0064	0.0078	0.0028	0.0049	0.0051	0.0027	0.0040	0.0098	0.0726	33
600737	中粮糖业	0.0035	0.0085	0.0089	0.0027	0.0065	0.0031	0.0046	0.0129	0.0076	0.0058	0.0053	0.0694	34
600545	卓郎智能	0.0039	0.0059	0.0064	0.0074	0.0049	0.0045	0.0040	0.0060	0.0078	0.0084	0.0090	0.0683	35
300313	天山生物	0.0032	0.0003	0.0146	0.0009	0.0086	0.0021	0.0047	0.0056	0.0000	0.0206	0.0061	0.0668	36
603393	新天然气	0.0053	0.0021	0.0083	0.0001	0.0038	0.0060	0.0054	0.0065	0.0166	0.0053	0.0069	0.0663	37
002205	国统股份	0.0033	0.0015	0.0042	0.0066	0.0100	0.0037	0.0046	0.0034	0.0040	0.0105	0.0146	0.0662	38
603101	汇嘉时代	0.0047	0.0032	0.0039	0.0003	0.0096	0.0033	0.0044	0.0226	0.0039	0.0040	0.0052	0.0649	39
000633	合金投资	0.0025	0.0003	0.0070	0.0012	0.0047	0.0029	0.0037	0.0030	0.0034	0.0040	0.0316	0.0643	40
600509	天富能源	0.0058	0.0098	0.0070	0.0022	0.0109	0.0029	0.0031	0.0055	0.0048	0.0030	0.0085	0.0633	41
002941	新疆交建	0.0016	0.0032	0.0086	0.0071	0.0058	0.0029	0.0048	0.0051	0.0053	0.0081	0.0083	0.0608	42
600721	*ST百花	0.0042	0.0008	0.0037	0.0019	0.0045	0.0055	0.0037	0.0021	0.0122	0.0035	0.0135	0.0607	43
600425	青松建化	0.0053	0.0051	0.0103	0.0020	0.0026	0.0045	0.0050	0.0087	0.0071	0.0067	0.0092	0.0599	44
002251	冠农股份	0.0020	0.0015	0.0103	0.0023	0.0086	0.0031	0.0048	0.0066	0.0074	0.0082	0.0052	0.0598	45
600075	新疆天业	0.0034	0.0049	0.0054	0.0025	0.0069	0.0035	0.0037	0.0113	0.0075	0.0034	0.0072	0.0598	46

续表

股票代码	企业名称	资源维度				能力维度						竞争力评价值得分	排名
		资本	规模	人力资源	创新	制度	盈利能力	成长能力	营运能力	偿债能力	治理能力	社会责任能力		
600359	新农开发	0.0079	0.0015	0.0044	0.0036	0.0082	0.0032	0.0033	0.0043	0.0034	0.0048	0.0140	0.0587	47
603227	雪峰科技	0.0070	0.0027	0.0037	0.0001	0.0069	0.0036	0.0047	0.0080	0.0078	0.0040	0.0093	0.0576	48
600090	同济堂	0.0030	0.0025	0.0083	0.0000	0.0043	0.0032	0.0047	0.0117	0.0158	0.0025	0.0014	0.0575	49
000159	国际实业	0.0020	0.0007	0.0092	0.0002	0.0067	0.0026	0.0039	0.0036	0.0135	0.0040	0.0110	0.0574	50
600540	新赛股份	0.0031	0.0008	0.0090	0.0001	0.0070	0.0026	0.0052	0.0103	0.0058	0.0048	0.0044	0.0531	51
600145	*ST 新亿	0.0024	0.0002	0.0034	0.0000	0.0038	0.0076	0.0039	0.0002	0.0097	0.0054	0.0103	0.0469	52
300106	西部牧业	0.0047	0.0007	0.0053	0.0010	0.0042	0.0028	0.0032	0.0074	0.0086	0.0050	0.0038	0.0467	53

表 10　2020 年新疆上市公司竞争力排名及各项评价值得分

股票代码	企业名称	资源维度					能力维度						竞争力评价值得分	排名
		资本	规模	人力资源	创新	制度	盈利能力	成长能力	营运能力	偿债能力	治理能力	社会责任能力		
000415	渤海租赁	0.0060	0.1140	0.1459	0.0036	0.0040	0.0043	0.0032	0.1030	0.0042	0.0124	0.0179	0.4186	1
002202	金风科技	0.0082	0.0342	0.0222	0.1287	0.0048	0.0047	0.0046	0.0054	0.0050	0.0420	0.0046	0.2644	2
600089	特变电工	0.0005	0.0451	0.0106	0.0866	0.0086	0.0047	0.0042	0.0041	0.0066	0.0096	0.0074	0.1880	3
002092	中泰化学	0.0040	0.0380	0.0123	0.0324	0.0201	0.0045	0.0039	0.0181	0.0042	0.0043	0.0022	0.1441	4
605169	洪通燃气	0.0185	0.0010	0.0068	0.0002	0.0071	0.0049	0.0052	0.0089	0.0176	0.0659	0.0051	0.1413	5
600506	香梨股份	0.0152	0.0000	0.0223	0.0038	0.0066	0.0046	0.0106	0.0061	0.0481	0.0117	0.0014	0.1303	6
600339	中油工程	0.0010	0.0550	0.0300	0.0079	0.0023	0.0046	0.0041	0.0056	0.0057	0.0046	0.0063	0.1271	7
600197	伊力特	0.0128	0.0026	0.0073	0.0008	0.0031	0.0050	0.0035	0.0504	0.0142	0.0080	0.0189	0.1267	8
601069	西部黄金	0.0022	0.0021	0.0078	0.0008	0.0048	0.0047	0.0045	0.0815	0.0061	0.0029	0.0035	0.1210	9
600581	八一钢铁	0.0029	0.0130	0.0079	0.0227	0.0063	0.0046	0.0041	0.0365	0.0027	0.0118	0.0045	0.1169	10
000972	ST 中基	0.0035	0.0002	0.0566	0.0000	0.0089	0.0012	0.0013	0.0003	0.0052	0.0042	0.0339	0.1151	11
002700	ST 浩源	0.0048	0.0006	0.0073	0.0286	0.0031	0.0037	0.0032	0.0046	0.0127	0.0335	0.0055	0.1074	12
603706	东方环宇	0.0068	0.0015	0.0066	0.0005	0.0037	0.0048	0.0062	0.0050	0.0119	0.0524	0.0060	0.1053	13
600256	广汇能源	0.0074	0.0241	0.0085	0.0060	0.0097	0.0047	0.0041	0.0066	0.0030	0.0124	0.0117	0.0982	14
002302	西部建设	0.0017	0.0093	0.0129	0.0157	0.0103	0.0048	0.0039	0.0102	0.0075	0.0158	0.0054	0.0975	15
300588	熙菱信息	0.0039	0.0004	0.0112	0.0030	0.0014	0.0036	0.0033	0.0022	0.0062	0.0449	0.0139	0.0940	16
603032	德新交运	0.0032	0.0006	0.0035	0.0031	0.0089	0.0045	0.0030	0.0040	0.0370	0.0128	0.0134	0.0940	17
600075	新疆天业	0.0014	0.0105	0.0061	0.0227	0.0103	0.0049	0.0065	0.0142	0.0049	0.0055	0.0061	0.0932	18
000813	德展健康	0.0038	0.0021	0.0056	0.0018	0.0060	0.0050	0.0032	0.0014	0.0437	0.0052	0.0143	0.0920	19
002100	天康生物	0.0101	0.0067	0.0159	0.0158	0.0086	0.0053	0.0053	0.0103	0.0059	0.0042	0.0032	0.0912	20
600251	冠农股份	0.0053	0.0019	0.0103	0.0219	0.0190	0.0049	0.0040	0.0048	0.0056	0.0076	0.0057	0.0909	21
603080	新疆火炬	0.0081	0.0011	0.0051	0.0034	0.0025	0.0048	0.0042	0.0048	0.0086	0.0415	0.0052	0.0894	22
300603	立昂技术	0.0060	0.0011	0.0081	0.0042	0.0129	0.0028	0.0028	0.0031	0.0078	0.0306	0.0085	0.0880	23

续表

股票代码	企业名称	资源维度					能力维度						竞争力评价值得分	排名
		资本	规模	人力资源	创新	制度	盈利能力	成长能力	营运能力	偿债能力	治理能力	社会责任能力		
002307	北新路桥	0.0254	0.0108	0.0090	0.0015	0.0106	0.0046	0.0046	0.0040	0.0040	0.0050	0.0062	0.0857	24
600337	美克家居	0.0054	0.0097	0.0053	0.0176	0.0057	0.0049	0.0034	0.0065	0.0061	0.0101	0.0106	0.0852	25
300859	西域旅游	0.0089	0.0005	0.0033	0.0050	0.0051	0.0042	0.0032	0.0057	0.0241	0.0042	0.0207	0.0849	26
600084	ST中葡	0.0024	0.0007	0.0087	0.0029	0.0025	0.0045	0.0028	0.0004	0.0265	0.0100	0.0228	0.0843	27
603157	*ST拉夏	0.0026	0.0029	0.0053	0.0018	0.0161	0.0026	0.0017	0.0034	0.0031	0.0340	0.0101	0.0836	28
600145	*ST新亿	0.0029	0.0002	0.0057	0.0000	0.0034	0.0033	0.0025	0.0000	0.0098	0.0052	0.0495	0.0826	29
000877	天山股份	0.0023	0.0111	0.0062	0.0011	0.0103	0.0052	0.0036	0.0100	0.0077	0.0133	0.0105	0.0813	30
603227	雪峰科技	0.0068	0.0031	0.0038	0.0273	0.0066	0.0048	0.0038	0.0058	0.0064	0.0042	0.0083	0.0808	31
600888	新疆众和	0.0026	0.0058	0.0068	0.0170	0.0083	0.0047	0.0041	0.0061	0.0068	0.0107	0.0079	0.0807	32
600419	天润乳业	0.0253	0.0025	0.0052	0.0012	0.0074	0.0049	0.0044	0.0116	0.0062	0.0060	0.0050	0.0797	33
002828	贝肯能源	0.0083	0.0017	0.0045	0.0041	0.0020	0.0046	0.0033	0.0032	0.0058	0.0320	0.0098	0.0793	34
002800	天顺股份	0.0029	0.0003	0.0196	0.0000	0.0083	0.0047	0.0038	0.0097	0.0089	0.0147	0.0029	0.0757	35
600737	中粮糖业	0.0033	0.0095	0.0099	0.0022	0.0103	0.0047	0.0041	0.0119	0.0065	0.0066	0.0060	0.0752	36
600721	ST百花	0.0030	0.0008	0.0083	0.0000	0.0089	0.0022	0.0022	0.0007	0.0068	0.0046	0.0371	0.0746	37
600509	天富能源	0.0032	0.0113	0.0080	0.0089	0.0074	0.0046	0.0039	0.0044	0.0040	0.0098	0.0081	0.0735	38
002207	准油股份	0.0133	0.0007	0.0039	0.0012	0.0054	0.0044	0.0032	0.0161	0.0053	0.0049	0.0127	0.0710	39
002719	*ST麦趣	0.0164	0.0017	0.0032	0.0018	0.0034	0.0048	0.0045	0.0066	0.0081	0.0138	0.0059	0.0701	40
300159	新研股份	0.0029	0.0027	0.0048	0.0136	0.0083	0.0013	0.0031	0.0016	0.0049	0.0112	0.0137	0.0682	41
603393	新天然气	0.0101	0.0025	0.0084	0.0025	0.0043	0.0050	0.0038	0.0050	0.0131	0.0066	0.0069	0.0682	42
002524	光正眼科	0.0061	0.0016	0.0084	0.0007	0.0106	0.0048	0.0030	0.0073	0.0029	0.0142	0.0076	0.0672	43
603101	汇嘉时代	0.0071	0.0037	0.0030	0.0111	0.0112	0.0046	0.0031	0.0096	0.0036	0.0032	0.0066	0.0668	44
600545	卓郎智能	0.0041	0.0062	0.0071	0.0040	0.0037	0.0043	0.0030	0.0032	0.0061	0.0123	0.0123	0.0663	45
300313	天山生物	0.0039	0.0002	0.0149	0.0000	0.0066	0.0046	0.0031	0.0050	0.0013	0.0176	0.0077	0.0650	46

续表

股票代码	企业名称	资源维度					能力维度						竞争力评价值得分	排名
		资本	规模	人力资源	创新	制度	盈利能力	成长能力	营运能力	偿债能力	治理能力	社会责任能力		
002941	新疆交建	0.0015	0.0042	0.0110	0.0048	0.0074	0.0046	0.0046	0.0049	0.0063	0.0075	0.0061	0.0629	47
600778	友好集团	0.0028	0.0036	0.0047	0.0008	0.0060	0.0040	0.0026	0.0126	0.0021	0.0138	0.0084	0.0615	48
000159	国际实业	0.0027	0.0007	0.0111	0.0001	0.0043	0.0047	0.0042	0.0041	0.0132	0.0042	0.0101	0.0592	49
600359	新农开发	0.0052	0.0008	0.0094	0.0034	0.0060	0.0047	0.0039	0.0045	0.0038	0.0048	0.0105	0.0571	50
002205	国统股份	0.0037	0.0018	0.0043	0.0049	0.0086	0.0046	0.0039	0.0032	0.0036	0.0096	0.0089	0.0570	51
600540	新赛股份	0.0052	0.0008	0.0085	0.0002	0.0086	0.0046	0.0036	0.0087	0.0041	0.0042	0.0079	0.0565	52
002464	众应互联	0.0025	0.0003	0.0189	0.0013	0.0086	0.0039	0.0023	0.0022	0.0024	0.0098	0.0042	0.0563	53
000633	合金投资	0.0033	0.0002	0.0066	0.0007	0.0060	0.0047	0.0032	0.0038	0.0160	0.0042	0.0050	0.0536	54
600425	青松建化	0.0034	0.0055	0.0039	0.0012	0.0026	0.0048	0.0038	0.0067	0.0053	0.0050	0.0095	0.0518	55
300106	西部牧业	0.0026	0.0008	0.0060	0.0002	0.0046	0.0047	0.0042	0.0082	0.0068	0.0047	0.0035	0.0462	56
600090	*ST济堂	0.0019	0.0023	0.0054	0.0006	0.0106	0.0028	0.0019	0.0009	0.0083	0.0011	0.0081	0.0436	57